而达

企业精神

中国十大最具影响力企业

中国十大慈善企业

中国500强企业

上海民营企业100强

饮制集团公司，以打造有组织的能源产业国
生产和相关技术与金融服务。集团成立于
，位列上海民营企业100强第1名,上海民营

过权益来带动，打造全牌照金融体系，通过
记合“一带一路”，以捷克为支点开展国际
企业混合走出去，促进国内与国际市场互

丁金融集团为战略支点，能源产业经营与投

上海华信国际集团有限公司

企业核心价值：

先成就别人 再成就自己

2017

上海商贸年鉴

SHANGHAI BUSINESS YEARBOOK

《上海商贸年鉴》编纂委员会　编

上海科学普及出版社

年鉴历程

YEARBOOK PROGRESS

《上海商贸年鉴》（以下简称《年鉴》）是一部大型的上海商贸专业工具书，由上海商贸年鉴编纂委员会负责组织编纂。其主要任务是全面收集上海每一年的商贸发展情况及资料信息，并编辑整理，汇集成册。

《年鉴》的前身为《上海对外经济贸易年鉴》，创刊于1995年，每年编纂出版1卷，已出版22卷，其中包含《上海商务年鉴》7卷、《上海商贸年鉴》1卷。2017版《上海商贸年鉴》是其第二十三卷。

《年鉴》充分反映上海商贸新的特色以及商贸系统在“创新驱动、转型发展”中出现的新成果和新经验。全书约100万字，收集图照200余幅，国内外公开发行。回顾年鉴历程，展望未来，以展示上海商贸的崭新风貌为己任，更好地为广大读者服务。

《上海商贸年鉴》编纂委员会

2016年1月11日，国际会展业CEO峰会在上海开幕

2016年6月21日，“认证·跨境电商的信任符号”主题活动

2016年8月19日，“上农鲜品”APP上线 打造鲜活农产品生态圈

2016年9月9日，展现时尚潮流开启购物嘉年华——2016上海购物节燃城

2016年10月6日，上交会首次“出海”，近20家企业代表上海亮相布尔诺

2016年10月11日，深化上交会主宾国机制，服务“一带一路”国家战略

2016年10月31日，2015年度上海市外商投资“百强企业”发布会暨“责任创新共享”外企社会责任论坛在沪举行

2016年11月16日，第二十五届上海国际连锁加盟展（SFE）在世博展览馆举行

2016年11月29日，第十一届上海连锁（零售）业大会暨“亚太零售创新峰会2016”召开

2016年12月7日，第二十六批跨国企业地区总部举行颁证仪式

2016年12月29日，长江经济带东、西部国家级经济技术开发区交流合作活动顺利举办

2016年12月15日，中国（上海）国际技术进出口交易会3+365联盟成立

2016年10月25日，上海漕河泾国际科技创新嘉年华

东方国际集团货物贸易起航

东方国际集团上海利泰进出口有限公司展位

东方国际集团上海市纺织品进出口有限公司展品

上海长风跨采投资有限公司

上海丝绸集团股份有限公司展示的女装品牌

上海建工集团股份有限公司承建的高楼

上海市对外服务有限公司荣获“2016年度浦东新区经济特别贡献奖”

上海闵行经济技术开发区，“艾仕得（AXALTA）研发中心”一期项目主体建筑施工

上海莘庄工业区西区

上海豫园商城

中国（上海）自由贸易试验区

百联集团争创世界500强

中国华信执行董事、上海华信国际集团有限公司总经理李勇参加中捷经贸合作圆桌会，并代表中国华信与捷克ZDAS特种钢公司签订合作协议

捷普科技上海（有限）公司在追求自身不断发展的同时，积极承担公司社会责任。公司于2015年12月启动了1.681MWp分布式光伏发电项目，此项目每年可以减排1286934 千克CO_2，一年生态补偿703 棵树，同时为公司每年发电190万kW·h，可以在一定程度上替代公司原有的电网供电

威能（中国）供热制冷环境技术有限公司新产品展示

《上海商贸年鉴》理事会

《上海商贸年鉴》理事会

理事单位

（排名不分先后）

《上海商贸年鉴》编辑部

《上海商贸年鉴》特约撰稿人

（按姓氏笔画排序）

上海商贸年鉴（2017）
总　目　录

编辑说明

一、《上海商贸年鉴》（以下简称《年鉴》）是一部大型上海商贸专业工具书，由上海商贸年鉴编纂委员会负责组织编纂。其主要任务是全面收集上海每年的商贸发展情况及资料信息，并编辑整理，汇集成册。

二、《年鉴》的前身为《上海对外经济贸易年鉴》，创刊于1995年，每年编纂出版1卷，已出版22卷，其中包含《上海商务年鉴》7卷。由于机构调整，政企分开的需要，2016年起更名为《上海商贸年鉴》。2017版《年鉴》是其第二十三卷，主要记载2016年上海内贸、外贸、利用外资、对外经济合作、服务贸易、技术贸易、商贸体制改革等方面的发展情况，重点反映上海商贸企业改革及经营情况。

三、《年鉴》主要采用记叙文体及图表并茂形式，全面记述和真实反映上海商贸情况。其编纂体例在突出上海商贸地方特色的前提下，力求同国家行政部门主办的商贸类年鉴相衔接，与海内外编辑的经济类年鉴接轨。

四、《年鉴》设置的编目，随着上海每年商贸的发展而有增有减。本卷年鉴设总述、互联网＋商贸、企业、自贸试验区与开发区、企业与企业家、专集、专记、统计和商贸便览九大编。其中，“互联网＋商贸”编着重反映传统商贸企业结合互联网技术，整合电子支付手段，建立线上线下联动，实现商贸企业战略转型的新业态。“企业”编中适当增加中小企业发展情况和上海老字号企业的介绍。“自贸试验区与开发区”编重点介绍中国（上海）自由贸易试验区和外高桥保税区、洋山保税港区、浦东机场综合保税区的运转情况。“专集”编继续保留“国内外有影响的展览会”“商贸法律法规”栏目，增加“现代服务业集聚区”“协会选登”栏目。“专记”编除了介绍部分区的商贸情况外，增加“著名商圈”“上海特色商业街”栏目。本卷年鉴充分反映上海商贸新的特色以及商贸系统在“创新驱动、转型发展”中出现的新成果和新经验。全书约100万字，收集图照200余幅。

（一）总述：总体介绍2016年上海商贸发展情况。

（二）互联网＋商贸：介绍传统商贸企业利用互联网技术，促转型求发展的情况，共10篇。

（三）企业：收录上海内外贸集团、公司发展情况，共91篇。

1. 内贸企业：介绍上海一些代表性的内贸企业和机制转换及贸易发展情况，共8篇。

2. 外贸企业：介绍上海市对外贸易有影响的外贸企业，共6篇。

3. 外资、外经企业：介绍上海市知名的外资、外经企业，共3篇。

4. 展览企业：介绍对上海展览行业有贡献的企业，共5篇。

5. 民营企业：介绍上海民营企业排行榜名列前茅的企业1篇。

6. 上海老字号：介绍上海著名老字号企业，共10篇。

7. 知名企业：刊登长期对年鉴大力支持的知名企业简介，共58篇。

（四）自贸试验区与开发区：其中介绍自贸试验区、上海地区的国家级和市级开发区经营发展情况，共8篇。

（五）企业与企业家：介绍为上海经济发展做出贡献的知名企业和自强创新的优秀企业家，共2篇。

（六）专集：设置现代服务业集聚区、国内外有影响的展览会、商贸协会选登、商贸法律法规共4个栏目。

1. 现代服务业集聚区：介绍上海部分有代表性的现代服务业集聚区，共7篇。

2. 国内外有影响的展览会：介绍内外贸最具规模，且有较大影响的展览会和交易会，共11篇。

3. 商贸协会选登：选登内外贸行业协会，共14家。

4. 商贸法律法规：收录国家及上海市商贸法律和法规文件名录。

（七）专记：介绍上海市3个区、6个著名商圈和6个特色商业街的商贸发展情况。

（八）统计：

1. 对外贸易往来的国家和地区贸易情况分析，共16类。

2. 内外贸统计表：收录上海市2016年度国内贸易、对外贸易等主要统计资料，共21类。

（九）商贸便览：收录上海与全国有关商贸数据对比资料，共20类。

五、本卷年鉴有关编目中的数据，由于统计口径不同、方法不一，如有差异，均以统计编中的数据为准。另外有些资料及数据来自互联网、相关报纸和杂志，仅供读者参考。

六、本卷年鉴在编纂过程中，得到各撰稿单位及有关人员的大力支持，在此谨表谢意，并请海内外读者对不足之处提出批评。联系地址：上海市四川中路49号209室，邮政编码：200002，电话（021）63218539，传真（021）63218539。

《上海商贸年鉴》编辑部

2017年5月

第五编 企业与企业家

第六编 专 集

第八编　统　计

第九编　商贸便览

分　编　目　录

第一编　总　述

第二编　互联网 + 商贸

第三编　企　业

第一编

总　述

2017
上海商贸年鉴

总　述

2016年，面对国内外复杂多变的外部经济环境，上海市商务部门认真贯彻新发展理念，主动适应经济发展新常态，扎实推进商务领域供给侧结构性改革，坚持创新驱动发展、经济转型升级，商务运行总体平稳、稳中有进，为全市经济社会发展做出了积极贡献，顺利实现“十三五”良好开局。

一、市场销售稳中趋快，现代化水平持续提高

全年商品销售总额首次突破10万亿元，达100793亿元，比上年增长7.9%，增速较上年加快1.5个百分点。

2010—2016年上海市商品销售总额增长情况示意图

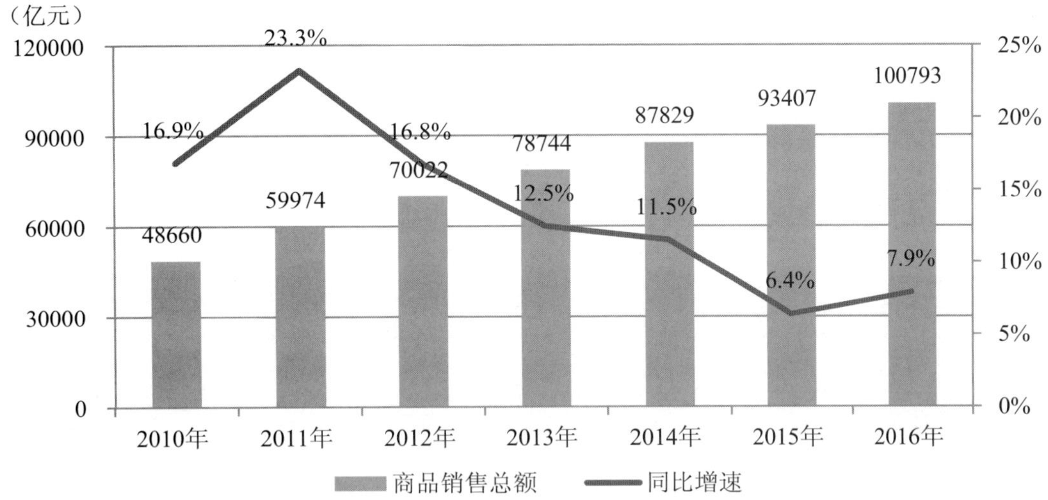

1. *商品销售总额增速稳步回升*。一至四季度商品销售总额分别为23119亿元、25488亿元、24129亿元和28058亿元，增速分别为8.4%、7.1%、6.2%和9.8%，特别是12月当月增速回升至11.8%，回升态势明显。商品中生产资料、工业消费品平稳增长，销售额分别为53424亿元和35986亿元，比上年分别增长7.8%和7.9%，占比达53.0%和35.7%；主副食品类销售额比上年增长最快，达13.2%。

2016年上海商品销售总额构成情况表

商品类别	金额（亿元）	比上年（%）	占比（%）	拉动商品销售总额增长百分点（个）
商品销售总额	100792.8	7.9	100.0	—

（续表）

商品类别	金额（亿元）	比上年（%）	占比（%）	拉动商品销售总额增长百分点（个）
生产资料	53423.5	7.8	53.0	4.1
工业消费品	35985.5	7.9	35.7	2.8
其他类	6221.5	4.8	6.2	0.3
主副食品	5162.4	13.2	5.1	0.6

2. *居民消费类商品销售增长较快*。汽车类商品销售额达 10637 亿元，比上年增长 11.7%，占全市商品销售总额比重 10.6%，为全市最高，拉动商品销售总额增长 1.2 个百分点。粮油食品、文化办公用品、中西药品、家用电器和音像器材类、化妆品类、五金电料类等销售额均比上年增长 10% 以上。建筑及装潢材料类、饮料类、体育类、娱乐用品类均增长 20% 以上。受苹果 iPhone 7 手机在华销量不佳影响，通讯器材类商品销售额下降 13.4%，拖累商品销售总额 0.7 个百分点。

2016 年上海居民消费类商品销售情况表

商品类别	销售额（亿元）	比上年（%）	占比（%）	拉动商品销售总额增长百分点（个）
汽车类	10637.1	11.7	10.6	1.2
服装、鞋帽、针纺织品类	5404.4	9.2	5.4	0.5
粮油、食品类	5162.4	13.2	5.1	0.6
通讯器材类	4183.9	-13.4	4.2	-0.7
文化办公用品类	3009.9	12.7	3.0	0.4
日用品类	2456.5	8.8	2.4	0.2
中西药品类	2362.7	18.2	2.3	0.4
烟酒类	1653.5	3.5	1.6	0.1
家用电器和音像器材类	1342.9	11.6	1.3	0.1
化妆品类	1317.8	12.8	1.3	0.2
金银珠宝类	1001.0	2.8	1.0	0.0
五金、电料类	993.7	16.3	1.0	0.1
建筑及装潢材料类	667.1	29.4	0.7	0.2
饮料类	412.7	21.9	0.4	0.1
体育、娱乐用品类	257.3	22.6	0.3	0.1
家具类	209.6	13.8	0.2	0.0
书报杂志类	72.2	0.1	0.1	0.0
电子出版物及音像制品类	3.1	-48.1	0.0	0.0

3. 生产资料类商品销售涨多跌少。受大宗商品价格回暖等影响，多数生产资料类商品销售额均实现增长，且增速明显快于上年同期，金属材料类增长7.8%，拉动商品销售总额增长2.4个百分点；石油及制品类增长6.0%，拉动增长0.4个百分点；化工材料及制品类增长7.6%，增速比上半年提高2.7个百分点，拉动增长0.5个百分点；机电产品及设备类增速最高，达16.3%，拉动增长0.9个百分点；煤炭及制品类下降9.5%，但降幅比上半年缩小21.4个百分点。

2016年上海生产资料类商品销售情况表

商品类别	销售额（亿元）	比上年（%）	占比（%）	拉动商品销售总额增长百分点（个）
金属材料类	31417.1	7.8	31.2	2.4
石油及制品类	7311.2	6.0	7.3	0.4
化工材料及制品类	6736.8	7.6	6.7	0.5
机电产品及设备类	5880.5	16.3	5.8	0.9
煤炭及制品类	1442.6	-9.5	1.4	-0.2
木材及制品类	307.6	20.4	0.3	0.1
种子饲料类	267.7	-4.6	0.3	0.0
棉麻类	60.1	10.1	0.1	0.0

4. 电子商务快速增长，“互联网+”引领作用进一步增强。全年电子商务交易额首次突破2万亿元，达到20049亿元，增长21.9%。

2010—2016年上海电子商务交易额增长情况示意图

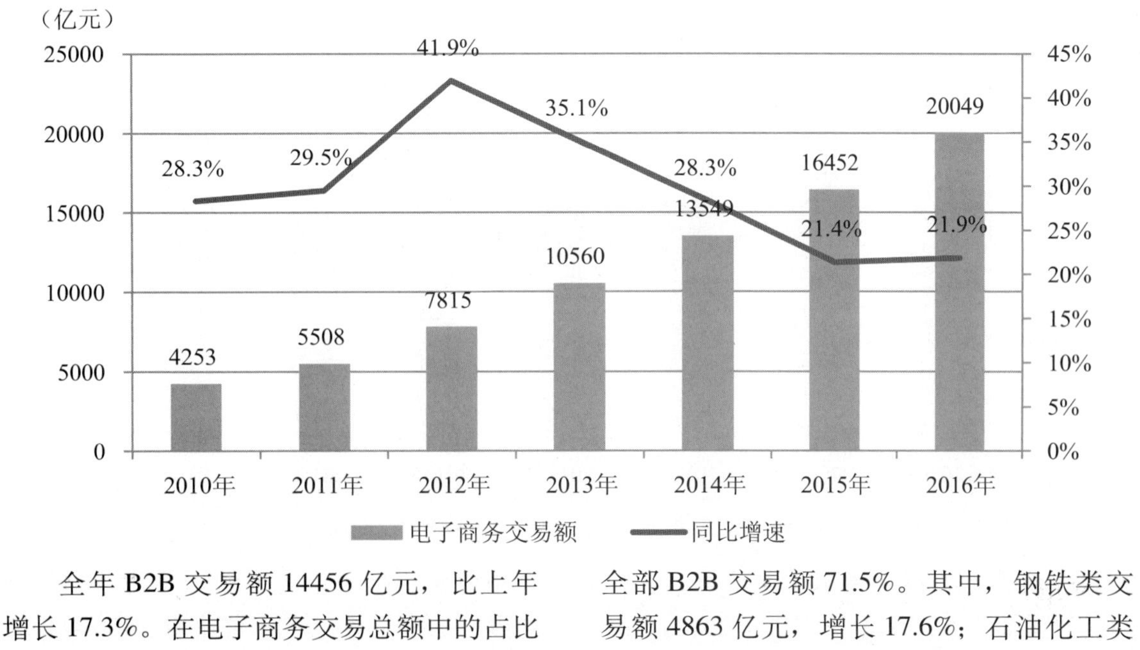

全年B2B交易额14456亿元，比上年增长17.3%。在电子商务交易总额中的占比从上半年的70.1%上升至72.1%。从前50强企业来看，合计交易额达10333亿元，占全部B2B交易额71.5%。其中，钢铁类交易额4863亿元，增长17.6%；石油化工类交易额3278亿元，增长20.7%。

2016 年上海电子商务交易结构及占比情况示意图

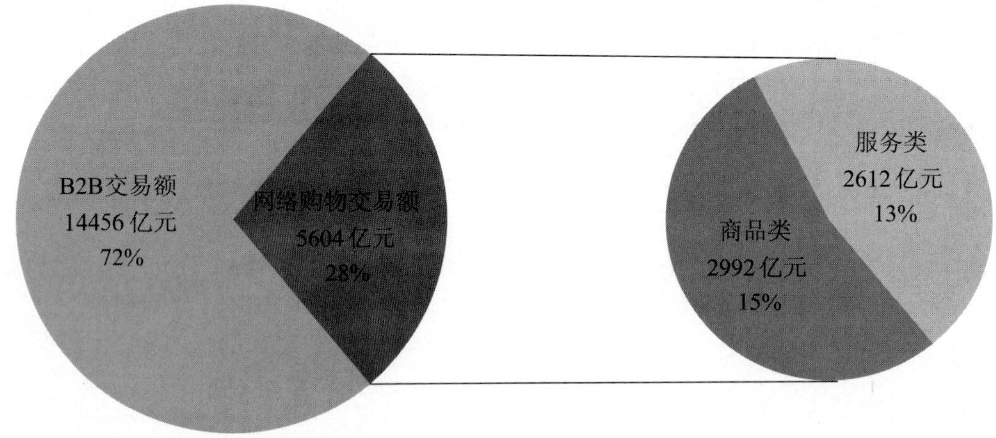

全年网络购物交易额 5604 亿元，比上年增长 35.4%。在电子商务交易总额中的占比从上半年的 29.9% 下降至 27.9%。其中商品类交易额 2992 亿元，比上年增长 32.9%；服务类交易额 2612 亿元，比上年增长 38.3%。商品类网络购物交易额中，综合百货类、建材家居类规模较大，交易额分别为 1385 亿元和 640 亿元，分别比上年增长 32.4% 和 15.0%，生鲜农产品类增速最高，达 61.4%。服务类网络购物交易额中，住宿旅游类交易额 1414 亿元，比上年增长 39.7%。

二、消费继续平稳增长，新消费引领态势凸显

全年社会消费品零售总额再次超过 1 万亿元，达到 10947 亿元，比上年增长 8.0%。其中，批发零售业零售额 9874 亿元，比上年增长 8.4%；住宿餐饮业零售额 1072 亿元，比上年增长 4.7%。

2010—2016 年上海社会消费品零售总额增长情况示意图

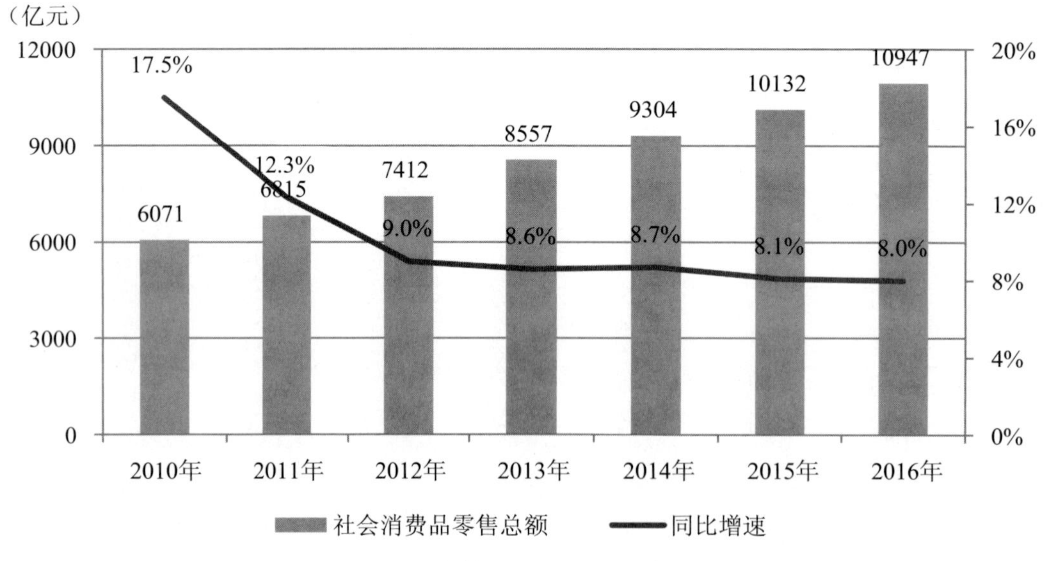

1. *消费成为经济增长重要动力*。在拉动经济增长的“三驾马车”中，社会消费品零售总额增速分别超过全市固定资产投资总额和货物出口 1.7 个和 8.4 个百分点，对全市经济稳增长起到了“压舱石”和“稳定器”的作用。全年商贸业增加值 4420 亿元，分别占全市生产总值和第三产业增加值的 16.1% 和 22.8%。商贸业税收 1763 亿元，分别占全市税收总额和第三产业税收的15.3% 和 21.2%。商业固定资产投资完成投资额 577 亿元，比上年增长 8.7%。

2. *重点商品拉动消费升级*。其中，穿的商品、用的商品引领增长，分别实现零售额 1777 亿元和 6205 亿元，比上年分别增长 11.0% 和 9.9%；吃的商品实现零售额 2399 亿元，增长 4.0%；烧的商品略有下降，实现零售额 565 亿元，下降 1.5%。具体商品中，服装鞋帽针纺织品类、汽车、家用电器和音像器材类、中西药品类零售额引领增长，比上年分别增长 11.7%、13.2%、11.9% 和 20.9%，合计拉动社会消费品零售总额增长 6.1 个百分点。

2016 年上海重点商品零售情况表

商品类别	零售额（亿元）	比上年（%）	占比（%）	拉动社零增长百分点（个）
服装、鞋帽、针纺织品类	2016.4	11.7	20.4	2.1
汽车类	1829.6	13.2	18.5	2.1
粮油、食品类	1062.1	5.6	10.8	0.6
家用电器和音像器材类	793.7	11.9	8.0	0.8
中西药品类	664.4	20.9	6.7	1.1
日用品类	596.9	3.7	6.0	0.2
化妆品类	471.8	6.4	4.8	0.3
文化办公用品类	427.8	9.8	4.3	0.4
石油及制品类	411.5	-0.9	4.2	0.0
通讯器材类	371.9	5.3	3.8	0.2
烟酒类	349.0	4.0	3.5	0.1
金银珠宝类	320.7	-1.8	3.2	-0.1
其他类	128.3	-26.2	1.3	-0.4
家具类	111.4	15.0	1.1	0.1
建筑及装潢材料类	103.8	23.0	1.1	0.2
饮料类	91.5	-3.3	0.9	0.0

3. *新兴业态引领消费增长*。以网上商店为主的无店铺继续领先增长，达 1584 亿元，比上年增长 13.8%，其中网上商店零售额 1250 亿元，比上年增长 15.8%。传统零售业态涨跌各半，便利店、购物中心继续保持增长，比上年增速分别为 10.5% 和 7.5%；大卖场、百货店、标准超市零售额依然处于下降状态，比上年降幅分别为 4.9%、12.3% 和 1.2%。主要餐饮业态增长低迷，快餐比上年增长 1.2%，中式餐饮、宾馆餐饮零售额比上年分别下降 4.3% 和 1.1%。

2016 年上海商业主要业态增长情况表

零售业态	比上年（%）	餐饮业态	比上年（%）
无店铺	18.4	快餐	1.2
便利店	10.5	宾馆餐饮	-1.1

（续表）

零售业态	比上年（%）	餐饮业态	比上年（%）
购物中心	7.5	中式餐饮	-4.3
专业专卖店	持平		
标准超市	-1.2		
大卖场	-4.9		
百货店	-12.3		

4．郊区社零快速增长。从各区看，郊区消费增速普遍快于中心城区，嘉定、金山、奉贤、青浦、崇明5个区社会消费品零售总额增速均在10%以上，成为拉动全市消费增长的重要动力；中心城区除黄浦、普陀和虹口以外，其余区增速也在5%以上；浦东新区社会消费品零售总额增长8.2%。从商圈看，城区、郊区商圈增速快于市级商圈，8个城区商圈零售额平均增长16.8%，增速比上年同期加快13个百分点；9个郊区商圈零售额平均增长5.1%，12个市级商圈零售额平均增长1.5%。

2016年上海主要商圈零售情况表

商圈名称		比上年（%）	增速比上年（%）
市级商圈	南京东路商圈	2.3	1.5
	南京西路商圈	13.5	5.9
	淮海中路商圈	25.1	8.2
	四川北路商圈	13.3	4.6
	徐家汇商圈	0.9	-4.5
	小陆家嘴—张扬路商圈	-11.9	-7.9
	豫园商城商圈	3.7	-5.8
	五角场商圈	13.3	11.7
	中山公园商圈	1.5	-1.2
	中环真北商圈	31.4	17.6
	新虹桥—天山商圈	18.5	11.5
	大宁商圈	-0.5	-5.9
平均增速		4.0	1.5
城区商圈	打浦桥商圈	-4.5	4.5
	南方商城商圈	13.1	-4.2
	长寿商圈	3.2	0.3
	曹家渡商圈	29.8	0.9
	长风商圈	2.1	14.4

（续表）

商圈名称		比上年（%）	增速比上年（%）
城区商圈	御桥商圈	52.3	34.5
	北中环商圈	41.9	39.9
	世博商圈	18.9	16.2
平均增速		31.7	16.8
郊区商圈	嘉定老城商圈	-1.7	-6.9
	松江新城北区商圈	-1.8	6.7
	松江新城南区商圈	13.6	27.0
	莘庄商圈	16.7	2.0
	七宝商圈	-13.4	-8.2
	金山新城商圈	-12.7	10.4
	南桥商圈	32.2	13.2
	青浦老城商圈	20.7	3.2
	赵巷商圈	5.6	4.5
平均增速		7.0	5.1

三、对外贸易回稳向好，贸易结构进一步优化

全年货物进出口28654亿元，比上年增长2.7%，好于全国3.6个百分点，在全国的占比由去年的11.4%提升至11.8%，规模居全国各城市首位。服务进出口2019亿美元，比上年增长2.6%，在全市对外贸易总额中的比重较上年提高1.5个百分点，达31.8%。

1. 货物出口降幅收窄。全年出口货值12118亿元，比上年下降0.4%，好于全国1.6个百分点，降幅比上半年缩小1.6个百分点。出口商品中，前10大类出口商品6升4降，机械提升搬运装卸设备及零件增长最快，达22.3%，拉动增长0.4个百分点；汽车零件和通断保护电路装置及零件出口实现较快增长，增速分别达13.4%和11.5%，合计拉动出口增长0.5个百分点；自动数据处理设备及其部件下降10.8%。出口市场中，对美国、东盟出口分别增长6.0%和6.5%；对欧盟、日本出口分别下降10.7%和3.4%；对“一带一路”沿线国家出口增长2.9%。

2016年上海主要出口商品情况表

排序	商品类别	出口额（亿元）	比上年（%）	占全市出口比重（%）	拉动出口增长百分点（个）
1	自动数据处理设备及其部件	1532.8	-10.8	12.6	-1.5
2	集成电路	1093.1	4.9	9.0	0.4
3	电话机	915.9	-5.0	7.6	-0.4
4	服装及衣着附件	732.0	-7.8	6.0	-0.5

（续表）

排序	商品类别	出口额（亿元）	比上年（%）	占全市出口比重（%）	拉动出口增长百分点（个）
5	纺织纱线、织物及制品	430.5	4.1	3.6	0.1
6	汽车零件	294.0	13.4	2.4	0.3
7	船　舶	268.9	-9.4	2.2	-0.2
8	机械提升搬运装卸设备及零件	268.7	22.3	2.2	0.4
9	通断保护电路装置及零件	234.2	11.5	1.9	0.2
10	自动数据处理设备的零件	216.9	-7.7	1.8	-0.1

2. **货物进口持续增长。**全年进口货值16536亿元，比上年增长5.0%，好于全国4.4个百分点。进口商品中，医药品进口比上年增长最快，达20.7%，拉动进口增长0.6个百分点；大宗商品和原材料进口增长较快，铜及铜材、铁矿砂及精矿、初级塑料进口额分别比上年增长10.3%、13.7%和2.6%，合计拉动增长0.7个百分点；集成电路进口2127亿元，比上年下降4.1%。进口市场中，欧盟、东盟、日本和美国四大进口市场均实现增长，分别增长6.5%、4.9%、9.7%和2.1%；从瑞士和中国香港进口增长较快，比上年分别增长31.7%和101.6%；对“一带一路”沿线国家进口比上年增长2.4%。

2016货物贸易主要进出口市场情况表

出口输往地			进口来源地		
国别（地区）	金额（亿元）	比上年（%）	国别（地区）	金额（亿元）	比上年（%）
美　国	2976.5	6.0	欧　盟	3737.2	6.5
欧　盟	1995.7	-10.7	东　盟	2047.1	4.9
东　盟	1449.8	6.5	日　本	1941.8	9.7
日　本	1268.5	-3.4	美　国	1788.1	2.1
中国香港	1196.4	-0.2	韩　国	1063.8	-15.3
拉　美	492.4	-4.3	中国台湾	1047.1	8.5
韩　国	481.6	-8.6	瑞　士	1202.8	31.7
中国台湾	407.9	7.5	拉丁美洲	797.1	-1.9
中　东	405.6	-4.6	澳大利亚	667.8	-5.0
澳大利亚	323.9	4.8	中国香港	268.6	101.6

3. **贸易企业结构持续优化。**从贸易企业结构看，民营企业进出口比上年增长9%，分别好于国有企业、外资企业16.3个和7.3个百分点，在进出口总额中的占比达到17.4%。

2016 年上海货物进出口企业结构情况表

类别	进出口（亿元）	比上年（%）	出口（亿元）	比上年（%）	进口（亿元）	比上年（%）
国有企业	3279.6	-7.3	1475.9	-5.8	1803.7	-8.5
民营企业	4986.8	9.0	2404.6	3.0	2582.2	15.3
外商投资企业	18457.3	1.7	8122.7	-0.2	10334.6	3.2

4. 重点区域对进出口的支撑作用增强。全市 16 个区进出口 10 涨 6 跌，占比最大的浦东新区比上年增长 4.9%，出口和进口比上年分别增长 4.5% 和 5.2%；徐汇、长宁、黄浦和普陀进出口比上年增长较快，增速分别达到 12.7%、7.7%、8.0% 和 8.6%。重点区域中，自贸试验区改革红利进一步释放，保税片区进出口增长 5.3%，其中出口大幅增长 13.7%；各出口加工区和国家级经济技术开发区中，金桥和青浦出口加工区进出口实现较快增长，比上年增长分别达到 6.4% 和 6.2%。

2016 年上海部分特殊监管区域和经济区域进出口情况表

区　域	进出口（亿元）	比上年（%）	出口（亿元）	比上年（%）	进口（亿元）	比上年（%）
自贸试验区保税片区	7794.3	5.3	2300.5	13.7	5493.8	22.2
松江出口加工区	1851.6	-9.9	1365.1	-14.0	486.5	3.9
金桥经济技术开发区	556.9	6.4	243.4	0.8	313.5	11.2
漕河泾出口加工区	360.6	4.5	231.8	3.7	128.8	6.1
漕河泾新兴技术开发区	149.3	1.5	76.7	-2.1	72.7	5.5
闵行经济技术开发区	138.6	0.5	75.9	-5.5	62.7	8.8
闵行出口加工区	61.6	-22.8	42.8	-30.1	18.7	1.5
青浦出口加工区	57.7	6.2	25.1	0.9	32.6	10.8
嘉定出口加工区	45.8	34.4	14.3	16.2	31.5	44.7

5. 服务进出口规模持续扩大。传统服务领域中，旅行服务进出口比上年增长 5.5%，运输服务比上年下降 10.2%；新兴服务领域中，电信、计算机和信息服务进出口比上年增长 11.6%，文化和娱乐服务比上年增长 11.4%。服务进出口市场中，中国香港和美国仍是上海服务出口最主要的市场，其出口额分别为 114 亿美元和 111 亿美元，比上年分别下降 8.5% 和 16.7%；中国香港也是上海服务进口最主要来源地，进口额达 493 亿美元，占全市的 32.4%。全年国际服务外包执行金额 67 亿美元，比上年增长 12.4%；全年登记技术进出口合同金额 99 亿美元，比上年微降 0.9%。

2016 年上海服务行业进出口情况表

行业类别	进出口			出口		进口	
	金额（亿元）	比上年（%）	占比（%）	金额（亿元）	比上年（%）	金额（亿元）	比上年（%）
总　额	2018.8	2.6	100.0	499.1	-5.0	1519.7	5.4
旅　行	1154.8	5.5	57.2	17.3	5.5	1137.4	5.5
运输服务	253.8	-10.2	12.6	99.1	-20.6	154.7	-2.1
专业管理和咨询服务	237.9	1.9	11.8	180.2	1.6	57.7	3.2
电信、计算机和信息服务	102.5	11.6	5.1	73.4	12.3	29.1	9.8
其他服务	90.2	11.6	4.5	62.7	5.3	27.5	29.3
技术服务	77.5	-6.0	3.8	47.4	-5.7	30.1	-6.6
知识产权使用费	62.1	8.4	3.1	1.1	-64.4	61.0	12.5
保险和养老金服务	20.6	-7.2	1.0	8.4	-43.8	12.2	69.1
建筑服务	10.4	-22.4	0.5	5.6	-40.5	4.8	20.5
文化和娱乐服务	7.4	11.4	0.4	3.5	1.1	3.9	22.5
金融服务	1.7	29.5	0.1	0.4	-27.0	1.3	64.4

2016 年上海服务业进出口主要市场分布情况表

出　口				进　口			
国别（地区）	金额（亿元）	比上年（%）	占比（%）	国别（地区）	金额（亿元）	比上年（%）	占比（%）
美　国	113.9	-16.7	22.8	中国香港	492.8	14.2	32.4
中国香港	111.4	-8.5	22.3	中国澳门	166.5	7.7	11.0
日　本	40.7	-3.0	8.2	美　国	147.6	3.6	9.7
新 加 坡	40.6	7.0	8.1	日　本	121.3	-0.9	8.0
德　国	31.1	22.8	4.6	中国台湾	56.7	-24.6	3.7
韩　国	15.4	-2.0	3.1	德　国	55.7	12.0	3.7

四、利用外资保持稳定，质量和效益明显提高

全年新设外资项目 5153 个，合同利用外资达到 510 亿美元。实到外资 185 亿美元，比上年微增 0.3%，连续 17 年实现增长。截至 2016 年底，上海累计引进外资项目 8.8 万个，合同外资 3840 亿美元，实际利用外资 2061 亿美元。

1．服务业引进外资保持增长，结构优化升级加快。全年服务业实际利用外资达 163 亿美元，比上年增长 2.5%，占全市实到外资的 88.3%。其中，以总部项目为主的租赁和商务服务业实际利用外资 48 亿美元，比上年增长 68.6%，成为上海利用外资第一大领域；金融服务、信息服务业实到外资，分别达到 27 亿美元和 15 亿美元，比上年分别增长 27.8% 和 95.7%；主要下降领域是房地产业和商贸业，实到外资分别为 38 亿美

2010—2016 年上海利用外资情况示意图

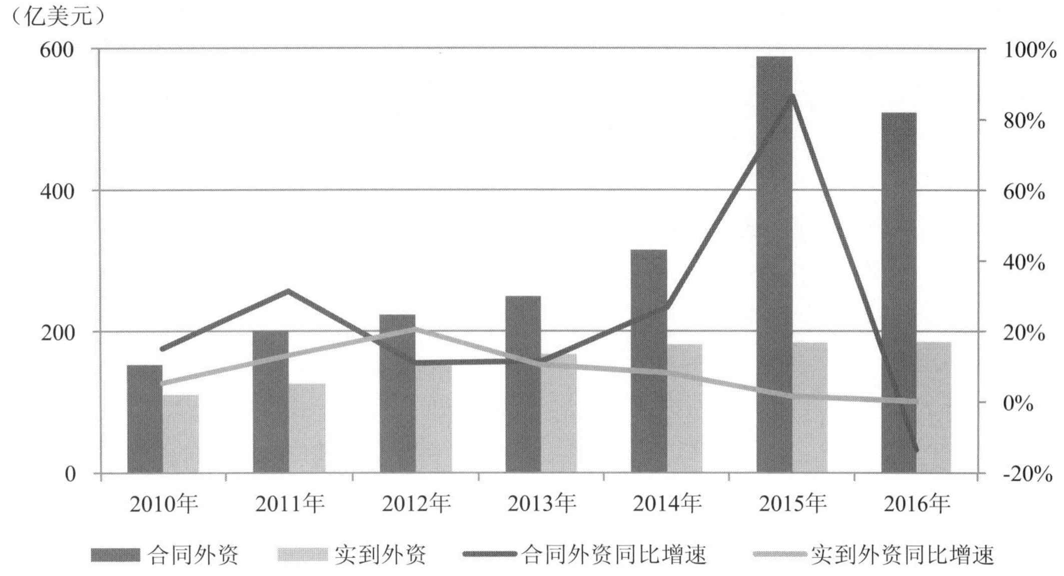

元、20 亿美元，比上年分别下降 32.6%、23.5%。截至 2016 年底，在上海投资的国家和地区增至 168 个，名列前 10 位国家 / 地区合计实到外资 165 亿美元，占全市 89.2%。其中欧洲对沪投资 19 亿美元，比上年增长 42.4%；日本对沪投资呈恢复态势，实到外资 4.9 亿美元，比上年微降 0.9%。

2016 年上海实到外资结构情况表

指标名称		金额（亿美元）	比上年（%）	占比（%）
产业及行业	第二产业	21.6	-13.8	11.7
	制造业	21.4	-14.0	11.6
	第三产业	163.4	2.5	88.3
	金融服务业	27.0	27.8	14.6
	租赁和商务服务业	47.5	68.6	25.7
	商贸业	20.3	-23.5	11.0
	信息服务业	15.3	95.7	8.3
	房地产业	37.8	-32.6	20.4
国别（地区）	中国香港	107.4	-5.0	58.0
	新加坡	15.2	-30.1	8.2
	美　国	5.1	-48.8	2.8
	日　本	4.9	-0.9	2.6
	法　国	2.4	87.6	1.3
	韩　国	2.1	31.0	1.1
	德　国	2.0	-53.1	1.1
	英　国	2.0	305.2	1.1
	瑞　士	1.6	94.6	0.0

2. 地区总部、研发项目持续增长，投资不断增加。跨国公司地区总部数量稳定增长，全年新设跨国公司地区总部45家，累计达580家，其中亚太区总部56家，上海作为内地跨国公司地区总部最集中的城市地位继续巩固。其中，新增投资性公司18家，累计达到330家。新增研发中心15家，累计达到411家，其中全球研发中心40余家，外资成为吸引和培育全球高端创新要素的重要载体。

五、对外投资快中趋稳，“一带一路”成为热点

全年共备案对外直接投资项目1425个，中方投资额达366.5亿美元，实际对外直接投资额251亿美元，比上年增长51%，规模居全国各省市第一。新签对外承包工程合同额119亿美元，增长6.7%。

1. 民营企业、并购增资成为对外投资主力。民营企业对外投资积极性依然高涨，中方投资额279亿美元，占全市76%。在投资方式上，并购和增资成为对外投资的主要方式，其中，并购项目中方投资额213亿美元，占全市58.1%，且以大项目居多，单个项目平均投资额是新设项目的近4倍；增资项目中方投资额81亿美元，占全市22.2%。

2. 对外承包工程集中在优势领域，并以大项目为主。新签合同额超5000万美元的大中型项目33个，合同总额93亿美元，占全市总额78.7%。其中，新签电力工程建设合同额40亿美元，占全市新签对外承包工程合同额34%，其中上海电气集团承接的埃及燃煤电站项目合同额超过26亿美元，是全国最大的对外承包工程项目之一。

2016年上海新签对外承包工程合同额构成情况表

类　别		金额（亿美元）	比上年（%）	占比（%）
新签对外承包工程合同额		118.5	6.7	100.0
企业性质	国有企业	101.5	2.0	85.7
	民营及外资企业	17.0	47.2	14.4
业务地区	非　洲	63.9	12.6	54.0
	亚　洲	31.2	-12.8	26.4
	欧　洲	3.1	-70.5	2.6
	拉丁美洲	13.9	176.1	11.8
	北美洲	5.7	120.7	4.8
分布行业	电力工程建设	40.3	-19.7	34.0
	制造及加工建设	13.7	-22.1	11.6
	房屋建筑	18.7	139.7	15.8
	工业建设	8.7	-37.5	7.3
	交通运输	15.6	82.8	13.1
	通讯工程	5.7	-27.7	4.8
	石油化工	9.4	302.7	7.9
	其　他	6.2	133.7	5.3

3. “一带一路”投资合作好于预期。上海企业在“一带一路”沿线国家新签工程承包合同额89亿美元，比上年增长66.5%，占全市总额72.3%；完成营业额40亿美元，

占全市总额60%。国际产能合作和装备制造走出去重点项目取得成果，上汽集团在泰国的整车制造新工厂启动，华谊集团投资泰国的橡胶轮胎制造项目顺利签约，纺控集团在孟加拉国的纺织产业合作项目持续推进。基础设施、互联互通等项目加快推进，斯里兰卡外环高速公路、东帝汶一号公路、蒙古巴彦洪格尔巴依扎格公路等项目成功签约。

2016年与上海"一带一路"投资合作情况表

对外直接投资			对外承包工程		
国别（地区）	金额（亿美元）	占比（%）	国别（地区）	金额（亿美元）	占比（%）
对外直接投资中方投资额	36.8	10.0	新签对外承包工程合同额	89.2	75.3
印　度	13.0	3.5	埃　及	26.7	22.6
新加坡	10.0	2.7	印度尼西亚	11.1	9.3
捷　克	6.2	1.7	菲律宾	10.2	8.6

六、展出规模稳步扩大，国际化水平持续提升

全年举办各类展会880个，比上年增长3.4%，展览总面积1605万平方米，比上年增长6.2%。举办国际展会287个，展览面积1178万平方米，比上年增长4.8%，占全市展览总面积的73.4%。举办国内展会593个，展览面积428万平方米，比上年增长10.5%，占全市展览总面积的26.6%。

上海展览业规模化走势日趋强劲。全年举办展出面积20万平方米以上巨型展览会项目10个，总计286万平方米；5万～20万平方米大型展览会54个，总计570万平方米。中国（上海）国际家具博览会等特大型展会在业内的引领作用和影响力进一步增强。

2010—2016年上海展览业发展情况示意图

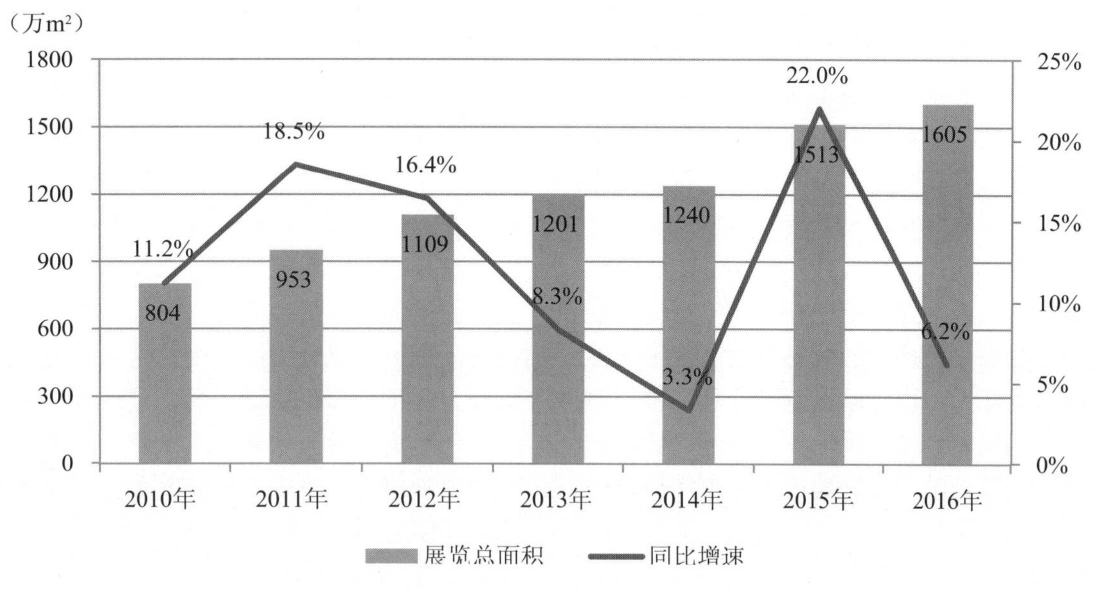

2016 年上海举办国内、国际展会占比情况示意图

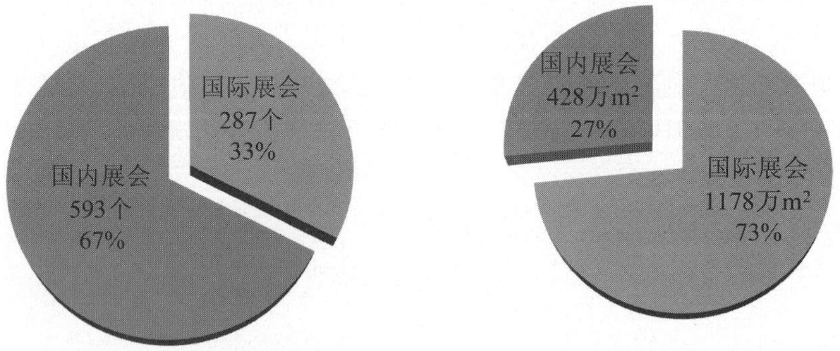

2016 年上海 20 万平方米以上的展会情况表

展会名称	展出面积（平方米）
医博会	346932
中国国际家具博览会	342475
Bauma 工程机械展	313030
上海国际汽车零配件、维修检测诊断设备及服务用品展览会	309755
纺博会（春夏）	308294
纺博会（秋冬）	294575
上海国际工业博览会	280246
上海国际家具展览会	235160
上海国际时尚育儿产业博览会	223190
上海国际酒店用品建筑装饰展览会	212942

2017 年，全市商贸工作的总体要求是：深入贯彻中央经济工作会议精神，按照市政府的决策部署，坚持稳中求进工作总基调，贯彻落实新发展理念，主动适应经济发展新常态，深化商贸领域供给侧结构性改革，服务好自贸试验区和建设具有全球影响力的科技创新中心两大国家战略，着力提能级、强功能、补短板、夯实统一开放竞争有序的现代市场体系、高标准的贸易投资制度环境体系两大支撑，加快推动上海国际贸易中心建设向纵深发展，加快推动商贸发展的质量和效益迈上新台阶，更好地服务全市经济社会发展大局。

具体地说，就是要坚持稳中求进的工作总基调。把握提能级、强功能、补短板三个关键。做好六个方面重点工作：一是着力服务国家战略，进一步打造对内对外开放新高地；二是着力推进内贸流通领域供给侧结构性改革，进一步实现流通降本增效；三是着力推进流通供需衔接，进一步发挥消费对经济增长的促进作用；四是着力推进外贸回稳向好，进一步提升上海贸易综合竞争力；五是着力优化全球价值链布局，进一步推进引进来和走出去提质增效；六是着力推进商贸系统自身建设，进一步提升服务全市经济发展大局能力。

第二编

互联网

+

商贸

互联网+商贸

百联集团i百联全渠道电商平台

2016年5月19日，百联集团i百联全渠道电商平台正式上线。作为以实体零售为立足点，拓展全渠道、全业态、全客群、全品类、全时段的上海区域垂直电商平台，i百联平台将围绕“i百联，云享生活”的核心理念，为沪上消费者带来触手可及的新时代海派品质生活。i百联平台成为百联集团迈向新时代的开新篇之作，成为标志传统国企转型与零售消费领域创新的重磅之作。

当前，消费人群、消费结构与消费需求正随着互联网时代的发展发生深刻的变化，i百联正是这样一个由百联集团倾心打造的

2016年5月19日，百联集团i百联全渠道电商平台正式上线。集团党委书记、董事长、总裁叶永明致辞

线上线下互通、互融、互动的全新区域垂直商务电子化平台。整合了百联集团旗下原百联E城、联华易购及百联股份网上商城3家网站，依托BL.com网站、手机APP、微信公众号矩阵为线上平台，以百联集团旗下全业态企业为线下支撑，以商品、体验、供应链为核心，将门店、社区、商圈与统一会员体系串联，形成全渠道商业生态圈。

在i百联平台现阶段的78个应用产品里，包含了五大特色服务场景：百联通享、百联财礼、百联店取、百联到家、奥莱代购；五大特色购物场景：精品闪购、全球购、生鲜随心订、精选篮筐、百联云店。

i百联平台通过供应链组成“商务云”生态系统，从服务到家、新鲜直达、体验便利、网上购物社交化、有人情味有温度等角度考量，在产品、服务、营销推广等方面打造城市资源共享。由此，消费者可以通过云端随时随地随心地享受全新的商品、服务及体验，让“云享生活”真正进入万千家庭的日常之中。

百联集团将充分利用已有的4800家线下实体资源，发挥近10万名零售从业人员的优势，把握每年超过10亿人次的线下客流，运用“互联网+”的技术和平台，更加便捷消费者、满足消费者、服务消费者，实现实体商业核心能力的重构。

百联集团表示，在新的起点上，将以全渠道商业零售为核心，重构现有产业板块，积极构筑以“互联网+”为基础，围绕消费者“衣、食、住、行、康、财”六方面需求的全新产业布局，进一步提升消费者在品牌、产品、服务上的全方位体验，成就以全渠道的底色、互联网+的成色所组成的多彩“云享生活”。并表示，为回馈消费者，从i百联全渠道电商平台上线起100天内，每新增1名百联通会员，百联集团即投入1元人民币，作为上海城市绿色账户筹备各积分兑换基金。

东方购物

东方购物隶属于上海东方明珠新媒体股份有限公司，上海东方明珠新媒体股份有限公司是上海广播电视台、上海文化广播影视集团有限公司（SMG）统一的产业平台和资本平台，是目前中国销售规模最大、最具特色的电视购物平台。从2004年4月1日开播至今，销售额年均复合增长达46.5%，电视信号覆盖全国12个省级行政区，辐射5600万户可视听家庭，电商业务覆盖全国，累计会员突破950万人。

东方购物以视频购物这一商业创新模式，通过网站、移动端、IPTV、广播、目录等渠道构建全媒体立体销售平台，融合电视大屏与移动小屏，实现跨屏联动与优势互补。依托SMG优质综艺、新闻、影视大IP，运用购物节目实现流量变现。东方购物销售商品种类逾12万件，涵盖贵金属、汽车、宝玉石、艺术品、家装、厨房电器、生活家居、生鲜食品，开创旅游、房产、家装、教育、婚庆等无形商品品类，创造国内电视购物史上多个第一，引领都市潮流和品质生活。

东方购物节目每天24小时不间断播出，制作最优质的节目呈现给消费者观众：特色栏目“丹丹李强惠生活”以食品、厨房、家居为主题，与明星一起聊生活；“跟着高黎学收藏”鉴赏艺术品的同时，传播专业艺术收藏知识；“家装第一站”呈现高品质、多样化的家装产品；“明天吃什么”围绕“美食”展开话题，和你一起秀厨艺吃健康；“健康加油站”与沪上知名滑稽戏演员舒悦一起聊健康、话养生。这些特色栏目受到越来越多消费者的喜爱。

2017 东方购物全球新品季全媒体首发

东方购物为消费者提供 7 天 24 小时全方位客服，包括 ARS 无人自动客服、在线客服、自营售后等特色服务，并将继续提升服务水平，提升响应效率，打造智能化、价值化、效率化的服务平台。

东方购物上海总仓位于昆山花桥，仓储设施占地 3.7 万平方米，在成都、武汉、哈尔滨、北京拥有四大分拨仓库。具有专业配送队伍为消费者提供一系列特色服务，如贵金属、大件商品、成衣挂件运输、冷藏冷冻全程高质量冷链配送，并支持当日配、次日达、以旧换新等多种模式。未来将继续打造低成本、高效率、多层次、开放式、可持续发展的一流物流体系，保障用户享受到卓越、全面的物流配送。

东方购物始终坚持“质量第一”的理念，以跨境购物为例，东方购物通过自营直采的跨境购物平台“东方全球购”，与原产地品牌商对接，保证海外优质正品，为消费者提供真正的优惠。2016 年 4 月，东方购物建立品质管理实验室，从食品、纺织品、家电、珠宝玉石、商品包装五大模块入手，建设品质管理实时监控平台，实施质量体系大数据化管理，实现对消费者的品质承诺。

东方购物作为电视购物行业的领军品牌，负责牵头制定《电视购物服务标准》，完善电视购物诚信服务体系建设，促进国内家庭购物消费模式普及，同时带动制造业、物流业、呼叫中心业及银行支付业务的同步发展，为社会创造更大价值的全媒体在线购物平台。

1 号店

2008 年 7 月 11 日，“1 号店”电子商务型网站正式上线，开创了中国电子商务行业“网上超市”的先河。公司独立研发出多套具有国际领先水平的电子商务管理系统

1 号店 7 周年店庆月

拥有多项专利和软件著作权，并在系统平台、采购、仓储、配送和客户关系管理等方面大力投入，打造自身的核心竞争力，以确保高质量的商品能以低成本、快速度、高效率的流通，让顾客充分享受全新的生活方式和实惠方便的购物体验。

2015 年 7 月，沃尔玛收购 1 号店余下股权实现全资控制。2016 年 6 月，京东与沃尔玛达成深度战略合作，沃尔玛旗下 1 号店并入京东。京东获 1 号店商城主要资产、包括 1 号店的品牌、网站及应用。

1 号店网站正式上线以来，1 号店持续保持高速的增长势头，2013 年实现 115.4 亿元的销售业绩，成为当时国内最大的 B2C 食品电商。

1 号店在线销售商品超过 200 万种，涵盖食品饮品、美容护理、厨卫清洁、母婴玩具、数码电器、家居运动、营养保健、钟表珠宝、服装鞋帽、机票服务、品牌旗舰店等十二大类，还拓展了众多虚拟产品服务项目，如手机充值、生活费用付款、火车票查询、机票订购等在线服务。1 号店已拥有 5700 万个注册用户，并拥有超过 1500 万个移动端注册用户。

1 号店的使命是，用先进的系统平台和创新的商务模式为顾客和商家创造最大价值。

体现 1 号店企业文化的“八字箴言”：“诚信、顾客、执行、创新”是 1 号店的核心理念，并始终将“诚信”放在第一位。新员工必须参加一系列企业文化培训，让八字箴言成为每一个员工的行为准则。

1 号店自主研发的五大模块，组成的超级平台，具有高效率、低成本、高兼容性、可扩性。其核心优势：一是全国布局。1 号店在现有北京、上海、广州、成都、武汉、泉州、济南七大运营中心的基础之上，再在广东洪梅开建华南地区最大的自动化 B2C 电商仓库，在上海推出“准点达”，并推出“全国包邮”政策。

二是系统优势。1 号店 PIS 系统（价格智能管理系统）通过实时监控全网 70 多家主流电商 1700 万种商品的价格和库存信息，根据 1 号店的价格策略实时调整价格，保证价格竞争优势，并在公司内部设立专人负责价格巡查，通过系统和人工方式对价格进行更严格的规范管理。同时，1 号店制定了“4+1”质量控制安全管理体系，即在供应商审核、产品入库检查、存储配送管理、产品质量问题追溯 4 个关键环节制定了详细的产品质量安全监督流程，全力维护消费者权益。

三是集成供应链。1号店推出“托盘共用体系”，已经被“品牌直通车”合作品牌商宝洁、联合利华、雀巢、百事等跨国巨头采用；“品牌直通车”是1号店的模式创新，通过与全球消费品巨头300个全球品牌达成销售信息、市场营销活动、库存备货、物流绿色通道、顾客满意度、运营数据、全球经验七个层面的“直通”，1号店为顾客提供更安全可信、更具价格优势的产品和服务。

四是特色服务。多种支付方式货到付款、货到刷卡、网上支付；满99免运费；顾客服务：无后顾之忧；客服中心：随时为消费者解答各种咨询；假一赔三，小家电、家居用品30天无理由退换货。

五是产品优势。2013年，1号店首度成为“企业级战略品类”的手机品类在线销售的市场份额跻身中国B2C电商行业前三名；作为具有壁垒级优势的品类，1号店在食品饮料尤其进口食品方面，牢牢占据中国B2C电商行业第一的市场份额；单单进口牛奶一个品类，1号店就拥有来自29个国家和地区70多个品牌的近300种产品；2013年1号店在上海以水果品类切入生鲜领域，成为中国第一家自营生鲜的综合性电商，北京、上海两地的1号店顾客可以在线购买水果、蔬菜、冷藏、冷冻食品等，品类丰富程度已经与线下实体超市不分伯仲；在百货市场，1号店亦保持了行业内的领先地位，在洗护发、沐浴、女性护理、口腔护理产品等细分品类保持了中国B2C电商行业第一的市场份额。

“打造业界第一的顾客体验”依然是1号店的目标和愿景，并通过顾客体验的KPI指标分解和持续优化。1号店顾客满意度始终保持90%以上的行业领先地位，并在2013年获得“最佳电商购物体验奖”“中国最佳呼叫中心”等业界殊荣。

苏宁易购

苏宁易购是苏宁云商集团股份有限公司旗下新一代B2C网上购物平台。

从1999年开始，苏宁电器就开始电子商务研究，并承办新浪网首个电器商城，2005年组建B2C部门，开始自己的电子商务尝试（销售区域仅限南京）。

2006年12月苏宁网上商城二期在南京、上海、北京等大中城市上线销售，2007年，苏宁网上商城三期上线，销售覆盖全国并且拥有了单独的线上服务流程。2009年8月18日，苏宁云商网上商城携手IBM联手打造新一代的系统，全面打造出一个专业的家电购物与咨询的网站，旨在成为中国B2C市场最大的专业销售3C、空调、彩电、冰洗、生活电器、家居用品的网购平台，并正式更名为苏宁易购。2010年2月，正式对外发布上线。

在全新蜕变之后的两个月以来，苏宁易购重新梳理能贴合网络购物特点的页面风格、采购体系、物流规划、商品清单、页面设计、购物流程、支付手段、配送售后等新的购物体验，努力为用户营造轻松、和谐、愉悦的购物环境，不断丰富品牌类型，优化产品结构，不仅为顾客提供家电类产品，更增加了家居用品及办公用品，极大地丰富了消费者的购物体验，改变了网购的传统模式，让顾客在充分享受网购的过程中，体验人性化的服务。2015年8月，苏宁易购正式入驻天猫。

苏宁易购建立在苏宁云商长期以来积累的丰富的零售经验和采购、物流、售后服务等综合性平台上，具有苏宁品牌优势，上千

苏宁易购“618”年中庆

亿元的采购规模优势，遍及全国30多个省1000个配送点3000多个售后服务网点的服务优势，持续创新优势等。在此基础上，苏宁易购组建1000人的B2C专业运营团队，形成以自主采购、独立销售、共享物流服务为特点的运营机制，以商品销售和为消费者服务为主，同时在与实体店面协同上将定位于服务店面、辅助店面，虚实互动，为消费者提供产品资讯、服务状态查询互动，以及作为新产品实验基地，将消费者购物习惯、喜好的研究反馈给供应商设计，提升整个供应链的柔性生产、大规模定制能力。

苏宁易购开始时商品覆盖传统家电、3C电器、日用百货，后经不断收购、合作、扩张，在母婴、服装、美妆、鞋包及品类的SKU得到大幅扩充，并将在食品、医药、家居、团购、汽车用品、在线旅游等领域展开新一轮收购或寻找战略伙伴。

苏宁易购强化虚拟网络与实体店面同步发展，具有以下几大优势：

在用户体验上，苏宁实体店商品定位中高端，3C+旗舰店舒适的购物环境和开放式顾客体验，且不断创新销售模式与流程，给顾客提供便捷的购物感受；独立运营的苏宁B2C网站200多运营人员，具有多年营销经验，能为顾客采购到适合网上销售的新、奇、特和有优势的商品。

在行业竞争上，苏宁品牌是消费者最值得信赖的品牌之一，品牌价值2012年时即已突破800亿元；苏宁品牌是苏宁B2C促销非常重要的竞争资源。

在供应优势上，苏宁实体店有年销售规模1000多亿元的强大采购平台，有80余个CDC、RDC，60多个转运点，850多家门店的仓储能力，400多家售后网点支持全国售后服务，丰富的配送经验和配送能力，覆盖全国各地；实体店的上述供应优势，同样是苏宁B2C优势。

在运营管理上，苏宁实体店资金丰厚，经营运转正常，已形成成熟的盈利模式和较高的运营效率；苏宁B2C对实体店的资金实力和长期形成的盈利模式，均可供充分利用。

苏宁易购规划到2020年实现3000亿元销售规模，成为中国领先的B2C平台之一。

圆通速递

圆通速递创建于 2000 年 5 月 28 日，经过 16 年的发展，已成为一家集速递、航空、电子商务等业务为一体的大型企业集团，形成了集团化、网络化、规模化、品牌化经营的新格局，为客户提供一站式服务。圆通速递在网络覆盖、运营能力、业务总量、公众满意度及服务质量、信息化水平、标准化等方面等均走在了行业前列，2015 年全年业务量在全国快递行业排名第一；品牌价值和综合实力名列中国快递行业前三甲。

圆通愿景是打造成受人尊重的百年企业，创具有国际影响力的快递品牌。圆通的核心价值观是“领先”。领先的四个要素：速度、责任、诚信、共赢。速度是行动，责任是准则，诚信是根本，共赢是目的。

圆通速递立足国内、面向国际，致力于开拓和发展国际、国内快递、物流市场。服务涵盖报关、报检、海运及空运进出口货物的运输服务、中转、国际国内的多式联运，分拨，仓储及特种运输等一系列的专业物流服务，并可量身定制、策划物流方案。

圆通速递在全国建立了 8 大管理区、72 个转运中心、15500 个配送网点，快递服务网络覆盖全国 31 个省、自治区和直辖市，地级以上城市已实现全覆盖，县级以上城市覆盖率达到 93.9%。营业网点超过 4.5 万个。在境外圆通速递通达包括港澳台地区在内的全球 200 余个国家和地区，航空运输到达 93 个机场，航线覆盖 103 个城市，累计开通航线数量 1110 条。圆通速递汽运网络网运输车辆超过 32000 辆，陆路运输干线 2928 条。2015 年 10 月，圆通航空正式开航运营，圆通速递成为国内仅有的两家拥有自有航空公司的民营快递企业之一。

多年来，圆通先后获得“全国交通运输行业文明示范窗口”“全国青年文明号”“全国快递旺季服务保障先进企业”“上海市青年文明号”“上海市模范职工之家”等荣誉称号。被推选为“中国快递协会副会长单位”“上海市现代服务业联合会副会长单位”“上海市快递行业协会副会长单位”。圆通速递被评为上海市名牌。

圆通以“企业的发展”和“创造更多就业”来推动经济社会发展，关注、支持和积极参与公益慈善及环保事业，先后用于抗险救灾、捐资办学、帮贫扶困、爱老敬老、社会主义新农村建设等方面的捐款投入达 5000 余万元。在未来的发展过程中，圆通承诺将一如既往地承担应有的国家和社会责任，积极回报社会，为国家的科学发展做出应有的贡献。

驴妈妈旅游网

驴妈妈旅游网创立于2008年。是中国知名综合性旅游网站、中国景区门票在线预订模式的开创者。提供景区门票、度假酒店、周边游、国内游、出境游、大交通、商旅定制游等预订服务。在景区门票、周边游、邮轮等品类服务中处于行业领先地位。驴妈妈拥有7000万注册用户，经过2015年O2O项目布局，已在祖国大陆除西藏地区以外的所有地区拥有O2O分支机构110家，线下门店1000多家。驴妈妈旅游网母公司为景域集团，连续5年入选"中国旅游集团20强"。

驴妈妈从2008年创立起，就以景区门票作为切入点，让"一个人一张票，也能享受优惠"成为现实，并率先在全国将二维码技术用于景区门票业务，实现电子门票预订、数字化通关。

2015年驴妈妈深耕全国近百个周边游核心目的地，如华东的天目山、黄山、千岛湖；华北的秦皇岛、大连；东北的长白山；华南的长隆、珠海、深圳；西南的成都、峨眉山、九寨沟等地的综合影响力都位居OTA前列。当年驴妈妈覆盖景区超过1万家，其中5A景区覆盖率达到92%，居OTA行业第一。根据艾瑞《2016中国景区旅游研究报告》显示，在受关注度较高的5A、4A景区市场份额中，驴妈妈以23.8%、24%的占有率位居行业第一。驴妈妈旅游网的用户满意度位居首位，达到88.2%。

作为第一个推出在线门票预订的OTA，妈妈与景区联手打造节庆活动由来已久，如武汉欢乐谷荧光跑、象山海滨狂欢海鲜节、万人自驾游黄山、帐篷露营节等，其中风筝节、彩轮节等均吸引了上万游客参与。驴妈妈还通过和景区深度互动、产品创新、联合造节、产学结合等方式，不断为消费者提供差异化产品，并为景区引流、增强品牌影响力。

驴妈妈还创立了"酒店＋门票+X"的

井柏然遇见驴妈妈，不只会用情话撩你哟！

自助游产品服务体系，区别于传统 OTA，驴妈妈以酒店度假套餐预订为突破口，挖掘酒店自身特色项目及与周边关联目的地的度假元素整合，从酒店单元素预订系统的衍生到以度假酒店为核心的目的地一站式产品服务。根据易观智库《中国在线周边自助游市场专题研究报告 2016》，2015 年驴妈妈在中国的在线周边自助游市场夺魁，市场份额高达 30.7%。

驴妈妈开发了亲子游、自驾游两个核心版块。驴悦亲子游，针对亲子旅游市场专属品牌，通过八大系列活动做到寓教于乐，2015 年共策划了 200 场亲子活动，好评率 100%，开创了在线旅游细分领域年度投诉为零的行业先河；驴妈妈自驾游，为全国车友打造高品质、高舒适度的自驾游平台，2015 年举办自驾活动 150 多场，覆盖人群近 30 万人。

2016 年以来，驴妈妈“全球直采战略”发展顺利，出境游邮轮包船 34 艘，位列行业第一。驴妈妈为邮轮游客提供免费选择舱房、赠送邮轮保险、9 元岸上 WiFi、49 元换购邮轮礼包、24 小时微管家等附加服务。

光明菜管家

光明集团下属的上海菜管家电子商务有限公司，旗下光明菜管家优质农产品订购平台，是国内农产品电子商务的先行者，致力于安全优质农产品的开发及农业电子商务 B2C 平台的建设与运营。目前，光明菜管家已在业内率先建成集网上商城、CRM 系统、ERP 系统、WMS 系统、TMS 系统一体化的供应链平台，集农产品基地建设、市场开发、冷链配送及终端销售于一体，以“安心食材送到家”为企业核心目标。为数千家企事业单位提供健康福利、商务礼品、会务礼品团购以及各类采摘、拓展、会务等农家乐旅游服务；为数万家庭用户提供安全农产品网上及电话订购，并提供个性化的安心食材包月配送服务。2013 年，上海菜管家电子商务有限公司与光明旗下上海海博物流（集团）有限公司正式签署战略合作协议，光明菜管家与海博物流联手打造国内领先的农产品第三方冷链物流平台，辐射长三角，更好地服务农民、服务企业、服务市民、服务社会。

光明菜管家拥有自建及合作的有机和绿色认证种植养殖基地 100 余家，国家级畜禽资源保护基地 10 家，遍布海内外的优质农产品合作供应商 300 多家。为会员提供果蔬、禽肉、水产、粮油、干货、乳制品等近 2000 种全方位高品质食材。

光明菜管家十分重视食品安全，拥有独立质检室，对每一批次商品进行各项指标的专业的抽检或全部检测；检测标准苛刻，对农残、药残、致病菌等 9 项主要指标以及 200 多项其他安全指标检测。并承诺严审产品来源：所有商品确保产地正宗，假一罚十；基地种植养殖标准经过 12316 农科专家认证；所有基地均经过光明菜管家质量体系认证。且全程层层把关，对农产品从生产到流通的田头、入库、在库、出库、运输、收货 6 道环节进行全程检测，确保食材安全。

上海菜管家电子商务有限公司现已成为中国农业电子商务 B2C 领域的佼佼者，旗下拥有：菜管家农产品电子商务网和下乡了生态农业旅游网两大主题健康生活网站；同时投资成立现代农业发展公司和多家农产品专业合作社。依托强大的技术实力和广泛的农业基地联盟，以创造健康生活为核心理念，在解决帮助农民及合作社解决农产品销售难的同时，也给市民带来新鲜优质的美味佳肴和世外桃源般的乡野体验。

大众点评网

大众点评网于2003年4月成立于上海。大众点评是中国领先的本地生活信息及交易平台，也是全球最早建立的独立第三方消费点评网站。

从2003年成立至2016年，大众点评网共经历四轮融资。2006年，大众点评获得红杉资本的首轮100万美元投资；2014年2月，腾讯宣布与大众点评战略合作，持后者20%股份；2014年12月，大众点评获得包括腾讯、淡马锡控股、万达集团和复星集团的8.5亿美元融资。

2015年10月，大众点评网与美团网联合宣布达成战略合作并成立新公司。新公司将成为中国O2O领域的领先平台。合并后双方人员架构保持不变，保留各自的品牌和业务独立运营。新公司将实施Co-CEO制度，重大决策在联席CEO和董事会层面完成，新公司估值超150亿美元。此次交易得到阿里巴巴、腾讯、红杉等双方股东的大力支持。

2016年7月18日，生活服务电商平台美团—大众点评（简称“新美大”）宣布，获得华润旗下华润创业联和基金战略投资，双方将建立全面战略合作。

大众点评网一直致力于城市消费体验的沟通和聚合。大众点评网首创并领导的第三方评论模式已成为互联网的一个新热点。

大众点评移动客户端通过移动互联网，结合地理位置及网友的个性化消费需求，为用户提供商户信息、消费点评及消费优惠等信息服务，同时提供团购、餐厅预订、休闲娱乐及生活服务等O2O交易服务。大众点评是国内最早开发本地生活移动应用的企业，并已成长为一家移动互联网公司，大众点评移动客户端已成为人们本地生活必备工具。

截至2015年第一季度，大众点评月活跃用户数超过2亿个，收录商户数量超过1400万家，覆盖全国2500多个城市及美国、日本、法国、新加坡、泰国、印尼、马尔代夫等近百个热门旅游国家和地区。除上海总部之外，大众点评已经在北京、广州、天津、杭州、南京等160多座城市设立分支机构。

随着互联网餐饮的深入发展，大众点评已开始合纵连横，不再只是把注意力集中在C端用户，而同时将联合B端商户的专业服务机构，解决餐饮企业在互联网化中所遇到的问题。为了更好地部署餐饮O2O的线上和线下双向延伸与融合，帮助餐饮企业信息化和网络化建设与运营，大众点评迅速抢位，正在扮演着“‘互联网餐饮’和‘餐饮互联网’”新业态构建者的角色，通过信息的高效流转，大数据的深度挖掘，以满足商家对于效率和服务提升的迫切需求。

大众点评以优异的业绩，屡获殊荣：2011年8月被评为“清科——2011中国最具投资价值移动互联网企业50强”，11月获上海市信息服务业行业协会颁发的“2011移动互联网最佳应用奖”；2012年3月获艾瑞“2011年度互联网创新力产品奖”，8月被《福布斯》中国评为“中国移动互联网公司30强”第一名，9月被中国互联网协会评为“移动互联网最佳实践案例”。

泰康之家·申园

泰康之家·申园隶属于泰康之家（北京）投资有限公司。该公司是泰康保险集团旗下健康产业投资运营子公司，是中国保险业第一个养老社区投资实体，国内最大的连锁养老机构，致力于打造中国高品质医养第一品牌。秉承集团“专业化、规范化、国际化”的经营理念，泰康之家已在医疗、养老和高端商业不动产领域形成了国内领先的产业投资及资产运营能力。

2015 年 4 月 25 日，国家金卡工程物联网应用智慧养老示范园授牌仪式在上海举行，泰康之家 • 燕园、泰康之家 • 申园凭借对大数据、智能互联的领先实践，被授予“物联网应用智慧养老示范园”称号。

泰康之家公司投资约 200 亿元，在北京、上海、广州、三亚、苏州、成都、武汉、杭州 8 个重点城市，建设大规模、全功能、以医养结合、持续照护为核心、国际标准的养老社区。北京泰康之家 • 燕园、上海泰康之家·申园、广州泰康之家粤园养老社区已正式投入运营，标志着泰康之家实现了京津冀、长三角、珠三角三大核心经济圈布局的完成。三大社区运营以来，业已形成高素质的居民群体，居民多为高级知识分子、离退休干部、企业管理者等共和国第一代建设者，总入住居民超 1000 人。

泰康之家 • 申园位于上海松江区佘山脚下，一个四面环水的小岛上，占地 9 万平方米，建筑面积 22 万平方米。建筑项目包括 17 栋高层塔楼和多座低层建筑。17 栋高层中包括一座医院、6 栋独立生活楼和 10 栋活跃老人生活楼。建成后可容纳居民 2200 户。申园秉承“在地安养、持续关爱、人文关怀”先进理念，引入国际领先的 CCRC 养老模式，“1+N”全方位服务模式，并配备了专业康复医院和养老照护专业设备，为居民营造一个温馨家园、活力生活的环境，老人可长期居住的大型综合高端医养社区。

泰康之家 • 申园的养老生活体验馆于 2014 年 4 月正式揭幕。申园凭借对大数据、智能互联的领先实践，被授予“物联网应用智慧养老示范园”称号，2015 年 4 月 25 日，国家金卡工程物联网应用智慧养老示范园授牌仪式在上海举行。

申园社区规划有独立生活、协助生活、专业护理、记忆障碍四个基本区域。首期开放的独立生活区共 280 户，已预定满额。于 2016 年 7 月 18 日正式投入运营，首月入住居民超过 100 户。

申园社区北端的康复医院定位为二级医院，提供综合医疗服务和针对老人的治疗服务，已于 2016 年 12 月开业。并挂牌成为泰康保险定点医院，开创了保险直付新模式。

上海友康信息科技有限公司

上海友康信息科技有限公司，是一家提供老年及智障人士服务产品的民营高科技企业，成立于 2010 年。公司采取市场化运作方式，面向全市老年人提供各类有偿服务，服务能力可达 1000 万人，同时承接政府委托的各项为老服务。截至 2016 年，公司在线会员 28 万人以上。主要提供电话主动关爱、紧急救助、定位服务、电子围栏、代购代办、信息发布、俱乐部服务等，加入后台服务的各类组织有 500 余家，内容涉及生活服务类、维修类、文化娱乐类、医疗类、法律服务类、机构养老类、教育类、就餐类、特需服务类等十大类 53 项服务。公司创造性地运用物联网概念、借助 IT 通讯技术、通过呼叫中心手段，建立以客户服务和强大数据处理中心为核心的先进的技术服务平台，为客户提供 24 小时 ×365 天全天候不间断的贴心顾问服务。

友康科技通过整合云计算、移动互联网、IT 技术、数据交换平台、呼叫中心等尖端科技，专门针对老年人及失智人群设计出科技养老“平安保 3+1 服务”。它由终端服务、平台服务、俱乐部服务和售后服务组成，其核心旨在老人突发意外危及生命时有人“救”、日常生活中遇到困难时有人“帮”、想要休闲娱乐时有地方去“玩”。

平安保终端服务，突发意外有人“救”。老人独自在家，突发意外怎么办？平安保终端服务“一键呼叫”功能将老年人的安全隐患消灭在萌芽状态，救老人于危难！独居老人突发意外时，只需按下平安保终端上的 SOS 键，即可在第一时间联系到平安保客服平台。平台会在第一时间确认老人位置，并针对老人的突发情况紧急通知家属联络人或联系 110、120 实施救助，不会错过最佳的抢救时间。患有老年性记忆障碍症的老人容易走失，针对这部分特殊人群，平安保终端服务为其量身定制了即时定位、位置查询及电子围栏功能，老人一旦走失，家人可以通过平安保客服热线 962899 或登录公司网站随时查询到老人的位置，再也不用担心老人走丢了。

平安保平台服务，困难时刻有人“帮”。老人有很多生活的无奈，看病就是个大问题。平安保平台服务整合了上海地区所有三甲医院的专家门诊预约信息，老人只要一个电话，平台就能协助代为预约相关专家门诊号，再也不用为就医而烦恼。

平安保平台服务，利用先进的 IT 和通信技术为会员提供有问必答、代为办理、文娱信息发布、爱心关怀服务，通过 962899 或平安保终端上的 SOS 呼叫键，一个电话随时有人“帮帮忙”。汇集了上海九大类 1000 多条公共信息的平安保平台服务，可做到“老年生活事事通”。老人只要说出需要帮助的需求，平台服务即可实现帮助。

平安保俱乐部服务，娱乐休闲有处“玩”。老人特别是窝巢或独居老人都存在精神需求的匮乏。平安保专门打造了一个老年人交流、互动、沟通的平台——平安保俱乐部服务，整合了上海地区各街道的活动资源，老年人可以就近参与。这个平台还通过云计算技术，将会员兴趣进行分类整合，并根据老人兴趣爱好、年龄特征专门组织个性化活动，让更多志趣相投的老人聚在一起；老人在可以互帮互助中，都能发挥自己的一技之长，从而获得更多来自其他人的认可，实现老有所乐。参与“平安保 3+1 服务”，老人们犹如来到一个大家庭，每个人在感受别人关心的同时也让对方感受到一份爱心。老人在满足精神层面需求的同时，也提升了老人的生活品质。

第三编

企　业

内贸企业
外贸企业
外资、外经企业
展览企业
民营企业
上海老字号
知名企业

一、内贸企业

百联集团有限公司

百联集团是中国上海市属大型国有重点企业，由原上海一百集团、华联集团、友谊集团、物资集团合并重组的大型国有商贸流通产业集团，挂牌成立于2003年4月。百联集团的重组是中共上海市委、市政府站在建设国际经济、金融、贸易、航运中心和现代化国际大都市国家战略的高度，应对我国全面开放零售业市场和服务贸易领域带来的严峻挑战，增强大型国有企业的活力、影响力和带动力，打造上海现代服务业新高地的重大举措。

集团注册资本10亿元，总资产862亿元。拥有综合百货、购物中心、奥特莱斯、大型卖场、标准超市、连锁便利、专业专卖等零售业态，涵盖全渠道电商、大宗商品、仓储物流、商业地产、类金融等经营业务，形成以上海为中心，辐射长三角，连接全国25个省、市、自治区近5000家门店的市场布局。集团控股百联股份（A、B股）、联华超市（H股）、上海物贸（A、B股）、第一医药（A股）、复旦微电子（H股）、华岭股份6家境内外上市公司。2016年，集团实现经营规模1766亿元，营业收入859亿元，利润总额19亿元，上缴税金34亿元。

百联集团旗下荟萃了上海第一百货商店、上海第一八佰伴、东方商厦（连锁）、永安百货、上海虹桥友谊商城、上海时装公司、上海华联商厦、上海妇女用品商店、百联上海南方购物中心、百联上海西郊购物中心、百联上海中环购物中心、百联上海又一城购物中心、百联上海世茂国际广场、百联上海东郊购物中心、百联上海金山购物中心、百联上海世博源购物中心、百联重庆购物中心、百联沈阳购物中心、百联上海奥特莱斯，百联杭州奥特莱斯、百联武汉奥特莱斯、百联无锡奥特莱斯、百联南京奥特莱斯，联华超市、华联超市、世纪联华、华联吉买盛、快客便利、上海旧机动车交易市场、上海有色金属交易中心、上海第一医药商店、亨得利亨达利钟表、茂昌吴良材眼镜、上海拍卖行、上海国际商品拍卖行、百联E城、百联物流、百联物业、百联电器、上海外供等一大批享誉沪上、闻名全国的商贸流通企业。

集团现有在编员工5.5万人，从业人员

百联集团旗下第一百货大楼外景

规模约14.9万人。集团各级党组织架构健全，现有党员6500余名，基层党组织550个，其中党支部建制449个，党总支建制51个，党委建制50个。

2016年12月30日，集团在百联大厦三楼会议室召开“2017年度工作会议”。集团党委书记、董事长、总裁叶永明分别作《百联集团2016年经济工作总结及2017年

百联世博园商业广场夜景

经济工作重点》报告和《集团党委2016年工作总结及2017年工作要点》报告。叶永明强调，用更实的改革举措、更大的转型力度、更强的创新动力、更有力的体制保障，着力推进2017年集团经济工作；进一步加强党建工作，为企业实现“脱胎换骨”转型和“互联网+”阶段的战略板块全面布局提供坚强的思想和组织保障。

与会人员首先观看了由集团宣传文化部制作的《跋涉奋进　砥砺前行——集团2016年主要工作回顾视频片》，2016年是集团深入贯彻落实上海市委、市政府关于百联“脱胎换骨”转型要求、全力推进商务电子化和传统业务转型的攻坚之年，也是全面谋划并实施“十三五”规划的开局之年。在宏观经济缓中趋稳、稳中向好、动能转换的大背景下，在业态进一步分化多元、零售行业竞争进一步加剧的情势下，集团全体干部职工和衷共济、众志成城，书写了百联跋涉奋进、砥砺前行的多彩华章。

2016年集团上下思想统一、行动一致，总体来看：发展目标清晰明确，创新模式初具雏形，改革转型略显成效，经营增长依然乏力，战略实施举步维艰，组织能力有待提升。2016年，是有行动的一年：启动两个中心三大平台等重大项目及布局四个奥莱等一批重要网点；2016年，是有产出的一年：i百联上线，商圈卖场标超转型宣告百联商业零售创新迈出关键一步；2016年，是补短板的一年：国内国际供应链建设和产业链拓展起步填补传统零售模式能力不足；2016年，是止痛点的一年：完成物贸高风险业务剥离重组并明确后续清理整合目标任务和措施。

2017年集团发展目标：努力在2016年“三个有”的基础上，2017年力争实现“四个进”的发展目标，一是经济运行企稳求进，二是改革转型攻坚奋进，三是创新进取克难勇进，四是团队文化协力共进。

上海飞牛集达电子商务有限公司

——介绍“飞牛网”

一、概况

“飞牛网”是由连续 8 年国内外资零售商排名行业第一的大润发集团投资创立的全品类自营模式为主的 B2C 电子商务网站。2013 年 6 月 18 日，上海飞牛集达电子商务有限公司正式成立，2014 年 1 月 16 日“飞牛网”正式上线营业。“飞牛网”首席执行官（CEO）由大润发集团董事长黄明瑞兼任。

“飞牛网”积极响应并深入贯彻实施中央及各级政府倡导推动的“互联网 +”模式，打造线上线下相融合的新兴消费模式，并通过 O2O 服务为中国经济的起飞加油助力。

“飞牛网”拥有线上网购服务，与大润发线下实体店共享一个采购供应链，联手打造中国互联网电子商务议价力最强的品牌和超值的采购优势。

“飞牛网”与大润发深度打通融合，双方在人才、企业文化、发展目标、日常管理、资源共享及市场推广等各方面形成全面的整合。“飞牛网”的 LOGO、品牌标识、移动端 APP 二维码、宣传海报等各类元素，已经遍布大润发全国 370 余家实体门店。飞牛网立足新的品牌定位——生活必需品专业网站，通过 B2B、B2C、商城、合伙人计划运营模式，充分发挥大润发多年积累的自营商品管理经验、供应链资源和全国 370 多家门

江苏邮政服务“三农”解决方案推介会暨“邮乐江苏”上线启动仪式

店的线下优势，不仅让千万家庭获得低价、正品、有保障的网购服务，同时还带动小微企业和创业团队发展，实现优质供应链的输出与共享，不断促进零售业线下线上融合。

二、经营

“飞牛网”成立之初，即确立要做一个值得信赖的网上超级购物中心 。通过技术和商务的创新，让顾客购物变得更简单。并通过持续的发展，带来顾客与员工的幸福和快乐。

依托大润发集团采购供应链优势 ，“飞牛网”与大润发线上线下一体化打通。推出包括手机数码、电脑办公、家用电器、家庭清洁、厨卫清洁、家居家纺、服饰鞋靴、美容化妆、个人护理、饮料酒水、台湾精品、进口商品、文具图书、母婴玩具、宠物商品、生鲜商品等十七个大类商品。向顾客提供有价格竞争力、有品质保障的商品，上线不久，深受广大网购客户的好评 。

2015 年 6 月 9 日，“飞牛网”推出面向全国各大品牌厂商在线入驻开店的“飞牛商城”服务，上线至今，已为众多商家誉为继阿里系、京东系之后，最值得入驻的电商商城平台。“飞牛商城”商品包括全品项十七大类、百万种商品，进驻商家近 2000 家，各大品牌数千支。

2016 年 8 月，大润发“飞牛网”战略投资的社区项目“发到家”正式上线。9 月，第一家“发到家”互联网生活超市在江苏淮安正式开始营业。截至 2016 年 10 月，“实惠”已在全国 31 个城市，布有超 43 家配送店和 287 家服务社；全国“发到家”项目总商户数已超过 12000 个。依托大润发遍布在全国 198 个城市超 350 家实体门店，“飞牛网”力争在 2017 年年中甚至更早一些的时间实现门店 3 公里圈的“急速达”——大润发门店 3 公里核心范围内，实现门店商品由飞牛 APP 下单后 1 小时送达。

三、业绩

2014 年 6 月，“飞牛网”千乡万馆 O2O 服务正式启动。2015 年全年，“飞牛网”已经完成 O2O 服务的全国拓展。“飞牛网”全力推广合伙人计划，并已成功发展出包括个人合伙人、企业合伙人及公益合伙人近 120 万人。同时，校园 O2O、企业 B2B、社区便利店分销商计划等业务，也同期迅速展开，将电商渠道下沉到社区基层，广泛吸纳全社会资源，并把“飞牛网”的线上服务推向全国二、三线城市。

2015 年下半年，“飞牛网”加快实施“千乡万馆”A+B 计划、B2B 业务等，将电商渠道下沉到社区基层，广泛吸纳全国各地的社区便利店，将“飞牛网”的线上服务推向全国各个地区。

2015 年 9 月，“飞牛网”入股知名校园 O2O 服务商“校呵呵”，O2O 业务也正式在校园展开。2016 年 10 月 11 日，“飞牛网”第二次全国年度大促销，单日订单量超过 150000 单，创历史新高。2016 年 11 月“飞牛网”与中国邮政旗下电子商务品牌“邮乐网”达成战略合作，全面成为其在江苏地区的生活必需品供应商。

截至 2017 年 4 月底，“飞牛网”注册会员数已超过 2600 万人，同比业绩维持 200% 以上的增速。

上海和太鼎置业管理有限公司

外滩二十二号总裁　李玉麟

上海和太鼎置业管理有限公司位于黄浦区中山东二路外滩22号，成立于2007年6月6日。公司主要从事办公楼、商业用用房的租赁；商务中心；物业管理；商务信息咨询等。

外滩22号集高端精品、时尚活动、国际美食、文艺空间为一体，成为汇集全球高级定制品牌、时尚艺术盛宴及异国饕餮的顶级会所式商业中心，给人们提供了一个享受时尚、精品、艺术等元素的全新生活体验平台。入驻的品牌80%都是上海唯一进驻的高端定制品牌，包括国际知名设计师郭培设立的囍中国新娘高级定制会馆；承袭文艺复兴时期艺术涵养的德国全球顶级家居装饰品牌JAB Anstoetz，其高定产品融合了传统制作工艺与当代先进技术，巧妙运用黄金分割，呈现家居完美比例，以及无法复制的低调奢华优雅质感；大气独特的高级纯手工精制珠宝品牌宝吉祥等。其中，郭培的高端礼服定制品牌则被视为外滩22号的点睛之笔，她是"宫绣"技艺的唯一传人，也是中国第一个且唯一被巴黎高级时装工会正式邀请，在巴黎高级定制周上进行发布的服装设计师。郭培曾为众多娱乐界人士和政界领导定制高端礼服，被誉为中国高定女王。她推动了中国高级定制的"诞生"，并成为高定时装领域最权威的艺术家。其精湛的技艺也代表着外滩22号高定的职业水准。

2014年10月10日，"上海高级定制中心"——高定推广与展售平台启动仪式在外滩22号举行。此后，一年两季的上海高级定制周按时在外滩22号拉开帷幕，与大众见面。高定周的举办不仅在业内得到了广泛认可，更是得到了主流媒体的高度关注，

上海和太鼎置业管理有限公司在上海市黄浦区中山二路 22 号大楼外景

国内外近 100 家媒体相继参与盛事。经百度数据统计，刊发或经转载传播的上海高级定制周各种图文资讯稿件或视频达 25000 多篇 / 次。外滩 22 号作为上海高级定制中心，在时尚产业迅速发展的态势下不断地摸索与实践，走出一条富有特色的中国高定文化事业。

外滩 22 号拥有艺术家、设计师、品牌商、国内外媒体等方面的丰富资源，将重塑中国高级精品手工业；以时装为核心，延伸至珠宝、服饰、箱包、生活等领域；以音乐、摄影、建筑等当代艺术美学为辅助，推动商业品牌与当代艺术的完美结合。外滩 22 号李玉麟总裁作为外滩贸易促进会的会长，代表上海外滩街区，相继在 2015 年 9 月 21 日，与法国圣奥诺雷街区签署了姐妹街合作协议；2016 年 2 月 7 日，与美国纽约麦迪逊大道正式缔结为友好街区。尔后，由外滩 22 号与国际时尚联合会共同运营的上海高定周 VIP 会馆开幕，双方发挥有形实体与无形资源相结合的优势，共同运营位于外滩 22 号三楼的近 400 平方米的“上海高级定制周 VIP 会馆”，全力协助发展中的高定品牌商业落地，建立定制体验实体店运营模式。该会馆将成为历届参与上海高级定制周的设计师或品牌尝试商业落地模式的体验场所。它不仅是高定设计师、时尚艺术家的聚集地，也是高端商业形态与文化艺术结合的孵化地，透过上海高定周 VIP 会馆的交流平台，中国高定设计师与高定文化将与国际时尚平台对话与接轨。在“设计之都—创意推荐榜”颁奖典礼上，上海高定中心——外滩 22 号作为上海高定中心荣获“2016 设计之都上海最具全球影响力的创新品牌”之“创意空间奖”。

2016 年，外滩 22 号与上海国际时尚联合会开展了更加有深度的合作。同时，携手国际姐妹街，致力于构建世界优秀文化交流“国际环”。相信在不久的将来，一定会让世界民族文化、优秀人文历史、金融服务、品牌互动容为一体。

上海和太鼎置业管理有限公司 2015—2016 年度的经营情况表：

2015—2016 年度经营情况表

单位：万元

项目	2015 年	2016 年	比上年（%）
营业收入	1872.49	3127.80	67.04
营业成本	1599.04	1305.36	-18.37
相关税费	105.80	65.74	-37.86
其他营业费用	373.16	616.61	65.24

外滩 22 号肩负着弘扬中华文化品牌国际化的使命，始终秉承着对高定品牌的扶持、对私人定制文化的推广，传承过去，开展未来。不断加强力度，整合高定时尚、高定餐饮、高定健康、高定旅游及高定医美等各项私人定制服务，提供超越品牌、属于顾客自己个性与内涵表达的高端定制。每一件定制品都是艺术品，是有文化、有价值、可传承的，致力于将外滩 22 号打造成为上海高级定制生活艺术品位中心，从而推动中国高定事业的发展。让全世界感受到中国高级定制的魅力。

云洲古玩城

总经理　吴中泽

云洲商厦开业于1995年11月，起初为一家大型综合性百货商厦。云洲紧依繁华的徐家汇商圈和淮海路商业街，商贾云集，交通便捷。1997年2月，徐汇区国资委、新徐汇集团将享有30年盛名的上海太原路邮币古玩集市迁入云洲商厦5～6楼，并对其进行规范化管理改造，云洲因此逐步进行业态转换为云洲古玩城。现古玩城设有9个楼层，经营面积2万平方米，当前入驻商户800余家，8楼的交流交易中心近千平方米，是开展收藏展会活动的理想场所。云洲古玩网站资讯丰富，辐射全球，荣列上海优秀网站400强，为古玩收藏活动提供信息交流平台。

云洲被上海市旅游行业协会认定为“上海市接待旅游团队推荐单位”；被上海市收藏协会认定为“上海收藏活动基地”；被上海市钱币学会认定为“钱币鉴定处”。云洲古玩城是全国工商联古玩业商会副会长单位、上海古玩经营协会会长单位和上海市文明单位。

近两年，市场低迷，云洲古玩城在逆境中继续遵循诚信经营、人性化管理、周到服务而保持稳健、持续的发展。云洲遵循诚信和规范化管理，在用严谨的规章制度规范管理者本身的同时，积极执行国家政策约束商家的经营行为，由此提高了藏友与商家之间的信任度，古玩艺术品的成交率逐年提升。云洲古玩城联手协会组织，在经营市场中开展评选云洲“诚信之星”活动。获“诚信之星”的经营商户在市场经营中树立诚信经营的表率，成为云洲古玩城全体经营商户的“风向标”，全年无一例买卖纠纷，营业额稳步提升，对整体提升市场管理质量起到积极的作用。

云洲古玩城外景

云洲会展中心

创新营销渠道、丰富展览内容、提供优质服务、建设古玩文化是云洲古玩城发展重点。古博会是云洲承办最具知名度的大型展会，是云洲的一张名片，至 2016 年已举办九届。在文玩市场疲软的大背景下，云洲古玩城迎难而上，通过深入细致工作，确保 2016 年第九届古博会满座率 100%，展商交易率 100%，下届展位预定率 100%。云洲古玩城定期举办的钱币邮票博览会，也是上海邮币卡市场最具规模的展会。云洲还通过“走出去、引进来”，与北京古玩城建立古博会、文博会互访机制，开阔思路，创新经营理念、拓展品牌效应。与协会、社区合作，定期或不定期举办专项展览（澳门藏品展、玉雕大师展、扇文化展等）、鉴定、竞宝、拍卖、沙龙和讲座活动，在开拓市场的过程中，培育客户群体、消费群体，以推进古玩艺术品文化生根发芽。

云洲古玩城在 2006 年开通了官网，每天及时更新动态信息，云洲古玩城网站已开发了市场信息、藏品交流、免费开店、收藏家报、网上商铺、大家来竞宝、藏友在线等功能模块，形成“互联网 +”服务商模式。通过平台，帮助线上及线下双方建立协作，做双方的对接工作，打造平台创新实现产业结构优化和全面升级，开创新的盈利增长项目。云洲古玩城在“互联网 +” 服务商模式应用中，进行跨界合作，将线下的商务机会与互联网结合，让互联网成为线下交易的前台，让藏友通过互联网更加了解店家的艺术品，提高交易的概率。2014 年，云洲古玩城创建了微信公众号，实时与藏友们进行互动，扩展市场信息。

云洲古玩城在提升自身经营能力的同时，商户中推广“双主人”的经营管理理念，与商户、街道共同协作，力求实现双赢。由优质商家组成行业公会，定期召开合作会议，采纳商家的合理化建议和意见，及时调整存在不诚信经营现象的商家。对于引进的优质商家执行“双审制”，须得到云洲管理方和行业公会的同时认可，才能获得准入资格。通过联手合作管理，云洲古玩城入驻商户的品质不断得到提升，在赢得了藏友们信任的同时，也为企业树立了良好的社会形象，同时对云洲古玩城管理者本身也起到了外部监督作用。云洲古玩城还不定期地组织经营商家座谈，邀请销售额优异的商家与众人分享成功的经验。通过有效沟通，企业了解市场动态，提升服务品质，从而实现云洲古玩城、商户经济、文化上的共赢。与街道进行深度合作，推进清真路文化街建设项目，以云洲古玩城为中心，辐射一公里，形成古玩艺术品文化商圈，目前已有18家艺术品商户入驻商圈。

云洲的发展目标为：保持“上海一流”，争创“全国知名”。

上海茶恬园国际旅行社有限公司

总经理　万智亮

上海茶恬园国际旅行社有限公司成立于 1994 年 6 月，系上海外经贸系统首家国际旅行社，当时由中粮集团旗下的上海茶叶进出口公司出资成立。是中国旅行社协会成员，上海国际旅行社协会成员，国际航空运输协会（IATA）成员，中国航空运输协会成员，上海市民用航空运输销售代理行业协会理事。

成立之初，公司主要业务是国际、国内客运票务代理业务。上海茶恬园国际旅行社有限公司票务中心，作为各大航空公司的代理人，多年来在上海的销售业务量排名前五强，并多次获得优秀代理人的称号。以后逐步发展了旅游产品，主要经营出境旅游、入境旅游、国内旅游。多年来，公司得到持续稳定的发展，现有职工 200 多人，拥有一支受过高等教育、训练有素的日、韩、英、德、法等语种的专职持证导游队伍。近年来，公司着重发展国际豪华邮轮业务，包租了包括歌诗达邮轮公司旗下的多条国际豪华邮轮和嘉年华公司旗下的蓝宝石公主、盛世公主等豪华邮轮，各邮轮产品深受广大市民的欢迎。作为公司的销售窗口，公司的营业部门分布在全市的各个区。

公司作为旅游产品的提供商，一直秉持的核心价值是坚持提升公司运营和调度综合管理的能力，保持产品设计和规划方面在业内的领先水平。公司在运营方面的业务有四大板块，各个业务板块分别在各自垂直细分

盛世公主号船票开售活动现场

的领域中建立起运营和产品两方面优势和业务领先度。

第一是出境业务板块：出境业务板块是公司的支柱产业，其中突出的是邮轮板块。公司已成为国内领先的包船运营方，一直不断扩大在业务运营能力和市场份额上的优势，扩大销售渠道，加强市场开拓，并且调整制订了新的经营模式，推动旅游产品由低档低价逐步向中高档发展，向个性化、差异化以及碎片化发展，客源由同行销售为主逐步转为直客与分销互补，出团方式由团队为主转为团队与自由行并重，经营运作由单一向多样化靠拢。由此带动了整体出境业务的增长。

第二是入境板块：入境板块经过多年严格管理运营，较为稳定。同时在部分市场细分领域加深了优势储备，为进一步整合提供基础保障。

第三是营业部（门店）板块：营业部是整体销售渠道升级的一个部分，营业部建立起更加直达客户的销售模式和渠道，并深化销售体系与产品设计体系及服务体系的有效互动，建立起更有效面对客户和直达市场需求的产品定制和服务反应体系，把销售、产品、服务整合为一体化的功能部门。

第四是票务板块：公司一直是国内最主要的航空批发商之一，与国内外各航空公司有着直接的集成运营系统和成熟的对接机制，除了机票直接分销外，公司更注重对旅游业务的支撑作用。

随着旅游市场的爆发式发展和个性化，深度化旅游需求的不断提升，现代旅游市场对产品商的旅游产品组合以及业务调度能力提出更高的要求，一方面要求在产品的设计中体现更多的灵活性和个性化，所包含的旅游元素也更加碎片化，所涉及的旅游资源面将更广，另一方面要求在服务上实现对客户更加精细化和一体化的服务而达到全程无忧，且能够灵活应变。在以上两点的基础上同样能够兼顾好产品的性价比。

公司在运营中，注意加强对内部运营能力强有力的把控，同时对核心交通资源具有充分的把控能力，以便对客户的产品定制需求以及行程中对意外事件处理上能够有顺畅的应变协调能力，为此公司不断将机票业务部建设成旅游产品强有力的支持部门。

公司坚持以“质量第一，服务至上”的经营宗旨，竭诚为国际、国内同仁和游客提供价格优惠、丰富多彩的旅游产品。

上海长风跨采投资有限公司

总经理　徐建锋

上海长风跨采投资有限公司（简称长风跨采）成立于2008年3月17日，是由上海中环投资开发（集团）有限公司和上海长风生态商务区投资发展有限公司共同出资设立的有限责任公司，公司注册资金99058万元。公司是一家以房地产开发与经营、自有房屋租赁、物业管理、会展服务、会务服务为一体的综合性现代化服务型管理企业。下属资产由一幢跨国采购会展中心和两幢分别高17层和20层的商务甲级办公楼构成。

跨国采购会展中心位于光复西路2739号，地处上海长风生态商务区中心，与虹桥开发区隔河相望。傍长风公园，临苏州河而立，是一座集展览、会议、活动及餐饮等多功能于一体的现代化、国际化的会展中心，具有优美的水绿生态环境，先进的信息网络系统，齐全的商业配套设施和便捷的地铁公交网线。

整个会展中心拥有16000平方米的室内展厅、9000平方米的会议厅、5000平方米的餐厅和850个车位的地下两层车库，并配备各类先进齐全的设施，是举办高科技、奢侈品等高端的展览、会议、婚庆、节事等活动的最佳场所。

9000平方米的会议空间，集影视、会议、餐饮功能为一体，在上海可谓首屈一指。功能强大且完善的会议区，为客商提供现代化的、智能化的服务。包括3000平方米挑高11米超大型无柱的明珠厅，以及视频会议室、多功能厅、大中小型近25个会议室，将为宾客带来别样的会议及活动体验。

16000平方米的展厅，是一个以现代展览和多功能会议场所相结合的大空间，适合承办各类展览。同时也可承办各类大型宴会、时装秀、新车发布会等。该展厅为服务长三角、服务全国乃至服务世界的重要平台。

在餐饮配套方面，5000平方米的餐饮区，为客商提供各种档次的中西式餐饮、咖啡BAR等精致且完善的服务，上至定制宴会，下至商务简餐，一应俱全。临河的露天餐厅，独拥230°景观视野，可纵览苏州河沿岸风光，让宾客临风瞰景，身心沉醉。

为顺应时代的趋势，会展中心运用科技含量同步世界标准的智能化弱电系统，如BA系统（楼宇设备自控系统）、安防系统（包括电视监控、防盗报警及巡更系统）、通信系统（包括有线、无线通信、无线对讲及程控交换机）等。采用综合布线系统，智能化程度高，以灵活的模块化编制方式，有机整合了计算机网路系统、智能化集成管理系统、有线电视系统、背景音乐及紧急广播系统、一卡通系统、停车库管理系统等。兼容、开

公司会展中心全景图

公司会展中心和商业办公楼夜景图

放、灵活、可靠的科技支持，全方位满足展览需求。完善的科技配备，为世界顶级的展览，提供全面的科技服务。

除了提供全面的科技服务外，会展中心还聘用具有长期经营和管理展馆经验的专业管理团队。采用的服务管理体系是在总结和提升原有的引进英国20多年的管理经验基础上，经过上海近20年展馆管理的实践后不断提炼和完善的、且历经了10年ISO9000质量管理体系的运行所形成的完整的展馆服务管理系统。

会展中心不仅以高效、超值的服务理念及现代化的管理模式为国内外参展企业及与会人士提供专业的服务，而且凭借大型的会议设施和展厅兼备的优势，作为上海重要的国际化会展中心，必将借中国会展业发展的东风，强势崛起，为上海的会展经济，注入强劲活力。

此外，两幢甲级办公楼，分别为17层和20层，位于云岭东路235、245号。办公楼总面积约5万平方米，单层面积约1440平方米，层高4.2米，净高2.8米，屋顶采用皇冠状透明体，挺拔隽秀，与会展中心贝壳状屋顶遥相呼应。

办公楼凭借优越的地理位置、优质的物业品质、先进的智能化系统和绿色环保建筑系统等优势，吸引众多与跨国采购相关联的大型国内外知名企业入驻，成为服务长三角、辐射国内外的总部经济集聚地。

办公楼配备11部国外全进口变频电梯，每层配有标准洗手间和茶水间，VAV中央空调，在带给企业舒适的办公环境的同时，还引导一种更加智能、便捷、高效的办公模式。

办公楼一层、二层及裙房部分为商业配套，面积约3394平方米，将引进银行、咖啡店、超市及面包房等，为商务人群提供商务、办公、休闲等一站式服务。

会展中心地址：上海市光复西路2739号
联系电话：021—60290070
传　　真：021—60290071
商务办公楼地址：上海市普陀区中江路121号3号楼3层
联系电话：021—80109100
传　　真：021—52809311

上海豫园（集团）有限公司

上海豫园（集团）有限公司是2002年5月重组设立的区属国有商业企业集团。集团主要从事投资和国内外贸易，经营项目涉及小额贷款、典当拍卖、餐饮宾馆、黄金珠宝交易、进出口贸易、南北货、服饰、纺织品、紧固件及真空包装机和灯具制造等行业。经过10年来持续不断的发展，目前，集团拥有下属企业36家，其中有大富贵、全泰、老同盛、宝大祥、协大祥、信大祥和五华7个中华老字号品牌和南螺、人民包机、新华灯具厂3个地方老字号品牌。集团的经营规模不断扩大，总资产超过20亿元。2016年集团完成主营业务收入10.29亿元，实现利润1.12亿元，上缴落地税收7072万元，其中区级税收2492万元；完成净资产收益率7.7%；国有资产保值增值率5%。

集团下属企业中，大富贵坚持品牌拓展创新，抓住政府市民早餐工程建设的发展机遇，进一步扩大大众化特色小吃连锁分店的向外拓展，连锁门店规模近30家，积极探索实践“店中店”模式，对接移动互联网金融，吸引年轻消费群体。新金融服务业发展稳步，小额贷款公司加强内部风控管理，提升服务质量，提出“诚信拓市场，服务迎客户”，通过调整放贷业务模式和放贷利率提升竞争力。天成典当积极利用品牌优势和行业特色，拓展民品典当业务，加强内部管理，开源节流，通过加快对逾期绝当商品的处置来盘活资金。国泰拍卖行牢牢抓住司法拍卖的工作主线，不断提升网络拍卖效率，完善服务质量，提升拍卖成交率。黄金珠宝藏品交易平台能级不断提升，黄金珠宝藏品交易中心全

上海豫园（集团）有限公司下属的中华老字号大富贵酒楼

力打造的交易平台功能已经形成一定规模，黄金现货交易量达新高，全年达到2.2亿元，为集团主营业务增长作出积极贡献。藏宝楼依靠华东地区古玩市场龙头地位，在古玩行业日趋冷淡的背景下，加强服务和管理，各项经济指标稳步发展；豫园银楼不断加强品牌培育，加强与金十度公司迪士尼纪念品的合作，以“引进来”与“走出去”相结合的经营模式，扎实推进品牌化战略。南市螺丝紧固件平台建设初见成效，围绕南市螺丝专业特色品牌，以非标产品不断强化用户拓展和市场营销，稳定与振华重工、中建钢构等央企的合作关系，紧紧抓住国家“一带一路”战略，成功打造了上海首个紧固件网上平台，取得了良好的经营业绩。集团所属其他企业：如十六铺、全泰、三大祥、老同盛、综贸、外贸、机电、包机、苏州商厦、豫新、永联等坚持以产品和服务质量为抓手，不断推进企业在结构调整中稳步发展。

豫园集团将在现有基础上，坚持创新驱动、转型发展的理念，牢牢把握集团发展的总目标，坚持稳中求进、破除瓶颈、补齐短板，共同推动集团经济稳步发展。

上海上电电力运营有限公司

上海上电电力运营有限公司（以下简称公司）成立于 2008 年 1 月 18 日，隶属于上海电力股份有限公司（以下简称上海电力），系央企国家电力投资集团公司（以下简称国家电投）三级单位。公司以承建电力运营服务为主要经营活动，拥有丰富的电厂运行管理经验，形成了以百万千瓦机组电厂运维管理为核心技术的专业品牌。

近年来，公司遵照国家电力“弯道超车”总目标及上海电力“推进结构调整、布局优化和转型升级”的要求，继续坚持“抓发展、增盈利、促和谐”工作方针，以构建专业化服务型电力企业为契机，积极推进生产、经营、发展及管理等核心工作，各项工作取得新成绩，成为上海电力“走出去”战略的重要平台，实现了“十三五”良好开局。

一、工作情况

2016 年是国家“十三五”开局之年，也是公司在多领域、高层次、纵深度展现价值创造能力的丰收年。在这一年中，公司践行“一带一路”海外拓展战略，坚持精益管理、坚持创新发展，全面完成了年度绩效考核指标。

（一）以超前的思维，确保安全稳定，增添发展新内涵

1. 推进安健环管理体系。2016 年 7 月 6 日，公司下发《安健环管理体系提升实施方案》，正式启动安健环管理提升工作。在完成了“团队式班前会”“安全观察”等 14 项管理提升项的基础上，为使公司“QHSE 体系”尽快适用国际新标准，又制定了《QHSE“升版”和换证审核实施计划》，经过对强化培训、39 个程序文件修订及完善、提交 27 项整改报告等步骤后，于同年 8 月 29 日成为上海电力首家获得 DNV 从挪威本部颁发的新标“三”体系认证证书的单位。

2. 推进安全基础管理。公司严格落实上海电力关于安全生产工作的各项要求，构建“党政同责、一岗双责”安全生产责任体系。在深入开展安全生产大检查和隐患排查治理工作同时，加大安全教育培训，及时完成《上海市安全生产隐患排查治理信息体系》注册，并履行定期向政府和上级公司申报隐患情况等制度。至此，全年共排查安全隐患 887 项，已整改 740 项，整改率 83.42%。

（二）以开放的姿态，力拓资源项目，增添发展新外擎

1. 争取传统能源项目。2016 年 6 月，公司与西宁火电重新签订《西宁火电集控运行服务合同》（合同期为 2016 年 6 月 30 日至 12 月 31 日），并完成与新疆哈密宣力燃机电厂《2 台 9E 级燃机的投产前委托运行合同》和《咨询服务合同》的续签工作。在此基础上，积极配合上海电力推进坦桑尼亚、莫桑比克项目。公司分别制定两大项目的运维方案，并获得业主方、合资方的认同。

2. 开拓绿色能源项目。为尽早签订前滩分布式供能项目合同，2016 年年初就开始与前滩业主方进行磋商谈判，至 6 月，顺利地完成生产准备阶段的技术协议的编制。除此之外，公司在综合智慧能源项目上也迈出了重要一步：公司配合漕泾热电承接巴斯夫电站运行项目。随着国内运维市场的竞争日趋激烈及项目的细分，为降低公司承接项目的人力成本，公司采取项目骨干加派遣制员

工的方法，实现了基本劳动力就地消化的新模式。

（三）以创新的理念，专注管理工具，增添发展新动力

1. 深化精益管理。公司挑选《精益运行管理专项提升诊断报告》等5个对企业发展影响较大的课题，实施精益管理诊断及提升工作。各课题通过现状调查、数据分析、真因查找等步骤，围绕企业未来三年战略发展方向，完成了各方面的诊断提升报告。

2. 完成ERP建设。按照上海电力《服务板块实施策略调整方案》要求，根据企业特点，公司在项目模块中增加了收入类项目、在合同模块中增加了销售合同等内容，实现项目立项、项目启动、项目合同、项目销售开票与收款、项目报账与付款的上线管理，初步达到项目收支进行信息化管理的上线目标。2016年8月8日，公司企业资源体系（ERP）系统通过测试正式上线运行。

3. 强化财务监控。通过引入精益管理，强化对现金流量的监控，特别是网上银行实行操作、复核、批准三级审核。由于“营改增”政策及对外劳务合作经营资质的获得，因此，公司加大了对服务分包商税收管理、资金预算、税收梳理及预算后的执行力度，梳理经营过程中各项成本支出，全年共节约成本支出等约2144万元。

（四）以包容的气魄，凝聚党群和谐，增添发展新能量

1. “两学一做”学习教育扎实开展。2016年5月23日，公司召开“两学一做”学习教育部署会。从“深刻认识‘两学一做’的目的和意义、下大力践行‘两学一做’要求、必须明确‘两学一做’学习教育路径、精心组织确保学习教育扎实开展”等四个方面进行诠释。一是抓好学：坚持把学党章党规与学系列讲话贯通起来；二是突出做：通过学习引导广大党员增强“四个意识”，明确把纪律规矩挺在前面；三是高标准：带着问题学，聚焦问题查，对着问题改；四是重结合：坚持知行合一，把学习教育与公司中心工作紧密结合起来。

2. “四大行动”创新活动有序开展。2016年3月，公司在制定《公司员工四大行动》方案后，随即开展该项活动。“四大行动”分别是“学、讲、做”文化行动，“创、建、推”创新行动，“查、比、看”安全行动，“促、帮、送”员工关爱行动。公司积极组织员工有序参与四大行动。

二、发展趋势

（一）认清形势，强化本质，让安全横向到边纵向到底

1. 夯实安全基础。2017年，公司要把安全发展挺在前头，继续树立安全生产“底线”意识和“红线”意识，将采取“员工反映、班组归纳、专业提炼”方法，自下而上，实施风险数据库动态管理，并着力查处各种违章。

2. 强化安全本质。公司要以QHSE体系改进和运行为载体，实现企业生产流程中人、物、系统、标准、制度等诸要素的安全可靠，从技术和装备入手，强化对事故的“物防”，把“横向到边”延伸到外包单位，把“纵向到底”贯穿到辖区内的每个作业现场。

（二）顺势而为，开拓进取，让发展厚积薄发突破提升

1. 把握机遇开拓项目。继续积极配合上海电力推进坦桑尼亚、莫桑比克等项目，制定、完善莫桑比克等项目的运维方案，积极准备新疆哈密项目到期后后续合同事宜。目前，公司正从事国内唯一的磁悬浮运营服务，随着磁悬浮技术的推广及商业化，公司将发挥技术优势积极寻找商机。

2. 放眼海外提升意识。随着“走出去”战略实施，必须有前瞻的眼光，要打破围墙意识，尽快提升对海外和上海市外项目及运作体系的认知与理解，梳理各职能条线纵向沟通机制及横向职责分工，在管理观念、管理能力和方法上进行转型。一旦条件成熟，迅速抢占资源项目，实现发展的厚积薄发、突破提升。

（三）有为有位，外圆内方，让管理精益求精降本增效

1. 精益提升出成绩。继续开展精益化管理提升、企业资源体系（ERP）建设等工作，深化 EVA、KPI、QHSE、PRO 等现代化管理工具，并逐步向海外项目延伸覆盖，达到降本增效目的。2017 年，将重点推进班组建设及产业工会劳动竞赛，把 QHSE 体系融入到班组建设之中；产业工会劳动竞赛要结合公司在大机组环保设备运行管理优势，运用电气与采制化竞赛所取得丰富经验来指导环保设备和燃料运行竞赛的逐步实施，努力培育出优秀的劳动模范。

2. 创新驱动出人才。当前，上海电力“走出去”战略已从提供电站服务向“边投资、边开发、边盈利”转变，公司必须以创新的方法培养复合型骨干人才，要采用“50 ： 35 ： 15”的薪酬分配体系引导和激励关键、核心岗位人才，促进人才梯队建设。

（四）担当尽责，价值创造，让党建融入中心服务大局

1. 用创造价值思想开展党群工作。党建工作的价值创造主要体现在：对党的执政地位巩固上、对改革发展的推动上和对职工利益的维护上。因此，要继续开展党员理想信念教育，全面落实党建工作责任制及党风廉政建设，以创造价值思想，巩固和提升“两学一做”成果。

2. 用担当尽责信念维护企业稳定。要继续加强民主管理，健全以职代会为基本形式的民主管理制度。深入开展职工“关爱行动”，推进 EAP 帮助计划、节日慰问、扶贫帮困等凝聚力活动，夯实内部的稳定基础。职工队伍的稳定首先在于党员，而抓党员的关键在于党支部的担当。

二、外贸企业

东方国际（集团）有限公司

一、概述

公司董事长　吕勇明

2016 年，面对全球经济仍处于深度调整的外部环境，集团坚持“稳增长、调结构、促转型、补短板”经营思路，坚持问题导向、底线思维，一步一个脚印地推进业务发展和改革转型。经过集团上下顽强拼搏，集团年度主要经济指标均超额完成预算，营业收入、净利润再创历史新高。

集团通过进一步稳固传统主业、推进转型业务，确保了收入规模继续扩大。全年实现营业收入 227 亿元,较上年实绩增长 10.3 亿元，增幅为 4.8%；共实现利润总额 10.3 亿元，较上年实绩增幅为 72%；实现归属于母公司净利润 8 亿元，较上年实绩增幅为 121%。

二、主要举措

（一）深化综合贸易转型

加强工贸结合、海内外联动，柬埔寨工厂开始进入良性循环，孟加拉内衣厂呈现出“订单满、任务足、管理佳”的良好发展态势，孟加拉毛衫厂经营情况趋好；推进物贸、金贸联动，“易融达”业务发展从小到大，产品逐步多元化，业务逐步向优质客户集中；优化经营方式，加强风险防范，大宗商品业务实现新的增长；坚持代理自营两条腿走路的方针，在稳定自营出口业务的同时，充分利用出口信保的风险控制能力，扩大代理出口业务；不断提升服务档次和仓储管理水平，为客户提供菜单式服务，发展内贸分拨业务；主动出击，采用跨境直采、一般贸易进口和国内采购三种贸易模式并行发展的方式，推进“爱奢汇”进口电商平台发展，提高用户黏度；积极推进内贸品牌战略，KOOL 品牌加快实体店布局，网点走出江浙沪迈向全国，“衣架”、Sunflower 和

国务院副总理汪洋（右）视察集团在“以品牌出口带动上海外贸转型升级”汇报展展位（左为集团总裁周峻）

朗绅 L'anticher 等品牌联动发展。

（二）深耕细作现代物流

为更好地发展现代物流，集团将原有的大物流板块细分为物流与航运两大块，在各自领域深耕开拓。整合空运板块成效显著；整合仓储资源，升级改造曹路仓库，增设电商及研发产品库并设立配送服务中心；整合海关第三监管区、检验检疫等方面优势，精心打造专业、高效、精良的“快检通”服务平台操作流程，逐步形成法检、货代、报关、报检备案、仓储、配送一体化服务功能；完善散货船代理业务配置，推进船代系统二期平台升级。

（三）建设投资发展平台

集团投资公司正式运营，作为集团下属专门从事金融和产业投资业务的投资性平台公司，承担着盘活集团所持金融资产、对外投资，以及在新兴产业领域拓展和转型的重要使命。投资公司已完成东方翌睿健康产业基金的设立，并开展若干项目增资、并购，投资业务正式扬帆起航。

（四）建设资产管理平台

集团超额完成企业改制及清理工作，存量资产结构得到进一步优化，初步形成“开发储备一批、转型提升一批、处置盘活一批”的格局，资产管理平台初见成效。

（五）纵深推进改革发展

年内，集团对物流和国服进行了改革重组，打出“组合拳”，不断将改革发展向纵深推进。年底，集团启动家纺公司和商业公司改革转型工作，为进一步推进两家公司的转型发展奠定了扎实基础。

（六）持续加强风险防控

根据外部环境和贸易方式的变化，集团提出加强对业务流程和操作规范的合规要求，各子公司加大对业务环节风险防控的力度，进一步健全了风险管理监控机制，将风险管控和规范运作落到实处，努力将各项经营风险降到最低。集团还进一步加强财务预警管理、深化财务内控管理、落实境外企业财务监管，同时通过内部审计加强对集团内控管理制度建设及执行情况的检查，更好地为集团的转型发展提供保障和支撑。

三、国际货物贸易

2016年，全球贸易延续放缓态势，集团出口业务受全球经济大环境影响略有下降，但总体保持平稳，进口业务实现增长，集团进出口同比略好于全国水平。集团全年进出口总额194.98亿元，比上年的196.59亿元下降0.82%。其中：出口134.71亿元，下降1.87%；进口60.27亿元，增长1.62%。

集团三大支柱产品出口中，纺织服装共出口865008万元，比上年下降4.80%；轻工产品出口229238万元，比上年增长0.77%；机电产品出口181585万元，比上年下降0.99%。集团对12个主要出口市场的出口中，对日本、非洲、东盟、韩国、加拿大等实现增长。

集团综合贸易收入为195.8亿元，较上年增加11.4亿元，增幅6.2%。其中内贸业务实现较快增长，内贸业务额为431191万元，比上年增长35.18%。

四、国际服务贸易

2016年集团服务贸易中：全年物流海运进出口437692标准箱，比上年增长6.78%；空运进出口176720吨，比上年增长9.28%；代理进出口集装箱153209标准箱。

会展、人力资源服务业务实现增长。执行国外展36个，营业额1.27亿元，比上年增长26.79%；人力资源业务的雇员累积人数为15331人，比上年增长2.20%；旅游营业额为2.25亿元，接待国内游客为24140人/天数，接待国外游客为25333人/天数。

集团下属上海东松医疗科技有限公司全新亮相第七十五届中国国际医疗器械（春季）博览会暨第二十二届中国国际医疗器械设计与制造技术（春季）展览会

集团与上海出入境检验检疫局签署合作要点备忘录助推重点项目发展

五、2017 年发展趋向

2017 年是集团三年行动规划收官的关键之年，国际国内形势依然错综复杂，不确定性大。世界经济仍处于国际金融危机后的深度调整期，政治、经济、地缘等各种因素相互交织并影响加深，全球经济复苏依然脆弱，国际贸易增长乏力，国际贸易摩擦加剧。美国特朗普入主白宫后经济贸易政策变化、英国脱欧、人民币汇率等种种不确定因素需要特别加以关注。国内经济进入新常态，供给侧结构化改革是当前我国经济发展的主旋律、大背景，全面深化改革进入深水区、攻坚期。

基于国际国内的大背景形势，结合集团实际，集团 2017 年行政工作思路是十六字方针：稳中求进，提质增效，创新驱动，转型发展。

集团 2017 年主要工作任务和措施：持续推进综合贸易转型，加强集团自主品牌体系、综合集成服务体系、现代服务贸易体系、产业链体系、电子商务运营体系 5 个体系建设；持续推进物流和航运业务加快发展，物流业务集聚资源、转型提升，航运业务调结构、增效益；持续推进大健康产业发展布局，深入研究项目投资；持续推进资产管理平台建设，着眼盘活资产实施重点项目；持续推进投资平台建设，推动投资并购工作取得突破；持续推进专业外贸公司改革重组和转型发展；持续优化集团总部管理工作，加强集团管控能力和执行力建设，加强安全生产工作，加强人力资源管理、财务管理、资产管理、投资管理、法律和审计工作，优化综合业务协调指导工作，提高服务保障水平。

不忘初心　砥砺前行
创新推进经济新常态下的贸促工作

上海市国际贸易促进委员会会长　杨建荣

2016年，上海市国际贸易促进委员会（简称上海市贸促会）迎来了成立60周年的重要日子。围绕认真落实上海市委、市政府关于对外经贸发展的重要部署，围绕继续发扬忠诚、奋进、创新、担当的精神传承，在国家贸促会的指导下，上海市贸促会按照“服务开放型经济新体制建设，服务四个中心、科创中心建设和提升全球城市功能，突出国际贸易促进主线”的工作要求，积极推进上海贸促事业的创新转型，圆满完成了一系列重要任务，各项工作取得了新的发展。

一、积极开展国际经贸领域合作交流，发挥好“窗口、平台”作用

2016年，上海市贸促会接待外国来访团组共计76批次1400多人次。其中国宾团组4个、省部级团组9个、省市级团组7个，包括接待巴西总统、卢森堡大公储、泰国副总理、拉脱维亚副总理、金砖国家新发展银行行长、维尔京群岛总理、美国内布拉斯加州州长、美国爱达荷州州长、新西兰达尼丁市长、捷克农业部长、秘鲁外贸旅游部长、希腊旅游投资部长等团组。举办了“中国—巴西高级商务研讨会”“拉脱维亚—上海企业家圆桌座谈会”“卢森堡经贸论坛”“泰国：迈向可持续增长的未来”研讨会、“中国—印度经贸论坛”“捷克食品贸易合作研讨会”“秘鲁—中国企业家晚宴”“希腊旅游投资部长访沪经贸论坛及对口洽谈会”“美国内布拉斯加州推介会”等17场经贸论坛活动，参会人数近2800人次。还积极参与承接上海市参与2017年哈萨克斯坦阿斯塔纳世博会的各项协调服务工作。通过在这些“围绕中心、服务大局”的工作中，进一步有效发挥了市贸促会的优势和作用。

二、主动应对经济下行挑战，展览板块业务迎难而上

上海市贸促会积极发挥在上海经贸类会展业内的主导作用，通过开展经贸类会展活动，主动承担起对外贸易、引进外资、引进国外先进技术和设备等任务。下属会展企业作为上海会展业发展的中坚力量，紧紧抓住发展机遇，重点展会办展质量稳步提升。

2016 年 6 月 29 日，会长杨建荣出席"泰国：迈向可持续增长的未来"说明会并致辞

2016 年，共举办国内自办展项目 20 个，展出面积共计 88.3 万平方米，展会观众总数达 74 万人。其中汽配展、婚纱摄影展、染料展、模具展等都在原有基础上，把握市场机遇、迎难而上再创佳绩。春季婚纱摄影展成功移师上海新国际博览中心，展出面积比 2014 年增长 15%。首届上海国际新能源汽车展应运而生，染料展同期举办数码印花展，模具展作为双年大展项目，恰逢 DMC 中国国际模具展第 30 个年头，精细化服务助展商赢得先机。在首次成功举办的上海国际车联网与智慧交通展览会上，展出的胶囊高铁、会飞的汽车、全太阳能车等项目，都引起了不小的轰动效应。第二届亚洲消费电子展（CES Asia），展览面积达到 4 万平方米，比上年接近翻倍，来自 23 个国家和地区的 425 家知名科技企业参展。养老展契合保民生政策，得到社会各界高度关注和重视。轨道和隧道展为中国高铁走出去搭建了平台，同期举办的"一带一路轨道交通对接会"引起巨大反响。乐器灯光音响展规模突破 15 万平方米，成为世界上同一主题规模最大的展会。

在境外展览方面，在继续做好传统服务中小企业"走出去"的出国境参展任务外，积极围绕上海市外经贸、全市展览工作核心和大局开展工作。全年共立项出国展览项目 75 个，覆盖全球 29 个国家和地区，其中围绕国家"一带一路"战略设立项目 29 个，占比 39%。完成境内外参展面积 10314 平方米，完成展位数 1486 个，全年组织参展企业 1007 家、参展人数 2129 人次。2016 年 10 月，配合市商务委做好中国（上海）技术进出口交易会海外展首秀落地捷克的具体实施工作，上交会海外展（捷克）与由中国贸促会牵头的捷克布尔诺国际工业博览会中国合作伙伴国机制的协同联动工作，并取得圆满成功。6 月的南非中国商品展、9 月的新疆亚欧博览会等品牌展览项目，参展企业反响积极。包括新培育近三年的孕婴童行业出展项目，2016 年取得了较大收获，增幅显著、势头良好。

在展览展示设计方面，市贸促会下属上海贸促展示设计工程有限公司承接了多个国家级重点项目的展览展示服务工作。2016 年 11 月，在乌镇举办的"第三届世界互联网大会"上，该公司连续链接承接"互联网之光"博览会的主场布展服务工作，在短短三个月紧锣密鼓的筹备工作中，顺利完成推进本届博览会的主场工作，受到了来自国际互联网信息办公室和浙江信息服务推进中心的充分认可。

在展馆运作方面，上海国际展览中心有限公司最早引进国外展馆经营管理模式，致力于将上海先进的展馆管理和经营理念推广至国内其他城市，首创了与郑州、宁波等地的展馆输出管理与合作，推动引领全国会展产业发展。

在展览运输方面：市贸促会与中外运合资组建的上海国际展览运输有限公司展品货运总量长期排名上海同类企业第一。2016年，出色完成以“中国国际数控机床展”（CCMT）、“亚洲国际纺织机械展”（ITMA）为代表的“三大战役”，并成功承接线材展、全印展、汽车装备展等一批新项目，聚焦中西部地区，成功竞标成为2017重庆机床展主场运输服务商，进一步带动了企业跨区域发展。

三、努力提升商事争议解决法律服务水平，打造贸促法律服务知名品牌

市贸促会围绕“在亚太地区有影响力、在国际上有知名度的仲裁机构”的定位和目标，推进上海国仲机构品牌建设，完善内部机制，加强业务管理。上海国际仲裁中心（以下简称上海国仲）与国际律师协会（IBA）于2016年3月初成功举办“国际仲裁日”大会。上海国仲同时荣获《环球仲裁评论》(GAR)“年度最受关注仲裁机构”和“年度仲裁创新大奖提名奖”两项殊荣，是第一家获得此类奖项的中国内地仲裁机构。上海国仲在国际仲裁专业领域产生了广泛而积极的影响。在国务院对上海提出“加快打造面向全球的亚太仲裁中心”的背景下，上海国仲与多家国际知名仲裁机构合作举办专业性国际研讨会，接待境内外机构的来访交流，积极推进上海国际航空仲裁院、金砖国家争议解决上海中心、中非联合仲裁上海中心、产权交易争议解决中心及自贸区仲裁院等平台建设。在仲裁业务方面，基本实现了稳中求进的发展目标。

作为会内法律服务功能，法律部为会内各部门提供各类法律服务。法律部与贸促总会合作建立了“上海市经贸摩擦预警中心”，并建立了“上海中小企业经贸摩擦服务平

2016年10月28日，会长杨建荣会见维尔京群岛总理奥兰多·史密斯一行

2016 年 11 月 11 日，会长杨建荣出席美国内布拉斯加州投资说明会并致辞

台”。积极参与 2016 年上海市打击侵权假冒工作，主要负责“开展中国制造海外形象维护‘清风’行动”，重点针对拉美和“一带一路”沿线国家和地区，配合有关部门执法协作，打击跨境制售侵权假冒商品等违法犯罪行为。调解中心继续做好与法院的“诉调对接”工作，大力推进调解中心与二中院和浦东法院的商事纠纷联合调解工作。

四、着力提升代言工商的实效，扎实做好服务企业的各项工作

市贸促会积极研究市场、准确研判形势，紧跟企业发展密切相关的热点话题，面向上海国际商会会员及其他相关企业举办了“2016 营改增最新解读与行业应变之策”专题培训、“中澳自贸协定解读宣讲会”“中韩自贸协定解读宣讲会”“企业‘走出去’系列培训之投资欧盟国家培训班暨双向投资说明会”“2016 年 IFCBA 上海国际会议暨海关与商界互联互通，促进国际贸易便利化”论坛、“中国信保欧洲、拉美出口风险论坛”“共促互利共赢暨‘一带一路’经济行业发展论坛”等会员沙龙活动，为企业“走出去”提供各类信息资讯和商务活动服务。2016 年，市贸促会还对《上海贸促网》和《上海国际商会网》两个门户网站进行全面改版，推广服务功能，为广大会员企业搭建交流平台，积极树立国际性经贸组织的品牌形象。

为进一步履行好服务企业职能，市贸促会坚持把出证认证业务作为基础性工作抓实抓好。2016 年，共签发原产地证书 142053 份，其中一般原产地证书 118573 份，优惠原产地证书 23480 份；出具国际商事证明书 28042 份；代办出口贸易文件使、领馆认证 21666 份；出具 ATA 单证册 2809 份；录入进口 ATA 单证册 14391806 份，新增申办原产地证注册单位 852 家；举办出证认证业务培训班 12 期，684 家企业 796 位业务人员参加了培训。

上海丝绸集团股份有限公司

一、概述

董事长　徐伟民

2016年是公司"十三五"发展规划的开局之年，也是形势更加严峻，困难更加集中的一年。世界经济仍然低迷，全球货物贸易增速连续4年低于世界经济增速，外贸下行压力依然较大，国内要素成本上升，产业和订单向外转移加快。国内需求疲软，纺织服装零售业内销持续低迷，总体形势不容乐观，公司的内外贸业务均经受了严峻考验。

面对严峻复杂的形势，公司上下齐心协力，在"十三五"发展规划指导下，以提高业务发展质量和效益为中心，坚持创新发展，加快转型升级，努力实现公司"十三五"规划总体平稳的开局。2016年公司实现主营业务收入400056万元，归属于母公司净利润8068万元。

二、对外贸易

（一）出口贸易

2016年，公司出口货值37046万美元，比上年减少8050万美元，降幅17.85%。出口主要产品有棉、麻、丝、毛、化纤等各类梭织、针织服装，以及丝绸、人棉、家纺等各类纺织品。主要销往北美、欧盟和日本等80多个国家和地区。

2016年出口贸易方式情况表

贸易方式	出口额（万美元）		占比（%）		比上年（%）
	2016年	2015年	2016年	2015年	
合 计	37046	45096	100.00	100.00	-17.85
一般贸易	33273	40405	89.81	89.60	-17.65
来料加工	511	770	1.38	1.71	-33.64
进料加工	3262	3921	8.81	8.69	-16.81

2016年主要出口商品情况表

商品名称	出口额（万美元）		占比（%）		比上年（%）
	2016年	2015年	2016年	2015年	
合 计	37046	45096	100.00	100.00	-17.85
服装服饰	23636	31468	63.80	69.78	-24.90
纺织品	10207	11324	27.60	25.11	-9.90
其 他	3203	2303	8.60	5.11	39.10

2016 年出口商品主要输往地情况表

国别（地区）	出口额（万美元）	占比（%）	比上年（%）
合 计	37046	100.00	-17.85
北 美	13185	35.60	-13.80
欧 盟	7132	19.25	-26.69
非 洲	3488	9.42	7.59
中南美	3144	8.49	-11.97
日 本	3113	8.40	-16.83
中 东	3071	8.29	-31.71
大洋洲	2554	6.89	-9.05
东 盟	511	1.38	-19.65
港澳台	144	0.39	-16.44
俄罗斯	40	0.10	-92.34
其 他	664	1.79	-24.49

（二）进口贸易

2016 年，公司进口货值 8075 万元，比上年减少 18.71%。

2016 年，公司主要进口商品有服装面料、辅料、塑料制品等产品。进口商品主要来自中国台湾、日本、韩国等数十个国家和

2016 年 7 月 9 日，国务院副总理汪洋在市领导陪同下，调研视察在上海国际时尚中心举办的“以品牌出口带动上海外贸转型升级”汇报展，董事长徐伟民汇报公司 LILY 品牌的经营情况

地区，比上年有所下降。

（三）货源基地

2016 年，公司向供应商采购金额达到 30.62 亿元，比上年减少 12.84%。合格供应商近 1000 家，构建了稳定庞大的供应商网络。

2016 年，公司自有生产基地在经营压力不断上升的情况下，努力克服困难，根据自身资源条件积极调整思路，充分发挥和挖掘自身潜力，大力调整转型，为公司业务发展提供重要的实业支撑。

三、品牌运营

根据公司“十三五”发展规划对品牌运营为中心的要求，LILY 和 WHOUS 等品牌围绕各自定位积极开展各项工作。

1.2016 年是 LILY 加强协作配合、调整优化的一年，LILY 品牌优势持续提升，规模逆势增长。一是优化营销模式，扩大销售规模。LILY 积极调整营销组合模式，全年电商销售规模同比增长 140%，占整体收入的 22%，利润贡献率相应提升。在电商迅猛发展的同时，LILY 重新规划和调整销售区域，直、联营店铺的单店业绩进一步得到提升。促使 LILY 在内销整体低迷的市场环境下仍然实现规模和效益的双增长。二是初步建立起全渠道模式。2016 年 5 月，LILY 全渠道官网顺利上线，有效整合了直营，联营和代理的货品资源，使 LILY 能以最快的速度和最大的限度达成满足客户需求的目标。各渠道间相互协同，分利合作，也大大增强了品牌的凝聚力和影响力。三是强化商品和营销的联动，提升单店业绩。根据营销各销售渠道的不同需求和市场不同的反馈，不断调整产品及和营销的协作模式。加强商品和营销的联动，以顾客需求为导向，提供适销对路的产品。四是提升产品性价比，增加顾客对产品的认同度，强化顾客的体验和感受。五是提升内部管理的系统化、标准化。为后续系统联动、数据采集和分析提供先决条件，有助于梳理供应链的各个环节流程，加强协作，也为今后进一步优化供应链和提升供应链效率奠定了基础。

2.Whous 大力拓展市场，发展态势良好。2016 年是 WHOUS 推向市场的第一个年头，共完成了 8 家店铺的开设，其中上海 5 家，杭州、武汉和南京各开设 1 家。这 8 家店铺中，有 3 家年销售业绩过千万，7 家店铺实现首年盈利，WHOUS 也在首年基本实现的盈亏平衡。尽管 WHOUS 仍处在探索阶段，总体来看市场、消费者对生活馆模式的接受程度基本符合预期。

四、2017 年发展趋向

2017 年是实施公司“十三五”发展规划的重要一年，也是公司新旧动能转化的关键时期。全球经济复苏依然脆弱，国际贸易格局深刻演变，中国经济进入新方位。公司必须要积极适应新形势，在新旧动力转换的关键时期激发和释放新的活力和动能，着力解决存在的突出问题和矛盾，应对更加严峻的挑战。

面对 2017 年的新形势、新挑战，公司将树立创新、协调、绿色、开放、共享的发展理念，在公司“十三五”发展规划指导下，以提升企业核心竞争力为中心，进一步加快转型升级，着力增强发展新动能，切实推进内外贸联动发展，实现公司稳中有进、稳中向好的发展。

东方国际集团上海利泰进出口有限公司

一、概述

总经理　赵晓东

2016年外贸发展面临的形势依然严峻复杂，出口业务处在国际市场复苏乏力、订单持续转移、竞争加剧及部分国家和地区货币仍处低位等情况下，经营利润在持续高成本压力下也在继续下滑，整体经营压力依然较大。面对国际、国内新形势和新要求，公司继续贯彻落实稳增长调结构的决策，积极融入全球价值链和供应链，努力提高服务水平，推动创新发展，基本完成了年初确定的经营目标。

（一）采取多种措施力争稳定外贸主业

2016年，公司积极采取措施，将力争扭转外贸主业下滑趋势作为年度主要工作目标，稳主业初见成效。具体做法：一是在总结过去经验的基础上，出台2016年业务奖励办法，将预算目标的完成情况作为奖金分配考核重要因素，鼓励业务部门和业务人员明确目标，勇于担当，积极开拓业务；二是根据公司实际，提出完善业务部门考核的新思路，改进业务考核办法，出台进口业务和孟加拉事业部考核方案，鼓励业务部门和业务人员多做业务做好业务；三是尝试开展设计外包，通过利用第三方资源方式，提升公司设计开发水平，更好地吸引客户。

（二）努力推动公司转型发展

一是继续做好公司走出去，实施跨国经营工作。孟加拉毛衫厂2015年9月开业后，在资金、客户、人员、管理等个方面都遇到了不少困难。为帮助工厂渡过难关，公司协调荣恒、创业及集团帮助孟加拉工厂解决资金问题；通过集团香港公司与工厂开展转口贸易，为工厂提供资金周转；公司成立相关工作小组，指导孟加拉工厂业务操作流程，规范业务操作。经过努力，孟加拉毛衫厂经营情况日趋正常。二是继续支持嘉棉公司开展内贸业务。协调富井公司积极配合嘉棉公司开发婴童服饰产品，确保产品质量和按时交货，力争为嘉棉公司提供更多更好的产品。三是加大进口业务开拓力度，努力扩大进口，奖励新增进口业务，推动了公司全年进口业务有所增长。四是深化下属生产型企业改革调整。为推动下属富井、祥虹、众合3家生产型企业调整整合，公司成立相关领导小组和调研小组，通过全面收集3家企业的相关资料，召开多层次人员座谈会4次，充分听取工厂负责人及相关自营业务部门负责人、外销员的意见和建议，提出了调整整合的建议。

（三）继续加强风险控制，不断完善公司管理

一是严格按照公司章程等法人治理要求，就股东股权转让，修改公司章程，董事长变更，年度经营预算，决算和利润分配，使用少量资金进行金融投资等召开了5次董事会并作出相关决议。二是持续完善公司经营管理制度，不断推动管理的精细化和动态化，先后出台并修订多项管理制度。三是公司成立厂务公开领导小组、监督小组和办公

室，并召开职代会审议通过厂务公开规定推进厂务公开工作。四是坚持做好财务管理，协调各方加强资金筹措，确保公司主业和转型的资金需求。五是全面推进ERP的运行，公司ERP系统财务——业务一体化、OA、HR开发工作基本完成并上线试运行，并继续加以完善。六是开展ISO质量管理体系升级换版工作。公司成立升级换版工作小组，按照2015新版体系要求对公司原有体系进行全面修改。七是认真做好安全工作。公司与各部门和子公司签署了2016年度安全责任书，通过了安全生产标准化二级企业的复评，并多次对各部门及子公司安全生产情况进行监督检查，确保一方平安。

（四）坚持优化人员组合，不断完善激励机制

继续坚持优化人员组合。对业务发展势头较好的部门，在团队建设、人力配备上给予进一步支持；继续加强经营管理人才引进和培养，优化调整部分部门人员；加强原辅料小组人员配备，使其更好服务业务一线；帮助孟加拉工厂招聘了执行总经理和跟单人员，尽可能缓解孟加拉工厂关键岗位人才短缺的矛盾。

组织外销业务人员上岗、转岗考核。公司组织对2016年拟转岗为外销和外销助理岗位的人员进行上岗、转岗前的考核，帮助相关人员掌握岗位技能。

二、对外贸易

（一）出口贸易

2016年，公司出口总额181156.36万元，比上年增加4.21%。其中纺织类商品为公司的主营业务，占出口总额的87.20%，非纺织类商品占出口总额的12.80%。

2016年主要商品出口情况表

商品名称	出口额（万元）		占比（%）		比上年（%）
	2015年	2016年	2015年	2016年	
年出口总额	173838.86	181156.36	100.00	100.00	4.21
针织及钩编服装	105530.24	105153.85	60.71	58.05	-0.36
非针织及非钩编服装	17951.58	22364.74	10.34	12.35	24.58
鞋　帽	9260.35	6981.61	5.29	3.85	-24.82
化学纤维短纤	6396.67	10407.71	3.68	5.75	62.71
机电设备	8787.90	9477.24	5.06	5.23	7.92
棉　花	4707.21	4195.74	2.71	2.32	-10.87
化学纤维长丝	4038.11	4369.69	2.33	2.41	8.21
其他纺织制品	4428.83	3573.75	2.53	1.97	-19.31
金属制品	3128.82	4198.85	1.80	2.31	34.2
箱　包	1206.91	836.17	0.69	0.46	-30.72
特种机织物	1386.52	906.46	0.80	0.50	-34.62
其　他	7030.80	8690.55	4.06	4.80	23.61

2016 年公司出口商品主要销往欧盟、美国、日本等 110 个国家或地区，比上年增加 11 个。

2016 年出口商品主要输往地情况表

国别（地区）	出口额（万元）	占比（%）	比上年（%）
年出口总额	181156.36	100.00	4.21
欧　盟	59275.51	32.72	2 .00
美　国	42489.29	23.45	-1.90
日　本	12346.65	6.82	- 17.46
大洋洲	17649.83	9.74	14.87
俄罗斯	4947.12	2.76	5.14
瑞士	718.99	0.40	18.43
加拿大	8437.76	4.65	21.46
非　洲	12100.50	6.68	47.39
拉丁美洲	8604.65	4.75	57.28
东　盟	3608.08	2.00	-20.26
中　东	3408.29	1.88	32.00
挪　威	1646.91	0.91	-37.24
其　他	5922.78	3.24	-18.00

2016 年公司出口贸易方式以一般贸易为主，占出口总额的 98.75%；来料和进料加工贸易为辅，占总额的 1.25%。

（二）进口贸易

2016 年，公司进口总额为 3490.85 万元，比上年增加 11.67 %。进口商品结构与上年相仿，主要为纺织原料及纺织制品、箱包、贱金属及其制品等。

2016 年主要进口商品情况表

商品名称	进口额（万元）	占比（%）	比上年（%）
年进口总额	3490.85	100.00	11.67
纺织原料及纺织制品	1397.80	40.04	-30.33
箱　包	564.67	16.17	51.72
医疗设备	1132.09	32.43	253.62
贱金属及其制品	211.38	6.06	260.32
其　他	184.91	5.30	-47.59

2016 年公司进口商品主要来自欧盟、日本、韩国、拉丁美洲等 15 个国家或地区，比上年减少 1 个。

2016 年进口商品主要来源地情况表

国别（地区）	进口额（万元）	占比（%）	比上年（%）
年进口总额	3490.85	100.00	11.67
日 本	1163.42	33.33	139.2
欧 盟	934.39	26.77	-11.04
拉丁美洲	226.13	6.48	-46.34
韩 国	424.64	12.16	91.24
东 盟	14.06	0.40	-94.36
其 他	728.21	20.86	-22.00

（三）货源基地和国内营销

在持续高成本压力下，公司多方努力改善供应商现状， 积极支持业务部门和业务人员加强与内地工厂的合作，降低成本，增加产能，增强竞争力。进一步发挥原辅料供应商小组的作用，在小组机构设置、管理运作方式、人员配置等方面提出改进办法，为自营部门提供更好的服务。

富井、祥虹、众合等下属生产型企业在各类要素成本持续上升和订单不断转移的情况下，经营压力和困难日益凸显，但通过各项措施减员增效，提高运营效率，共计完成产值 3805 万元，经营利润同比虽有所减少，但仍为公司提供出口货源和内贸转型做出了相应贡献。

孟加拉工厂克服了资金缺乏、客户不确定、团队人手不足和经营管理头绪多等诸多困难，基本实现国内国外接单、国内出口原料、国外加工成品的新的运营模式，生产渐渐步入正轨 。

东方国际集团上海市纺织品进出口有限公司

一、概述

总经理　龚培德

东方国际集团上海市纺织品进出口有限公司成立于1955年7月，是上海解放以后最早成立的专业外贸公司之一。现坐落于上海市虹口区四平路200号盛泰国际大厦。公司主要经营高、中、低档天然纤维和人造纤维织造的纱、坯布、漂布、色布、印染布、色织布；各类呢绒面料；多品种混纺织物；各类服装和纺织制成品及其他非纺织商品的进出口贸易。自20世纪80年代以来，公司年进出口总额持续超过3亿美元，始终位于上海市最大出口企业排行榜的前列。

2016年，面对国内外诸多不利因素，公司坚决贯彻集团“稳增长、调结构、促改革、强党建”的总体工作要求，积极采取各项应对措施，努力化解国内外各项不利因素的影响，全年业绩超额完成公司年初制定的各项预算目标，主营收入及企业经营业绩全面完成集团董事会要求的经营目标。2016年公司出口创汇近3.1亿美元，完成预算指标的108 %，公司主营业务收入23.1亿元，完成预算指标21.2亿元的108.9%，顺利实现了集团董事会下达的奋斗目标。成绩的取得主要得益于公司全体职工始终保持奋发有为的精神状态，全年扎实做好了以下几方面的工作。

（一）以遏制出口规模下滑为目标，科学制定适应市场变化的经营举措，企业出口创汇在逆境中得到强力支撑

针对年初开局不利。出口额大幅下滑的局面，公司及时开展出口业务专题调研工作，对各经营单位的业务走势情况进行了详细的摸排。在充分调研的基础上，公司提出“坚定信心、迎接挑战、加快转型、寻求突破”16字工作方针，力争最大限度收窄出口跌幅，在加速转型的工作中走出困境。公司主要做法有3个：一是制定鼓励出口奖励政策。对2016年出口规模奖进行调整，奖励对出口创汇作出贡献的有关人员，对出口有增量的业务员提高奖金比例。二是出口工作常抓不懈。定期召开业务工作分析会，制定阶段性应对措施；鼓励各经营单位参加国内外各类展销会，全年共累计派出近100人次，参加了遍及东南亚、东欧、中东、美洲、中南美洲等地区各类专业展会；充分利用人民币贬值的有利因素，调整出口产品定价策略，扩大出口规模。三是坚持代理自营两条腿走路方针。依据公司自身的特点，在稳定自营出口业务的同时，充分利用出口信保的风险控制能力，通过细致有效的增值服务工作，提高代理客户依赖度和称心感。

（二）品种结构调整工作初见成效，主营业务保持基本稳定

为了避免主要经营品种规模过大引起的的经营风险，公司把推进和加快商品结构调整工作放到战略层面的高度来抓，主营的棉涤纶布品种在公司的自营出口占比上有所下降。面对“调整优化，转型升级”，公司干部职工也从思想上经历了“要我转”到“我要转”的转化。主要的做法有：一是通过延伸客户主营品种，配合客户扩大其经营范围，以棉涤纶布带动其他品种的出口。二是利用品牌与产品相结合，加大了除棉涤纶布外其他各类面料品种的经营力度，同时兼顾发展服装制成品的出口。

（三）加快推动货源企业环保升级，工贸结合进入攻坚阶段

2016年，受G20峰会以及国家对印染企业环保工作加强调控的影响，公司主要印染货源工厂的生产加工均受到大幅限制。对此，公司及时启动应急预案，采取了三项措施：一是集团领导与当地政府积极协调；二是提高加工厂内部现场管理能力，加快环保安全升级工作；三是积极协调订单的加工业务，将订单转移至有加工能力的且有一定信誉的其他印染厂，尽可能将原厂的停产影响降到最低。通过这些措施的落实，公司工贸结合的步伐正在加快，紧密度在不断加深，对推动当前的出口工作和后续的品种调整带来积极作用。

（四）人力资源培养和使用步伐加快

在人才战略建设的总格局下，公司各部门加强了对人员的引进和培养工作，通过以老带新、团队合作的方式给新人提供舞台、融入团队，在实际业务操作中逐步成长。经过数年的培养，2016年，公司35岁以下的业务员已经占到全体业务人员的六成，经营业绩全部排名公司前茅；青年业务员的业绩比上年增加了近2倍；2016年公司通过20场校园招聘会，招进各类大学毕业生11名。所有这些将为公司的日后发展奠定重要的人力资源基础。

（五）加强资产清理和历史遗留问题解决，提升公司整体经营实力

2016年，公司全面加强了资产清理工作。一是困扰公司多年的老旧库存清理问题全部解决；二是物业公司对出租物业进行改造和修缮，基本上做到满租；三是公司领导带头加班加点，在短时间内配合相关部门的

公司总经理龚培德陪同集团领导在中国进出口商品交易会视察公司展位

核查工作，顺利解决了困扰公司许久的退税问题，退税资金全部到位。随着公司整体资产质量的提升，公司现金流量充裕，抵御经营风险的能力大大增强。

（六）完善企业福利保障措施，营造和谐向上的企业文化

2016 年公司加大对员工福利的支出并普加工资，体现了公司的发展要靠职工上下齐心努力，公司的成果要由全体职工共同享受的双赢宗旨。

二、对外贸易

（一）出口贸易

2016 年，公司出口总额 30894 万美元，比上年下降 5%；出口收汇 29797 万美元，比上年下降 11%。

主要出口商品有化纤布、服装、非纺织类和全棉布四大类。

2016 年主要出口商品情况表

商品名称	出口额（万美元）		占比（%）		比上年（%）
	2016 年	2015 年	2016 年	2015 年	
年出口总额	30894	32550	100.00	100.00	-5.09
化纤布	12083	13898	39.11	42.70	-13.06
服装	6300	5478	20.39	16.83	+15.01
非纺织类	5234	5946	16.94	18.27	-11.97
全棉布	4192	4437	13.57	13.63	-5.52

出口商品销往 119 个国家和地区，比上年减少 2 个。出口贸易的主要方式为自营出口、代理出口和来进料加工复出口等。

2016 年出口商品主要输往地情况表

国别（地区）	出口额（万美元）	占比（%）	比上年（%）
年出口总额	30894	100.00	-5.09
美 国	6413	20.76	36.74
东 盟	3867	12.52	-1.78
欧 洲	3293	10.66	-3.03
日 本	1947	6.30	-34.27

（二）进口贸易

2016 年，公司进口总额 338 万美元，比上年下降 9%。进口商品主要有纺织品、磨具。公司进口商品来自 7 个国家和地区，比上年持平。

2016 年主要进口商品情况表

商品名称	进口额（万美元）	占比（%）	比上年（%）
年进口总额	338	100.00	-8.89
纺织品	189	55.92	-4.55
磨具	113	33.43	-15.67

银河商标

三、品牌建设

2016 年，公司在用自主品牌 13 个，年销售额超百万美元的品牌 5 个，并在市场上形成相当的知名度和声誉。由公司自主品牌支撑的自营出口业务始终维持了主营业务的近半壁江山。2016 年，公司品牌工作呈现宣传和维护工作双提升。一是公司的自主品牌体系代表集团参加了上海外贸转型展。视察展会的国务院副总理汪洋详细地询问了“银河”品牌的出口状况、环保情况，殷切期望公司继续走好品牌发展之路，努力扩大市场份额。二是关企合作，知识产权保护工作上新台阶。上半年公司作为商标知识产权权利人代表受海关总署邀请参加了由国家商务部主办，上海海关学院承办的 2016 年发展中国家海关缉私培训班。这次培训活动为非洲各国海关代表了解我司自主品牌提供了一个官方的平台，也为以后双方协作共同打假维权打下了坚实的基础。年末，中国海关知识产权保护展示中心（青岛）正式向公众开放。公司作为唯一一家受邀的地方国企（全国共 3 家企业）和全国知识产权保护的典型代表企业，海关部门专门拍摄制作了相关视频在此永久宣传展示。此次展示不仅以实物形式展陈了公司部分“打假战利品”，特别是“山寨银河”商品，还运用 VR、激光 3D 全息成像、液晶屏等前沿科技，介绍了公司依靠各口岸海关保护自主商标、打击侵权行为的工作历程、典型案例和执法成果等内容，这既是对公司自主品牌维护和知识产权保护工作的肯定，也是公司再接再厉深化品牌战略的坚实后盾。三是继续加强品牌知识产权保护工作。公司频繁与各口岸海关联系，提出主动布控查验的要求，同时制作了品牌宣传的 PPT 课件，提交口岸海关用于对一线海关查验人员进行专门的品牌知识培训，还专门派人赴海关实地沟通布控打假事宜。由于公司坚持品牌战略，在面对困难的市场环境下，公司的主营业务基本保持了平稳，没有出现大起大落。

四、2017 年展望

2017年是新三年行动规划的攻坚之年，为实现努力把公司打造成百年老店的发展愿景，公司将根据新三年行动规划的要求，从公司整体战略目标出发，依托集团的整体优势，紧紧围绕一个中心三个支撑（坚持主营业务健康发展为中心，继续深化品牌战略，人才战略、工贸结合三个支撑）开展各项工作，夯实企业的经营基础，将着重在以下十一个方面动足脑筋、做足文章。一是适时客观分析市场形势，积极采取应对措施。对市场可能出现的问题进行提前预判并制定对应措施，确保主营业务平稳发展。二是要加强业务沟通，努力做到三个稳定。（即客户稳定，货源稳定，市场稳定）。三是主动出击，做好贸易推销工作。特别是要认真做好广交会和 INTERTEX 面料展以及国外展销会的准备。四是充分利用各种金融工具提升企业的接单能力。五是为缓解出口压力，公司仍应坚持自营和代理业务并举，确保公司经营总规模完成预算指标。六是继续完善品种结构调整的总体规划和实施细节，在调整中实现转型目标。七是在推进品牌战略方面。除了继续做好自主品牌维护和保护的基础外，作为品牌战略深入实施的保障，公司计划制定专门的激励措施，对自主品牌出口及维护方面做出贡献人员进行奖励。八是推进人才战略。除不断引进大量的新鲜血液外，要有计划加强内部现有人员的挖潜和培训，以及后备干部的选拔、培养，提高人力资源的使用效率。九是继续加快提升公司最主要货源基地（绍兴海神厂）的自身实力，为公司的战略发展提供支撑。十是利用质量管理体系的转版升级和海关高级企业认证契机，从根本上提升公司的经营管理水平及企业抗风险能力。十一是坚持党委政治核心作用，深化“两学一做”的教育实践活动。把学习成果转化为推动公司转型发展的动力，切实保障各项工作的全面落实。

上海外服（集团）有限公司

一、概述

上海外服（集团）有限公司（以下简称上海外服）隶属于上海东浩兰生国际服务贸易（集团）有限公司，成立于1984年8月，是本土第一批人力资源服务企业之一。上海外服集30余年丰富的服务实践和深厚的专业底蕴，为各类企业提供融合本土智慧和全球视野的全方位人力资源解决方案，形成了人事管理、薪酬福利、招聘及灵活用工和业务外包4项主营业务。

30多年来，上海外服荣获全国文明单位、全国五一劳动奖状、全国重合同守信用3A企业、高校毕业生就业见习国家级示范单位、上海市质量金奖、上海市文明单位、上海市国资委红旗党组织（十佳之一）和上海市企业文化建设示范基地等奖项，同时还是上海人才服务行业协会会长单位、中国对外服务工作行业协会副会长单位和中国人才交流协会副会长单位。

依托遍布全国的服务网点、创新的SaaS服务平台和精益的管理流程，上海外服为全国3万余家企业的170万余名员工提供专业、高效的人力资源服务。2016年，上海外服营业收入达1020亿元，在国内人力资源服务行业排名第一，位居“2016上海企业100强”第二十位、“2016上海服务业企业100强”第十位、“上海人力资源服务业百强机构”第一名、“2016上海纳税百强”第三十六位。

经过十余年的全国拓展，上海外服实现

2016年9月6日，市人民政府授予上海外服“2015年度上海市质量金奖”

2017 年 1 月 18 日，上海外服集团新标启动仪式

由“立足上海”到“辐射全国”的转型——在北京、沈阳、大连、天津、青岛、南京、无锡、苏州、昆山、杭州、宁波、厦门、广州、深圳、成都、西安、武汉、福州、重庆、合肥、郑州、哈尔滨、沈阳 23 个城市设立区域公司，全国直营服务机构达到 125 家，全国服务网点达 412 个。

二、主要工作

2016 年，上海外服在东浩兰生集团的领导下，按照“稳增长、调结构、促改革、补短板”的指导方针，积极落实各项工作任务，经过全体员工的共同努力，实现“两个两位数增长”，取得来之不易的经营业绩。同时，上海外服还荣获“上海市政府质量金奖”，位居“2016 上海百强企业”第二十位、“2016 上海服务业企业 100 强”第十位，荣登“上海人力资源服务业百强机构”榜首。主要经营数据持续领先同行，继续领跑行业发展。

1. 推进“一个主体”“四个主业”战略实施

根据东浩兰生集团部署，上海外服全面落实与上海东浩人力资源有限公司的资产、业务和人员的整合工作。业务整合涉及 21 个部门，岗位调整涉及东浩人力 145 人、外服 40 人，干部调整 80 人。完成方案宣传贯彻、程序民主、合同转换、岗位对接和团队融合等工作，实现了有序融合、有机衔接、有效运作。

在“一个主体”基础上，公司明确人事管理、薪酬福利、招聘及灵活用工和业务外包四个主业，并成立四个事业部。除此之外，上海外服着力打造专业化人才团队，建立市场化绩效考核体系、核心岗位激励体系、事业部核算及预算体系和事业部财务分析体系，强化面向市场的业务发展、运营管理、风险管理等核心职能，超过 30 名干部员工由集团管理部门调整至业务一线。

经东浩兰生集团批准、上海市工商行政管理局核准，2016 年 12 月起，“上海市对外服务有限公司”正式更名为“上海外服（集团）有限公司”，公司简称相应由“SFSC”

2016 年 8 月 5 日，2016 上海外服新品发布会

变更为“FSG”，公司同时启用全新的企业标识，并完成品牌标识等视觉优化工作以及网站域名更新、商标注册等品牌再造工作。2016 年 12 月 28 日，上海外服在《解放日报》头版刊发更名公告，向社会各界展现全新的品牌形象。

2. 推进“互联网 +”转型，三大平台建设取得突破

外服云平台持续推进。O2O 一期功能全部上线，二期功能部分实现，初步完成服务产品的移动端全覆盖。在微信端与 APP 端增加 C 端用户薪酬查询、社保公积金缴费查询、医疗理赔信息查询等功能，在 APP 端上线医疗理赔电子申报、全国体检预约及员工在线入离职等功能。上线 Talefull 及 Walkiemate 等云服务产品，服务雇员近 10 万人。

全国经营管理平台有序推进。完成 SAP 的 ERP 套件采购。通过商务委项目验收，获得政府信息化建设资金数百万元。完成国资委项目 20 项软硬件投资。完成“外服中国”网站建设项目，实现区域公司网站的统一。全国速创项目正式在北京公司上线，通过提供标准化的人事外包和派遣业务功能，包括基础服务、营销管理、客户服务、业务管控、委托业务、财务管理、薪酬管理、劳动合同等多个模块，实现对全国业务的总体管控，初步解决了全国区域公司核心生产系统与总部系统的代差。该系统适应不同地区对业务组成的不同需求，可配置不同的模块组合；以服务方式对外提供应用，给予业务更完善的封装。

全国后援共享服务平台成功上线。后援共享服务平台是行业内首创的一站式在线入职共享服务平台，实现人力资源服务与互联网、O2O 业务模式与传统渠道的两大结合。与传统入职服务相比，后援共享服务平台可直接通向 C 端，建立起一个开放、高效、灵活的对接桥梁，使雇员足不出户就可在线完成入离职、在线查询及咨询。不仅实现三表合一、电子签名、通存通兑和在线物流下单等多项创新突破，更使办理时间由原先的若干个工作日缩减至 5 分钟，显著提升了用户体验，增强了客户黏合度。

3. 加速“外服中国”战略，奋力拓展全国市场

2016年，在市场环境挑战重重，行业竞争愈演愈烈的大环境下，上海外服积极把握新常态下的新机遇，大力推进“外服中国2.0”战略，深挖区域市场的发展潜能，有效支持重点区域市场，形成全国多点开花的局面。通过开展竞争性营销、全国整合营销、产品整合营销、线上线下整合营销等不断扩大市场规模，提高市场份额，进一步扩大了全国领先优势。

上海外服于2016年先后组建国才公司、黑龙江公司、沈阳公司。其中国才公司由上海外服与中全人才合资设立，中全人才作为全国人才流动中心下属的企业化经营的专业人力资源服务机构，在国家部委、事业单位和和央企的人力资源市场化服务方面发挥重要作用。合资成立的国才公司将坚持以市场为导向，不断提升服务新价值，发展服务新模式，创新服务新技术，真正成为国字头的人力资源服务企业，更好地为人才强国战略和就业优先战略服务。

为提升全国服务质量，上海外服召开“2016再聚首”全国供应商大会，200余名人力资源服务机构代表参加，会议根据服务能力、服务质量表彰优秀供应商，提升了全国服务管控水平。2016年，全国直营网点新增13个，达到125个。全国服务网点达到412个，较去年新增10个。

4. 加强品牌建设推广，强化公司软实力建设

在市场活动方面，上海外服首次参展美国人力资源技术博览会，向全球同行展示上海外服的综合服务能力，尤其是在互联科技方面的创新成果，展现专业、智慧、创新的品牌形象。作为中国唯一具有独立高规格展位的人力资源综合服务商，上海外服通过参展美国人力资源技术博览会，有效增进与国际同行、知名客户的沟通交流，拓展国际视野，吸纳接轨行业最前瞻科技、最前沿服务资讯，为上海外服国际化战略迈进坚实一步。

2016年8月5日，上海外服在新总部外服大厦举办以“创@未来”为主题的新品发布会。上海外服在会上分享关于“互联

2016年10月26日，上海外服集团干部大会

网技术＋人力资源服务”的最新思考，推出上海外服以互联网技术开发的最新产品——实现传统服务移动端交互的“微助手”和三款创新 SaaS 产品，即聚焦考勤的“人事通”、以薪酬为核心的 HR 管理系统“才福云”和强化 HR 管理的 ERP 系统“宝福云”。

在媒体宣传方面，上海外服聚焦新品发布会、参展美国人力资源技术博览会等活动以及白领健康报告的发布，在新华社、人民网、《新闻晨报》《文汇报》、东方广播电台等大众媒体，上海观察、澎湃新闻等新媒体，以及《组织人事报》、第一资源等专业媒体刊发新闻报道；围绕集团荣获上海市质量金奖，在《劳动报》策划推出卓越质量管理系列报道。

5. 扎实开展“两学一做”活动，打造党建工作新亮点

2016 年是中国共产党建党 95 周年，是实施“十三五”规划的开局之年，也是上海外服更名为集团公司的第一年。在东浩兰生集团党委的正确领导下，上海外服党委紧紧围绕公司年度“两个确保”目标任务，聚焦改革、聚焦发展、聚焦党建，高度重视，周密部署，精心组织，把“两学一做”学习教育作为党建工作的重中之重。坚持以服务企业改革发展、服务凝聚职工群众、加强企业基层服务型党组织建设为目标，以探索创新外企党建为关键，以切实加强党风廉政建设为保障，充分发挥国有企业党组织的政治核心作用。2016 年，外服集团党委再次被上海市委评为“上海市先进基层党组织”。

三、发展趋势

2017 年是公司“一个主体、四个主业”战略的起步之年，也是公司转型升级的深化之年。上海外服将按照集团“稳增长、调结构、促改革、防风险、补短板”的总体部署和“业务专业化、管理精细化、资源集约化”的总体要求，贯彻开放、合作、共赢的理念，积极对标国际领先机构，不断增强紧迫感和危机感，有力推进结构转型、模式转型和机制转型，提高对市场的适应、开拓和反应能力。

三、外资、外经企业

上海建工集团股份有限公司

党委书记、董事长　徐　征

2016年，上海建工集团股份有限公司（以下简称集团）完成综合营业额1800亿元，新签合同额2000亿元，在全球250家最大承包商中名列第十位。

一、对外工程承包

2016年，集团在境外共有38个在建项目，分布在亚（17）、非（12）、美（6）、大洋（3）四大洲共24个国家和地区，全年对外工程承包完成营业额60051万美元，新签合同额58226万美元。

（一）在建项目总体有序　新签项目结构均衡

加蓬奥耶姆体育场项目是集团海外首单“商贷”项目。开工以来，施工团队克服前期条件不利、实施环境艰苦、当地资源贫乏等困难，稳扎稳打提前完成施工进度，成功举行测试赛。项目实施期间，加蓬总统、总理及政府官员多次视察项目现场，对项目实施给予高度关注和充分肯定。

萨摩亚首都机场一期项目和瓦努阿图卢甘维尔码头项目是集团在南太地区的重点项目。项目部因地制宜，在确保机场和码头不停航前提下有序开展施工作业，对原有机场和码头的改造扩建，获得两国政府和元首的一致好评。

道路项目建设方面，柬埔寨金边二环线、58号公路、5号公路、6号公路、尼泊尔内环路改造、印尼万隆高速公路等数个项目有序推进。部分项目积极克服由于合同、征地拆迁、项目管理班子调整造成的影响，整体处于受控状态。

厄特市场，涉农工厂、金矿、机械设备供货三期等项目先后竣工移交，创造了较好的经济效益。

年内集团中标3个援外项目：援科摩罗

在澳门举行的第七届“国际基础设施投资与建设高峰论坛”期间，集团总裁卞家骏与东帝汶公共工程与交通信息部副部长举行会谈

莫罗尼体育场项目、援孟加拉国际会议中心同传设备维修项目、援柬埔寨7号公路水毁道路修复项目。与蒙古巴彦洪格尔—巴依扎格129.4千米公路项目、柬埔寨国家71C号公路一期等双优项目签约，另承接东帝汶国家1号公路改造项目等10个国际承包项目。

（二）经营方式转型　发展势头向好

市场经营整体保持活跃，逐步从传统项目（援外项目、双优项目）为主，向积极参与国际承包项目方向发展。在适应援外项目国内招标和当地属地化招标方式的同时，也跟进“双优”和商贷项目新的发展要求，确保订单落地率，并打造国际承包项目的投标能力。新市场培育方面，坚持项目资金渠道多元化，以蒙古国为中心，辐射中亚地区哈萨克斯坦、吉尔吉斯斯坦、乌兹别克斯坦等国家市场。

集团所属上海外经集团控股有限公司（以下简称上海外经）结合主业与市场优势，拓展项目全生命周期服务的能力。经过多年耕耘和数个项目的顺利实施，上海外经在厄特向当地政府和项目业主充分展现了企业的技术与管理优势，公司品牌在当地社会获得高度认可，继而签署了厄特涉农项目和厄特金矿选矿厂的运营管理服务合同，创新了业务发展模式。在南苏丹，上海外经签约输变电线路及变电站项目，在该市场项目储备已经累计超过13亿美元。在市场从非洲向“一带一路”沿线国家延伸的过程中，项目类型呈现横向多元化发展的势头，从基建、电力拓展至环保水务、新能源等领域。

（三）技术引领发展　实力打造品牌

上海外经成立工程研究院。依托海外工程研究院，BIM技术在援多哥政府办公楼项目中得到应用，实用软件开发等信息化工作得到推广。

圭亚那万豪酒店项目获中国建设工程鲁班奖（境外工程）；厄特涉农项目获第十一届全国建设工程优秀项目管理成果一等奖。

集团技术团队屡获殊荣，为海外员工树立了学习榜样。其中，沈才兴获“十二五”全国建筑业企业优秀总工程师称号，华春芳获瓦努阿图政府授予的“独立勋章”，张志伟获上海市“五一劳动奖章 ”。

集团参加中国对外承包工程商会的“美丽海外中国：一带一路中国企业社会责任影像志”活动。《柬埔寨巴萨河大桥》《柬埔寨国家 8 号公路》《中国员工与热爱足球的赞比亚儿童》三幅作品分别获得主题类中的优秀奖和最美中国微笑奖，集团获得本次活动“最佳组织奖”。展现了集团在海外开展负责任运营，积极融入当地社会，推动当地经济发展的良好形象。

以集团海外业务主体为代表的“上建海外”“外经视界”“外经带你走出去”等一批微信公众号开通运行，定期发布企业及项目动态，举办各类评选，传播企业故事；由瓦努阿图码头项目组编发的《瓦图 e 讯》富有鲜明项目基层文化特色，成为海内外沟通信息，联结情感的桥梁。

2016 年对外工程承包主要市场情况表

国别（地区）		新签合同额		完成营业额	
		金额（万美元）	占比 (%)	金额（万美元）	占比 (%)
合 计		58226	100.00	60051	100 .00
亚　洲	柬埔寨	9090	15.61	12544	20.89
	中国香港	347	0.60	1808	3.01
	伊　朗	—	0.50	2551	4.25
	中国澳门	294	0.86	1398	2.33
	孟加拉	500	10.18	500	0.83
	东帝汶	5929	9.75	625	1.04
	蒙　古	5679	—	—	—
	尼泊尔	—	—	745	1.24
	印度尼西亚	—	—	1676	2.79
非　洲	坦桑尼亚	—	—	4923	8.20
	科摩罗	2045	3.51	197	0.33
	赞比亚	—	—	243	0.40
	多　哥	—	—	373	0.62
	塞内加尔	—	—	159	0.26
	加　蓬	—	—	5652	9.41
	几内亚	1588	2.73	465	0.77
	马拉维	—	—	74	0.12
	肯尼亚	48	0.08	766	1.28
	南苏丹	20537	35.27	—	—
	厄立特里亚	—	—	6231	10.38

（续表）

国别（地区）		新签合同额		完成营业额	
		金额（万美元）	占比 (%)	金额（万美元）	占比 (%)
美洲	美　国	9424	16.19	9003	14.99
	加拿大	2190	3.76	176	0.29
	圭亚那	20	0.03	—	—
	特立尼达和多巴哥	504	0.87	758	1.26
大洋洲	汤　加	—	—	742	1.24
	瓦努阿图	—	—	5242	8.73
	东萨摩亚	31	0.05	3200	5.33

二、对外投资

厄特金矿项目选矿厂主要运营指标满足设计要求，经扎拉矿业有限公司验收合格，于6月1日起正式进入商业运营。截至2016年12月31日，金矿项目完成黄金生产约2吨，完成销售收入约7000万美元，实现了2016年转入生产营运、连续生产的目标。

三、对外劳务合作

外经商务公司通过将传统劳务和现代人力资源服务结合，成功为索尼项目量身定制出国劳务工录用、培训及人力资源代理等一系列的全新服务；为上海建工美洲公司的美国房产项目提供包括人力资源服务、进出口管理、财务策划、商务服务等全方位外包服务。

上海市机械设备成套（集团）有限公司

上海市机械设备成套（集团）有限公司（以下简称成套集团）成立于 1959 年，前身为上海市经济委员会所属的事业局（原全称：上海市机械设备成套局），其主要职能为国家的经济建设提供各类机械设备等配套服务。1999 年为适应改革开放和市场经济发展需要，经上海市委、市府批准改制为企业集团。经过十多年的努力，成套集团已经从过去的机关事业体系，平稳过渡到责权利明晰、管控体系完善的现代企业体制。

作为国内著名的成套企业，成套集团拥有国家甲级成套、工程总承包、国际与国内招标、甲级工程咨询、进出口代理和外经权等 20 多种资质，为全国和上海的市政工程、工业、农业、国防军工及教科文卫等单位提供了数百万件（套）设备配套服务，尤其为上海工业系统的设备筹措、更新改造，以及进口设备、生产流水线的引进消化等做了大量配套工作，为全国和本市的经济建设作出了卓越贡献。近 60 年来，成套集团已参与建设总投资超过 2 万亿元的上万个项目：东方明珠、金茂大厦、环球金融中心；纵横穿梭的轨道交通；投产竣工的宝钢、金山石化、浦东煤气工程；上海、江南和沪东造船厂的设备改造；造福万民的青草沙、东风西沙；白龙港、江桥垃圾发电厂的设备引进；相继落成的苏州望亭、广东益达、上海闸北等电站项目，以及令世界重新感受上海之魅力的世博会中国馆和拉脱维亚馆等。

此外，成套集团多次荣获上海市重点实事立功竞赛优秀公司、全国设备成套系统先进单位称号，获得国家优质工程金奖、白玉兰、詹天佑和人居环境范例等各种荣誉，并跻身国家物资流通企业综合实力百强行列。

成套集团现有所属分公司 11 家，全资子公司 10 家，控股子公司 4 家，参股公司 1 家。经营业务从改制初期的以设备集成服务为主的单一经营模式，创新发展为以设备集成服务为主要产业链，服务方式根据市场需求，不断更新服务模式，形成了包括招投标咨询服务、国内外贸易、工程承包、监理咨询、环境保护、绿色能源、融资租赁、设备租赁、品牌汽车销售服务等众多领域。

一、招标板块。机电设备招标有限公司，首开全国同行先河。1986 年益民啤酒厂生产线招标项目的成功，让机电招标在同行中声名鹊起。近 30 年时间，“中国招标代理机构十大顶级品牌”“中国最具有竞争力招标代理机构”等殊荣连冠至今，业务触角更是延伸南北，前景斐然。2013 年，上海通用汽车武汉产业园区项目的启动，吹响了成套集团内部资源共赢市场的新号角。

二、进出口板块。1992 年，上海成套进出口团队率先为轨道交通项目引进大型盾构机械和地铁列车信号设备等。进入 21 世纪，太阳能光伏产品的异军突起为缺电严重的西北地区解决了生活照明难题。而不断扩大与国内知名企业的合作，在日益火爆的大宗商品进出口贸易中续写新篇章，是当前成套进出口员工不断探索和开拓的直接体现。

三、浦东公司板块。浦东公司历经 20 多年成长，其业务种类齐全，经营规模增幅明显。下辖设备招标、进出口贸易、工程咨询、汽车 4S 销售管理，同样多元并进，不拘一格。

四、工程板块。上海市和外省市轨道交通建设项目的设备集成，太阳能发电等项目的 EPC 工程，亚洲最大的天然湿地，造福百姓的高级中学、医疗机构的项目管理，成套集团送去的除了高标准的工程管理，更有缔造品牌影响背后的那份艰辛和努力。

五、工程监理板块。走出上海，奋战全国，让上海成套工程设备监理公司在成都、武汉、宁波、昆明等各大城市赢得市场先机，练就了拓宽业务渠道的扎实功底。

六、净化环保板块。崇明东风西沙取输水泵闸项目是上海水利建设史上之最，更是糅合了成套人智慧和汗水的世纪精品。带着人居环境范例奖的荣耀，由上海成套工程一分公司承接的白龙港污水处理1、2期工程以高效优质蜚声全国。而地处江阴周庄的亚同环保污水处理厂则以成套集团第一个直接投资生产管理的BOT建设项目平稳运行，逐年提升规模产能，为营造长三角清澈水环境作出了实实在在的贡献。

七、汽车营销板块。在竞争激烈的汽车销售市场中，经成套集团的努力，郑州日产、长安福特、广汽传祺、美国克莱斯勒等多个品牌已经落户上海。

巴斯夫催化剂（上海）有限公司

巴斯夫催化剂（上海）有限公司是一个集研发、生产、物流、销售于一身的公司。同时，也是巴斯夫汽车尾气催化剂亚太总部所在地。巴斯夫催化剂建有一个先进的自动化仓储系统。自动化仓储系统采用最先进的ERP管理，与传统意义上的仓储系统相比，所有物料进出由机器根据最大分布的原则，自动进行分配，确保100%的准确度。仓库内无须铲车操作，最大限度地提高了仓库效率，充分利用了空间。

巴斯夫催化剂全球业务部是全球环境技术和工艺催化剂业务的领导者，旗下机动车排放催化剂全球业务部作为业内全球领导者，拥有卓越的专业知识、开发创新的机动车排放控制技术，广泛地应用于汽油车、柴油车及摩托车，以保护我们呼吸的空气，实现更健康、更可持续发展的未来。

巴斯夫机动车排放催化剂全球业务部于1976年推出重要创新——现代的三元转化催化剂，应用于现代汽车，可消除汽油发动机产生的90%以上的碳氢化合物（HC）、一氧化碳（CO）和氮氧化物（NO_X）。凭借这一研发创新，巴斯夫获得了美国国家科技奖章及联合国十年贡献奖，这款催化转化产品已经成为全世界大多数汽车至关重要的组件之一。

城市的空气污染防治在中国已受到高度重视。据中华人民共和国环境保护部最近的一项污染源分析报告显示，机动车尾气排放是北京、杭州、广州和深圳等城市的主要污染源。因此，汽车排放受到全世界排放法规制定者越来越多的关注。随着排放法规越来

机动车排放催化剂生产基地内的自动化仓库

越严格，除了对碳氢化合物（HC）、一氧化碳（CO）和氮氧化物（NO_X）有限值要求外，对颗粒物（PM）控制也提出了更严格的要求。巴斯夫创新的 EMPRO™ 系列技术解决方案能够满足更严格的排放法规，同时去除汽油车或柴油车排放中的四种污染物。为汽车制造商、公共交通服务商和私家车主提供了一系列解决方案，以降低排放并提高燃油经济性。

巴斯夫研发创新的 EMPRO FWC™（四元转化催化技术）结合了传统的三元催化剂及颗粒物捕集器的功能，只需一个催化单元就能够去除汽油车排放的四种污染物，其优点包括：①灵巧的解决方案以降低背压的影响；②可减少封装体积；③确保颗粒物排放低于严格的法规限值；④降低系统复杂性及整体系统成本。

在柴油车排放领域，巴斯夫也提供多种柴油机排放控制技术，通过添加不同的组件组合成系统，同时降低 CO、HC、NO_X 及 PM 等污染物，满足日益严格的排放控制法规。柴油发动机排放控制解决方案包括：① DOC（柴油氧化催化剂）；② CSF（催化颗粒捕集器）；③ SCR（选择性催化还原催化剂）；④ AMX（氨氧化催化剂）；⑤ LNT(稀燃氮氧化物捕集器）；⑥ SCR.2F（带 SCR 的颗粒捕集器）。

巴斯夫催化剂进入中国十余年来，是中国汽车事业迅速发展以及汽车尾气排放法规的推进和落实的主要见证者。公司在中国不断地追加生产及研发投资，服务于国内外著名的汽车厂商。公司始终如一，致力为汽车行业提供洁净排放的解决方案，推动国家可持续发展的方针，是催化剂行业的领导者。

四、展览企业

上海市国际展览有限公司（SIEC）

上海市国际贸易促进委员会副会长，上海市国际展览有限公司董事长、总裁　顾春霆

一、概述

上海市国际展览有限公司（以下简称公司）成立于1984年，是中国国际贸易促进委员会上海市分会的直属企业，是上海成立最早的国有专业从事国际展览的公司，也是上海首家全球展览业协会（UFI）的正式会员。公司办展项目中，模具展、汽车展和染料展是国内较早相继获得UFI认证的展览项目。2016年，公司完成国内自办展项目9个，海外自办展项目1个，展出面积34.7万平方米；承办展项目2个，展出面积13万平方米，合计47.7万平方米。年内婚纱、儿童、摄影三展迁址上海新国际博览中心，展出面积比2014年增长15%。自办展观众总数35万人，与2014年基本持平。公司各品牌项目努力保持高位运行，展会规模均创历史新高。

二、2016年主要业务

（一）春、秋两季中国·上海国际婚纱摄影器材展览会全新亮相上海新国际博览中心

2016年第29、30届春秋两季中国·上海国际婚纱摄影器材展览会携婚纱礼服及时尚配饰展，主题摄影及样片展，相册相框、耗材及后期制作展以及婚庆用品和旅游婚纱摄影展四大分支子展十二大主题区和第十八届上海国际摄影器材与数码影像展览会分别于2016年2月23—26日和2016年7月21—24日展出，总面积达25万平方米，观众参观人数超过12万人次，继续保持同类展会全球规模第一，打造婚尚产业链一站式展示采购、商贸交流平台。

2016年是“十三五”规划的开局之年，也是上海全力打造国际会展之都的开局之

2016年中国·上海国际婚纱摄影器材展览会

年。作为中国婚尚产业发展的“风向标”，本届展会在面临中国经济运行放缓以及婚纱影楼行业步入深度调整周期的艰难阶段，公司上下迎难而上，逆势上扬，抓机遇变契机、化拐点为起点，顺利完成了从上海世博展览馆到新国际博览中心的全新升级，实现了展会的第三次飞跃。

（二）春、秋两季中国·上海国际儿童摄影展览会展品齐聚，销售火爆

作为中国儿童摄影产业的“风向标”和“一站式采购平台”，2016春、秋两季中国上海国际儿童摄影展览会展出总面积达4万平方米，吸引了近200家海内外品牌参展。展品囊括儿童服饰用品、实景道具、摄影样片、庆典策划、相册相框、纪念用品及服务等儿童摄影行业所涉及的各类产品及服务，旨在为专业买家提供全面的观展和采购体验。其中迪士尼系列卡通主题样片、舒柔温馨的婴幼儿上门拍摄服务及亲子旅拍等都成为今年展会的特色亮点。展台前人头攒动，销售火爆。

（三）第十六届中国国际染料工业及有机颜料、纺织化学品展览会继续保持同类展会全球规模第一

第十六届中国国际染料工业及有机颜料、纺织化学品展览会携2016上海国际数码印花及印染自动化技术展览会于2016年4月13—15日在上海世博展览馆开幕。本届展会展出总面积4万平方米，吸引了来自17个国家和地区的620家企业参展。展品涵盖各类先进的环保型染料、有机颜料、助剂、中间体、仪器环保设备、数码印花设备、印染自动化技术及印花材料等，继续保持同类展会全球规模第一，持续打造全球最大染化料行业优质贸易采购平台。

（四）首届上海国际新能源汽车展览会6月上海盛大开幕，品牌齐聚规模空前，百款新能源汽车闪耀登场

首届上海国际新能源汽车展览会于2016年6月28—30日在新国际博览中心举行，以3万平方米的展出规模，并含室外5000平方米新能源试乘体验活动区，集中展示了中国新能源汽车的新产品及新技术。展会吸引了近20家企业参展，涵盖中国新能源汽车领域的主流大厂商，展出新能源汽车近100辆。展会同期举办了2016上海新能源汽车产业峰会，汇聚整车企业、核心零部件制造企业等全产业链的高层领导和相关的专家学者，从企业战略、技术发展等多角度、全方位解读汽车的发展现状与未来方向。

（五）2016 上海国际汽车零部件及相关服务展览会推进行业技术高新化、供货系统化和经营全球化方向发展

以“创新技术、智能演绎”为主题的 2016 上海国际汽车零部件及相关服务展览会于 2016 年 6 月 28—30 日在上海新国际博览中心圆满举行。本届展会覆盖全球汽车零部件百强榜单的知名厂商，展品凸显汽车行业发展技术前沿，自动驾驶辅助部件、车联网配套硬件、轻量化材料等新技术集中展现，引领汽车行业新能源、智能化、轻量化新趋势。

（六）第十六届中国国际模具技术和设备展览会喜迎 30 周年，新常态、新发展、调结构、促升级引领模具新业态

DMC 2016 第十六届中国国际模具技术和设备展览会于 2016 年 6 月 28 日至 7 月 1 日在上海新国际博览中心（E1—E6 馆）隆重举行。本届展会汇集了来自德国、瑞士、美国、日本、韩国等 15 个国家和地区约 1200 家参展企业，展出规模超过 7 万平方米。展会在原有高端精密加工设备与技术和先进模具制造的展出基础上，新增 3D 打印增材制造、激光装备、机器人自动化集成等新技术运用，并扩展到互联网 + 模具、模具智造、云制造生态圈等新业态。创办于 1984 年的中国国际模展正逢 30 周年，展会 30 年的发展见证了中国模具行业的技术进步和产业发展，并在当今国际产能合作、制造业技术交叉融合的大背景下，更加凸显其为企业开展技术交流、经贸合作、市场开拓及稳定出口等发面发挥的重要作用。

（七）第十八届中国（上海）国际摄影器材和数码影像展览会大牌云集，新品荟萃

以“新场馆 • 新境界 • 新未来”为主题的第十八届中国（上海）国际摄影器材与数码影像展览会于 2016 年 7 月 21—24 日首次移师上海新国际博览中心举行。本届展会展出面积 2 万平方米，吸引了来自海内外 200 家参展企业，包括富士、索尼、尼康、爱普生、柯尼卡美能达、诺日仕、大疆、百诺、

首届上海国际新能源汽车展览会

2016 年上海国际车联网与智慧交通展览会

金贝、乐凯、佳鑫悦、南光、神牛、聚福德U2、捷宝、长城等行业优质厂商悉数到场，覆盖影像行业全产业链，凸显价值合力，多角度、全方位协同中外展商共同分享内销、外销市场的份额。此外，展会关注业界热点，提供新品体验、技术讲座、图片展示、商业论坛等多元化的同期活动，提高观众的摄影享受，打造以贸易交流为核心的参观服务，成为摄影爱好者和发烧友感受模拟布景与新机试拍完美结合的绝佳体验平台。

（八）2016 上海国际车联网与智慧交通展览会全新亮相，体验未来出行盛宴

主题为“创新科技，智慧出行”的首届上海国际车联网与智慧交通展览会，携第三届 APEC 车联网研讨会于 2016 年 8 月 25 日在上海新国际博览中心隆重开幕。为期 3 天的展会以“为中国业界和消费大众之间建立一个有关智慧出行工具、方式和解决方案的创造性展示平台”为理念，旨在连接海内外智能交通工具和互联网科技行业，全方位展示智慧出行产品、技术与服务，打造全新交流互动的行业平台。展会开幕前夜举办“回到未来・荧光迷宫”展，迷宫包含解构共享和另类出行工具的摩拜单车、云马电动助力自行车展示区、互动虚拟座舱体验区、新概念未来交通互动区、白盒子视频区、造车运动故事区和光电透明大巴鸡尾酒休闲区等六大部分，通过充满异想的荧光和灯光效果将智慧交通的概念与前卫有趣的展览方式结合，打破参观者的看展习惯。

（九）第六届亚洲国际染料工业及有机颜料、纺织化学品展览会重返土耳其

自 2011 年先后在印度、土耳其、印度尼西亚和越南成功举办了五届的亚洲国际染料展巡展，受到了国际染颜料届的高度关注和积极参与。2016 年 11 月 10—12 日，第六届亚洲国际染料展在土耳其伊斯坦布尔展览中心举办。本届亚洲巡展展出规模近 3000 平方米，旨在贯彻国家“一带一路”战略，助力企业开拓国际市场，创建国际品牌，提高中国染料国际市场竞争力，为加快推进中国染料工业的国际化发展进程搭建有

效平台。

三、2017 年展望

展会作为是经济发展的晴雨表，在2017 年将面对内外环境发生的种种变化，也必将面临更多纷繁复杂的挑战。在如此纷繁复杂的新形势下，公司将牢牢把握稳中求进的总基调，追求“敬业　奉献　创新　卓越”的企业文化，加快改革创新，利用信息技术手段和创新展会模式，提升公司市场竞争力，确保完成和超额完成董事会下达的年度各项经济指标和任务，实现公司可持续发展，力争在服务贸促会改革发展大局上有更大的作为。

2017 年在沪国际展览计划一览表

日期	展览会名称	地点	网站
2 月 22—25 日	第 31 届中国·上海国际婚纱摄影器材展览会（春季） 2017 上海国际婚纱礼服及时尚配饰展览会（春季） 2017 上海国际相册相框、耗材及后期制作展览会（春季） 2017 上海国际主题摄影及样片展览会（春季） 2017 上海国际婚庆用品和旅游婚纱摄影展览会（春季）	上海新国际博览中心	www.chinaweddingexpo.com.cn
	2017 上海国际儿童摄影展览会（春季）		www.babyphotoexpo.com
4 月 12—14 日	第十七届中国国际染料工业及有机颜料、纺织化学品展览会	上海世博展览馆	www.chinainterdye.com
	2017 上海国际数码印花及印染自动化技术展览会		www.chinatextileprinting.com
4 月 21—28 日	第十七届上海国际汽车工业展览会	国家会展中心（上海）	www.autoshanghai.org
6 月 13—16 日	2017 中国国际模具技术和设备展览会	上海新国际博览中心	www.dmcexpo.com
7 月 13—16 日	第 32 届中国·上海国际婚纱摄影器材展览会（秋季） 2017 上海国际婚纱礼服及时尚配饰展览会（秋季） 2017 上海国际相册相框、耗材及后期制作展览会（秋季） 2017 上海国际主题摄影及样片展览会（秋季） 2017 上海国际婚庆用品和旅游婚纱摄影展览会（秋季）	上海新国际博览中心	www.chinaweddingexpo.com.cn
	2017 上海国际儿童摄影展览会（秋季）		www.babyphotoexpo.com
	第十九届中国（上海）国际摄影器材和数码影像展览会		www.interphoto.com.cn
9 月	2017 上海国际车联网与智慧交通展览会 第四届 APEC 车联网研讨会	上海汽车会展中心	www.mmcshanghai.org
11 月 15—17 日	第三十届中国国际表面处理展览会	上海新国际博览中心	www.sfchina.net
	第二十二届中国国际涂料展览会		www.chinacoat.net
11 月 27 —30 日	第十八届上海国际纺织工业展览会	上海新国际博览中心	www.shanghaitex.cn
待定	2017 亚洲国际染料工业暨有机颜料、纺织化学品展览会	印度尼西亚	www.interdyeasia.com

以上计划仅供参考，信息截止到 2016 年 12 月，如有变动恕不另行通知。

东浩兰生集团上海外经贸商务展览有限公司

一、概述

党委书记、总经理
周　巍

上海外经贸商务展览有限公司成立于1993年7月，是上海东浩兰生国际服务贸易(集团)有限公司下属的专业展览公司。公司以展览为主业，经过20多年的发展，形成了以承办大型政府项目和各类境内外展会为核心主业的业务架构。每年承办多个具有国内外知名度的品牌展会，包括华东进出口商品交易会（华交会）、中国（上海）国际技术进出口交易会（上交会）、上海国际信息消费博览会（信博会）、上海国际宠博会、中华老字号博览会、广交会上海展团、中国—东盟博览会上海展团等。

公司拥有展览主承办一级资质、展览展示工程一级资质，自2000年成功通过ISO9001：2000质量体系认证，连续多年荣获“上海市重合同守信用企业”称号，连年被评为上海市财务会计信用和纳税人信用双A类企业，并荣获“上海市文明单位”称号。

2016年公司完成展览项目14个，其中政府展6个，国际展3个，出国展5个，展览面积达35.5万平方米

二、主要展会

（一）中国（上海）国际技术进出口交易会

第四届上交会于2016年4月21—23日在上海世博展览馆成功举办。本届上交会主题为“创新驱动发展、保护知识产权、促进技术贸易”。展览面积3.5万平方米，共吸引921家知名科技企业和交易服务机构参展，展会参观人数达50367人次，较上届增长12%，其中专业观众比例达81.2%。全国共28个省区市组团或参加专业展示，展会期间共举办50多场特色论坛和活动，吸引2000多名各领域专业人士参加。此外，2016年上交会首次成功举办捷克海外展，共组织12家企业积极参与，并取得丰硕成果。

（二）中国华东进出口商品交易会

第26届华交会于2016年3月1—5日在新国际博览中心举办。展览面积达11.5万平方米，设服装服饰展、纺织面料展、家庭用品展、装饰礼品展、现代生活方式展五大专业主题展。本届华交会亮点纷呈：首次采用华交会＋专业展的办展格局，设置五大专业主题展，提升展会专业化水平；首次引入境内专业买家理念，到会专业买家超4万人次；首次实现现代生活方式展规模翻番，面积达1.2万平方米；首次设立跨境电商展区，同期举办“跨境电商主题论坛”；首次启用手机官网、微信订阅号和公众号，搭建“三位一体”信息化营销平台。

（三）上海国际宠博会

第五届宠博会于2016年3月17—20日在世博展览馆举办。经过5年的培育和历练，本届宠博会进行了全面升级，首次启用世博展览馆1号馆，面积扩大至2.1万平方米，展示范围扩充至整个宠物行业。共吸引206

外经贸商务展览图片

家国内外前沿品牌及知名企业参展，较上届增加48%。现场人气火爆，观众人数超6万人次。本届展会获得中国轻工商会支持与合作，作为国内6个国家级宠物基地之一的浙江平阳宠物基地首次组团参展，为展会贸易细分领域发展开拓了新的渠道与路径。

（四）上海国际信息消费博览会

2016上海国际信息消费博览会于2016年6月29日至7月1日在上海新国际博览中心成功举办。本届展会展览总面积为2万平方米，共吸引近200家企业和服务商踊跃参展。在市经信委指导下，公司项目团队积极与各相关行业协会、联盟合作，有序推进招展工作；展会主动对接GSMA，合作打造移动互联网第一平台；努力提升软硬件服务水平，丰富展会内涵，助推上海市乃至全国信息消费。作为公司重点打造的自有品牌项目，该项目不仅助推了国家“互联网+”行动计划，同时也逐步成为公司新的经济增长点。

（五）印尼中国技术设备和商品展

作为公司重点出展项目，第十五届印尼中国技术设备和商品展于雅加达时间2016年5月12日在雅加达国际展览中心开幕。展会总面积为3000平方米，共设展位100个，3天展期吸引3000多客商前来参观、交流洽谈。本届印尼展勇于探索、积极创新，注重展会结合，提高展会影响力，成功举办了“中国—印尼科技创新合作项目推介会”，共吸引60家来自中国及印尼相关领域的科研单位及企业参加，活动效果显著，深受当地企业欢迎。

（六）中华老字号展

第十届中华老字号博览会于2016年9月25—28日在上海展览中心东一馆隆重举行。本届博览会展出面积6528平方米，共设320个展位，参展企业201家。作为“2016上海购物节”的重要活动之一，本届博览会主题为“科技创新和老字号”，本届博览会在主入口序厅设立了“老字号优选伴手礼展示区”，结合最新多媒体手段，从“衣”“食”“用”“行”四个方面生动展示了上海老字号的创新优选伴手礼产品。展会上许多特色展品深受追棒，为期4天的博览会共接纳观众近3.5万人次，现场销售额400余万元。经过10年发展，“中华老字号博览会”已逐渐成为弘扬中华传统文化、促进商务合作交流、拉动内需消费、推动老字号持续发展的桥梁和平台。

三、发展趋势

2017年公司将在新常态下牢牢把握国内外经济发展机遇和会展行业发展趋势，按照集团对会展企业的总体要求，结合公司自身实际，以公司新三年规划为奋斗目标，不断提高主营业务盈利能力、深化公司改革改制、夯实企业内生动力，在公司新一轮发展中取得新突破、实现新跨越、作出新贡献。

上海现代国际展览有限公司

总经理　张定国

上海现代国际展览有限公司成立于1993年，是上海东浩兰生国际服务贸易（集团）有限公司下属的一家专业展览企业，全国首家通过ISO9000国际质量体系认证的展览主办企业，上海市会展行业协会副会长单位。公司拥有中国展览馆协会展示工程一级资质、上海市会展行业展示工程企业一级资质和上海市会展行业主（承）办机构一级资质，并于2004年加入UFI（国际展览业协会）成为其正式会员。

公司主营业务分为展览主办和展览展示两大板块。每年在上海、北京、成都、广州等地主办十多场专业展会；为各级政府部门、社会组织主办的展览展示活动提供专业策划、设计和制作“一站式”服务。

2016年是“十三五规划”的开局之年，公司聚焦改革发展，进一步推进企业深化改革的各项工作，在展览主承办和展示策划两个主营业务的推进中均取得了新发展，顺利完成了全年的经营指标。全年顺利举办9场自办展，成功开拓2个新展题；通过收购北京华展博览展览有限公司50%股权实施上海广印展全国布局战略的重要一步；顺利承接世博会博物馆展陈项目，以及多个政府类和商业类展示项目。回顾2016年全年工作，主要有以下六个方面：

一、跨好“广印展”实施全国布局扎实一步

根据探索国有企业改革改制总体要求，公司提出《上海国际广告设备展实施全国布局战略的请示》，得到了集团的批准。经过近一年的前期筹备，完成了对收购对象的尽职调查、财务审计、股权评估、收购谈判及集团审批等流程，于11月上旬签署收购北京华展博览展览有限公司50%股权的《收购协议》，12月初完成工商变更登记。这是继上海、成都之后，“广印展”布局北方及东北亚市场，实施全国战略的重要一步。

二、品牌展精耕细作，新展题迎合需求

全年共完成自办展项目9个，展出毛面积达43.8万平方米，继续占领上海市组展单位自办展规模排名榜的前列。其中“广印展”“绿色建博会”继续在公司自办展营业

规模方面领跑，为“十三五”规划实现良好开局奠定坚实基础。

（一）“上海广印展”迎来新契机，谋求新发展

随着“一带一路”战略的深入实施和互联网+的全面铺开，上海“广印展”顺应新格局，谋求新发展，实施了包括举办亚洲广告联合会首届会员大会，以及与世界知名软件公司甲骨文开展营销软件合作在内的多项实质性举措，助力上海“广印展”在搬迁国家会展中心举办的第二年取得新的突破。展览面积继续保持20万平方米，中外展商数超过2100家，其中海外展商比例达到11.08%；到访的海内外专业观众163259人次，其中海外观众占到了19.6%，继续保持展览规模和参会人数的平稳增长。

（二）精准定位，打造“绿色建博会”全产业链新标杆

公司另一品牌展会——建材展转型升级后精心打造的“绿色建博会”举办3年来，已发展成为上海乃至长三角地区规模最大的绿色节能建筑领域专业展会。2016年贯通上下游产业链共同展出规模10万平方米，1000多家企业参展，其中不乏组团参展的国际展团。

展会继续紧扣“绿色”“节能”的展示主题，深挖开拓，突出环保型技术应用这一亮点。展会现场还举办“绿色建筑建材发展与高峰系列论坛”等20余场活动和“绿世纪环境设计（微缩生态城实景）展”，吸引众多业内人士以及媒体的关注，取得良好的展出效果。

（三）纺织品数字喷墨印花展有新突破

2016年隆重推出的“上海国际数字喷墨纺织品印花展”是“上海广印展”创新升级的又一重要突破。首届举办得到了中外数字喷墨纺织印刷设备商的积极响应，面积达到5000平方米。展会吸引了众多国内外品牌参与，以“展示+演示+研讨”的创新展演形式亮相，形成了一个产品完整生产演示的整体组合，现场反响热烈，达到了预期的效果。

（四）重庆建博会是上海“绿色建博会”走向全国第一步

重庆国际绿色建博会是2016年开拓的另一个展题，这是上海“绿色建博会”这一品牌深耕发展十二年后走出上海，尝试走向全国的重要一步。本届展会历时3天，规模达到7500平方米，共有七大展示板块。

作为进军中西部市场的示范推广项目，本届展会得到了重庆市商务委，重庆市建委及相关行业组织的大力支持，还受到了四川各地房产开发公司、设计单位、施工企业的密切关注和积极参与。主办方旨在通过复制上海绿色建博会成功的运作模式和办展经验，打造全国各地建筑节能领域最新技术、产品进入重庆及周边地区应用市场的首选平台。

三、成长期展会得到稳固发展

（一）上海国际广告四新展、上海国际篷房及帐篷博览会

2016年的广告四新展展会规模1.75万平方米，比上年增长17%。外商参展比例和观众人次统计均有所提高，并且与绿色建博会、篷房展同期举行，形成三展联动有效互补的局面，为客户开拓新的商机。

2016年是上海国际篷房及帐篷博览会第二届举办，规模较上年有近20%增长，达到6000平方米，国内行业领军企业悉数参展。展会选择与广告四新展和绿色建博会同期举办，旨在推广篷房的应用概念与展会品牌形象。

（二）成都广告展、健身保健康复展、上交会生物医药展

成都广告展已连续举办4年，展览面积

达到 5 万平方米，展示范围覆盖广告、标识整个产业链。经过 4 年的打造，展会在中西部地区已初具规模和影响力，进一步实现了与“上海广印展”的联动效应。

上半年公司还顺利完成上交会生物医药展板块招展运营工作和举办健身保健康复展览会。下半年还举办了汽车材料及装配技术展，规模较上年有所增长。

四、内外兼顾，顺利完成出国展参展计划

在成立“亚洲广告联合会”的基础上，公司与其他会员积极落实战略合作内容，加强协作交流，开拓出国展业务，组织国内展团赴海外广告展参展。2016 年完成 3 个出展项目，分别是阿联酋迪拜广告展、巴西圣保罗广告展及巴基斯坦卡拉奇广告展，组织 41 家企业，近 100 人次赴海外参展，现场实现贸易成交。

亚洲广告联合会成员国受牌仪式

五、展示业务多点开花，世博类项目得到继承和延续

（一）世博主题类

世博会博物馆是由上海市政府和国际展览局合作共建，被国际展览局认定的唯一官方博物馆和国际展览局官方文献中心。它既是国内第一座真正意义上的国际性博物馆，也是全世界独一无二的全面展示世博专题的博物馆。公司参与该项目的前期投标并最终入选作为展陈布展 1—4 厅施工设计一体化项目的总包单位，延续了公司在承接世博类展示项目中的记录。在近两年的筹划过程中，与外方合作者一道，通力配合，赢得了甲方的信任。2016 年 10 月公司与甲方正式签署《协议》。根据工作进程安排，2017 年上半年项目要完工并投入试运营。

2015 年公司承接了在米兰世博会期间举行的“世界城市日”活动，取得圆满成功，

得到了广泛赞誉。2016年，“世界城市日”活动定在世界人居大会的举办地厄瓜多尔首都基多市举行。公司再次牵手世界城市日活动，负责配套论坛、展览及活动现场的设计施工以及运营工作，并于10月31日顺利完成。

（二）政府类

2016年10月，公司与集团下属靖达公司通力合作，顺利完成“2016年全国大众创业万众创新活动周上海市分会场”的展览展示及活动主会场的设计布展任务。本次活动总面积3000平方米，展览面积1200平方米，仅仅用了2周时间就完成了从场地测量到制作施工的全过程，布展效果受到了主办方及参展方的认可与好评。

（三）商业类

上海宝玉石交易中心有限公司应邀参加2016上海国际珠宝首饰展览会。公司承接了该中心参展的展台设计搭建工作，并圆满完成。还派出布展专业人员和工程管理人员，力保展会的顺利运营。受到该中心的高度认可。

2016年，上海对外服务公司乔迁新址，特设企业展示厅，展现外服软硬实力。公司受邀参与该项目，在短时间内完成了展厅的布展设计、文案策划等工作，于7月开始施工，8月初完工，确保了8月8日如期举行大厦启用仪式。

11月上旬，国际展览业协会（UFI）83届年会在上海举行。公司作为国内最早一批加入UFI的企业，鼎力支持本届大会的举办，全程参与策划设计与会场搭建，专业的服务得到各方参会嘉宾的高度赞誉。

（四）品牌展主场配套服务

2016年共完成品牌展主场配套服务项目3个，分别是中国华东进出口商品交易会——东浩兰生展团、第二十四届“上海广印展”和2016上海国际广告四新展。

六、深化管理、扎实推进、提升企业综合竞争力

顺利通过集团贯彻落实党风廉政建设责任制专项检查工作；强化制度管理，不断修订完善各类规章制度；启动“2017—2019新的三年行动规划”制定工作；继续做好企业品牌建设工作和精神文明创建工作，参与“上海名牌”称号及“上海市著名商标”称号的复评申报；推进职业能力培训，重视人才队伍建设；加强内部质量管理工作。

七、2016年获得的主要荣誉

1. 被列为上海市会展行业协会展览展示工程企业二十强。

2. 上海市广告协会成立三十周年获杰出贡献奖。

3. 广告展获评为“中国展商Top50最具影响力产业展览会”。

4. 建材展获评为“中国展商Top50最具品牌价值产业展览会”。

5. 公司获评为“2016年度中国十佳品牌组展商”。

6. 公司获评为“广告协会单位贡献奖”。

7. 公司获评为“广告协会优秀活动奖”。

上海新国际博览中心（SNIEC）

上海新国际博览中心有限公司总经理　迈克尔

一、概述

上海新国际博览中心(SNIEC)由上海陆家嘴展览发展有限公司与德国汉诺威展览公司、德国杜塞尔多夫展览公司、德国慕尼黑展览有限公司共同投资建设，是中国第一个合资建造和运营的国际展览中心项目，注册资本为12150万美元。历经12期扩建，SNIEC于2012年2月15日全面落成，共拥有17个单层无柱式展厅，室内展览面积20万平方米，室外展览面积10万平方米。自2001年11月2日正式投入运营，SNIEC的运营取得了快速稳定的增长，年度举办知名展览会已突破百场，2016年达114场。吸引近500万名海内外观众和8万余名国内外展商。作为重大国际展会的平台，SNIEC不仅加强了国内和国际经济贸易往来，同时有效地带动了本地区交通、旅游、商业、港口、餐饮、娱乐等相关产业的发展，为城市经济带来了活力和效益，被视为世界最成功的展览中心之一，中外展览企业创造

新国际博览中心（1）

新国际博览中心（2）

性合作的典范，它为推动上海建设成为世界一流的国际会展中心城市，做出了重要贡献。

主要产品及服务范围：建设、经营上海新国际博览中心；利用本公司展览场馆主办、合作主办和承办境内外来展；推广展览所需活动；提供与本展览中心所举办展览相关的广告设计、制作，利用自有媒体发布广告；出租展览馆、会议室、办公室及为进场参展商提供展览设备租赁服务；经营商务中心、餐饮、附设商品部等相关配套设施及提供展览咨询等相关服务。

SNIEC 经营理念是“立足服务 持续创

新国际博览中心（3）

新”。SNIEC认为在今天这个持续变化的市场竞争环境中，创新与合作是驱动其不断前行的两个重要成功因素，从而能够不断培植新的竞争力，提升客户服务价值。同时，SNIEC坚信“顾客的满意和认同是企业长期赢得市场,创造价值的关键”。为了确保“以顾客为中心”经营思想的有效实施，SNIEC一直以来十分注重聆听参展商、观众和主办者的声音，坚持周期性的客户满意度市场调查工作，从中不断改善和优化其服务质量。随着展览设施全面扩建告一段落，企业今后发展将以品牌与服务为核心，以进一步强化和提升软实力，致力于为顾客提供最好的价值服务。

二、展览业务情况

2016年SNIEC展览业务继续保持稳定的发展态势。展览场地合同销售面积达600万平方米，共承接了114个展览会，其中具有重要影响的展览包括：华东商品交易会、建筑材料及贸易博览会、中国国际家具展览会、国际太阳能产业及光伏工程（上海）展览会暨论坛、中国国际地面材料及铺装技术展览会、中国家电博览会等，展览题材涉及的行业分布广泛，包括汽车、纺织、建材、家具、电子、食品饮料、包装机械、生物制药、轨道交通、美容珠宝、机械工程、印刷、酒店等众多领域。

2002—2016年SNIEC业务发展情况一览表

年　份	展会数量（个）	销售面积（平方米）	展商数量（个）	观众数量（个）
2002	43	887000	17746	1503769
2003	45	1010000	22328	1640540
2004	66	1930000	35965	2358359
2005	67	2330000	46787	2546787
2006	72	2840000	52012	2668824
2007	78	3200000	58478	3086343
2008	80	3860500	67607	2666188
2009	78	3599540	61753	2838170
2010	80	3930000	69993	3096531
2011	94	4800000	81700	4046800
2012	94	5410000	103600	3725312
2013	100	5830000	96568	4618000
2014	106	6390000	96492	4530350
2015	114	5400000	80977	3660324
2016	114	6000000	88075	5273920

上海农业展览馆

上海农业展览馆成立于1959年，是由上海市农业委员会直接领导的事业单位。早在20世纪七八十年代就作为筹办农业展览的常设机构，举办了数百次各种类型的农业展览。上海农业展览馆拥有12万平方米的场馆面积，其中展览面积7600平方米，可容纳300多个国际标准展位，具有配备齐全的现代化展览设施。

上海农业展览馆一贯来以服务全国“三农”为宗旨，举办了众多全国性、地方性、专业性的农业展会。近两年，苏、皖、赣等许多兄弟省及一些地市都在此举办过优质农副产品展览。特别是每年举办的新春农副产品大联展，齐聚全国20余个省市，近2000种优质农产品，已成为广受全国参展企业与广大市民欢迎的品牌展会。同时，一直以来农展馆也参与中国国际农交会、中国农业高科技博览会、中国绿色食品博览会等大型展会的设计制作工作。

2016年上海农业展览馆举办展览情况表

展览日期	展览名称	面积（平方米）
1月22—25日	2016上海新春农产品大联展	7500
5月13—15日	2016年江西（上海）茶业博览会	5400
6月18日	第十六届中国·盱眙国际龙虾节走进上海	5400
7月28日—8月1日	上海市农口系统老干部庆祝建党九十五周年书法、绘画、摄影作品展	1800
8月5—7日	2016上海郊区优质果品展销会暨盛夏农副产品大联展	1800
8月26—29日	2016云南高原特色农产品（上海）推介活动	5400
9月9—12日	2016年黑龙江农民合作社优质农产品（上海）展销会	7500
9月22—25日	2016长三角休闲农业与乡村旅游博览会	7500
10月21—24日	2016第十一届上海国际休闲水族展览会	7500
11月11—14日	2016金秋农副产品大联展暨辽宁优质农产品展	5400
11月18—20日	第十四届江苏名特优农产品（上海）交易会	7500
12月2—5日	安庆名优农产品（上海）交易会	5400
12月9—12日	第十二届江西鄱阳湖绿色农产品（上海）展销会	7500
12月21—24日	2016哈尔滨绿色食品展	5400
2016年12月31—2017年1月2日	第十八届安徽省名优农产品、绿色食品（上海）交易会	7500

第十五届上海新春农副产品大联展

上海农业展览馆拥有一支长期从事展览设计、加工制作、现场布展、场地管理及摄影摄像的技术队伍。具备从事广告设计服务、影视制作服务资质和承担展位搭建、展具租赁等商务服务。

由上海市农业委员会主办、上海农业展览馆承办的 2017 年第十五届上海新春农产品大联展于 1 月 13—16 日在上海农业展览馆举行。本届大联展充分反映了各地农业在“创新驱动、转型发展”中出现的新产品、新成果和新经验。本届大联展有 34 个省市地区的展团参展，352 个各类优质参展企业，300 余个展位，1500 个参展产品。参展商来自祖国各地，展品琳琅满目，汇集了全国各地的优质农副产品。新春大联展除特设电商展区外，喜农农网站也开设 7 个专题板块的网上展厅。O2O 体验店内组织各地优质企业进行店内专场促销、产品体验活动，“喜农农”的微信公众号上也同期举行了新春农产品大联展优质农产品推送体验活动。

上海农业展览馆作为上海都市现代农业成果的推广、宣传和普及平台之一，全方位对优质农产品进行推介宣传，设采购商专场，同期举办名特优产品推介会、优质农产品逆向推介会等活动，提升了采购商采购效率、节省交易成本，帮助参展企业与采购企业迅速促成订单。据不完全统计，本届展会订单 11 多亿元，往届展会订单累计达到 200 多亿元。

五、民营企业

上海华信国际集团有限公司

一、企业概况

上海华信国际集团有限公司(简称上海华信国际，英文缩写 CEFC Shanghai)是中国华信旗下一级合伙制集团公司，以打造有组织的能源产业国际投行为战略，重点立足欧洲油气终端，从而获取上游油气股权与权益，主营能源资源开发、储备、生产和相关技术与金融服务。上海华信国际成立于 2003 年，总部位于上海明天广场大厦，拥有各类专业人才 7000 余人。2015 年上海华信国际营业收入超 2066 亿元，位列上海民营企业 100 强第一名，上海民营制造业企业 50 强第一名。先后被评为“中国最具影响力企业”“中国十大慈善企业”等。

二、战略布局

上海华信国际通过经营和投资两个带动实现集团战略发展。在经营带动上，着力推动能源产业与金融服务协调共进，推动两大产业有机融合、互动发展，重点通过权益来带动，打造全牌照金融体系，通过能源产业的经营和金融产业的服务，带动增加金融与物流经营利润。在投资带动上，服务国家战

上海华信国际集团有限公司外景

2016 年 3 月 30 日中国华信执行董事、上海华信国际集团有限公司总经理李勇参加中捷经贸合作圆桌会代表中国华信与捷克 ZDAS 特种钢公司签订合作协议

略，配合“一带一路”战略，以捷克为支点开展国际投行业务，重点投资旅游航空与工业制造产业，通过着眼国际产能合作，实现互联互通，推动中国企业混合走出去，促进国内与国际市场互动，助力中国经济转型升级，实现资产证券化。

三、业务板块

上海华信国际围绕“打造有组织的能源产业国际投行”战略定位，以哈萨克斯坦国家石油国际公司和 J&T 金融集团为战略支点，能源产业经营与投资带动相结合，形成具有协同效应的多元化业务板块布局和发展路径。其中，能源产业：以获取油气资源为核心，打造能源全产业链；金融板块：发展金融全牌照，服务公司战略；新兴板块：开展国际投行建设，打造新兴产业板块。

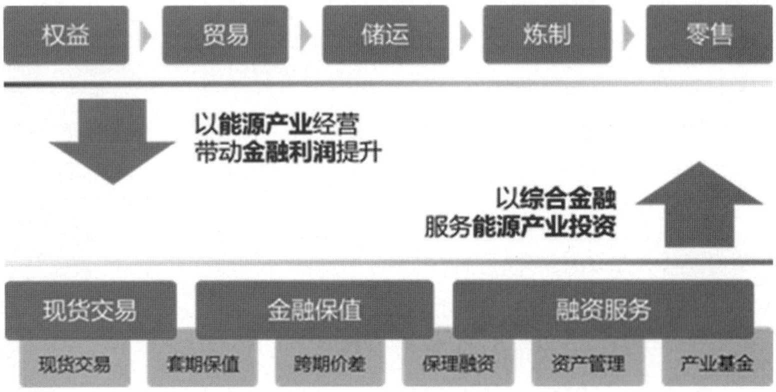

四、企业荣誉

上海华信国际始终秉承“由力而起，由善而达”的为商之道，努力打造人的华信、家的华信、国家的华信，先后被评为“中国

十大最具影响力企业”“中国十大慈善企业”。2015 年上海华信国际蝉联上海民营企业 100 强第一位，位列上海企业 100 强第七位，系上海纳税百强企业。2016 年，上海华信国际被评为上海民营企业 100 强第一位，上海企业 100 强第八位，上海制造业企业 100 强第三位，上海民营制造业企业 50 强第一位，浦东经济特别贡献奖，第三届浦东总部经济奖等。

六、上海老字号

老凤祥

老凤祥，创始于清道光二十八年（1848），是中国珠宝首饰业中历史最悠久的世纪品牌。老凤祥历经数代人的传承，其抬压、鎏金、板金、拗丝、镶嵌和雕琢等高超技法，已入选上海非物质文化遗产，是见证中国金银文化历史的活化石。

老凤祥集研发、设计、生产与销售于一体，拥有4家专业厂、20多家子公司、130家以上的连锁银楼，全国经销网点近3000个。老凤祥在“黄金、白银、铂金、钻石”等传统首饰类基础上，不断开拓完善，已形成“白玉、翡翠、珍珠、有色宝石、牙雕、珐琅、K金眼镜”等“老凤祥新七类”系列产品，旗下的旅游纪念品、工艺品、收藏品与中华牌铅笔等也广受好评，谱写出一曲又一曲璀璨艳丽的“文化”乐章。老凤祥拥有国家级工艺美术大师7人、市级以上工艺美术大师18人，各类中高级技师72人，高级人才成为企业发展的“创新之源”。

老凤祥品牌囊括了所有国家级品牌和诸多国际的品牌荣誉，不仅曾获“中国驰名商标”“中国名牌”“中国商业名牌”“中国商业服务名牌”“中华老字号百强”等称号，还曾经被国际品牌权威机构评为“中国500最具价值品牌”“亚洲品牌500强”，2010年老凤祥被中国黄金协会授予“中国黄金首饰第一品牌”称号。在国际、国内首饰设计制作大赛中荣获130多个奖项，享有“首饰奥斯卡”的美誉。

在国内取得高速发展的同时，本着“立足上海、覆盖全国、面向世界”的发展方向，老凤祥走出国门，落户世界顶级商圈，与国际品牌比邻而居。2012年1月，老凤祥珠宝香港有限公司正式成立运营，为海外拓展奠定了坚实基础；2012年8月，老凤祥走出国门，在澳大利亚悉尼开设了第一家海外特许专卖店；2013年10月，老凤祥珠宝美国有限公司成立，2014年12月，老凤祥在美国纽约第五大道旗舰店正式开业；位于香港尖沙咀海防道53—55号（第5号商铺）的老凤祥银楼香港尖沙咀专卖店以及旺角专卖店（亚皆街67—69号）相继在2015年的5月与8月开业迎宾。加拿大当地时间2015年9月26日，在加拿大温哥华著名的“名店街”艾尔伯尼街1016号，老凤祥温哥华银楼专卖店盛装开业。这些都标志着民族品牌老凤祥向着“民族化、国际化、全球化”的发展战略又迈出坚定而重要的一步。2015年，在国际专业咨询公司德勤（Deloiffe）发布的全球奢侈品报告中，老凤祥位列“全球规模最大的50家奢侈品公司”第十六名。

老庙黄金

在上海，人们提起黄金，首推老庙黄金；欲购黄金饰品，首选“纯金有价，心诚无价”的老庙。上海城隍庙一直是人气兴旺之地，人们求祥拜庙之后，想带个吉祥物回去，购买金银首饰成了首选。清咸丰五年（1896）全上海9家银楼，有6家开在庙前街，老庙黄金由此而闻名于市。“老庙黄金给你带来好运气”，成了人人口中相传的广告语。

上海老庙黄金有限公司的前身是“上海老城隍庙工艺品商店”，创建于1982年，是国务院批准国内恢复销售黄金饰品后上海开设的第一家黄金零售点。后发展为专营黄金珠宝首饰的上海老城隍庙金银珠宝公司，商店从两只柜台经营黄金饰品开始，已发展到拥有30余家合资、控股、参股的企业，形成产、供、销一条龙，科、工、贸一体化的专营黄金珠宝首饰的企业经营格局，每天人均营业额和创业均为同行之冠。1998年7月28日改制为上海老庙黄金有限公司。历经多年的努力，公司的注册资金已从当年的2000万元，上升到11亿元。拥有资产16亿元。

公司拥有黄金厂、铂金厂、钻石公司、铂金公司、国际贸易公司、文化礼品公司、贵金属提炼公司、珠宝科研检测中心、钻石加工中心，以及城隍庙总店、钻石楼、南京路银楼，和遍及上海市区及各郊县的62家连锁分店及销售网点，另有200余个全国专卖点。公司与DTC、世界黄金协会、铂金协会在各方面紧密合作，不仅使公司的“老庙”品牌名扬全国，也带动了整个城隍庙地区的黄金销售，成为沪上乃至全国最大的黄金销售中心。老庙黄金所在地豫园商城也被命名为“中国黄金珠宝第一城”。

老庙黄金是上海黄金行业第一面质量旗的获得单位，“老庙”商标还荣获“全国驰名商标”“上海市著名商标”“上海市名牌产品”，公司被评为“重点推进商业品牌”“全国质量管理先进企业”，被世界黄金协会评为亚洲最佳黄金企业大奖。

老庙黄金与意大利、英国、澳大利亚、以色列等国际大首饰商开展一系列交流合作，并在国内珠宝大赛乃至国际大赛中屡获殊荣。在世界黄金协会和意大利维琴察展览局联合举办的黄金经典国际大赛上，老庙黄金设计制作的“春之声”荣获黄金经典大奖。这是国际31件大奖作品中唯一的一件中国大陆作品。

雷允上药业

雷允上药店是一家具有300多年历史的国药传统老店。

清康熙三十年（1637），苏州人雷大升（字允上），创办了第一家雷允上药店。雷氏自幼师从名医，遍走名山大川，采选良药，在长期医疗实践中，积累了民间许多验方，在处方和炮制方面颇多创造，偏重于应用治疗性较强的麝香、牛黄、珍珠、犀角、蟾酥等细料药材，取得较好的疗效。他创制的“六神丸”驰名中外，深受广大群众欢迎，享誉300年而不衰。

上海开埠，雷允上由苏州迁店上海。依靠其独特的“六神丸”“诸葛行军散”“痧药蟾酥丸”等名药，加以热忱为顾客、病家服务的传统精神，享誉沪上，并成为上海胡庆余、童涵春、蔡同德四大中药名店之首。

雷允上药业遵循百年老店“药香唯质量奠基，店老乃诚信为本”的古训，以“至诚至信、关爱、生命”的企业精神，追求“绿色中药、名医名药、服务健康”的宗旨，重质量、重服务、重信誉，致力于服务社会、造福人类的健康事业。

改革开放后，雷允上发展组建上海雷允上药业有限公司，成为一家集农工商、科工贸、产学研于一体的大型中药企业，历年被认定为上海市高新技术企业、上海市文明单位，是上海市第一批知识产权示范企业，旗下“雷氏”品牌被认定为中国驰名商标，并以20.8亿元的品牌价值荣获中国500最具价值品牌称号。近年来，公司及其品牌先后获得中国百年中药老字号企业、最具价值的上海老商标、上海市出口名牌、上海市装备制造业与高新技术产业自主创新品牌、上海现代服务业百强等荣誉称号。

公司拥有完整的产业链和严格的质量保证体系。从中药的源头入手，在全国设立11个符合GAP标准的绿色药材基地，建成第一个国家级药材检测中心，还被世界卫生组织定为世界草药官员的培训中心之一。具备国家GMP规范要求的工业产业化基地，能生产20多个剂型500多个品种，年销售额30亿元；已建成的奉浦《中药复方提取物先进生产工艺高技术产业化示范工程》以及《杏灵酮酯和杏灵颗粒高技术产业化示范工程》是“国家高技术产业化示范工程”；国家级企业技术中心上海市中药研究所，已成功开发30余项包括一、二类新药等拥有自主知识产权的产品；“建设拥有自主知识产权的中药原料药系统研发平台”项目获国家发改委立项，将建设拥有自主知识产权的中药原料药研究中心；公司拥有包括中药材、中成药、保健品和名贵参茸等在内的强大的专业营销网络，辐射全国，足迹遍及东南亚、北美、欧洲等地。雷允上连锁多年被评为最具影响力特许品牌。六神丸、雷氏珍菊降压片、雷氏炮天红酒等产品历年被评为上海市名牌产品，在海内外均享有较高的声誉。

童涵春堂

上海方浜中路有一家创始于清乾隆四十八年（1783）名为竺涵春的中药店，后因经营不善，濒临倒闭，被宁波富商童长善盘购。童长善认为竺涵春中“涵春”二字有“涵和理中，春生万春”的含义，自己姓童，把“竺”改成“童”，既有经营要“童叟无欺”的含义，也有“返老还童，永葆青春”的意境，“童涵春堂”招牌一拉，近悦远来，生意兴隆。

童涵春堂200多年来，历代传人克承祖业，素以选材道地、遵古炮炙、工艺精湛、经营齐全而闻名遐迩。中药饮片及丸、散、膏、丹远销东南亚，享誉卓著，产品荣获历届上海市名牌产品，“涵春”注册商标成为上海市著名商标。

童涵春堂主营中西药品、中药饮品、参茸保健品、医疗器械和生物制品，其批发范围覆盖上海，面向全国，素以“质量优、价格实、信誉好、服务快”的特色深受客户信赖。

改革开放后，童涵春堂发展为上海童涵春堂药业股份有限公司，隶属于上海豫园旅游商城股份有限公司，成为一家以多元投资结构组建的工商联合、跨域联手、集产供销一体的较具特色规模的医药企业。旗下拥有药品批发、上海童涵春堂药业连锁经营有限公司、上海童涵春堂中药饮片公司、上海童涵春堂制药有限公司、上海童涵春堂投资发展有限公司等企业。童涵春堂以“悬壶济世、普救苍生”为宗旨，运用现代企业制度，继承祖国医药遗产，推进中药现代化，致力于加快医药产业的新发展，与天下同业人士携手，为发展人类健康保健事业，共同创造医药发展的新天地。

公司以做大企业规模、做精品牌产品、

做优现代物流配送、做强主打优势产品、做深市场开发，来实现把童涵春堂药业建设成为一流的现代医药企业。

吴良材眼镜公司

三联集团吴良材眼镜公司是中国眼镜行业的开山鼻祖，始创于清康熙58年（1719），其前身是澄明斋玉器铺，最早开设在南市方浜中路光启路口。澄明斋是除经营珠宝玉器外，还兼卖天然水晶、茶晶和玳瑁眼镜。嘉庆十一年（1806）吴良材接手经营后，发现买眼镜的人多于买珠宝的，就收缩珠宝生意，专营眼镜，并打出吴良材眼镜店招牌。1843年上海开埠，吴良材首先从国外进口玻璃镜片，磨片制镜，生意兴旺，利润丰厚。1935年吴良材眼镜公司在南京路（今南京东路）开设总店，配置了新式验光仪器和研磨机械设备、自设磨片车间和制架工场，定配眼镜。素以验光准确、研磨工艺精良、制作考究享誉海内外，客户遍及东南亚及南美巴西等地。

吴良材验光配镜坚持“暗室验光三步曲”，合理处方，镜片加工环环质检，取镜时现场矫配。“一层千镜专家楼”的吴良材汇聚了全市同业的三分之一的高级验光技师，实行专业验、配、校一条龙服务。不少验光专家更是擅长双眼高度屈光参差、高度散光、青少年真、假性近视鉴别、儿童弱视、白内障及白内障术后验配、渐进多焦镜等疑难验配。

吴良材眼睛

改革开放后，吴良材首先在沪独家经营“无形眼镜”的配制技术，并为我国空军成功试制了第一副航空防风镜。

继2002年“吴良材”被评为上海市著名商标之后，2004年吴良材品牌荣获“驰名保护”称号，最近吴良材眼镜公司更是被上海老商标重塑辉煌推展组委会评选为“最具影响力的上海老商标企业”。在传承和发展技艺方面，吴良材更是胜人一筹，继青少年渐变焦点镜和树脂片去毛复新两项专利成果，如今又成功开发出又一国家专利产品——宽视宽屏变焦镜。2006年吴良材推出体现眼镜业当今国际最高科技水平的新产品——2H1内渐进多焦点眼镜和全新的修理法——镜架激光微创焊接，深受消费者的赞誉。并已向国家知识产权局申报国家专利。

为了让“吴良材”品牌发扬光大，自2002年下旬吴良材开始拓展至全国市场，至今已开设了近200家连锁店，跨越百余城市，进一步打响了吴良材品牌在全国市场的知名度，巩固了吴良材的全国眼镜业龙头地位。

张小泉刀剪总店

张小泉刀剪的制作，已有300多年历史，明末清初就已出名。创始人张思家，安徽人，自幼在“三刀”闻名的芜湖学艺，后在黟县开设“张大隆剪刀铺”颇有名气。其子张小泉从父学艺，很有所得。清兵入关后，父子俩到杭州，仍开设剪刀作坊。父子俩悉心研究铸造技艺，一改用生铁锻打剪刀的常规，首创嵌钢锻打工艺和泥砖精磨，打出来的刀

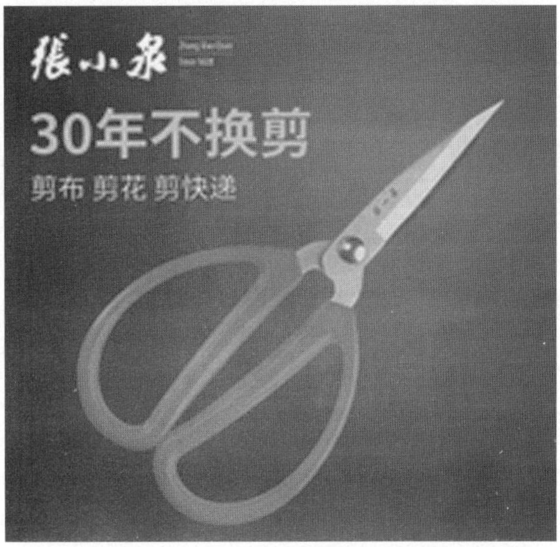

张小泉剪刀

剪，钢火硬，刀口锋利，深受顾客欢迎。张思家去世后，张小泉继承父业，因生意兴隆，有人仿冒“张大隆”牌号，遂改店招为“张小泉”。

张小泉在发扬其父传统工艺上精益求精，在刀剪式样、造型上更有创新。乾隆皇帝下江南，一天在杭州微服游市时，因避雨进入张小泉刀剪店，见刀剪轻巧玲珑，试剪锋利，脱口称赞“好个张小泉”，回京后下旨保护“张小泉”。张小泉从此成了御用贡品，全国闻名。

张小泉名扬天下后，各地一些铁匠铺都开铺打刀剪，招牌都是“张小泉”。有的自称是张小泉亲戚，也有称是张小泉弟子，闹得张小泉自己也弄不清楚。杭州张小泉为保护自身利益，在“张小泉”下加“近记”两字，以示正宗。

1909 年，杭州张小泉刀剪铺传至张祖盈时，已是第八代，他以“海云浴日”商标并加上“泉近”字样，报农商部注册。1915 年，张小泉近记剪刀在巴拿马万国博览会上获奖，1926 年又获美国费城世博会银奖。

上海最早出现“张小泉”招牌是 1911 年，开设于新闸路 189 号的张小泉惠记刀剪店。尔后，上海市面上开设的打铁铺、刀剪店十有八九挂牌“张小泉”，计有百余家。这些大大小小的铁匠铺、刀剪店，大多与张小泉有些渊源。因为张小泉继承父业挂牌“张小泉”后，为传承张氏技艺，收过不少徒弟，培养出不少能工巧匠。张小泉希望张氏技艺发扬光大，曾许下诺言，凡拜张为师的都可以用“张小泉”招牌，但必须加“记”。由此，一些弟子业成后自设店铺，挂牌均加“记”。

上海张小泉刀剪总店，坐落于上海南京东路 490 号，注册商标为“泉”字牌，是一块被全国人民所熟知的老字号，至今历史已过百年。以“张小泉”为招牌的刀剪商店，也由开始的一家到蓬起的百余家，最后又于 1956 年社会主义工商业改造时，归并为上海张小泉刀剪总店一家。

王宝和酒家

王宝和酒家（简称王宝和），以经营陈年黄酒和清水大闸蟹而蜚声海内外，被誉为“酒祖宗”和“蟹大王”，是东南亚地区最负盛名的老字号酒店之一。

王宝和被称为上海的酒祖宗，缘于它诞生于中国老酒（黄酒）的故乡——浙江绍兴，创始于清乾隆九年（1774），已有 240 多年历史。

王宝和以专营绍酒著称，该店酿造的太雕、花雕、金液、玉波、善酿、香雪和陈加饭等优质黄酒，坚持“用料、制作、贮藏三精心”。用料专选江苏金坛、丹阳的上等糯米和含矿物质丰富、水质厚的鉴湖水作原料；制作上，一般酿制黄酒是用十八斗米加八桶水，王宝和则坚持用十八斗米加六桶水，再加三斗曲麦，经发酵、去渣制成；贮藏时先将坛头泥经太阳晒透才能覆盖坛口，保证密封，贮藏一般为 10 ～ 12 年。因此，王宝和出售的黄酒香气浓郁，酒味醇厚，入口留香。王宝和黄酒享誉东南亚，远销到日本、新加

王宝和酒店

坡等东南亚各国。在1916年巴拿马赛会、1919年南洋劝业会、1952年西湖博览会上均获得殊荣。

每逢金秋时节，王宝和以经销清水大河蟹闻名于市。店门口红灯笼高悬，一只特制大蟹广告用灯泡做的蟹眼，一闪一烁吸引着过往行人的眼球。广告下面缸里、笼里满是青背白肚、金爪黄毛大河蟹，供顾客挑选、购买、现烧、现吃。王宝和用蟹烹制各式菜肴、点心，尤其是闻名的蟹宴，被国内外宾客一致赞誉为“最丰盛别致的筵席”。

王宝和酒家创业至今200余年，代代兴旺，效益节节攀升，已从一爿酒家发展成上海王宝和大酒店有限公司。旗下拥有五星级上海大酒店、四星级王宝和大酒店、高端精品餐厅王宝和1744北京旗舰店、老字号王宝和酒家以及王宝和婚庆礼仪服务公司，还拥有一家4公顷土地的现代化酒厂。同时也发展着老字号积淀的“酒宝、蟹王、人和、一流”的经营和管理特色。

恒源祥绒线店

1927年，沈莱舟在金陵路上创立了一家以经营绒线为主的人造丝毛商店，取名“恒源祥”，寓意“恒罗百货，源发千祥”，祝愿事业长久，财源茂盛与吉祥如意。20世纪50年代，工商业社会主义改造后，恒源祥成为国营企业。

1987年，恒源祥绒线店由金陵路迁至南京东路。乘着改革开放的春风，时年29岁的经理刘瑞旗锐意改革，创新经营模式，把商店柜台租给不同厂家，在竞争机制推动下，恒源祥的销售额在两三年内增长10倍。为创立自主品牌，1989年恒源祥决心商贸结合，寻找工厂合作生产绒线，1991年恒源祥牌绒线面世。为打破单一绒线产品的局限性，1997年又开始实施产品延升计划，从事恒源祥品牌西服和床上用品的生产。同时不断加大恒源祥品牌的宣传与推广，每年以30%的财力递增幅度投入品牌维护。

2002年6月，恒源祥（集团）有限公司成立。董事长刘瑞旗开始整体集团化运作，向着“中国第一，世界一流”的品牌战略目标迈进，将恒源祥发展成为一只世界领头羊。

2004年3月，恒源祥在澳大利亚一个盛大的拍卖会上，力挫意、日、澳、韩等国众多羊毛大鳄，以600万元买下90千克顶级超细羊毛。创下3个第一：中国企业第一次成功参与国际羊毛市场竞争；买下的是迄今世界最细只有11.9微米的细羊毛；当时全球最贵的羊毛。在国际羊毛市场引起强烈反响，震撼了世界羊毛主要生产国和巴黎、米兰、纽约、东京等市场的高档服装店。

“恒源祥”成为中国驰名品牌，公司发展成为集针织、服饰、家纺、绒线为一体的集团企业。集团下辖10多家全资子公司，在全国有100多家联盟体工厂，拥有600多家经销、分销商，5000多经销网点。每年耗用羊毛万吨以上，是全球最大的手编毛线产销企业，年产量稳定在8000吨左右。世界上每十只羊就有一只供恒源祥使用。

恒源祥是国内第一家拥有世界最细羊毛的企业；也是国内第一家拥有全新男子人体数据库的企业。恒源祥在全国赢得了90%以上的品牌认知度。1999年，“恒源祥”被评为“中国驰名商标”；2004年，被评为“中国最具文化价值十大品牌”；2005年，由世界品牌实验室发布的中国500最价值品牌排行榜中，恒源祥名列293位，品牌价值20.41亿元。

古今内衣公司

上海古今内衣有限公司（简称古今）创建于1956年，原名“古今胸罩店”，现是国内集工贸为一体的女性内衣专业公司。1993年10月，被国家内贸部认定为“中华老字号”企业。

古今着力自主创新，秉承“以勤优质，以质见诚，以诚取信，以信立业”的经营理念和“愿所有女性更健康、更美丽”的企业文化，以不断创新的产品和服务，形成独树一帜的特色而享誉社会。

多年来，古今品牌致力于为每位女性打造一份属于自己的美丽，将国际领先的内衣设计与古今品牌形象完美结合。从设计、面料、款式上不断丰富完善产品内涵，陆续不断推出系列化中、高档服饰，以满足不同层次消费者的需求。至今已开发出与国际同类产品相媲美的文胸、内衣裤、泳衣、睡衣、沙滩装、调整型衣裤六大系列产品；以及纸醉金迷、摩登丽影、恋恋蔷薇、摇滚芭比、珍珠纯爱、幻影霓裳、繁华三千七大古今内衣品牌系列。尽显简约，高贵，迷人，时尚。

改革开放后，古今从单一的胸罩零售商店，已发展成为产、供、销一体化运作，注册资金2亿元的大企业。2004年，古今连锁店开到世界屋脊——拉萨，除港澳台地区外，古今连锁遍布全国达近千家独立门店，店中店又覆盖各地的营销网络。

古今品牌不但在国内享有良好声誉和广泛的市场销路，还积极投身国际市场的开拓。几年来，古今多次参展法国、美国、加拿大、俄罗斯和日本等重大国际内衣展示，古今在展会上均提供了精美绝伦的产品，展现了古今华丽炫目的形象。2005年9月，古今在法国举办的欧洲国际内衣展上，被评为全球内衣行业18家成功企业之一。

“古今胸罩，一戴犹娇”的古今广告效应，在祖国大地上仍持续不断地翻滚着。

曹素功墨庄

徽墨，自明末起已有近400年生产史。

清康熙六年（1667），中过秀才、被授布政司但无实职的曹圣臣（号素功），在家乡歙县岩寺镇接手明末著名制墨家吴大叔创立的墨肆及墨模，设立曹素功墨庄。先迁苏州，后又于1864年定居上海。历经十几代，子孙相传，绵延至今，是中国制墨行业历史最悠久的老字号企业。

曹素功的产品，有“天下之墨推歙州，歙州之墨推曹氏”之美誉。康熙皇帝南巡金陵，曹素功呈献墨锭。研磨时散发奇香，紫烟轻绕，龙颜大悦，遂赐名“紫玉光”，被定为“贡墨”。嘉庆年间，宫廷召曹墨传人进京制作墨锭，曹素功六世孙曹尧千在宫殿表演锤敲墨坯时馨香四溢，沁人心脾，此墨被钦定为“金殿余香”，民间也传说“尧千氏为曹氏之冠”。1914年，曹氏十一世孙曹麟伯细选的各类精品墨参加东京博览会，荣获金质奖章。12年后的美国费城博览会，曹素功又选送“大好山水”等11款名品，再次获奖。

曹素功墨品具有“坚如玉，纹如犀”的特点，色泽黝黑呈紫光玉泽，气息馨香，墨韵氤氲。曹素功墨庄藏有相当数量的明清墨模，造型丰繁，图案精美。墨模刻绘大都出自名家之手，题材典雅多姿，不一而足。如

曹素功徽墨

清代名家任伯年为曹氏墨肆画了一套“名花十二客”每锭赋图一幅，清秀雅丽，别具一格。“西湖风景图”则多达45锭。在国内和东南亚地区具有相当的影响力。

在旧社会，曹氏墨肆曾碰到过各种各样困难，但曹氏传人有一个信念：保住祖业，不“砍”招牌。解放以后，曹素功墨庄在恢复生产的当年，产量达13500多千克，突破了20年制墨业的最高纪录。1957年，曹素功墨庄恢复高级墨生产，几百年来一直受欢迎的“紫玉光”“苍龙珠”等名墨，又在市场上出现。1958年，曹素功与上海胡开文厂合并为上海墨厂后，生产设备完备，为发展生产创造了更为有利的条件。

曹氏墨业继续散发着沁人的墨香，制造曹素功墨品的上海墨厂，成为全国制墨行业唯一接受政府指令特制国家礼品的企业。2004年，中国文房四宝协会授予曹素功墨品“国之宝”称号。

七、知名企业

UDC 上海外联发商务咨询有限公司

上海外联发商务咨询有限公司是上海外高桥保税区联合发展有限公司下属子公司。坐落于集自由贸易、保税加工、物流仓储及保税商品展示交易等多种经济功能于一体的上海外高桥保税区，主要从事外高桥保税区的招商引资、土地开发、企业咨询、运营咨询及相关的商务支持服务，是一家现代高端咨询服务企业。多次获得市、区、行业协会的优秀招商引资先进集体、优秀招商团队、青年文明号等荣誉称号。

公司拥有一支高素质、专业化、年轻化的员工队伍。招商人员精通英、日、德等多国语言，为外商投资落户保税区，起到了坚实的纽带和桥梁作用。公司成功引进中国保税区第一家外资控股公司、中国保税区第一家商贸型企业、中国保税区第一家营运中心、中国保税区第一家分拨中心、中国第一家国际贸易结算中心等企业。

公司商务咨询范围涉及10多个专业领域、20多项专业服务。合作伙伴遍及18个国家和地区，落户保税区的几千家各种类型企业中，位居世界500强的著名企业超过150家，如杜邦、通用电器、索尼、东芝、松下、药明康德等。

AnJi安吉融资租赁 安吉租赁有限公司

安吉租赁有限公司，属于上汽金融成员企业之一。成立于1993年4月。2006年成为国内首批20家内资融资租赁试点企业之一。公司业务覆盖全国31个省份、171个地市。

公司借助上汽集团的强大背景与支持，依靠高素质人才队伍，竭诚为广大客户提供优质高效的汽车融资租赁产品和服务，力争以最优资源组合，创造最大价值。

公司融资租赁业务范围及主要产品包括：

全品牌新车融资租赁：①“安融尊享购”，尊享“2证1卡”极速批复，极速放款；尊享首付自主选，月供更划算；尊享配套配件融资组合。②“阶梯融”，一次性融三年，首付低至20%起，月租逐年递减；可打包购置税、保险费、配件融资等。

二手车零售融资租赁：二手车快速估值，快速回复审批意见，超低启动资金，极速放款。

以租代购金融车：突出发挥融资租赁的

直租业务优势，提供以租代购汽车金融服务，首付低至10%，超高预留尾款，月供轻松无压力。

公司借力强大的系统开发能力，与数字化、信息化接轨，为顾客提供全程无忧的服务体验，并拥有以下独有优势：

可打包车价、购置税、保险费、车用设备（如GPS、行车记录仪）等全额融资需求；针对新车乘用车、新车商用车、二手车等，全品牌覆盖，并可服务个人或企业客户；2证1卡申请便捷、迅速、免公证；前期启动资金低，租期满后，可灵活选择拥有车辆所有权或委拖处理残值。

公司地址：上海市静安区武宁南路287号3楼(近康定路)

网址：http://www.anji-leasing.cn/

服务热线：4001800255

上海银星汽车维修有限公司

公司前身上海浦江汽车运输有限公司汽车修理厂，始建于1996年7月，2006年1月更为现名。位于奉贤南桥镇南亭公路，处于沪杭公路、南亭公路、亭大高速公路出入口交汇处，位置十分优越。公司是奉贤区唯一具有一类资质的汽车修理企业，以汽车修理（含大小客车、大小货车及危险品车辆）为主体，另设有停车场、车友俱乐部经营业务。

公司坚持以科学发展观适应市场竞争，按照现代企业制度框架，加强内部管理，致力于管理科学化、服务规范化、不断发展创新。公司秉承质量是企业的核心，安全是企业的生命方针，质量目标为车辆修理出厂合格率达到100%，客户满意度达到95%以上，以安全优质、温馨服务打造“银星”品牌，为创建和谐社会作出应有的贡献。

地址：上海市奉贤区南桥镇南亭公路1301号

电话：021-57425001　37520818

上海文华财经资讯股份有限公司

上海文华财经资讯股份有限公司经过20多年的不断创新和发展，始终坚持技术改变生活的理念，文华品牌产品汇集了多种独家的创新技术和方法，一直引领着行业的进步。文华财经业已成为期货行业的主流软件系统服务商，为投资者提供交易软件、交易策略工具软件，以及相关交易信息。每天登录文华软件的终端数已达100万个，全期货行业超过50%的用户使用文华软件下单。

地址：上海市浦东新区浦电路500号1901b

电话：51035867

上海北蔡资产管理有限公司

2002年12月18日，由上海六里企业发展总公司、上海北蔡实业总公司、上海北蔡工业有限公司、上海北蔡工业园区投资管理有限公司合并组建上海北蔡资产投资经营管理中心，注册资金3000万元，由北蔡镇人民政府全额投资。2005年6月，更名为上海北蔡资产管理有限公司，注册资金追加至2亿元。公司经营地址为沪南路1000号6楼。

公司的最高权力机构为北蔡镇农村集体资产管理委员会，主营业务涵盖：资产经营管理、投资管理、自有资产租赁和项目开发等。公司受北蔡镇农村集体资产管理委员会委托，负责对镇集体资产的管理，使集体资产能达到保值增值。

公司坚持以科学发展观为指导思想，紧紧围绕又好又快发展经济的核心理念，以促进发展、完善管理为两个基本点，不断推进产业结构调整，能够盘活存量等手段，夯实了集体经济增长的基础，实现了资产做强、总量做大、风险降低的目标。截至 2011 年年底，公司总资产达 14.98 亿元，净资产达 9.29 亿元。

BASF We create chemistry 巴斯夫电子材料（上海）有限公司

作为全球最大的化工公司自 1885 年起，德国巴斯夫就是中国忠实的合作伙伴。巴斯夫在 39 个国家设有 350 多个分厂和公司。2016 年财富世界 500 强排名 88 位，大中华区销售额达到 59 亿欧元，截至年底员工人数为 8805 名。是中国化工行业最大的外商投资企业。巴斯夫电子材料（上海）有限公司是巴斯夫集团的全资子公司，坐落于上海市青浦出口加工区内。作为中国电子化学材料的市场领导者，公司生产和销售的化学产品分为五大类，包括：洁净制程用化学品、蚀刻用化学品、微影制程化学品、化学机械研磨制程用化学品和铜制程相关化学品。可适用于洗净、蚀刻、微影、CMP、铜制程及 LOW-K 等应用。可应用于显示器行业、光伏行业、LED 行业、粉末冶金行业的产品与服务。作为全球领先的化工企业，巴斯夫致力于创造化学新作用，追求可持续发展的未来，以资源、环境与气候，食品与营养，生活质量三大领域为基础，针对交通、建筑、消费品、健康与营养、电子、农业、能源与资源七大重点客户行业提供解决方案。作为值得信赖的合作伙伴，巴斯夫通过提供高价值产品和智能解决方案，帮助各行各业的客户取得更大成功。

地素时尚股份有限公司

地素时尚股份有限公司 2002 年设立于上海市普陀区丹巴路 28 弄旭辉世纪广场 8 号楼，是一家多品牌运作的服饰时尚企业，主要经营范围是服装服饰的设计、销售。

为创造并引导个性化的生活方式，地素时尚分别创立三个知名女装品牌——独立率性的专属高街品牌 DAZZLE，年轻奢华的半手工定制品牌 DIAMOND DAZZLE，以及奇幻复古的混搭潮流品牌 d'zzit。多元化的风格设计，不仅满足了不同消费群体的兴趣爱好与着装需求，更无一例外地“帮助人们成为最美好的自己”。

地素时尚品牌定位清晰，研发设计团队走在引领时尚的前沿，现代化供应链、营销服务系统、智能网络管理模块等正 360° 全方位推动各品牌的迅速成长与发展。截至 2013 年底，地素时尚旗下品牌的终端销售网络已覆盖全国 30 多个省级行政区域，各品牌全国门店合计达 800 余家，与恒隆、和记黄埔、王府井、银泰、万达、来福士、百联、太平洋、大洋、大商集团等连锁商业集团建立并保持着紧密的合作伙伴关系。

地素时尚将在品牌的核心价值打造上，投入更多精力与资源，希望可以通过非凡个性的创意、充满艺术魅力的格调及深切触动心灵的购物体验，打造一座勇敢、创新、充满梦想的时尚乐园，在国际化的时尚版图上开拓出不可或缺的一席之地。

TOSHIBA Leading Innovation 东芝开利空调销售（上海）有限公司

1999 年 4 月，株式会社东芝将它的空调设备事业部门单独分离出来，与世界上最大的空调生产企业之一美国开利公司合并，组成一个全新的公司：东芝开利株式会社。东芝开利株式会社结合两大集团在全球范围的产品开发、生产及销售网络等方面的优势，显示了强大的力量。为了满足全球消费者的需求，东芝开利正在丰富产品系列，同时提供先进的技术服务，以提高竞争能力，扩大业务范围。同时通过使用节能技术和新制冷剂推动环保事业的开展。

2003 年，东芝空调进入中国，为中国用户带来更加安全、可靠、节能、舒适的空调产品。随着东芝空调在中国的蓬勃发展，东芝开利株式会社于 2006 年 10 月成立了在中国的子公司东芝开利空调销售（上海）有限公司，推进东芝空调在中国的持续发展。

愿东芝空调成为每个人优质生活的首选！

方达律师事务所

方达律师事务所是中国最早的合伙制律师事务所之一。随着中国经济的发展及国际投资者日益增多的越来越广泛和多样的需求，提供高质量的专业服务以满足客户的需要是方达所的使命。

作为在商业领域被认可的处于领先地位的中国律师事务所，方达所成功地服务于国内外各行各业的客户，并不断地参与各种商业领域的交易，提供咨询意见并且设计创新的法律结构， 包括资本市场、兼并收购、私人股本融资、银行、结构融资、项目融资、公司事务、境内直接投资、物业发展、税务、知识产权、企业破产、电信、媒体及互联网。对涉及的众多领域，方达所都特别强调出色的服务、对交易的商业理解、经济的成本以及快速的反应。

上海事务所

地址：南京西路 1266 号恒隆广场一期 32 楼

邮编：200040

电话：(8621) 2208-1166

传真：(8621) 5298-5599

北京事务所

地址：建国门外大街 1 号国贸大厦 21 层

邮编：100004

电话：(8610) 5769-5600

传真：(8610) 5769-5788

深圳事务所

地址：福田区中心四路 1 号嘉里建设广场 T2 座 14 楼

邮政编码 :518048

电话 : (86755) 8256-0188

传真 : (86755) 8256-0189

上海锋盈信息科技有限公司

上海锋盈信息科技有限公司是专业从事工业自动化控制系统、通用监控组态平台软件研发和应用的高新技术企业，是上海市政府认定的“双软企业”。公司自主研发了业界领先的系列监控平台软件，在智能化监控领域为各行业用户提供全面的整体解决方案。

公司本着严谨务实、精诚合作、开拓创

新、厚积薄发的企业精神，坚持以人为本、共同发展的管理理念，凝聚了一批长期从事监控系统开发和应用的资深专业人才，打造了一支行业精英领衔的研发团队，凭借技术和人才的优势，形成了核心竞争力。特别是在机房监控领域，公司依凭多年的开发及上千个工程的应用经验，在行业内取得了领先优势，是著名的机房监控系统解决方案提供商和软件开发供应商，FY-DCMS 数据中心综合管理组态软件 V1.0 已普遍应用于金融、税务、电信、电力、交通、教育、政府机关、企事业单位等许多行业的机房管理中，得到用户的一致好评，享有良好的声誉和口碑。

上海锋盈的发展得到了广大客户的信任和支持，公司将继续以行业发展为己任，以最好的产品和优良的服务回馈社会，与大家携手同行，共创和谐美好的未来。

上海柯渡医学科技股份有限公司

柯渡医学科技股份有限公司成立于 2006 年。是一家由美国贝雅资本和中国国药资本投资，专注于提供医院资产管理解决方案的公司。经过多年的发展，柯渡医学已经发展成为全国最大、最专业的医院设备资产管理商。

柯渡医学在全国拥有一个超过 800 名工程师及服务销售人员的服务网络，全国员工超过 1200 名，服务网点覆盖全国，为超过 1 万家医院、上百万台医疗器械提供医疗设备资产管理服务，服务内容涵盖医院设备选型、设备应用培训、新项目开展及设备保养及维修、以旧换新、设备租赁等多项业务。

柯渡医学旨在为医疗设备制造商与医院之间建立一个通畅的服务桥梁，已与诸多国际知名医疗设备商建立长期稳定的合作关系，GE、飞利浦、西门子、柯达等几十家国际知名品牌均与柯渡合作数年。在近 10 年的发展中，公司培养了众多技术精湛的工程师，70% 的工程师均拥有 5 年以上的医疗服务行业经验 . 柯渡在服务客户的基础上，建立了成熟的标准化服务流程，独立的呼叫中心，储备了多品种、数量巨大的维修配件并自主开发了针对医院设备管理和维修的软件系统，通过快速响应客户需求，及时维护，定期的保养机制等服务来提高设备开机率，提高设备使用效率，延长设备的使用寿命。

公司成熟的管理服务运作机制，庞大健全的工程师服务网络，闭环式的服务模式，丰富的设备管理经验，也为公司在不断快速发展的同时在诸多医院赢得了良好的口碑。成为医院可以信赖的合作伙伴。

三井化学（中国）管理有限公司

三井化学（中国）管理有限公司是日本三井化学株式会社下属的全资销售公司，同时又是管理三井化学集团在中国境内所有分支机构的总公司，主要负责推进三井化学集团在中国区的业务开发和管理。

三井化学集团在中国的分公司和驻外机构，除三井化学（上海）外，有天寰聚氨酯有限公司（天津·苏州）、佛山三井化学聚氨酯有限公司（广东省佛山市）、张家港保税区三井允拓复合材料有限公司（张家港）、上海中石化三井化工有限公司（上海）、三井化学复合塑料（中山）有限公司（广东省中山市）及普瑞曼聚合物亚洲（香港）、亚太三井化学股份有限公司（台北）等 7 家分公司和三井化学北京事务所。

中国曾经的“世界的工厂”正在向“世

界的市场”飞速发展，人们的生活也变得越来越富裕。三井化学（中国）管理有限公司的全体员工，愿与中国国内的相关企业携手一致，向社会提供与地球环境和谐的产品，为提高人们日常生活的质量而贡献。同时，通过企业的社会奉献（CSR）活动，期盼能够对中国社会的幸福发展尽一份绵薄之力。

上海新世界集团假日酒店管理有限公司

上海新世界集团假日酒店管理有限公司主营宾馆酒店业务，有直营店 11 家。经营面积 4 万平方米，1200 多间客房，员工 400 余人。拥有“海上星喔”连锁酒店和“海上小喔”连锁袖珍酒店两大自主品牌。2015 年 12 月，被上海市旅游局、上海市质量技术监督局定为“上海市级旅游标准化示范单位”。

海上星喔都是旅游（涉外）二、三星级酒店，如吴宫大酒店、豪都大酒店、春申江宾馆等。酒店内部装饰前卫、华丽，硬件设施齐全。更拥有风格别致的套房、标房和商务房等多种房型以供选择。

“海上小喔”是沪上首创极具特色的袖珍主题酒店，2015 年 1 月被中国旅游协会和中国旅游报评为“中国十佳特色主题酒店”。“海上小喔”独辟蹊径，向社会提供了特殊的平价住宿产品：在 8 ～ 15 平方米的空间中，开辟了一个有彩电、书桌、卧床、卫浴的新天地；卫浴设计融入人体工程学原理，采用航空高科技材料制成，是个性化的集洗漱、冲淋、泡浴于一体的独立卫生间；床上用品和一次性用品均参照星级酒店的标准；100 多元左右的房价及堪比星级酒店的待遇，为青年朋友和观光一族提供了一个高性价比的大上海投宿之地，并已逐渐成为舒适、安全、健康、时尚的符号。常年处于供不应求的状态。

公司官网：www.nwhotel.com

订房中心：4000661535

微信公众号：nwholiday

上汽大通汽车有限公司

上汽大通汽车有限公司是上海汽车集团股份有限公司全资子公司，成立于 2011 年 3 月 21 日。总部位于上海市军工路 2500 号，下设无锡分公司、南京分公司、上汽大通房车科技有限公司、无锡申联专用汽车有限公司、上汽大通汽车销售服务有限公司。

公司产品包括“上汽大通 MAXUS”品牌的 MPV、SUV、房车、宽体轻客、皮卡等乘商并举的产品组合和“上汽跃进”品牌的各类轻、中型货车及各类特种改装车。公司在中国无锡、南京和溧阳拥有三个生产基地，无锡基地生产“上汽大通 MAXUS”品牌产品，产能为 20 万台 / 年；南京基地生产“上汽跃进”轻中型货车，产能为 10 万辆 / 年；溧阳基地是全球最大的房车专业工厂，产能超过 2.5 万辆。公司还在马来西亚、泰国设立制造基地。

公司产品以国宾品质，多次服务于青奥会、APEC、G20 等国际级会议。海外市场方面，产品覆盖全球 42 个国家和地区，在英国、澳大利亚和新西兰的销量名列中国汽车品牌首位。

公司坚持“科技、信赖、进取”的品牌核心价值，在汽车行业中开创了 C2B 业务模式，与用户在整条价值链上进行实时、在线的透明互联，开展个性化产品定制、智能化制造等，通过业务模式和商业模式创新变革，致力于成为“用户驱动、提供具有全球竞争力的汽车产品和生活服务，为用户创造价值”。

浙江民泰商业银行上海分行

浙江民泰商业银行上海分行成立于2010年12月30日，坐落于上海市闵行区吴中路桂林路口。民泰上海分行网点服务已覆盖上海市闵行、嘉定、杨浦、浦东、奉贤、闸北、松江、青浦、普陀、金山等行政区域，并已形成一支300余人的年轻化、专业化、特色化的小微金融服务队伍。开业以来，民泰上海分行始终秉承着"与中小企业同发展，与地方经济共繁荣"的企业使命，充分利用上海国际金融中心建设的有利机遇，切实按照"金融服务实体经济"的要求，不断探索和总结有效开展小微企业金融服务的精细化模式和商业可持续模式，致力于打造成为长三角地区小微企业金融服务的领军银行。

上海聚益信息技术有限公司

万特集团上海聚益信息技术有限公司是一家新加坡独资企业，是电子收银系统及工业器材原件设计与制造商及智能制造云管理服务商。主要产品包括柜员现金循环机（TCR）、ATM机，电子电表/水表系列、音频产品和各类电源产品等产品的板卡。公司秉承"用户至上"的产品服务理念，致力于成为全球领先的云管理服务商。

聚益信息拥有独立的研发中心，针对中小型制造企业，运用前沿科学技结合多年积累的专业制造经验，以制造信息化产品服务为核心，提供基于云服务的智能制造执行系统。

公司生产的柜员现金循环机，提供简单、灵活、全面的集成解决方案，能满足客户与员工的实际需求。通过提供强大功能的独特组合来改善客户关系并推动分行营运实现盈利，代表了柜员自动化技术的一次重大创新。主要客户包括Glory Global Solutions、Dover 、Thermofisher、Ecolab、Elster和NCR等。

公司为世界各大电子电表企业设计、生产电子电表，如驰名欧洲的Elster电表系列。产品计量精度高、寿命长。公司产品99%出口，外销欧美市场占80%。

上海科技管理学校

上海科技管理学校创建于1960年，是一所以理工科为主的国家级重点中专学校，坐落在杨浦区大学城。经过多年的发展，学校取得了丰硕的成果，连续9届获得上海市文明单位、上海市职业教育先进单位、上海市行为规范示范学校、上海市中职课程改革特色实验学校、上海市首批中等职业教育改革发展特色示范校、上海市中职信息化先进单位、上海市安全文明校园等称号。目前学校教职员工152人，教师编制110人，其中中高级职称占教师总数的71.56%，在校学生1600多人。

学校秉承"为学生成功尽全责、为家长期盼尽全心、为企业发展尽全力、为民族未来尽全情"的办学理念，开设了《供热通风与空调工程技术》和《物流管理》（冷链物流）2个中高职贯通专业，以及《制冷和空调设备运行于维修》《数控技术应用》《机电技术应用》《物流服务与管理》《商务英语》《国际商务》《食品生物工艺》《软件与信息服务》《计算机网络技术》《网络与信息安全》10个中职专业。

SKINFOOD since 1957 思亲肤化妆品贸易（上海）有限公司

SKINFOOD LOGO 中 的“SINCE 1957”体现了品牌的悠久历史，象征着在SKINFOOD研究所中诞生的产品，具有值得信赖的卓越品质。超过半个世纪的化妆品生产及研发领域的专业经验，令SKINFOOD公司成为化妆品行业中享有盛誉的优秀企业。SKINFOOD以“用美味食物制成的美味化妆品”为座右铭，坚持“对身体有益的食物对肌肤也同样有益”这一创新理念，始终专注于对食物中有效成分的研发和探求，寻找对肌肤有益的食物，并从中萃取精华成分研制成各种肌肤保养及彩妆产品（不可食用）。SKINFOOD品牌进入中国以来，深受消费者的喜爱，多元化的产品线，从脸部到身体，从护肤到彩妆，无微不至地悉心呵护您的容颜。

太古地产 SWIRE PROPERTIES 太 古 地 产

太古地产是香港及中国内地领先的综合项目发展商、业主和营运商。公司尤其专注发展商业项目，在透过活化市区环境以创造长远价值方面，拥有卓越的成绩。太古地产于1972年在香港成立，现已在香港联合交易所上市，包括旗下附属公司在内聘任员工总数超过4500人。

太古地产业务涵盖三大主要范畴：①物业投资，即发展、租赁及管理商业、零售及少数住宅物业；②物业买卖，即发展及兴建物业项目，当中大部分为供出售的优质住宅项目；③投资及营运酒店。

太古地产主要竞争优势在于能运用累积超过40年的实力和经验，去构思、设计、发展以至管理具规模及影响力的商业项目，并活化社区环境。

除了香港，太古地产业务遍及中国内地、新加坡、印尼、美国及英国。

上海统超物流有限公司

上海统超物流有限公司是统一企业集团旗下物流公司之一。上海统超物流成立于2008年，集合了台湾物流关系企业（捷盟、统昶、大智通）各机能专业技术，拥有多温层的先进配送技术，为集团内上海统一星巴克、上海7-11便利店及酷圣石冰淇淋等品牌提供全方位的物流服务。此外，还为部分品牌公司提供后勤管理共享服务，为集团内品牌打造良好的运营环境。随着集团事业版图的扩展，上海统超物流有限公司逐步成为统一企业集团中国区物流事业版图的核心。

康品汇生鲜（上海蔬康网络科技有限公司）

康品汇生鲜成立于2010年，是在上海本地发展起来的生鲜食品流通平台。成立5年来一直坚持以“便民、利民、惠民”为出发点，为广大市民提供丰富、健康、高品质的食材。康品汇以社区精品生鲜店为基础，以互联网为触角，着力打造令“百姓饮食生活更轻松”的社区O2O生鲜平台。

康品汇建立了统一的供应链管理和追溯体系，与政府监管对接，制定符合政府监管规范的整套制度流程，从根本上解决食品安全问题；采取高标准的环境卫生建设整洁、舒适的购物环境，满足了都市居民更高层次的购物需求；同时扶植新农人及本土品牌，整合上下游资源，与食品流通链条中的各环节经营主体共同成长，促进产业升级。

截至 2016 年 6 月，康品汇共在上海开设了 7 家门店，其中包括多个菜场改造项目。公司秉承稳健的拓展策略，计划至 2016 年底增设 6 ～ 8 家门店。

明 码 生 物 科 技

药明康德集团企业明码生物科技（WuXi NextCODE）由药明康德基因组学中心和精准医学大数据分析的领导者冰岛 NextCODE Health 公司整合成立，是全球精准医学领域的引领者，致力于运用精准医学大数据改善人类健康。明码生物科技拥有一体化开放的平台，包括中国首家通过美国《临床实验室改进修正案》（CLIA）和美国病理学家协会（CAP）双重认证的实验室，以及全球唯一经过 30 万人全基因组数据验证并优化的 NextCODE 精准医学大数据分析及解读系统，支持云端及线下使用。明码生物科技总部位于中国上海，在美国和冰岛等地设有分支机构，为世界各地的研究人员、临床医生、健康机构及个人消费者等提供全面的精准医学整体解决方案。助力全球合作伙伴加速药物研发、诊断试剂开发、降低人类出生缺陷、提高罕见病诊断和其他精准医学的临床应用。更多新闻和信息，请访问 www.wuxinextcode.com。

上海众人网络安全技术有限公司

上海众人网络安全技术有限公司是专业从事网络信息安全技术研发和产品生产的高新技术企业，成立于 2007 年。主要技术和产品已广泛应用于政府、军队、金融、电信等涉及国家和民众网络信息安全的重要领域等。

众人科技坚持“自主研发、自主设计、自主生产”的“国产化”发展战略，申报国家发明专利过百项，核心技术“填补国内空白，达到国际同类产品先进水平”。自主研发的“iKEY 多因素动态密码身份认证系统”，和可应用于动态口令产品和挑战应答产品的超低功耗专用安全芯片，获得了国家有关部门批准的信息安全产品销售资质、涉密产品资质，并通过了信息安全产品检测许可。其强大的用户认证机制替代了传统的基本口令安全机制，有效提高了身份认证的安全性和便捷性。第二代的挑战型动态口令产品更能防“钓鱼”，已成为首个被国际采用的认证技术和标准。

最新发明的 SOTP 创新性密码技术，再次填补国际国内空白。以此为核心开发了面向移动互联网认证和支付安全新需求的“WISEC 码码密”系列产品，能够应用在快捷支付、手机银行、支付二维码、数字钱包、线下 POS 机支付、移动办公等多种场景之中，以“智能、安全、便捷”为核心理念，实现云端统一化认证，实现安全与便捷的平衡，将给移动互联网时代带来颠覆性的认证安全变革。

上海公司

地址：上海市浦东新区张江高科技园区祖冲之路 899 号 9 幢

邮编：201203

总机：8621-3393 3330

传真：8621-3393 3339

云健康基因科技（上海）有限公司

云健康基因科技（上海）有限公司坐落于上海奉贤生物科技园区，是一家行业内领先的专注为健康和临床研究提供全基因组检测和精准健康医疗解决方案的高科技企业。云健康集团建立了全球最先进超高通量全基因测序技术平台 HiSeq X Ten，提供从基因检测到健康解决方案，致力于倡导和引领预防医学，精准医疗事业的发展，推进中国健康产业的发展。

云健康集团下设云健康基因工厂、云健康分子医学检验所、云健康基因大数据分析管理中心、云健康基因研究院、云健康生命中心、云健康高端诊所、云健康医生之家、云健康院士专家工作站。云健康先后与上海超级计算中心、国家组织工程研究中心、生物芯片上海国家工程研究中心暨上海生物芯片有限公司等近十家全球著名机构和企业达成战略合作伙伴关系。成立了由多位国内外著名院士专家组成的云健康院士专家工作站。拥有国家“千人计划”特聘专家领衔的国内外生命科学和生物信息专业技术团队近百人。由此建立了集基因检测、高端体检、健康咨询、健康调理、专家交流等服务于一体的综合大健康精准医疗服务平台。

地址：上海静安区长寿路 1111 号，悦达 889 中心 6 层

邮编：200042

电话：（86）21 3252 0999

传真：（86）21 3252 0888

网址：www.CloudHealth99.com

佳美航空食品配餐有限公司

上海浦东国际机场佳美航空食品配餐有限公司成立于 1999 年，是佳美集团在亚太地区 19 个航空配餐公司之一。2016 年 8 月，公司与上海机场国际航空食品有限公司进行股权整合，上海机场国际航空食品有限公司成为公司全资子公司。公司的主要经营范围是上海浦东、虹桥国际机场的国内、国际航空配餐业务、航班配送服务、餐饮用具清洁服务、保税仓库及相关配套业务。

公司配有专门客户经理，与客户“一对一”沟通协调，具有完全独立的清真区域，符合清真协会各项标准。设有研发厨房，专业的厨师团队，立足本帮，研制精品西餐，中西合璧，服务于中国国际航空、海南航空、美国航空和英国航空等多家国内、国际的客运和货运客户。

公司秉承 Excellence(卓越)、Passion(激情)、Integrity(诚信)、Accountability(责任)的企业文化，以不断精益求精、提升品质服务为宗旨，期待与您合作，开启互利共赢！

汇宝购物广场 Famos 汇宝购物广场

汇宝购物广场是台湾兆丰国际集团投资的百货零售业，是七宝地区一级购物商场。汇宝购物广场临近七宝古镇，立于上海地铁 9 号线七宝站之上。商场本着购物、梦想、新空间的理念，为顾客提供全方位的信赖感、吸引力、满足感。正日益成为七宝地区乃至上海西南地区休闲、购物、娱乐的新地标。

商场总入驻品牌商家 360 余家，建筑总面积达 3 万余平方米，共分 4 个楼层。一楼时尚名品：化妆品、女鞋、女包、黄金珠宝、美食广场主题餐厅、小吃广场、咖啡屋、面包房、果汁吧等；二楼感性流行：流行少女

装、流行饰品、时尚少女服饰、少女包、流行饰品、少女鞋、休闲服饰等；三楼雅致生活：少淑女装、女装、内睡衣、饰品、流行杂项、床品、童装、童鞋、童车、玩具、早教、儿童乐园、服饰修改室，并有贵宾厅及顾客服务中心为您提供优质、贴心的服务；四楼品味魅力：男正装、商务装、男鞋、小皮件、男内衣、衬衫、个性休闲、运动、杂项、户外休闲；B1 楼生活美食：以食品、生活用品、主题超市为主。

汇宝购物广场于 2007 年盛大开幕，营运至今成绩亮眼，奠定了厚实的基础。广场仍在积极拓展，朝向成为全国连锁百货佼佼者的方向努力迈进。

官方网站：www.famos-square.com

虹 桥 南 丰 城

虹桥南丰城作为上海浦西亲子娱乐新地标，南丰集团打造的首个主题体验式购物中心，云集了 200 余家知名国际化商户。其中有涵盖 60 多家异域民族特色的美食餐吧，超过 20 家儿童游乐及早教机构，有国际快时尚、精品超市、电影娱乐及美容健身等多元化的生活方式体验品牌。商场更配有 200 米露天美食餐吧街“丰尚街”，配备了集攀岩墙和篮球场一体的运动公园“丰尚园”及设于商场顶层的天空农场“丰尚小农庄”。

虹桥南丰城还拥有 1000 个停车位及全天候运营的免费班车，满足前来购物的顾客，在休闲娱乐的同时，不必为停车而烦恼。除了引入优秀的品牌，商场在购物体验中还增添了包含如独立母婴室、婴儿车租借、便民充电等一系列贴心的客户服务，真正做到一站式购物中心的品质保障。让每一位来到虹桥南丰城的顾客宾至如归，享受购物好心情。

上海徐家汇商城集团电子商务有限公司

上海徐家汇商城集团电子商务有限公司汇集徐家汇商圈第六百货、汇金百货、汇联商厦、美罗城、太平洋百货、港汇恒隆广场和东方商厦等多家购物中心强大的供应链资源，是一个基于徐家汇商圈生活服务和数据集成的时尚综合类高端 O2O 平台。

徐家汇商城电商作为徐家汇智慧商圈的主体执行运营方，通过商圈“@ 徐家汇” WiFi，徐家汇 VGO、线上线下交叉运营的 O2O 平台、预付卡“徐家汇 e 卡通”、智能设备和大数据的交互应用六大工具，并且以文化营销、事件营销和场景营销三大营销模式联合运营，积极打造徐家汇智慧商圈的生态系统，助力传统商业转型，实现徐家汇商圈的能级提升。自成立以来，荣获了“首批智慧商圈试点区域”“十大创新应用奖”“全国品牌故事微电影比赛上海分赛区优胜奖”“2016—2017 上海市电子商务示范企业”“单用途预付卡商务诚信五星级企业”等多项荣誉。

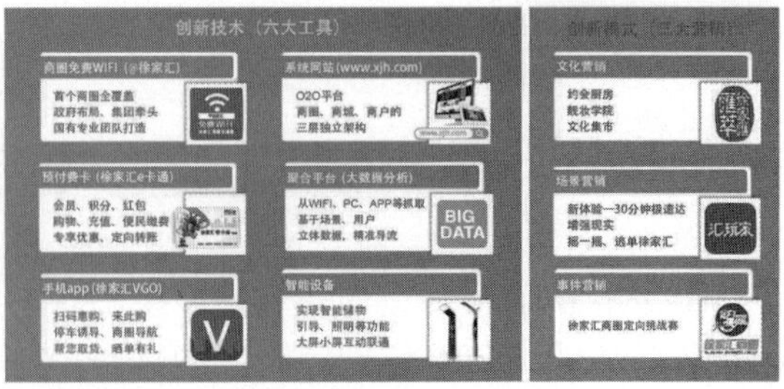

村田汽车塑料零部件（上海）有限公司

日商独资村田汽车塑料零部件（上海）有限公司，成立于 2002 年 4 月，是日本村田工业株式会社的上海子公司。公司专业生产并销售汽车蓄电池塑料部件。母公司位于日本兵库县明石市，另设日本神户工厂，是世界多家著名电池生产商的指定提供厂家。上海公司有高水平的技术专家，严格的质量管理体系，产品销售世界各地。自创建以来，不断开拓壮大，技术力量雄厚，不断开发出新产品。公司拥有国内先进的生产线、注塑机和设备，主要生产汽车蓄电池塑料零部件，产品多达百余种。

跨越三个世纪的经典与时尚——老凤祥

创始于1848年的民族品牌老凤祥，集“研发、设计、生产与销售”于一体，拥有多家专业厂、研究所和遍布全国各地的3000多家销售网点，拥有完整的产业链、多元化的产品线，旗下黄金、白银、铂金、钻石、白玉、翡翠、珍珠、金镶玉、有色宝石、珐琅、红珊瑚等多品类首饰，以及牙雕、K金眼镜、工艺旅游纪念品等也广受好评，是中国珠宝首饰业在历史底蕴、规模渠道和品牌价值等各方面领先的龙头企业。2016年，老凤祥以349.64亿元的营业收入和18.22亿元的利润傲视群雄。

老凤祥“立足上海、覆盖全国、面向世界”，先后在境外开设了9家银楼专卖店，体现了老凤祥由“民族珠宝首饰业的领军品牌向国际著名品牌”发展的战略目标正稳步推进的信心。老凤祥品牌在发展中不断升华，多次入围《财富》“中国500强”，“全球100大奢侈品公司排行榜”，连续12年名列世界品牌实验室主办的世界品牌大会“中国500最具价值品牌”榜单，2016年品牌价值达222.91亿元。

上海东方电视购物有限公司

东方购物是全国服务业500强、上海市百强企业，是中国电视购物行业视频购物、电信+互联网等多渠道融合的全媒体营销平台。2016年，东方购物完成了从演播室、舞美、录制、制作、播出的全系统高清改造项目，成为全国第一家24小时电视购物高清频道，并积极布局VR购物和互联网电视购物两大新技术，引领电视购物的“新看法”。

东方购物在深化商品结构调整、准确把握市场需求及变动趋势的同时，重点实施自有品牌战略，邀请新锐设计师操刀设计的东方购物自有品牌Marie Bonne新一季服饰，在上海时装周上大放光彩。东方购物自营跨境电商栏目——东方全球购，引进千余款国外进口商品，组合更丰富、商品价格更优惠，获得顾客一致好评。

通过建立电视、网站、APP、OTT、IPTV、广播、目录等全通路渠道，东方购物形成了行业领先的“平台共享、多屏合一、全渠道覆盖”业务模式，实现了以家庭购物为主导的跨屏联动与优势互补，并提出“文化购物、品质购物、科普购物、体验购物”的电视购物3.0模式，引领中国电视购物业行业的发展潮流。

上海永冠胶粘制品有限公司

上海永冠胶粘制品有限公司成立于2002年，是上海永冠众诚新材料科技（集团）股份有限公司的前身。公司现拥有在上海市青浦区朱家角工业园区与江西抚州市东乡区源山岗工业园区两大生产基地，合计占地面积27公顷，是集生产、研发、销售于一体的专业生产各类胶粘制品的大型高新技术企业。

公司的主要产品：布基胶带、美纹纸胶带、PVC 电工胶带、清洁胶带、OPP 胶带、双面胶带等。目前公司已经从简单的胶带生产扩展到：特种纸处理、PVC 压延、纺织、制涂胶剂、制管、包装设计制作全产业链覆盖，是一家产业链完善、基础设施齐全的胶带制造商。

先进的“ERP”管理软件系统，完善的产业链配套，规模化的生产设备，铸就了永冠以“诚信、品质、成本、服务”为一体的营销追求。公司产品 85% 为外销 OEM 业务，客户遍布全球各个国家和地区，如欧洲、东南亚、日本、俄罗斯、中东、北美等。随着公司义乌、广东、南昌等办事处日臻成熟，以及淘宝、天猫、京东、1688 等电商平台的全线辐射，产品销售占比向内销市场倾斜，朝着市场化、品牌化、专业化的方向发展。

公司是“上海市高新技术企业”“上海市科技小巨人培育企业”“上海市认定企业技术中心”，同时在 2014 年和 2016 年分别获得“上海市名牌产品”“上海市著名商标”称号。公司产品已获得 8 项“发明型”专利，多项“实用新型”和“外观设计”专利，并先后通过 ISO9001-2015 质量认证，REACH 认证、美国 UL 认证、加拿大 CSA 认证、欧盟 ROHS 环保认证、全球 BSCI 社会责任体系认证。

2014 年 9 月 15 日，公司在新三板成功挂牌，股票代码 831135。“宏图永发展，声誉冠五洲”是永冠上下求索奋进的品牌目标，并一直恪守“以技术谋发展、以质量求生存、以效率争利润”的品质标准，努力做得更好！

无印良品（上海）商业有限公司

“无印良品 (MUJI)”创始于日本，其本意是“没有商标与优质”。虽然极力淡化品牌意识，但它遵循统一设计理念所生产出来的产品无不诠释着“无印良品”的品牌形象，它所倡导的自然、简约、质朴的生活方式也大受品位人士推崇。

1980 年，世界经济增长陷入低迷，日本也经历了严重的能源危机。当时的消费者不仅要求商品有好的品质，也希望价格从优。在这种情况下，“无品牌”概念在日本诞生了。当年，木内正夫创办“无印良品”公司，向市场推出了第一批无品牌产品。这些产品包装简洁，降低了成本，所使用的口号是“物有所值”。

1983 年，无印良品在东京青山开设第一家旗舰店。由于大受消费者的肯定，几年内在日本就有上百家专卖店。1991 年，无印良品在伦敦开设它的第一家海外专卖店，此后陆续进入法国、瑞典、意大利、挪威、爱尔兰等国家，2005 年 7 月，其上海专卖店正式开业。

无印良品的最大特点之一是极简。它的产品拿掉了商标，省去了不必要的设计，去除了一切不必要的加工和颜色，简单到只剩下素材和功能本身。除了店面招牌和纸袋上的标识之外，在所有无印良品商品上，顾客很难找到其品牌标记。在无印良品专卖店里，除了红色的“MUJI”方框，顾客几乎看不到任何鲜艳的颜色，大多数产品的主色调都是白色、米色、蓝色或黑色。

在商品开发中，无印良品对设计、原材料、价格都制定了严格的规定。例如服装类要严格遵守无花纹、格纹、条纹等设计原则，颜色上只使用黑白相间、褐色、蓝色等，无论当年的流行色多么受欢迎，也决不超出设计原则去开发商品。

为了环保和消费者健康，无印良品规定许多材料不得使用，如 PVC、特氟隆、甜菊、山梨酸等。在包装上，其样式也多采用透明和半透明，尽量从简。由于对环保再生材料的重视和将包装简化到最基本状态，无印良品也赢得了环境保护主义者的拥护。此外，无印良品从不进行商业广告宣传，就如木内正夫所说："我们在产品设计上吸取了顶尖设计师的想法及前卫的概念，这就起到了优秀广告的作用。我们生产的产品被不同消费群体所接受，这也为我们起到了宣传作用。"

有人认为，与其说无印良品是一个品牌，不如说它是一种生活的哲学。它不强调所谓的流行，而是以平实的价格将还原了商品价值的真实意义，并在似有若无的设计中，将产品升华至文化层面。如今，无印良品的产品种类已达到6000种左右，国际著名的财经杂志《福布斯》，也曾经将它评为全球最佳中型企业。

港中旅华贸国际物流股份有限公司

港中旅华贸国际物流股份有限公司（以下简称华贸）的大股东是中国港中旅集团公司暨香港中旅（集团）有限公司（以下简称港中旅集团），港中旅集团植根香港已逾80年，是国务院国资委管辖的中央骨干企业。

华贸总部设在国际航运中心上海，主业是现代跨境综合物流和供应链贸易服务。华贸于1984年在上海注册成立，是中国改革开放后最早经原外经贸部、民航总局、海关总署批准成立的一级货运代理企业之一，在行业内具有悠久的经营历史和市场品牌。

华贸已形成网络化、集约化相结合的经营和发展格局。30余个分子机构遍布中国主要港口和内陆经济发达城市以及香港、纽约、洛杉矶、亚特兰大、法兰克福，长期合作的海外网络遍布世界150多个国家和地区。主营业务服务网络遍布中国和世界各大货物集散中心城市，截至2011年中期，员工人数为2033人。华贸是轻资产型物流企业，在包括大型重资产型物流企业、跨国货代物流企业在内的中国同业百强企业评比中名列第七位，在多个重要港口城市行业内排名长期位列第一或前三名。

公司主营现代物流业，具体提供以国际货代为核心的跨境一站式综合物流及供应链贸易服务。

公司所从事的跨境综合物流服务是指按照客户要求，接受国际空运和海运运输业务的总包或者分包，包括营销、物流咨询、方案设计、成本控制和全程客服等在内的前端服务，境内运输、理货仓储、配套作业、配载集装和监管服务等在内的出口仓储，订舱管理、单证管理、关务服务和进港管理等在内的离岸管理，空运集运、海运集运、多式联运和工程物流等在内的国际运输，目的港清关服务、进口仓储、转运和分拨派送等在内的目的港服务，以及结算和资金流等在内的跨境全过程物流产品和服务。

公司所从事的供应链贸易业务主要是为生产商提供采购执行和分销执行的综合服务，包括市场信息、价格和交货期等协调、物流方案及资金安排。

公司还投资网络。在国内，公司在中国大陆和香港地区投资设立34个业务和服务网络，布局从沿海向内陆辐射，基本覆盖了中国各主要港口和经济发达城市。在国外，公司在美国纽约、洛杉矶、亚特兰大、迈阿密和德国法兰克福投资设立了5个海外业务和服务网络。

公司的愿景与战略。①经营宗旨：务实创新，高效和谐，实践科学发展观，不断增强核心竞争力和可持续发展能力，为客户创造价值，尊重和培养人才，努力把公司建设成为具有国际竞争力的现代综合物流企业，实现股东利益最大化。②发展愿景：成为全球网络齐全，产业链完整，经营规模较大，管理和信息化水平先进，具有国际竞争力的现代综合物流服务供应商。③发展战略：巩固核心业务，持续完善网络和产业链布局；拓展供应链贸易的细分市场和服务产品，扩大业务规模，增强协同效应；加大信息化建设投入，实现以技术带动服务的整体飞跃；加强人才引进和培养，打造复合型高级管理人才和骨干人才队伍。

上海 K11 购物艺术中心

国内首家购物艺术中心——上海 K11 于 2013 年 6 月 28 日举行盛大开幕庆典。作为首个把艺术•人文•自然三大核心元素融合的全球性原创品牌，K11 将艺术欣赏、人文体验、自然绿化及购物消费相互融合，为大众带来前所未有的独特感官体验。K11 秉承品牌核心理念，运用独特的绿色设计，糅合多维的艺术欣赏与交流，汇聚国际潮流品牌，让商业变身艺术，全情打造最大的互动艺术乐园、最具舞台感的购物体验及最潮的多元文化生活区。

K11 是一个让商业变身艺术的地方。K11 将艺术、文化、时尚与设计的力量有机融合，定期举办各类艺术展览及充满想象力的活动，使 K11 变身为一座艺术乐园，为日常生活增添如舞台般多姿多彩、充满活力与激情的元素。让消费者在这所艺术乐园中，使普通的购物之旅，变成活泼奇幻、充满艺术感的旅程。

位于 K11 购物艺术中心 B3 层的 chi K11 美术馆占地 3000 平方米，为上海市中心最佳位置的美术馆。自 2013 年开幕以来，美术馆举办了超过 33 场艺术展览，现场吸引超过 60 万人次参观，包括大师展如“印象派大师•莫奈特展”“跨界大师•鬼才达利”、艺术与时尚跨界的展览“BAGISM 包当代”“薇薇安•威斯特伍德：复兴生活”等各式当代艺术展；逾 300 场展览系列讲座，更向公众开放了形式多样的艺术工作坊与艺术论坛。不论老幼，chi K11 美术馆为艺术爱好者们提供了绝佳的近距离接触当代艺术的机会。

上海 K11 购物艺术中心所呈现的不仅仅是一座购物中心，更是一间艺术博物馆、环保体验中心、主题旅游景点和展示人文历史的绝佳场所。K11 必将成为上海这个国际大都市的一个潮流新地标！

远东宏信有限公司

远东宏信有限公司（简称远东宏信）于 2011 年 3 月 30 日在香港联交所主板上市，股票代码 03360.HK。远东宏信是中国领先的创新金融服务机构，秉承“金融 + 产业”的经营理念，致力通过不断创新产品与服务为客户提供量身定制的产业综合运营服务，为实现“汇聚全球资源、助力中国产业”的企业愿景努力前行。

远东宏信在医疗、建设、教育、工业装备、电子信息、城市公用、包装、交通、轻工等多个领域，开展金融服务、产业投资、工程服务、贸易经纪、管理咨询等产业综合运营服务，形成了金融资源的组织运用和产业资源的发掘培养相互匹配、金融与产业协同发展为特征的运作优势。公司在金融服务领域里所提供的融资租赁服务处于同行业领先地位。

目前，远东宏信公司总部位于香港，在上海和天津设立业务运营中心，在北京、沈阳、济南、郑州、武汉、成都、重庆、长沙、深圳、西安、哈尔滨、厦门、昆明、合肥、南宁等多个中心城市成立办事机构，形成了辐射全国的客户服务网络。此外，远东宏信积极拓展国际资源，在境内外设立了金融服务、产业投资、工程服务、贸易经纪、管理咨询等多个专业化经营平台。

远东宏信近年来荣获：《财富》中国500强企业、中国融资租赁30年杰出开拓机构奖、中国融资租赁业十强企业、浦东新区“经济特别贡献企业”、上海市纳税百强企业。是唯一在银行间市场、交易所、保监会成功发行ABS产品的机构，也是唯一一家获得标普、惠誉两家国际权威机构独立评级为投资级的融资租赁公司

远东宏信在医疗、建设、教育、工业装备、电子信息、城市公用、包装、交通、轻工等基础领域开展一体化产业运营服务。公司先后成立了三个产业集团、六大独立事业部以及一个业务发展部，形成以产业集团和事业部为基础建制的业务经营管理体系。各个产业集团和事业部在各自分属的产业里不断进行产业深耕，并依托远东宏信母公司深厚的产业经验和专家资源，致力于支持客户发展，助力产业进步。三个产业集团是医疗健康集团、建设集团、教育集团。七个部分别是工业装备事业部、电子信息事业部、城市公用事业部、包装系统事业部、交通系统事业部、综合发展事业部、业务发展部。

远东宏信的成员企业有：远东国际租赁有限公司、远东宏信（天津）融资租赁有限公司、远翼投资管理有限公司、上海宏信设备工程有限公司、上海宏金设备工程有限公司、上海宏信医院管理有限公司、上海宏信医疗投资控股有限公司、上海臻慈医疗投资有限公司、上海佰昆健康投资有限公司、上海森胜蒙世教育投资有限公司、上海圣裔远宏教育投资有限公司。

远东宏信基于“创造价值分享，共铸和谐发展”的核心责任理念，在不断创新、开拓产业综合运营服务的同时，也一直致力于构建与投资人、客户、合作方、员工、政府及整个社会和谐共生的关系，并通过价值的分享和供应，促进产业经济及整个社会的健康、持续、稳定与和谐发展。

公司积极担负公益责任。作为公司可持续发展中不可或缺的一环，远东宏信持续减少自身运营对环境的影响，并积极探索绿色金融实践和社会公益。自2006年起，远东宏信积极投身社会公益事业，不断在教育、扶贫帮困、灾害救助领域开展各类公益项目。

上海凤凰自行车有限公司

上海凤凰自行车有限公司源于1897年中国首家自行车车行同昌车行，1993年上海凤凰成功上市，后被商务部认定为“中华老字号”和“最具市场竞争力品牌”商标，是国家首批驰名商标获得者。2010年，公司在上海市政府和金山区委区政府领导下进行了创造性的混合所有制体制改革。通过改制转型升级，着力创新体制机制，加快建立现代企业制度，释放了一个老国有企业的发展活力。在产业结构、产品结构和市场结构方面深化调整，走出了一条依托品牌经营、产业两头延伸的国际化发展道路，使上海凤凰成为国内外著名品牌，连续多年实现中国自主品牌产品出口行业第一。历经6年转型升级发展，公司现已形成集自行车、童车、电动车、医疗器械等产品生产研发销售为一体的集团企业，2015年实现凤凰品牌产品出口额、出口获利、企业总体利润均逆势实现了两位数增长。

上海凤凰坚持经营品牌培育品牌的战略，对传统的自行车品牌进行全新定位，确立了聚焦自行车及相关产业，向儿童两轮产品童车及老年人两轮产品轮椅延伸发展的产业规划，使凤凰品牌在更广阔的消费群体中

传承它的信赖。

公司坚持结构调整转型升级，在产业结构、产品结构和市场结构方面实施全方位的调整，由自行车走向童车和轮椅，同时发展电动车和助力车。从代步通勤向休闲、运动、竞技体育发展。积极倡导绿色环保，推动骑行文化，被中国自行车协会评为中国自行车文化建设的杰出贡献奖，同时也荣获了上海市品牌之星称号。

在布局和产能优化调整方面，公司坚持围绕市场配置资源的原则推进改革。上海凤凰在行业要素中心（天津）及产业技术要素中心（江苏），建立了两个自主制造工厂，引领公司制造技术的进步，提倡工匠精神。同时充分发挥天津、江苏、广东自行车行业优势，联合区域的产能为凤凰品牌的制造服务，一举解决了原老凤凰在上海“难办厂”的困局，为凤凰发展解决了最大的障碍。从而真正实现了“品牌国际化，总部在上海，重在营销和研发，全国布局生产基地”的集约型战略布局。

在创新发展方面，上海凤凰坚持走科技创新发展的道路。我们在智能互联网产品创新和多种新型自行车材料研发方面，始终走在行业前列，多款智能及新材料产品都已形成量产投放市场，2015 年和 2016 年凤凰公司研发的产品两次分别获得中华老字产品金奖，及中国首届轻工产品设计大赛金奖。

在国际市场方面，公司通过产品结构调整已连续多年实现了中国自主品牌自行车出口第一，“凤凰”已经成为国际市场的著名品牌，这得益于上海凤凰坚持国际市场长期的品牌经营战略，将凤凰品牌从过去的主销中东及非洲，发展到东南亚、南北美洲、部分欧洲、俄罗斯、大洋洲及非洲、中东等地区 80 多个国别。凤凰的自主品牌外贸产品也从过去的单一传统代步产品，转向以休闲运动的山地车、城市休闲车、折叠车、童车等多品类共存，为稳定凤凰产品扩大海外市场份额作出了重要贡献。

2017 年是凤凰自行车企业创建 120 周年。百年凤凰，一朝涅磐。我们凤凰公司的广告语就是：“一路相随、一生相伴”。我们相信品牌战略是做百年企业的关键战略。

和通汽车投资有限公司

和泰集团在中国台湾以代理销售日本丰田小轿车及日野大型客货车起家，自 2002 年起，连续多年蝉联台湾车市第一名，顾客满意度也一直名列前茅。和泰集团进入中国大陆后，在上海的布局是以高标准软硬件的作业与高素质人才的结合，从事整车销售与维修服务，并设立上海和凌（雷克萨斯）店，坐落普陀区祁连山南路 456 号，电话：52697989；上海和裕（一汽丰田）店，坐落闵行区沪青平公路 999 号，电话：64202769；上海和展（广汽丰田）店，坐落闵行区莲花南路 2058 号，电话 34305128；上海和乾（丰田叉车）坐落松江区新桥镇曹农路 515 号，电话 57686660。以上海为主要发源地，放射状网络发展紧密连结天津、北京、重庆、唐山、枣庄、临沂、晋中、泰州与南昌等城市。专职汽车与机器设备租赁服务和运国际租赁与专职汽车用品开发及安装的凯美士则以上海、广州及其他外围城市为主。

上海红酒交易中心

上海红酒交易中心成立于 2011 年 4 月。是国内唯一一家为财富人士和业内人士提供红酒收藏、消费、投资交易的专业服务机构。中心在酒庄、酒商和客户之间搭建实时、高效、安全的交易平台，是对传统交易模式的重大突破。

上海红酒交易中心与各大商业银行签署战略合作协议，包括中国工商银行、中国银行等，合作为客户提供账户托管服务，保证资金安全。同时在国内外设立专业酒窖，保障红酒的品质和交割便利。

上海红酒交易中心的股东组成中有上海市糖业烟酒集团。中心自开业以来，得到中央电视台及各大媒体的广泛关注。2011 年度获得十大最佳商业模式奖。

上海世博百联商业有限公司

上海世博百联商业有限公司由上海世博会有限公司（上海世博发展（集团）有限公司的全资子公司）和上海百联集团股份有限公司于 2012 年 1 月共同出资成立。

公司运营的世博源项目已于 2014 年 4 月 23 日整体全面开业，坐落于世博园区核心地块，北接黄浦江，东西分别毗邻奔驰文化中心、中华艺术宫、世博展览馆和世博中心，总建筑面积达 33 万平方米。

世博源的空间设计贯穿“水”元素，自上而下、自北向南，形成“二街五区”布局，即 L2 层动感街、B 层活力街、一区品味主题区、二区体验主题区、三区时尚主题区、四区潮流主题区及五区乐活主题区。“世博源十五景”错落有致分布在“二街五区”，如世博会开闭幕式场所的庆典广场（包括水镜和滨江音乐喷泉）、美轮美奂的阳关谷夜景、高山流水的中庭水景、绿意盎然的空中花园、连绵起伏壮观的阳光膜等。

世博源是集购物、餐饮、娱乐、文化、休闲、展示等功能于一体的国内独一无二的超广域型购物中心。其突出体验式的主题经营理念，引入众多体验式商户入驻，亲子和文创项目也逐渐成为世博源的亮点，如记忆满满的泰迪博物馆、大牌云集的洛克篮球公园、文青火热追捧的猫空之城、梦幻童真的全息儿童剧场等，而众多的特色饕餮美食配以绝佳的世博景观也是世博源的独特魅力所在。此外，世博源全年举办近百场的文化场地活动，涵盖创意集市、亲子乐园、画展、汽车展、综艺真人秀拍摄、各类音乐节等，给游客带来超乎想象的震撼体验，带动世博源全年总客流达到 1200 万人次。

世博源以“创活力源，建快乐城”为使命，致力于打造上海乃至全国的商业新地标，使其成为旅游观光的胜景地、城市文化的交融地、休闲生活的汇聚地、消费购物的目的地。

上海自贸区国际文化投资发展有限公司

上海自贸区国际文化投资发展有限公司是上海自贸区国际艺术品交易中心的运营主体，下设四家公司统筹自贸区文化版块的各项业务。作为自贸区文化艺术产业公共服务平台和产业运作平台，交易中心紧紧依托上海自贸区政策创新、体制创新和相关政策的优势，通过持续打造大通道、大平台、大金融，为文化艺术行业繁荣提供有力支撑。

公司是致力于国际文化艺术交流、服务于国际文化艺术产业发展、创新文化艺术贸易及金融保险业务的综合服务商，为文化艺术品贸易产业链各个环节提供全流程服务，不断完善全产业链服务及配套工程建设，打造行业示范性平台、创新功能、集聚资源。以艺术品交易全产业链为核心，集艺术品仓储物流、展览展示、拍卖洽购、评估鉴定、金融保险五大功能于一体的新兴业态，促进了自贸区文化产业的集聚和发展。

2014 年 5 月，中共中央总书记习近平亲临艺术品交易中心指导工作，对公司的成果给予了充分肯定，并就未来发展做出了重要指示。公司将持续依托上海自贸区制度创新、扩大开放、功能突破和贸易便利的优势，将自贸区文化艺术与国际市场接轨，将更多优秀的海外艺术品引入中国。交易中心将紧紧依托上海自贸区政策创新、体制创新和相关政策的优势，通过持续打造大通道、大平台、大金融，推动上海成为亚太地区新兴的艺术品交易中心。

交易中心艺术品保税仓储一期，为面积 3000 平方米的国际艺术品保税仓库，于 2013 年 7 月建成投入使用。截至 2016 年第一季度，进出库货值超过 130 亿元。集保税仓储、展示等功能为一体，是中国大陆首家参照国际标准打造的专业艺术品保税仓库。

交易中心艺术品仓储二期——上海国际艺术品保税服务中心，是正在建设的中国首个保税文化艺术服务综合体，总面积达 6.83 万平方米，严格按照美国 UL、NFPA 等国际一流标准建设，2017 年建成后将成为全球最大的艺术品保税仓库。

交易中心的艺术品展示交易区一期——森兰国际展厅于 2015 年 11 月 28 日投入使用。展厅面积达 6000 平方米，兼具展示与交易功能，结合既往的成功运作经验，有效整合公司资源，将艺术品展示与艺术品销售融为一体，打造新颖的艺术品交易平台，积极拓展艺术品交易市场。

交易中心的艺术品展示交易区二期——森兰国际艺术岛位于自贸区商业配套区域——森兰•外高桥板块。艺术岛建筑面积约 9.2 万平方米，其中艺术品展示交易区域面积达 2.3 万平方米。建成之后将是集美术馆、精品艺术酒店、国际艺术剧场、艺术品拍卖中心、国际艺术品展示交易区、艺术机构办公区于一体的文化综合体。

上 海 新 天 地

最初大胆创新的石库门改造项目——新天地南里、北里，历经五年潜心努力，打造成中国设计力量集聚中心平台——新天地时尚购物中心。中心在其品牌发展的道路上不断创新，始终追求为消费者带来独特的消费体验。新天地南、北里在保留上海近代建筑标志——石库门的建筑外观基础上，创新改造成为集文化、生活、餐饮、时尚于一体的市中心公共空间；新天地时尚购物中心则在不断探索的过程中致力打造中国时尚平台，其丰富的品牌构成包括：国内外知名设计师主导的商业品牌、中国独立设计师品牌、精品买手店及明星潮店，旨在为中外设计搭建零距离对话的平台，成为中国设计力量的集聚中心。此外，上海新天地在 2015 年年底陆续推出湖滨道购物中心及新里两个新项目，为整个淮海路商圈持续注入新的活力。

上海吴淞口国际邮轮港发展有限公司

上海吴淞口国际邮轮港发展有限公司，是由上海市宝山区政府与中外运上海长航联合成立，主要负责吴淞口国际邮轮港的建设、运营和管理，邮轮港及配套服务；客运旅游及相关旅游服务；游艇基地及相关服务；船舶运输、滚装运输；锚泊服务；船舶代理、邮轮及其他船舶供应；船舶检修及相关服务；交船服务等。

公司码头水域规划岸线总长 1500 米，一期岸线长度 774 米，新建 2 个大型邮轮泊位，同时可靠泊 1 艘 10 万吨级邮轮和 1 艘 20 万吨级邮轮，一期工程已竣工，2011 年

10月15日正式开港运营。吴淞口国际邮轮码头是上海重要的城市基础功能，弥补了上海港无大型邮轮专用码头的缺陷，与北外滩国际客运中心共同形成我国规模最大、功能最全的国际邮轮母港，使上海成为我国邮轮产业中心。

吴淞口国际邮轮码头具有优越的地理优势，S20、G1501、逸仙路高架等快速干道与M1、M3、M7轨道交通和四通八达的地面公交，共同形成了完善的综合道路网络和轨道交通系统，快速公路网、铁路、航空更可以迅速、舒适、便捷地将客人送往长三角及国内各个区域。吴淞口国际邮轮码头二期建成后，这里将形成以吴淞口为母港的上海邮轮、游船观光旅游圈，与沿海著名港口城市合作，共同打造沿海水上旅游黄金岸线；同时，吴淞口将致力于成为世界邮轮旅游航线的重要轴心

JCDecaux 德高中国 德高中国

德高集团(JCDecaux Group)创立于1964年，是全球领先的户外媒体公司，并在巴黎Euronext上市。2015年收入达32.08亿欧元，业务遍布全球超过75个国家，4435个城市，运营着1129410个广告位。

作为一家专注于户外广告的国际性媒体公司，德高集团在街道设施、广告大牌及交通媒体的三大业务范围内努力不懈地提供最佳服务。

随着中国户外广告市场的高速成长，德高在中国的表现已成为集团在全球市场中的一个亮点。从2005年进入中国市场以来，德高的业务已覆盖到中国（含香港及澳门）的22座城市。交通媒体（地铁媒体、巴士媒体、机场媒体）以及街道设施媒体（巴士候车亭媒体和校园媒体）已成为公司的主营业务。

上海百联南桥购物中心

上海百联南桥购物中心有限公司以“经营消费者”为核心，积极推进“提能级、改环境、塑形象、增效益”的经营转型方案的实施，从加大经营调整力度、精心耕作主题百货商品经营、创新营销模式、夯实经营管理基础工作、优化商场软硬环境、完善人才培养机制、强化安全管理七个方面加大企业经营调整力度，努力引进适应奉贤市场的品牌，注重开拓购物中心的时尚元素，增强体验项目，丰富与顾客互动的内容。2015年，公司规模销售达19.19亿元，比上年增长13.95%。据上海市行业协会统计，东方商厦（奉贤店）连续五年获郊区百货单店销售排名第一。其中，运动商品大类年销售额保持良好增长态势，同比超过两位数增长。

上海中石化三井化工有限公司

上海中石化三井化工有限公司成立于2006年4月17日，由中国石油化工股份有限公司与日本三井化学株式会社合资组建，双方各占50%股份。首期项目12万吨/年的双酚A装置总投资近10亿元，于2008年12月竣工投产。

二期项目40万吨/年的苯酚/丙酮装置可年产苯酚25万吨、丙酮15万吨，总投资近18亿元，于2014年底建成投产。苯酚/丙酮装置与12万吨/年的双酚A装

置相结合，形成原料到产品具有一体化竞争能力的苯酚丙酮、双酚 A 联合装置，可极大缓解国内苯酚丙酮产品供不应求局面，同时进一步做强做大 SSMC 双酚 A 产品。

昌硕科技（上海）有限公司

昌硕科技（上海）有限公司成立于 2004 年 9 月。注册资本 3.08 亿美元，投资总额 6.19 亿美元。占地 34 万平方米。主要从事笔记本电脑、平板电脑、手机等电子信息产品的生产。目前为和联集团华东区域生产的重要基地。随着业务的不断扩大，产值逐年上升，在全国 200 强出口企业中名列前茅。2012—2014 年期间产值排名连续三年在全国排名第四；在浦东新区已稳居第一。2014 全年产值达 869 亿元，出口额达到 138 亿美元。

2009 年度获上海市外商投资双优企业称号；列 2010 年度上海制造业 50 强第七位；

2009—2010 年连续两年列上海市进出口额百强前 20 位；

2012 年列上海市进出口总额排行榜第二位，全市进出口增量第一位；2013—2014 年，均进入上海市外商投资先进企业行列，列吸收就业人数和进出口总额百强前十位。

安利捷（中国）投资有限公司

安利捷集团 (Abdul Latif Jameel Group) 是一家总部在沙特阿拉伯的跨国企业，是日本丰田汽车和雷克萨斯汽车在沙特、阿尔及利亚，摩洛哥和土耳其等多个国家的总代理商，以及埃及、英国、德国、日本、中国等国家的经销商，经营网络遍布全球，年均销售丰田汽车近 40 万辆。如今，安利捷是一家专注于汽车业务、金融服务、媒体业务及售后服务的综合集团。被盖洛普公司评为“从世界上最有归属感和最卓有成效的组织之一”的企业。

安利捷（中国）投资有限公司是安利捷集团的中国总部，目标是在全国范围内建立丰田和雷克萨斯汽车销售服务网络，目前已在成都、青岛、武汉、银川及乐山等多个城市设立 9 家全资子公司，年销售额约 20 亿元。公司一直以顾客满意、员工满意、股东满意及社会责任为第一理念，服务于丰田在中国的事业。

上海大祥化学工业有限公司

上海大祥化学工业有限公司是日本染化株式会社旗下的全资子公司。是在中国专业生产销售纺织、印染助剂的企业。所有生产工艺和质量保证体系均为日本染化株式会社提供，并派员长期驻厂监制和品管，产品质量达世界先进水平。公司通过 ISO90001:2008 质量认证体系，更进一步完善和保证了质量品质。

2013 年 5 月起，为了强化公司技术力量，深化品质管理，优化公司生产力，提高公司综合竞争力。日本染化株式会社董事会任命了新的领导班子。他们是从事染整工作 20 余年的业务能手，熟悉染整工艺及技术应用，能够及时有效地应对客户提出的各项要求，解决各种问题，确保公司产品的质量稳定。

公司设立以来，一直致力于为客户提供高品质的助剂产品和提供优良服务为宗旨。以为客户节约成本，提供产品竞争力为目标。

发挥日本企业之专长，不求做全做大只求做精做细。回报于客户，服务于社会。

格朗吉斯铝业（上海）有限公司

格朗吉斯铝业（上海）有限公司是瑞典格朗吉斯集团在华的独资企业，于 1996 年 9 月成立。公司生产和销售复合和非复合铝带、铝板，应用于汽车行业的散热器、空调系统及其他热传输部件。公司产品销往国内和亚太地区市场。

格朗吉斯铝业（上海）有限公司自 1999 年投产以来，一直不断投资以提升产能和竞争力，从而满足不断发展的市场需求。2008 年年产量达 8 万吨热传输用铝板带，2011 年产量扩充到 10 万吨。公司的愿景：帮助客户创造更小、更轻和更定制化的热交换器，以提升经济效率并减少环境影响。

养乐多（中国）投资有限公司

致力于“不断探索生命科学 为世界人类的健康和美好生活做贡献”的养乐多 (Yakult) 集团，作为世界知名的活菌型乳酸菌乳饮品制造商，1935 年开始生产“养乐多活菌型乳酸菌乳饮品”，以其所特有的对于健康有促进作用的益生菌菌株“干酪乳杆菌代田株”风靡世界 80 余年。自 1964 年进入中国台湾地区以来，养乐多的健康足迹已经遍布全球 33 个国家和地区，每天销量达到 3400 万瓶，赢得了世界不同肤色消费者的喜爱。目前，养乐多（养乐多在广东省及海南省的商品名为益力多）在中国大陆已拥有 4 座生产基地，31 家分（子）公司，每天坚守着对产品安全性、功能性的追求，不断普及益生菌科学理念，为中国消费者的健康事业而努力着。

江铜国际贸易有限公司

2010 年 8 月，江西铜业股份有限公司在上海成立江铜国际贸易有限公司（以下简称江铜国际）。2012 年，江铜国际引入中国兵工物资集团和（香港）港丰投资两个战略投资者，注资 10 亿元。

江铜国际主营阴极铜、铅、锌及稀散稀贵金属等有色金属产品及原料贸易业务，运用国内外市场平台，辅以金融资源和期货手段，开展有色金属及其他产品的国内外现货贸易、进出口贸易等多形式贸易。下设上海江铜国际物流有限公司、保弘有限公司（香港）、江铜供应链管理有限公司、江铜国际商业保理有限责任公司、江铜国际新加坡有限公司（新加坡）等 5 家全资子公司。

江铜国际 2011—2013 年累计实现销售收入 1700 亿元，2014 年又实现年销售收入 858 亿元；2011—2014 年实现利税总额约 65 亿元，年均净资产收益率 10% 以上。连续几年获得浦东新区外商投资百强前十位及税收总量奖的荣誉，并成为国内大型有色金属贸易企业前列。

统一超商（上海）便利有限公司

统一超商（上海）便利有限公司是世界上最大的连锁便利店品牌 7-ELEVEN

在上海地区的独占被许可人。公司设立于2009年，至2016年6月公司在上海地区经营有近百家店铺。

公司通过不断的探索和创新，依托母公司“统一集团”的大力支持，在上海各区打造了一批主题式购物门店，如知名饮料品牌“汉阳一小茗同学主题店”，知名方便面品牌“携程一汤达人主题店”等，这批特色店带来了人气和业绩成长，为城市增添亮点，广受好评。

公司先后与一大批国际知名企业合作，入驻了这些企业的办公场所或创意园区，如百度园区店、通用园区店、上汽园区店、携程办公楼店等，在服务这批知名企业的同时，探索出了一条便利店设店的新思路。

公司先后与全国数十家高校签订了校企合作协议，与高校合作定向培养毕业生，还从诸多知名高校挖掘了一批高水平的应届毕业生作为企业的后备干部培养。

长兴（中国）投资有限公司

长兴材料工业股份有限公司1964年成立于中国台湾高雄市。是一家着重于技术研发及客户服务的国际性企业，主要从事合成树脂、电子化学材料、特殊化学品等产品的研发、生产、营销及服务。

“研究与创新”是长兴借以持续成长的主因。公司致力于技术开发与提升，无时不以“质量、信誉、创新、服务”为信念，发展更多优良产品，服务社会人群，实现永续成长、技术领先的理念。正如其名：“长远规划未来，兴创世界品牌”，公司放眼于更宽广的国际视野，于全球重点市场努力深耕，矢志成为世界级化学电子材料供货商。展望未来，面对全球激烈竞争的环境，公司将不断追求自我突破与成长，并以十足信心与能力去迎接新的挑战，再创成长新高峰。

上海奥特莱斯品牌直销广场有限公司

上海奥特莱斯品牌直销广场有限公司是以销售国际、国内著名品牌折扣商品为主，集购物、休闲和旅游为一体，体现国际化、现代化、时尚化的大型购物广场，秉承“品牌是经营之魂，折扣是经营之道，服务是经营之本”的文化理念，吸引着广大消费者慕名而来。

广场坐落于沪青平公路2888号（嘉松中路口），占地面积16万平方米，总建筑面积约11万平方米。广场内按经营功能分为三大板块，拥有350余家商铺，400多个品牌，主要经营国际一、二线服饰品牌、国际知名运动休闲品牌及国内著名品牌的折扣商品，包括Armani、Zegna、Burberry、Ralph Lauren Polo、COACH等，广场内国际品牌汇聚度之高已跻身同行前列。

带着合作伙伴的期望，承载着广大消费者的厚爱，广场将全力打造现代时尚的休闲购物天堂，以一流的品牌、优质的服务、优雅的环境迎接世界各地的消费者。

三菱电机（上海）机电电梯有限公司

三菱电机（上海）机电电梯有限公司（简称MESE），成立于2002年8月，是中日合资日方控股的企业。成立初期主要生产世界最先进的永磁同步无齿轮曳引机，

2007 年开始生产日本三菱商标的 MAXIEZ 系列电梯。公司充分利用三菱电机在高端电梯方面的技术优势和品牌优势，做大做强三菱电梯的市场占有率，同时公司与上海三菱电梯有限公司（简称 SMEC）强强联手，依托 SMEC 及其全国各地 71 个分公司（2015 年 3 月统计）的销售维保网络，让中国的广大客户使用到世界级先进技术产品、感受到三菱的优秀品质、享受到更人性化的服务。

企业地址：上海市闵行区中春路 1211 号

电话：021-34093030　021-34093057

邮编：201109

上海群利实业有限公司静安分公司

上海群利实业有限公司静安分公司（简称群利静安分公司）于 2017 年 2 月 28 日在上海静安区注册成立，它是上海建工五建集团有限公司下属上海群利实业有限公司名下的一个经营实体。主要从事商业租赁及经营管理工作，坐落于临汾路商业一条街上，有建筑面积 3200 平方米的商场构成。商场于 1997 年 11 月 28 日正式对外营业，至今已有近 20 年。现因企业改革所需进行翻牌组建静安分公司，并同步成立党支部和工会组织。

群利静安分公司原是市建五公司下属的一个基层单位，主要从事第三产业的工作。近 20 年，群利静安分公司经历了多次的改革和转制等，为上海建工五建集团的发展作出了贡献。

商场改革经营 20 年来，先后荣获：上海市首批“两新”组织创建“五好”党组织称号，上海市工商局颁发的“重合同、守信用”A 级信用企业，上海市百货行业“百花杯”优质服务竞赛先进企业，上海市创平安合格单位，闸北区“两新”组织创建“五好”党组织示范点称号，静安区、闸北区文明单位，为发展闸北经济作出贡献的先进企业，闸北区消防先进单位，闸北区“爱国拥军十佳单位”，闸北区“志愿者先进集体”，闸北区“劳动和谐”先进单位，闸北区创建学习型企业先进单位，上海市总工会颁发的工人先锋号。此外，群利静安分公司一人荣获上海市五一劳动奖章，一人连续三次当选为闸北区人大代表，一人荣获闸北区“两新”组织优秀党员称号，一人荣获闸北区“两新”组织优秀党务工作者，一人荣获闸北区总工会“职工最信赖的工会干部”称号，一人荣获闸北区“三八”红旗手称号，多人被评为区消防先进个人，两人被评为上海建工集团优秀党员和优秀党务工作者称号，包括其他荣获彭浦新村街道和市建五公司的各种荣誉称号等。

群利静安分公司是上海市建工集团第一批转制为民营的非公企业，企业的改革、转制事迹先后被上海支部生活、劳动报、上海工运、建筑时报刊登与报道。企业地处上海市静安区彭浦新村街道辖区，积极参与社区的经济发展、再就业工作、帮困扶贫、社会募捐、军民共建、社区共建等工作，为社区的改革发展稳定作出了显著的成绩。商场的社会知名度与信誉度始终保持较好声誉，便民、利民、社区型大众化的经营理念，是搞好经商工作的出发点和落脚点。

群利静安分公司将秉承发扬原商场的优良传统与经营理念，在上海建工五建集团的领导下，在彭浦新村街道的关怀下，发扬与时俱进、求真务实的作风，在创新驱动发展的形势下，以只争朝夕的精神，撸起袖子加油干，为争创辉煌的佳绩而努力拼搏。

上海群利实业有限公司静安分公司

地址：静安区平顺路 165 号

电话：56911809

邮编：200435

嘉定大融城

嘉定大融城是光大安石资产管理的商业板块。

嘉定大融城地处嘉定新城马陆镇，总建筑面积 13 万平方米，同时配备 1000 余个停车位，定位于家庭型综合性的体验式购物中心，力推“一站式”消费和“体验式”购物，集购物、餐饮、文化、娱乐、休闲等各类功能于一体。业态涵盖国际时尚、餐饮美食、超市、电影院、儿童乐园、美容健身等在内全方位的生活方式体验品牌。上海嘉定大融城从 2016 年 5 月 28 日开业以来，一直致力于为嘉定地区的消费者提供一个充满欢乐、时尚的全天候生活天地。

第四编

自贸试验区与开发区

中国（上海）自由贸易试验区
开发区、工业区

一、中国（上海）自由贸易试验区

中国（上海）自由贸易试验区保税区域

一、概　况

建设中国（上海）自由贸易试验区（以下简称自贸试验区），是党中央、国务院在新形势下全面深化改革和扩大开放的一项战略举措，也是上海推动创新驱动发展、转变政府职能、搭建开放合作的重要平台。在市委市政府的正确领导下，在国家有关部委以及市、新区各有关部门、驻区各职能部门和各大开发公司的大力支持下，自贸试验区自2013年9月29日正式挂牌运作以来，紧紧围绕国家战略，以“大胆闯、大胆试、自主改”“探索不停步、深耕试验区”精神推进深化改革，取得了众多改革创新成果，在新一轮改革开放中发挥着引领示范作用。2015年4月，中国（上海）自由贸易试验区正式从28.78平方千米扩展到120.72平方千米，中国（上海）自由贸易试验区保税区域（以下简称保税区域）发展进入新阶段。

2016年，保税区域坚持以制度创新和功能拓展为核心开展各项工作，继续对标国际最高标准，深化改革探索，加强系统集成，加快各项改革创新举措落地和规模运作，大力推进区域产业优化升级和新旧动能转换，经济结构调整、转型发展取得积极成效，区域经济发展呈现稳中有进、稳中向好的良好态势。据统计，2016年保税区域投资企业完成经营总收入17388.31亿元，比上年增长4.9%，净增817.43亿元。其中以国际贸易、航运物流、金融服务、专业服务等为主体的第三产业完成经营收入16624.42亿元，比上年增长5.1%，占95.6%，所占比重比上年提高0.1个百分点；以高端制造业为主体的第二产业完成经营收入763.89亿元，比上年增长2.4%，占4.4%。这些投资企业完成进出口总额7836.80亿元，比上年增长5.9%；实现利润总额598.45亿元，比上年增长3.7%；税务部门税收665.22亿元，比上年增长12.6%；投资企业年末从业人员31.09万人，比上年增长0.1%。

二、开发建设

保税区域所含外高桥、洋山、机场等园区虽然启动建设时间有先后、开发进度有差异，但均已完成大规模的土地开发和园区建设，固定资产投资已度过了高峰时期。2016年保税区域围绕产业转型升级和优化营商环境，积极推动各区域开发建设的投资步伐，不断增强产业发展与区域建设的融合，全力以赴推进综合配套建设、市政设施建设和生态环境建设，促使固定资产投资额保持较快增长。全年保税区域完成固定资产投资额30.98亿元，比上年增长28.0%。

截至2016年底，保税区域已累计完成固定资产投资额876亿元（包括洋山深水港建设1—3期），其中外高桥565亿元，洋山246亿元，机场65亿元，积极有效的财力投入为区域经济的持续产出提供了良好的保障。

（一）外高桥、洋山和机场均出现较快增长

分区域情况来看：外高桥保税区有效推进产业投资进程和加快二次开发步伐，促进了投资额快速增长，连续第七年超过20亿元，完成26.29亿元，比上年增长21.0%，占保税区域固定资产投资额84.9%；洋山保税港区投资额主要体现在码头配套设备和物流仓库工程，完成2.95亿元，比上年增长30.0%；机场综保区重点完成基础建设和优化封关运作，虽然新开工项目较少，但项目投资额较大，完成1.74亿元，比上年增长7.7倍。

（二）市政基础设施建设基本完善

保税区域基础设施建设、公共配套建设项目基本完善。目前市政基础设施投资额主要体现在为提升投资环境而开展的道路等配套设施建设项目上。2016年完成基础设施投资额0.23亿元，占保税区域固定资产投资额0.7%，主要是外高桥道路工程完成投资额0.23亿元。

（三）建筑工程和设备购置投资额占主要比重

固定资产投资额从项目性质上来分，建筑工程和设备购置投资额是保税区域固定资产投资额完成的主体。2016年保税区域建筑工程投资额完成14.94亿元，比上年增长9.2%，占保税区域固定资产投资额48.2%。设备购置投资额8.78亿元，比上年增长24.5%，占保税区域固定资产投资额28.3%。此外，安装工程和其他费用投资额分别完成1.44亿元和5.82亿元，增长18.0%和1.6倍。

（四）施工项目以及新开工项目均较快增长

2016年在保税区域开展投资建设的企业单位有28家。施工项目43个，比上年增长26.5%，其中新开工项目26个，增长1.0倍；涉及研发和扩大产能项目15个。竣工项目14个。全年施工房屋建筑面积137.45万平方米，比上年增长1.1倍，其中新开工面积67.09万平方米，比上年增长3.5倍，占48.8%。全年完成竣工房屋建筑面积34.25万平方米，比上年增长1.0倍。

三、招商引资

招商引资、稳商育商工作历来是区域经济结构优化和转型升级的重要基础，也是实现可持续发展的基本保证。随着市场主体投资行为的更趋理性和管理部门对类金融企业管理的加强，保税区域新设企业数量虽然相比高峰时期有所回落，但仍保持在月均500家左右的较大规模，占自贸试验区近50%。据统计，2016年保税区域新设企业5737家，比上年下降41.7%；吸引投资总额793.34亿美元，下降51.2%。外商投资额258.40亿美元，下降71.4%，其中合同外资166.11亿美元，下降71.8%；内资企业注册资本3477.15亿元，下降21.1%。

2016年保税区域新设内资企业4147家，比上年下降40.4%，占保税区域新设企业72.3%。吸引内资企业注册资本3477.15亿元，下降21.1%，占保税区域投资总额67.4%。有496家新设企业注册资本超过1亿元（含1亿元），其中97家企业注册资本超过10亿元。

2016年保税区域新设外资企业1590家，下降44.8%，占保税区域新设企业27.7%，占全市新设外资企业30.9%。

2016年保税区域新设贸易类企业2821家，比上年下降21.4%，吸引投资额116.20亿美元，下降35.7%，分别占新设企业数49.2%、投资额14.7%；服务类企业2231家，下降42.5%，吸引投资额515.69亿美元，下降16.2%，分别占保税区域新设企业数38.9%、投资额65.0%；租赁类企业262家，下降77.5%，吸引投资额472.1亿美元，下降83.3%，分别占新设企业数4.6%、投资额14.4%；物流类企业154家，下降30.3%，吸引投资额4.95亿美元，下降53.2%，分别占新设企业数2.7%、投资额0.6%；金融类企业88家，下降87.8%，吸引投资额22.82亿美元，下降81.2%，分别占保税区域新设企业数1.5%、投资额2.9%；加工类企业2家，与上年持平，吸引投资0.56亿美元，增加34.2%；其他类企业179家，下降29.5%，吸引投资额18.52亿美元，增加1.1倍，分别占新设企业数3.1%、投资额2.3%。

自贸试验区挂牌至2016年底，保税区域累计新设企业28902家。其中，外资企业家6402家，占22.2%，主要是中国香港3236家、中国台湾469家、美国434家位居前三甲；内资企业22500家，占77.8%。从行业类别来看，贸易类占46.5%，服务类占42.9%，金融类占4.9%，物流类占2.8%，文化教育卫生类占2.3%，建筑和房地产占0.5%。有70家世界500强企业投资了87个项目，41户央企投资了65个项目，注册资本超过10亿元的企业达到390家。

截至2016年底，保税区域现有注册企业已达37340家，吸引注册资本达到24104亿元。从企业性质上分析：外资企业11232家，占企业总数30.1%，吸引注册资本8905亿元，占注册资本总额37.0%（实际利用外资126.6亿美元）；内资企业26108家，占企业总数69.9%，吸引注册资本15199亿元，占注册资本总额63.0%。从外资的国别和地区上分析：按企业数量进行排名，位居前五位的分别是中国香港3540家、日本1282家、美国724家，中国台湾576家和新加坡497家。按注册资本进行排名，位居前五位的分别是中国香港4098亿元、日本220亿元、新加坡277亿元、美国240亿元、英属维京群岛107亿元。从行业类型上分析：贸易类企业18629家，占企业总数50%；租赁和商务服务类10018家，占企业总数26.8%;物流类企业2575家，占企业总数6.9%，其中仓储类企业1283家，交通及货代类企业1292 家；科学研究和技术服务类企业2391家，占企业总数6.4%；金融类企业1475家，占企业总数4.0%；信息传输、软件和信息技术服务类企业846家，占企业总数2.2%；文化、体育和娱乐类企业690家，占企业总数1.8%；加工类企业359家，占企业总数1.0 %；建筑业和房地产类企业221家，占企业总数0.6 %；其他类企业136家，占企业总数0.3%。从重点企业分析：投资额超过1000万美元（含1000万美元）的外资大型企业累计达到2337家，占外资企业总数20.8% ，吸引投资额1154亿美元。

四、国际贸易

保税区域作为上海国际贸易中心建设的重要基地，国际贸易是保税区域经济发展的核心功能，也是制度创新、功能拓展的重要平台。面对全球贸易持续萎缩和我国外贸环境不断恶化的形势，保税区域努力发挥贸易便利化改革和贸易功能拓展的成效，积极调整贸易产品、优化贸易结构，促进了进出口额止跌回升，领先全市、全国率先实现止跌回升。据统计，2016 年保税区域投资企业合计完成进出口总额 7836.80 亿元，比上年增长 5.9%, 扭转了上年的跌势，占全市比重从上年的 26.4% 提升到 27.3%（全市进出口额 28664 亿元，增长 2.7%）。其中进口额 5520.95 亿元，增长 2.7%，占全市 33.3%；出口额 2315.85 亿元，增长 14.5%，占全市 19.1%。进出口逆差额保持较大规模，2016 年保税区域所形成的进出口贸易逆差达到 3205.10 亿元，占上海市进出口贸易逆差额 4453.46 亿元的 72.0%。

2016 年保税区域外贸进出口结构进一步优化调整。在贸易便利化水平提升以及亚太分拨中心加快发展的促进下，保税物流货物进出口规模进一步扩大，完成 5612.68 亿元，比上年增长 2.5%，占保税区域进出口额 71.6%。一般贸易进出口额完成 1774.59 亿元，增长 19.2%，占 22.6%，所占比重比上年提高 2.5 个百分点。加工贸易进出口额完成 407.10 亿元，增长 3.7%，占 5.2%，外资企业进口设备物品和保税监管场所进出境货物合计进出口额 19.00 亿元，增长 37.4%，占 0.2%。此外，2016 年保税区域物流货物进出口额占全市保税物流业务 95.1%（全市物流货物进出口额 5901.76 亿元），所占比重比上年提高 0.4 个百分点；占全国保税物流业务 33.7%（全国物流货物进出口额 16661.48 亿元），所占比重比上年提高 3.4 个百分点。

保税区域深化贸易监管制度创新，贸易便利化水平不断提高，吸引更多企业前来入驻，并开展国际贸易业务。2016 年保税区域直接开展进出口业务的投资企业达到 5259 家，比上年增长 4.1%，净增 208 家。其中开展进口业务的企业有 4702 家，增长 13.9%，净增 575 家，净增数占 12.2%；开展出口业务的企业有 3487 家，增长 8.0%，净增 258 家，净增数占 7.4%。

超 10 亿元大户数量增加，所占比重逐年上升。从重点进出口企业情况来看：进出口额超过 10 亿元的企业达到 116 家，比上年净增 3 家，合计进出口额 5214.26 亿元，比上年增长 4.6%，占保税区域进出口额 66.5%；进出口额超过 50 亿元的企业有 17 家，合计进出口额 3043.03 亿元，下降 0.7%，占 38.8%。其中进出口额最大的是英特尔贸易（上海）有限公司达到 701 亿元，英运物流（上海）有限公司和安靠封装测试（上海）有限公司位居进出口排名第二、三位。同时，保税区域外向型经济的特点，决定了外资企业进出口额占据主要比重。2016 年保税区域外资企业完成进出口额 6368.12 亿元，增长 3.6%，占保税区域进出口额 81.3%；内资企业进出口额完成 1468.68 亿元，增长 17.3%，占 18.7%。

2016 年保税区域的投资企业与 202 个国家和地区发生了进出口业务往来，在与传统贸易伙伴巩固经贸关系的同时，也进一步加强了与新兴市场国家的经贸往来。特别是与“一带一路”沿线国家的进出口额达到 1655 亿元，占保税区域进出口额 21.1%。

从洲际区域来看，亚洲、欧洲和北美洲占据主体地位。与亚洲国家和地区完成进出口额 4101.34 亿元，增长 3.3%，占保税区域进出口额 52.3%；与欧洲完成进出口额 2017.40 亿元，增长 10.5%，占 25.7%；与北美洲完成 974.57 亿元，增长 2.6%，占 12.4%。与拉丁美洲、大洋洲、非洲国家和地区合计完成进出口额 694.74 亿元，增长 7.9%，占 8.9%。

从国家和地区来看，共有 24 个国家和地区进出口额超过 50 亿元，比上年净增 1 个国家和地区，合计进出口额 6906.16 亿元，增长 6.0%，占保税区域进出口额 88.1%。共有 10 个国家和地区进出口额超过 200 亿元，合计进出口额占 65.2%，其中美国和日本进出口额超过700亿元，分别完成934.73亿元和872.36亿元，分别增长2.6%和7.6%，韩国和德国进出口额均超过500亿元。此外，与中国台湾、澳大利亚、泰国和荷兰的进出口额增长，分别完成420.23亿元、191.58亿元、161.17亿元和131.54亿元，分别增长28.4%、24.6%、23.4%和23.7%。

根据海关商品的HS分类标准，在保税区域的进出口商品结构中，机电产品和高新技术产品涉及企业较多，价值总额较高，占据保税区域进出口额主要比重。2016年保税区域机电产品进出口额完成4579.14亿元，比上年增长3.5%，占保税区域进出口额58.4%；高新技术产品进出口额4023.91亿元，增长2.5%，占51.4%。全年有四大HS商品类别进出口额超过600亿元，合计进出口额5880.94亿元，增长2.3%，占75.0%。其中机械电气音像设备类3545.10亿元，增长2.1%，占45.2%（电子产品2369.83亿元，增长0.2%；机械设备996.93亿元，增长6.5%）；化工制品982.83亿元，增长12.5%；光学计量医疗仪器695.36亿元，增长6.7%；贱金属及其制品657.65亿元，下降13.2%。

五、产业发展

（一）贸易业

贸易业是保税区域经济发展的支柱产业，也是经济总量和税收贡献的主要来源。2016年保税区域贸易企业依托国内供给侧结构性改革带来的积极变化，充分发挥制度创新和贸易便利化举措带来的先发优势，不断强化规模运作和集聚效应，克服了龙头企业“苹果电脑”的下降影响，促使贸易业商品销售额保持增长，完成15048.94亿元，比上年增长4.4%。其中，外高桥保税区重点行业、重点企业比较集中，完成13246.81亿元，比上年增长3.5%，占88.0%；洋山保税港区在大宗商品产业规模运作的推动下，保持较快增长，完成1797.05亿元，比上年增长12.1%，占11.9%；机场综保区也有少量贸易企业开展业务，完成5.08亿元。

保税区域重点贸易企业充分发挥综合竞争优势，努力夯实和扩大营销渠道，不断提高市场占有率，成为贸易业发展的中流砥柱。据统计，2016年保税区域销售额超过100亿元的贸易企业达到19家，比上年增加4家，合计销售额6514.80亿元，比上年增长6.2%，占保税区域商品销售总额43.3%。

受益于国内投资引导向消费引导转型步伐的加快，国内居民消费层次不断提升，保税区域贸易企业充分发挥国际品牌优势，积极拓展销售渠道，优化商品结构，极大满足国内市场对国外优质商品和亟需资源品的需求，促使国内市场销售规模持续稳步增长。据统计，2016年保税区域贸易企业完成国内商品销售额12539.95亿元，比上年增长5.2%，占保税区域商品销售总额83.3%，所占比重比上年提高0.6个百分点。保税区域贸易企业充分利用贸易便利化举措，积极主动地培育和提升自身在国际市场的影响力，推动其立足中国市场拓展亚太甚至全球业务，尤其是注重拓展“一带一路”沿线国家市场，促使国内商品出口分拨至国外市场的规模持续扩大。据统计，2016年保税区域贸易企业完成对外商品销售额2508.99亿元，比上年增长0.7%，占保税区域商品销售总额16.7%。

内资贸易企业的经营业务主要集中在金属、医药、化工、汽车零配件等原材料资源商品和部分特色商品上。洋山大宗商品产业主要是内资贸易企业在运作，业务发展规模较大，是推动内资贸易企业销售额增长的主要方面。据统计，2016年保税区域内资贸易企业完成商品销售额2240.79亿元，比上年增长3.6%，占保税区域商品销售总额14.9%。

据统计，2016年保税区域外资贸易企业完成商品销售额12808.15亿元，比上年增长 4.6%，占保税区域商品销售总额 85.1%。

保税区域贸易业涉及 9 个行业大类、48 个行业小类，其中前四大贸易行业的销售额占 94.1%。在重点行业大类中：机械设备、五金交电及电子产品行业 7348.16 亿元，比上年增长 0.1%，占保税区域 48.8%；矿产品、建材及化工产品行业 4545.02 亿元，比上年增长 6.3%，占 30.2%；医药及医疗器材行业 1235.72 亿元，比上年增长 13.3%，占 8.2%；纺织、服装及日用品行业 848.59 亿元，比上年下降 0.1%，占 5.6%。此外，食品饮料行业、文化体育用品器材行业及农畜产品行业销售规模也均超过 100 亿元。

（二）航运物流业

保税区域不仅具有国际贸易、保税物流、保税加工的功能优势，而且坐拥临近海港、空港的区位优势，港口物流功能优势突出，是上海建设国际航运中心的重要载体。2016 年保税区域加快推进国际航运综合试验区建设，努力提升贸易便利化水平，促进物流运作效率进一步提高，充分发挥分拨配送、供应链管理等功能优势，不断增强航运服务专业化程度，确保了航运物流产业在市场需求持续萎缩、个别重点企业业务转移的情况下仍然保持平稳发展。据统计，2016 年保税区域完成航运物流服务收入 1200.56 亿元，与上年基本持平。

1. 港口运输业。2016 年保税区域港口运输业完成收入 711.47 亿元，比上年下降 2.6%，占保税区域航运物流服务收入 59.3%。其中：洋山 31 家从事水上运输业务的船运企业完成收入 638.85 亿元，比上年下降 2.9%，其中 22 家企业收入超亿元。

2. 航运服务业。2016 年保税区域航运服务产业完成收入 478.80 亿元，比上年增长 3.2%，占保税区域航运物流服务收入 39.9%。其中：包括码头公司、仓储企业在内的港口经营与管理业完成收入 249.41 亿元，与上年基本持平，其中 30 家企业收入超亿元。以专业货物运输、代理等业务为主的航运专业服务业完成收入 204.93 亿元，比上年增长 3.1%，其中 20 家企业收入超亿元。以航运设备租赁为主的航运金融服务业完成收入 17.58 亿元，比上年增长 91.1%，主要是机场融资租赁企业所完成。包括培训、航运机械设备检测服务等业务在内的航运教育与科技业完成收入 6.88 亿元，比上年增长 41.2%。

3. 航运基础产业。2016 年保税区域航运基础产业完成收入 10.28 亿元，比上年下降 19.0%，由 8 家航运设备制造与维修企业所完成。其中，耐克森（中国）线缆有限公司和上海波音航空改装维修工程有限公司收入降幅分别达到 28.4% 和 32.5%，两家合计占航运基础产业收入 65.8%。

（三）制造业

在经历了国内“三去一降一补”整顿后，市场对工业品的需求明显回升，实体经济迎来了较好的宏观运行环境。2016 年保税区域加工制造业加快产业转型升级和产品结构优化，继续重点发展高端制造产业，引导企业加大产品研发投入和应用，鼓励企业经营多元化发展，在促进加工制造业竞争力迅速提升的同时，实现了保税区域工业产值的较快增长。全年保税区域 128 家规模以上工业企业完成工业产值 646.43 亿元，比上年增长 16.7%，为 5 年来首次恢复增长。

在保税区域高端制造产业中，已经拥有“惠普贸易”和“联想科技”两家著名电脑制造商。这两家企业经营方式比较相似，均在开展自产业务的同时，也开展“ODM”外包业务。其中注册企业“惠普贸易”自上年起承接美国总部的生产份额，2016 年生产电脑 272 万台，完成产值 118.67 亿元，比上年增长 1.8 倍；而“联想科技”处于结构调整中，生产电脑 232 万台，产值下降 11.6%。两家企业合计产值占保税区域工业总产值 29.6%。

在国家鼓励优先发展的十大高技术产业

化重点领域中，保税区域涉及信息技术和高端设备制造等产业。2016年保税区域完成高技术产业产值378.94亿元，比上年增长23.6%，占工业总产值比重从上年的52.9%提升至58.6%。

2016年保税区域工业经济涉及20个行业大类。其中汽车零部件制造业有12家企业，合计完成产值91.43亿元，比上年增长26.1%，占保税区域工业总产值14.1%，在保税区域工业行业中排名第二位。此外，化学制品制造业、专用设备制造业、仪器仪表制造业和金属制品业扭转上年降势实现增长，分别完成产值42.82亿元、19.07亿元、9.97亿元和9.12亿元，比上年增长3.0%、5.4%、3.0%和22.0%。

六、功能培育

（一）总部经济

为了顺应跨国公司业务功能整合和国际服务业梯度转移的趋势，保税区域积极推出并有效落实强有力的扶持政策，不断提升贸易便利化水平和服务机制，推动跨国公司整合业务功能，培育、发展、形成了包括营运中心、地区总部、亚太营运商等多种形态的总部经济企业。2016年保税区域317家总部经济企业在不断扩大经营规模的同时，依托政策和服务综合优势，积极整合订单销售、贸易结算、供应链集成、人力资源、资金统筹等更多的经营管理职能，充分利用自贸试验区改革创新试点功能措施，拓展业务统筹范围的广度和深度，不断提升自身在跨国公司集团内部的地位和作用，逐步成为集团在中国区乃至亚太地区的区域性管理总部，为保税区域经济发展带来经济贡献效应、产业聚集效应、产业关联效应等诸多外溢效应。据统计，2016年保税区域总部经济企业完成经营收入8914.94亿元，比上年增长13.6%，占保税区域企业经营收入51.3%；完成税务部门税收225.59亿元，占保税区域税务部门税收33.9%；完成进出口额4285.66亿元，比上年增长4.6%，占保税区域进出口额54.7%。

（二）平台经济

平台经济是保税区域经济发展的重要切入点，也是功能政策实施、推进和扶持的重要抓手。随着保税区域综合经济的稳步发展，各市场平台积极提升服务效能，充分发挥贸易便利化、经营专业化优势，在扩大进出口贸易、提高企业服务水平、推动产业转型升级、完善专业功能平台打造等方面做出积极努力，不断优化进出口代理、物流供应链、保税延展、高端咨询等方面服务功能，为国际贸易能级的提升“添砖加瓦”。目前，汽车、钟表、医药、酒类、机床、医疗器械、工程机械、化妆品、健康品、文化服务等是重点发展的专业贸易平台。此外，国内首个跨境贸易电子商务服务平台“跨境通”运行良好，“DIG”直销中心取得声誉和效益双丰收，大宗商品国际现货交易市场成效扩大，平行进口汽车交易取得突破。

截至2016年底，成功加入外高桥保税市场会员单位的投资企业累计达到9167家。据统计，2016外高桥保税市场合计完成各类商品交易额12488.43亿元，比上年增长9.0%。

保税区三大综合性市场通过延伸服务链，深化综合服务功能，提升服务能级，拓展服务范围，优化服务模式，为推动保税市场交易额的持续增长奠定了扎实的基础，继续发挥主导作用。据统计，2016年三大综合性市场合计完成各类商品交易额11721.43亿元，比上年增长8.6%，占保税市场交易总额93.9%。其中，第一市场交易额规模大，完成4844.22亿元，比上年下降4.9%，占41.3%；第二市场交易额完成4397.71亿元，比上年增长18.0%；第三市场交易额完成2479.50亿元，比上年增长25.5%。

各专业功能性市场继续发挥各自专业领域特色优势，积极提升服务水平和效能，完善专业服务运作模式，提升贸易便利化水平，努力帮助投资企业扩大经营规模，促使功能性市场交易额呈现较快增长态势。

（三）口岸功能

2016 年保税区域继续加快推进上海国际航运中心综合试验区建设，不断完善洋山港、外高桥港和浦东机场的国际航运枢纽功能，促使两大港区集装箱吞吐量和三大外贸口岸进出口货值在上海的比重进一步提升。据统计，2016 年外高桥港和洋山港合计完成货物吞吐量 3.07 亿吨，比上年增长 1.9%，占上海港货物吞吐量 43.8%（上海港货物吞吐量 7.02 亿吨，比上年下降 2.2%），所占比重比上年提高 1.8 个百分点；集装箱吞吐量 3389.5 万标箱，比上年增长 1.0%，占上海港集装箱吞吐量 91.3%（上海港集装箱吞吐量 3713.3 万标箱，比上年增长 1.6%），为上海港连续第七年保持世界第一大集装箱港做出了重要贡献。

七、发展效益

在保税区域投资企业经营效益恢复增长和税务部门进一步加强税收征管以及“免、抵”调库等因素共同拉动下，保税区域税收产出实现较快增长。据统计，2016 年保税区域完成税务部门税收 665.22 亿元，比上年增长 12.6%，占浦东新区税收 20.3%（新区税收 3281.01 亿元，增长 23.4%），占上海市税收 5.6%（上海市税收 11847.05 亿元，增长 5.5%）。

增值税全年完成 305.43 亿元，比上年增长 24.5%（其中“免、抵”调增值税 112.01 亿元，增长 2.2 倍），占保税区域税收比重由上年 41.5% 提升至 45.9%。企业所得税全年完成 233.10 亿元，比上年增长 2.4%，占保税区域税收 35.0%。个人所得税全年完成 84.07 亿元，比上年增长 17.2%，占保税区域税收比重提升至 12.6%。营业税、土地增值税，分别完成 10.02 亿元和 1.33 亿元，下降 30.1% 和 85.1%。消费税完成 13.64 亿元，增长 26.2%，印花税完成 13.56 亿元，增长 71.0%。

据统计，保税区域各驻区海关部门征收的各类关税和进口环节代征税合计 732.56 亿元，比上年下降 3.9%，占上海关区整体税收 20.3%。其中外高桥保税区和物流园区征税 640.35 亿元，下降 1.4%；洋山保税港区陆域征税 73.91 亿元，下降 25.1%；浦东机场综保区征税 18.30 亿元，增长 30.5%。

外高桥保税区

2016年外高桥保税区深化落实自贸试验区相关改革政策措施，深入推进产业转型升级和贸易功能创新，加快完善招商稳商和企业服务工作体系，积极推动新旧动能转换，不断推进总部经济和新兴产业的培育，克服龙头企业“苹果电脑”波动带来的冲击，确保区域经济保持稳步发展。据统计，2016年外高桥保税区投资企业完成经营总收入14504.20亿元，比上年增长4.1%；实现利润总额516.14亿元，比上年增长7.6%；缴纳各类税收收入1127.39亿元，比上年下降1.9%。投资企业资产规模较快扩张，年末资产总额达到9170.04亿元，比上年增长13.0%，其中流动资产7035.62亿元，占资产总额76.8%。投资企业年末从业人员26.45万人，比上年下降0.2%。

一、招商引资

随着市场投资热情的消退和自贸试验区效应的扩散，保税区域招商引资在经历了挂牌初期爆发式增长后，呈现逐步回落、渐趋理性的走势。据统计，2016年外高桥保税区新设企业5507家，比上年下降40.2%；吸引内资企业注册资本3423.58亿元，下降20.5%；外商投资额215.78亿美元，下降72.6%，其中合同外资144.58亿美元。

虽然新设企业数量和投资额均有所回落，但外高桥成熟的企业配套和优质的行政服务依旧是吸引企业落户保税区域的重要优势。从行业分布来看：贸易类企业2721家，比上年下降18.0%，占新设企业49.4%；服务类企业2170家，下降41.6%，占39.4%；租赁类企业232家，下降77.9%，占4.2%；金融类企业84家，下降88.3 %，占1.5%。此外，物流类企业121家，下降31.3%，占2.2%；加工类企业2家，与上年持平；其他类企业177家，占3.2%。

2016年外高桥新设内资企业3969家，比上年下降39.1%；吸引内资企业注册资本3423.6亿元，下降20.5%。新设内资企业中，注册资本超过1亿元的企业达到481家，合计注册资本达到3973.3亿元，占内资注册资本总额86.8%。新设外资企业中，外商投资额超过1000万美元的企业有220家，投资额合计131.48亿美元，占外商投资额60.9%。

截至2016年底，外高桥保税区现有注册企业34266家，注册资本20634亿元。从企业性质来看：内资企业23575家，占企业总数68.8%；外资企业10691家，占31.2%。从行业分布来看：贸易类企业17713家，占51.7%；租赁和商业服务类企业9031家，占26.4%；科学研究和技术服务类企业2331家，占6.8%；物流类企业1581家，占4.6%，其中仓储类企业1139家，运输及货代类企业442家；金融类企业1440家，占4.2%；信息传输、软件和信息技术服务类企业796家，占2.3%；文化体育娱乐类企业678家，占2.0%；加工类企业358家，占1.0%；其他类企业338家，占1.0%。

二、国际贸易

国际贸易是外高桥保税区经济发展的核心功能，也是保税区政策优势和产业融合联动发展的突出表现。一年来，外高桥保税区积极发挥总部企业集聚和贸易制度创新的优势，加快开放型经济推进步伐，不断强化外高桥对外窗口和对内辐射的作用，促进了进出口额的增长。据统计，2016 年外高桥保税区投资企业完成进出口总额 6654.25 亿元，比上年增长 6.0%。其中进口额 4838.04 元，增长 3.4%；出口额 1816.21 亿元，增长 13.6%。

随着贸易便利化水平的不断提升和功能的拓展丰富，投资企业业务运作模式不断创新，促进了进出口贸易方式的调整优化。保税区一般贸易进出口额快速增长，完成 1666.18 亿元，增长 20.4%，所占比重从上年的 22.1% 提升到 25.0%。物流货物进出口额稳步增长，完成 4551.25 亿元，比上年增长 1.5%，占保税区进出口额 68.4%。加工贸易进出口额完成 396.84 亿元，增长 2.2%，占 6.0%。

外高桥保税区入驻企业数量的快速增加、贸易便利化的显著提升以及新型贸易模式的发展，提高了国际贸易的活跃度，促使从事进出口贸易业务的企业数量快速增加。据统计，2016 年保税区直接开展进出口业务的投资企业达到 5416 家，比上年增长 19.6%，净增 886 家。其中以一般贸易方式从事进出口业务的企业持续增加，达到 4307 家，增长 6.3%，净增 255 家，占进出口企业数量 79.5%；以保税区物流货物方式从事进出口业务的企业数量比上年减少 29 家，为 1843 家，占进出口企业数量 34.0%。从进、出口业务来看，进、出口企业均有所增加：保税区直接开展进口业务的企业达到 4237 家，增长 18.2%，净增 653 家；直接开展出口业务的企业达到 3167 家，增长 10.2%，净增 292 家。

据统计，2016 年外高桥保税区与 191 个国家和地区发生了进出口业务往来，其中与亚、欧和北美等传统贸易伙伴的进出口额占主体，与部分发展中国家经贸往来大幅增长。

从洲际区域来看，亚洲、欧洲和北美洲占据主体地位。与亚洲国家和地区进出口额略有增长，完成 3642.90 亿元，比上年增长 1.0%，占保税区进出口额 52.0%；与欧洲和北美洲进出口额分别完成 1726.87 亿元和 811.00 亿元，分别增长 10.8% 和 10.2%，占 26.0% 和 12.2%。与拉丁美洲、大洋洲、非洲国家和地区合计完成进出口额 431.06 亿元，增长 14.5%，占 6.5%。

从国家和地区来看，全年与保税区进出口业务往来超过 100 亿元的国家和地区达到 17 个，比上年净增 2 个国家和地区，这些国家和地区合计完成进出口额 5484.76 亿元，比上年增长 5.9%，占保税区进出口总额 82.4%。共有 7 个国家和地区进出口额已超过 300 亿元，居前五位的分别是日本 821.19 亿元、美国 777.77 亿元、韩国 534.34 亿元、德国 465.97 亿元和马来西亚 427.90 亿元。与“一带一路”国家和地区中的土耳其、乌克兰、孟加拉国分别完成进出口额 14.25 亿元、8.11 亿元和 8.04 亿元，均超过两位数增长。此外，保税区与意大利、荷兰、爱尔兰等国家的进出口额均超过 100 亿元，而且增幅均超过 20%。

三、产业经济

（一）贸易业

贸易业是保税区经济的主导产业，也是保税区经济总量和税收贡献的主要来源。2016 年外高桥保税区贸易企业积极落实制度创新和贸易便利化举措，依托保税区功能和综合服务优势，加强优化整合先进营销模式，充分发挥品牌效应、规模效应和集聚作用，克服了龙头企业“苹果电脑”的波动影响，促使贸易业商品销售额保持增长，完成 13246.81 亿元，比上年增长 3.5%，占保税区域商品销售总额 88.0%。

保税区重点贸易企业充分发挥先进营销模式优势，不断增强市场竞争力，促进营销规模持续扩大。据统计，2016年保税区销售额超过100亿元的贸易企业有13家，比上年增加2家，合计销售额5468.90亿元，比上年增长6.3%，占保税区商品销售额41.3%；销售额超过10亿元的贸易企业有187家，合计销售额10134.43亿元，比上年增长6.3%，占保税区商品销售额76.5%。

随着国内经济转型升级步伐的加快和居民消费层次的不断提升，国内市场对国外优质商品和亟需资源品的需求不断增加，保税区贸易企业充分发挥连接国内外两个市场的枢纽功能，积极拓展重点商品的营销渠道，使得对国内市场的销售规模保持在较高水平。据统计，2016年保税区贸易企业完成国内商品销售额10870.29亿元，比上年增长3.8%，占保税区商品销售额82.1%。

保税区贸易企业努力提升在跨国公司集团内部的地位，进一步加快“走出去”步伐，通过国际采购功能的培育，积极开拓亚太甚至全球市场，尤其是参与到“一带一路”沿线国家的市场开发，将国内优势产品销售分拨至国际市场，促使对外商品销售规模保持稳步增长。据统计，2016年保税区贸易企业完成对外商品销售额2376.52亿元，比上年增长2.0%，占保税区商品销售额17.9%。

内资贸易企业积极拓展金属、医药等原材料资源商品和部分特色商品的营销市场，销售额出现较快增长。据统计，2016年保税区内资贸易企业完成商品销售额831.99亿元，比上年增长19.6%，占保税区商品销售额6.3%，所占比重比上年提高0.9个百分点。内资贸易企业销售额超过10亿元的有12家，合计623.54亿元，比上年增长36.6%，占保税区内资企业商品销售额74.9%。

虽然受到全球经济低迷影响，保税区外资贸易企业的销售势头也有所波动，但外资贸易企业努力开拓市场、创新业务模式，确保了销售份额保持较大规模。据统计，2016年保税区外资贸易企业完成商品销售额12414.82亿元，比上年增长2.5%，占保税区商品销售额93.7%。保税区销售额超过百亿元的13家企业中有12家是外资贸易企业。

（二）航运物流业

航运物流产业是外高桥保税区主导产业之一。2016年保税区加快航运物流功能的拓展，不断创新物流业务模式，通过完善航运物流配套环境的软硬件建设，努力提升航运物流运作效率和联动发展水平，尽管受到个别重点企业波动影响，航运物流服务收入小幅回落，但仍保持一定规模。据统计，2016年外高桥保税区完成航运物流服务收入197.32亿元，比上年下降2.2%。其中：①航运服务产业完成收入186.86亿元，比上年增长1.0%，占保税区航运物流服务收入94.7%。包括专业货物运输代理等业务在内的航运专业服务业稳步增长，完成收入119.96亿元，比上年增长4.0%。包括仓储业务在内的港口经营与管理业业务有所波动，完成收入59.92亿元，比上年下降7.4%。包括培训、航运机械设备检测服务等业务在内的航运教育与科技业收入迅速增长，完成6.37亿元，比上年增长30.8%。②航运基础产业完成收入7.54亿元，比上年下降12.6%，由7家航运设备制造与维修企业所完成。③内陆运输业完成收入2.91亿元，比上年下降64.6%，占保税区航运物流服务收入1.5%。

（三）制造业

2016年，外高桥保税区制造业继续加快转型升级，积极促进先进制造业规模化发展，注重增强企业研发能力，引导企业不断增强经营融合能力，综合竞争力持续提高，产业实现规模和效益双提升。全年保税区128家规模以上工业企业完成工业产值646.43亿元，比上年增长16.7%，为5年来首次恢复增长。

在国家鼓励优先发展的十大高技术产

业化重点领域中，保税区涉及信息技术和高端设备制造等产业。2016 年保税区完成高技术产业产值 365.25 亿元，比上年增长 24.8%，占工业总产值比重从上年的 52.9% 提升至 58.6%。

四、功能培育

2016 年保税区总部经济企业依托政策和服务综合优势，积极整合订单销售、贸易结算、供应链集成、人力资源、资金统筹等更多的经营管理职能，充分利用自贸试验区改革创新试点功能措施，拓展业务统筹范围的广度和深度，不断提升自身在跨国公司集团内部的地位和作用，逐步成为集团在中国区乃至亚太地区的区域性管理总部，为保税区域经济发展带来经济贡献效应、产业聚集效应、产业关联效应等诸多外溢效应。据统计，2016 年保税区总部经济企业完成经营收入 8207.33 亿元，比上年增长 13.8%，占保税区企业经营收入 56.6%，所占比重比上年提升 5.0 个百分点；完成税务部门税收 219.90 亿元，比上年下降 2.5%，占保税区税务部门税收 45.2%；完成进出口额 4012.77 亿元，比上年增长 4.2%，占保税区进出口额 60.3%。

截至 2016 年底，成功加入外高桥保税市场会员单位的投资企业累计达到 9167 家。据统计，2016 年外高桥保税市场合计完成各类商品交易额 12488.43 亿元，比上年增长 9.0%。保税区三大综合性市场继续发挥综合服务优势，提升服务能级，拓展服务范围，优化服务模式，帮助会员单位扩大进口内销业务规模，促使交易额持续实现较快增长。据统计，2016 年三大综合性市场合计完成各类商品交易额 11721.43 亿元，比上年增长 8.6%，占保税市场交易总额 93.9%。其中，第一市场交易额规模大，完成 4844.22 亿元，比上年下降 4.9%；第二市场交易额完成 4397.71 亿元，比上年增长 18.0%；第三市场交易额完成 2479.50 亿元，比上年增长 25.5%。

2016 年外高桥港区在总体航线资源没有增加的背景下，继续发挥区位优势和口岸功能，深挖潜力，完善服务，进一步强化对长江、内河流域的辐射作用，促使港区货物吞吐量和集装箱吞吐量继续攀升。目前，外高桥港区 1—6 期共拥有泊位 24 个，已配备桥吊 80 台，码头总长度达到 5959 米，陆域面积达到 581 万平方米。2016 年外高桥港区停靠各类船舶 42029 艘次，比上年下降 3.5%，其中外籍货轮达到 9772 艘次，比上年增长 1.1%，占外港停靠船舶数量 23.3%；完成货物吞吐量 1.64 亿吨，比上年增长 0.3%，占上海港 23.4%，所占比重比上年提高 0.5 个百分点；集装箱吞吐量 1827.9 万标箱，比上年增长 0.6%，占上海港 49.2%。另据测算，外高桥港区“水水中转”箱量约占 45%；“国际中转”箱量约占 5%。

五、开发建设

外高桥保税区经过 20 余年的开发建设，前期的土地开发已经基本结束，园区建设较为成熟，市政配套设施建设基本完善，产业布局相对合理。2016 年，保税区加快重点工程项目建设，优化区域综合投资环境，促进产业功能升级，推进厂房、仓库改扩建以及进区企业生产设备改造更新，促使固定资产投资额出现快速增长，全年完成 26.29 亿元，比上年增长 21.0%。

截至 2016 年底，保税区已累计完成固定资产投资额 565.22 亿元，积极有效的财力投入为区域经济的持续产出奠定了良好的基础。

随着主体园区综合投资环境的渐趋完善，2016 年保税区的市政基础设施投资主要是少量道路项目，没有重大市政基础设施建设项目。全年保税区完成基础设施投资额

0.23 亿元，比上年增长 27.8%。

截至 2016 年底，保税区累计完成基础设施投资额 112.15 亿元，占保税区累计完成固定资产投资额 19.8%。

外高桥集团下属各开发公司继续推进拓展园区建设进程，完善综合环境配套设施的优化，确保厂房、仓库等产业用房供应保障的有效落实，投资额保持在一定规模，全年完成 6.75 亿元，占保税区固定资产投资额 25.7%。

固定资产投资额从项目性质上来分，建筑工程和设备购置投资额是保税区固定资产投资额主要组成部分。2016 年保税区建筑工程投资额完成 11.44 亿元，比上年下降 3.2%，占保税区固定资产投资额 43.5%。

2016 年在外高桥保税区开展投资建设的企业单位共有 22 家；施工项目 39 个；其中新开工项目 26 个；竣工项目 3 个。全年施工房屋建筑面积 104.38 万平方米，比上年增长 67.5%，其中新开工面积 60.39 万平方米，占 57.9%。施工面积超过 1 万平方米的项目共有 18 个，占施工项目 46.2%。全年完成竣工房屋建筑面积 20.03 万平方米，比上年增长 18.0%。竣工面积超过 1 万平方米的项目共有 3 个。截至 2016 年底，外高桥保税区已累计完成竣工房屋建筑面积 941.82 万平方米。

六、发展效益

企业从业人员数量基本稳定。随着外高桥产业体系的不断完善，投资企业转型升级进程加快，吸引了大量高学历、专业型人才聚集，投资企业从业人员综合素质稳步提高，为外高桥的发展奠定了良好的人力资源基础。据统计，2016 年末外高桥投资企业从业人员为 26.45 万人，其中中方人员 25.48 万人，比上年增长 0.2%，占外高桥从业人员 96.3%；外籍人员 0.97 万人，占 3.7%。

投资企业利润总额实现增长。面对全球经济缓慢复苏和国内经济调整升级，外高桥投资企业在制度创新、贸易便利化措施的持续推动下，进一步发挥规模效应和集聚作用，有效降低运作成本，充分挖掘新的业绩增长点，促使利润总额实现增长。据统计，2016 年外高桥投资企业共实现利润总额 516.14 亿元，比上年增长 7.6%。

各类税收收入继续保持超千亿级规模。外高桥保税区正处于区域经济迈向多元化发展的结构调整时期，虽然由于受到龙头企业经营规模波动的影响，区域整体产出效益略有下滑，但仍然保持千亿级税收规模，为国家和地方财力作出重要贡献。据统计，2016 年外高桥保税区共完成各类税收收入 1127.39 亿元，比上年下降 1.9%，其中形成的中央税收 924 亿元，占保税区各类税收收入 82.0%。

税务部门税收继续回落，受区域龙头企业业务规模波动影响，外高桥保税区税务部门税收整体下滑，全年完成 487.04 亿元，比上年下降 2.6%，占保税区各类税收收入 43.2%。但若剔除个别龙头企业波动因素，则外高桥其他企业税务部门税收呈现 4.5% 的增长。

海关部门税收小幅下滑，随着海关部门征税标准和外高桥保税区进口商品结构的调整，海关部门税收小幅下滑。2016 年外高桥海关部门税收完成 640.35 亿元，比上年下降 1.4%，占外高桥各类税收收入 56.8%，占上海关区海关部门税收入库总额 17.7%。在海关部门税收中，进口环节代征税完成 557.3 亿元，下降 2.2 %，占海关部门税收 87.0%；关税完成 83.0 亿元，增长 4.0 %，占海关部门税收 13.0%。

洋山保税港区

一、概　述

2016 年洋山保税港区围绕国际航运发展综合试验区的建设目标，进一步增强口岸枢纽功能，推进航运集疏运体系完善，加快国际航运中心建设；同时，大力推进国际采购与分拨配送、中转集拼、大宗商品、生鲜冷链、跨境电商、保税维修等新型功能发展，推动区域经济结构不断优化，产业能级进一步提升，经济总量稳步增长。据统计，2016 年洋山保税港区投资企业完成经营总收入 2789.88 亿元，比上年增长 7.8%；税务部门税收 163.88 亿元，增长 98.9%；进出口总额 761.68 亿元，增长 4.6%；年末企业从业人员 4.35 万人，增长 0.2%。

二、招商引资

2016 年洋山保税港区坚持功能招商、主题招商，加强政策解读与试点推广，加大稳商育商力度，引进了苏宁云商、沪东重机、中船重工舸杰等重点项目，但招商引资总量出现退潮。据统计，全年洋山保税港区新设企业 135 家，比上年下降 45.8%；吸引内资企业注册资本 50.99 亿元，下降 38.0%；外商投资额 15.8 亿美元，下降 58.9%，其中合同外资 11.57 亿美元。

2016 年洋山保税港区新设外资企业 32 家，下降 51.5%，占新设企业总数 23.7%；合同外资 11.57 亿美元，下降 34.6%，增资部分占合同资资的 89.4%。新设内资企业 103 家，比上年下降 43.7%，占新设企业总数 76.3%；吸引内资企业注册资本 51 亿元，下降 38%。

2016 年新设企业中，贸易类企业 58 家，比上年下降 38.9%，占新设企业总数 43%；物流类企业 24 家，下降 36.8%，占 17.8%，其中运输及货代类企业 22 家，下降 12%；服务类企业 50 家，下降 44.4%，占 37%。

截至 2016 年底，洋山保税港区现有注册企业 1957 家，注册资本 2379 亿元。从企业性质来看：内资企业 1651 家，占企业总数 84.4%；外资企业 306 家，占 15.6%。从行业分布来看：物流类企业 884 家，占企业总数 45.2%，其中仓储类企业 120 家，运输及货代类企业 764 家（包括 42 家从事海上运输的船运公司）；贸易类企业 610 家，占 31.2%；租赁和商业服务类企业 348 家，占 17.8%；科研和信息技术服务类企业 36 家，占 1.8%；信息传输、软件和信息技术服务类企业 30 家，占 1.5%；金融类企业 29 家，占 1.5%；建筑、房地产、餐饮等其他类企业 20 家，占 1.0%。

三、国际贸易

根据我国海关进出口贸易统计体系的规定，洋山保税港区的进出口总额是指注册在洋山保税港区的投资企业（海关代码 31166 开头）在全国各地的海关口岸所直接完成的进、出国境的货物总额。2016 年洋山保税港区进一步推进海关、检验检疫等部门改革试点措施的落地范围，加快亚太出口分拨功能的发展，努力克服大宗商品波动带来的影响，进出口总额止跌回升、恢复增长。据统计，2016 年洋山保税港区投资企业完成进出口总额761.68亿元，比上年增长4.6%。

从贸易方式上看：物流货物进出口额规模较大，完成656.04亿元，增长5.8%，占洋山保税港区进出口额86.1%，所占比重比上年提升0.9个百分点；一般贸易略有下降，完成102.46亿元，下降1.8%，占13.5%。

2016年洋山保税港区共有176家投资企业直接开展进出口业务活动，比上年增长11.4%，净增18家。其中以一般贸易方式和物流货物方式从事进出口业务的企业数量分别为122家和69家，分别比上年净增7家和4家。从进、出口业务来看，企业数量均比上年有明显增加：直接开展进口业务的企业有152家，净增9家；直接开展出口业务的企业有101家，净增8家。

进出口额超10亿元有15家，比上年净增1家，合计完成进出口额560.72亿元，增长15.9%，占洋山保税港区进出口额73.6%。其中上海洋山保税港区世天威物流有限公司进出口额178.66亿元，下降32.5%，占洋山保税港区进出口额23.5%，排名第一。此外，超5亿元的29家企业中有6家是新兴企业，净增进出口额61.32亿元。

2016年洋山保税港区从事进出口业务的内资企业数量较多，达到126家，合计进出口额344.42亿元，比上年增长38.1%，占45.2%。从事进出口业务的外资企业50家，合计进出口额417.01亿元，下降0.1%，占洋山保税港区进出口额54.8%。

2016年洋山保税港区投资企业共与世界各地的160个国家和地区发生进出口业务往来，比上年净减16个国家和地区。

从洲际区域来看，亚洲、拉丁美洲和欧洲仍是主要进出口业务往来区域。其中与亚洲进出口额完成269.19亿元，比上年增长30.1%，占洋山保税港区进出口额35.3%；与拉丁美洲进出口额183.78亿元，下降7.9%，占24.1%；与欧洲进出口额163.46亿元，下降9.5%，占21.5%。三者合计完成进出口额616.43亿元，增长5.0%，占80.9%。

从国家和地区来看，共有19个国家和地区进出口额超过10亿元，比上年净增3个国家和地区，合计进出口额609.38亿元，比上年增长7.7%，占洋山保税港区进出口额80.0%。进出口额位居前五位的国家和地区分别为：智利128.23亿元，下降12.6%；俄罗斯59.70亿元，下降19.1%；美国68.00亿元，下降6.7%；澳大利亚42.22亿元，增长83.6%；印度41.43亿元，下降14.2%。这5个国家合计进出口额339.57亿元，下降6.9%，占44.6%。与“一带一路”国家和地区中泰国、阿联酋、新加坡和印度尼西亚进出口额分别为30.47亿元、20.36亿元、14.76亿元和10.66亿元，增长85.3%、3.6倍、67.5%和48.4%。

2016年洋山保税港区进一步推进功能培育，优化进口商品结构，努力缓解大宗商品业务波动带来的影响，完成进口额443.62亿元，比上年下降5.9%，占洋山保税港区进出口额58.2%。

洋山物流企业依托区位优势和贸易便利化措施，积极发展手机、汽车零部件、玩具等出口分拨业务，促进出口额快速增长。2016年洋山保税港区完成出口额318.06亿元，比上年增长23.9%，占洋山保税港区进出口额比重从上年的35.3%提升到41.8%。

四、产业经济

洋山保税港区依托独特的地理位置和功能政策优势，深化落实自贸试验区改革创新举措，积极拓展国际采购及物流分拨配送中心功能，努力提升物流运作效率，跨境电商、全球维修检测等多元化产业模式逐步形成，特别是在大宗商品产业的有力推动下，区域经济保持稳步增长势头。据统计，2016年洋山保税港区投资企业完成经营总收入2789.88亿元，比上年增长7.8%。

洋山保税港区凭借独有的口岸和航线优

势，积极拓展大宗商品集散功能，通过“期货保税交割”“洋山铜溢价”“大宗商品现货市场”等功能的完善，吸引了众多国内外大宗商品交易商前来集聚，洋山已成为我国重要的大宗商品进出口物流中转集散地和贸易中心。2016 年洋山保税港区贸易企业完成商品销售额 1797.05 亿元，比上年增长 12.1%，占洋山经营总收入的 64.4%。

航运物流业是洋山保税港区的传统优势产业。2016 年洋山保税港区不断完善营商环境，积极推进物流分拨配送中心功能，虽然在国际航运市场波动的影响下，上半年航运物流业整体出现较大降幅，但自下半年开始逐月走出调整低谷呈现回升势头，全年航运物流服务收入比上年略有下降。2016 年洋山保税港区完成航运物流服务收入 963.52 亿元，比上年下降 1.0%，占洋山经营总收入 34.5%。

由于受到国际航运市场波动以及区内重点企业合并重组、迁移等影响，2016 年洋山保税港区港口运输业务收入完成 708.56 亿元，比上年下降 1.9%，占洋山航运物流服务收入 73.5%。其中：① 30 余家从事水上运输业务的船运企业完成收入 638.85 亿元，下降 2.9%，收入超亿元的企业有 22 家。其中收入超过 10 亿元的企业共 7 家，收入合计 594.82 亿元，占水上运输业务企业收入 61.6%；70 家港口内陆运输企业完成收入 69.70 亿元，增长 8.1%，收入超亿元的企业有 11 家。②航运服务企业收入稳步增长。全年洋山保税港区航运服务产业完成收入 254.96 亿元，比上年增长 1.6%，占洋山航运物流服务收入 26.5%。（包括码头公司、仓储业等业务在内的港口经营与管理业完成收入 189.27 亿元，增长 1.6%，其中 16 家企业收入均超 1 亿元。）

五、发展效益

洋山保税港区经济发展稳中向好，投资企业从业人员规模保持稳定。据统计，2016 年末洋山保税港区投资企业吸引从业人员达到 4.35 万人，与上年持平。从业人员超过 500 人的企业有 16 家，这 16 家企业从业人员合计达到 3.04 万人，占洋山投资企业从业人员 69.9%。

洋山保税港区产业多元化发展日益成熟，经济发展稳中向好，但受龙头企业异常波动影响，投资企业利润总额有所下降。据统计，2016 年洋山保税港区投资企业实现利润总额 59.77 亿元，比上年下降 30.8%，若剔除龙头企业波动因素，其他企业利润比上年增长 52.5%。

洋山保税港区在大宗商品贸易业务和航运物流业务的带动下，特别是在“免、抵”调增值税的拉动下，全年税收迅猛增长。据统计，2016 年洋山保税港区完成税务部门税收 163.88 亿元，比上年增长 98.9%（若不含“免、抵”调增值税则为 54.45 亿元，增长 15.0%）。

六、口岸功能

目前，洋山深水港 1—2 期的业务运作主要由上海盛东集装箱码头有限公司负责，包括 9 个 7 万～ 10 万吨级大型深水集装箱泊位，码头岸线 3000 米，堆场面积 140 万平方米；洋山深水港 3 期的业务主要由上海冠东集装箱码头有限公司负责，包括 7 个 7 万～ 15 万吨级大型深水集装箱泊位，码头岸线 2600 米，堆场面积 238 万平方米。

2016 年，洋山保税港区继续深化国际航运综合试验区建设，优化洋山航线配置及货源资源，推进海运国际中转集拼规模化运作，积极完善便捷高效的口岸通关环境，促使航运口岸枢纽功能进一步提升。

洋山深水港积极利用“区港合一”的区位优势和政策叠加优势，进一步发挥水水中转、国际中转的枢纽作用，促进集装箱吞吐量继续稳步提升。据统计，2016 年洋山保税港区完成集装箱吞吐量1561.6万标箱，比上年增长1.4%，占上海港集装箱量42.1%。其中，体现对国内经济腹地辐射服务作用的“水水中转”集装箱量804.8万标箱，增长5.4%，占洋山港箱量比重从上年的49.6%提升到51.5%；体现对国际市场中转功能的“国际中转”集装箱量167.4万标箱，增长12.6%，占洋山港箱量比重从上年的9.7%提升到10.7%。完成货物吞吐量14298.8万吨，增长3.8%，占上海港货物吞吐量20.4%（上海港货物吞吐量下降2.2%）。此外，全年洋山港国际干线集装箱进出港9119艘次，增长1.0%；国内航行船舶38216艘次，增长2.5%，其中内支线集装箱船9945艘次，下降11.2%。

洋山港积极参与上海国际贸易“单一窗口”“先进区、后报关”等各项贸易便利化创新举措的试点实施，在航运物流和口岸通关配套环境进一步完善，以及分拨配送等配套功能大力发展的推动下，口岸外贸进出口货值实现稳步增长，占全市比重超过四分之一。据统计，2016年全国各地的投资企业通过洋山外贸口岸完成进出口货值17373.6亿元，比上年增长0.8%，占上海口岸外贸进出口货物总值26.1%。其中口岸外贸出口货值12283.9亿元，增长0.6%，占上海口岸外贸出口货物总值31.3%；口岸外贸进口货值5089.8亿元，增长1.2%，占上海口岸外贸进口货物总值18.6%。

浦东机场综合保税区

一、概　述

2016 年，机场综保区围绕自贸试验区总体建设要求，以打造开放程度最高的区港一体化国际航空服务和现代商贸功能区为目标，积极推进符合企业需求的制度创新，不断巩固区域现有的功能板块，区域经济呈现快速增长态势。据统计，2016 年浦东机场综合保税区新设企业 95 家；投资企业完成经营总收入 94.23 亿元，比上年增长 82.8%；进出口总额 420.87 亿元，增长 7.7%；税务部门税收 14.28 亿元，增长 70.9%。

二、招商引资

虽然 2016 年机场综保区继续努力优化营商环境，完善企业服务，深化功能拓展，但是由于受到自贸试验区效应退潮和管理趋紧的影响，新设企业数和投资额依然出现较大幅度下降。据统计，全年机场综合保税区新设企业 95 家，比上年下降 74.9%；吸引内资企业注册资本 2.58 亿元，比上年下降 86.1%，外商投资额 26.8 亿美元，下降 65.6，其中合同外资 10.0 亿美元。

2016 年机场综保区新设内资企业 75 家，比上年下降 70.9%，占新设企业总数 78.9%；内资企业注册资本 2.6 亿元，下降 86.1%，其中上海联凝实业有限公司注册资本 0.8 亿元。新设外资企业 20 家，下降 83.5%，占新设企业总数 21.1%；外商投资额 26.8 亿美元，下降 65.6%，其中合同外资 10.0 亿美元，下降 81.3%。

截至 2016 年底，机场综保区现有注册企业 1117 家，注册资本 1096 亿元。其中：从企业性质来看：内资企业 866 家，占企业总数 77.5%；外资企业 251 家，占企业总数 22.5%。从行业分布来看：租赁和商业服务类企业 639 家，占企业总数 57.2%；贸易类企业 306 家，占 27.4%；物流类企业 110 家，占 9.8%；科学研究和技术服务 30 家，占 2.7%；信息传输、软件和信息技术业 14 家，占 1.3%；金融类企业 6 家，占 0.5 %；其他类企业 12 家，占 1.1%。

三、国际贸易

根据我国海关的进出口贸易统计体系的规定，机场综保区的进出口总额是指注册在机场综保区的投资企业（海关代码 31226 开头）在全国各地的海关口岸所直接完成进、出国境的货物总额。2016 年机场综保区继续深化海关、检疫检疫等部门创新政策的落地和叠加运用，通过试点运作向常态化运作、小规模发展向集聚化发展的转变，促使进出口额止跌回升。据统计，2016 年机场综保区投资企业完成进出口总额 420.87 亿元，比上年增长 7.7%。

从贸易方式上看：2016 年机场综保区物流货物进出口额占主要比重，完成 405.39 亿元，比上年增长 9.0%，占机场综保区进出口额 96.3%；加工贸易和一般贸易分别完成进出口额 9.25 亿元和 5.96 亿元，合计占 3.6%。

2016 年机场综保区直接开展进出口业务的投资企业有 63 家，增长 1.6%，净增 1 家。其中以物流货物方式开展进出口业务的企业为 40 家，比上年净减 11 家；而以一般贸易方式开展进出口业务的企业为 31 家，比上年净增 16 家。从进、出口业务来看，出口企业数量明显增加：机场综保区直接开展进口业务的企业有 57 家，比上年净减 5 家；直接开展出口业务的企业有 34 家，比上年净增 12 家。

进出口额超 10 亿元有 13 家企业，比上年净增 4 家，这 13 家企业合计完成进出口额 352.32 亿元，增长 50.7%，占机场综保区进出口额 83.7%。进出口额超过 1 亿元的企业 30 家，比上年下降 30.2%，净减 13 家。

2016 年机场综保区投资企业共与世界各地的 120 个国家和地区发生进出口贸易往来，比上年净增 30 个国家和地区。其中与亚洲进出口额 188.51 亿元，增长 19.1%，占机场综保区进出口额 44.8%；与欧洲进出口额 126.12 亿元，增长 43.6%，占 30.0%；与北美洲进出口额 89.5 亿元，下降 32.3%，占 21.3%。与这三大洲进出口额合计达到 404.12 亿元，增长 6.8%，占机场综保区进出口额 96.0%。此外，与非洲进出口额规模小，但增长快，完成 3.00 亿元，增长 2.3 倍。

从国家和地区上看，已有 8 个国家和地区进出口额超过 10 亿元，比上年净增 1 个国家和地区，合计 328.70 亿元，增长 6.0%，占机场综保区进出口额 78.1%。位居前三位的分别是美国 88.97 亿元、中国香港 82.09 亿元和德国 56.87 亿元，分别下降 31.9%、增长 27.8% 和 79.5%。此外，法国、新加坡和菲律宾进出口额也均超过 10 亿元，并且增长均在 20.0% 以上。

四、产业经济

随着新设企业不断投入经营，租赁服务、临空服务、现代商贸等业务加快发展，促使企业经营收入保持快速增长。据统计，2016 年机场综保区投资企业完成经营总收入 94.23 亿元，比上年增长 82.8%。

随着机场租赁服务业务创新模式的成熟运作，越来越多的租赁企业投入正式经营，集聚效应成效显著，租赁企业服务收入保持快速攀升，已经成为机场综保区企业经营收入完成的主体。全年租赁类企业完成服务收入达到 56.62 亿元，比上年增长 76.3%，占机场综保区经营总收入 60.1%，已经超过航运物流服务收入。

随着“先入区、后报关”等监管模式的创新以及区港一体化运作能力的进一步提升，物流业务保持较快发展。全年航运物流企业完成服务收入 39.72 元，比上年增长 23.9%，占机场综保区经营总收入 42.2%。

其他业务也在不断拓展。贸易企业的销售规模迅速扩大，完成 5.08 亿元，比上年增长 6.7 倍。

五、发展效益

随着机场综保区融资租赁产业持续快速发展，租赁资产规模不断扩大，促使经营效益保持高速增长。据统计，2016 年机场综保区投资企业实现利润总额 22.55 亿元，比上年增长 1.1 倍，有 30 家企业实现利润超过 1000 万元，比上年增加 15 家，合计利润总额 22.18 亿元，占机场综保区企业利润总额 98.4%。

机场综保区在企业经营效益迅速攀升，特别是租赁企业快速发展的带动下，税收产出效益迅猛增长。据统计，2016 年机场综保区完成税务部门税收 14.28 亿元，比上年增长 70.9%。

二、开发区、工业区

上海化学工业区

一、概　述

2016年，上海化工区践行创新、协调、绿色、开放、共享发展理念，主动适应经济发展新常态，坚持“稳中求进、重在求进”的总基调，坚定创新驱动发展，推进区域环境综合整治，主动对标世界一流，有序推进年初确定的各项重点工作，实现了“十三五”发展的良好开局。2016年园区实现销售收入1021.06亿元，完成工业总产值969.68亿元；完成固定资产投资62.09亿元，批准项目总投资7.43亿美元，万元产值能耗1.030吨标煤/万元，实现利润总额107.67亿元，上缴税金81.63亿元，超额完成年度目标。

截至2016年底，上海化工区引进了包括德国拜耳、巴斯夫、赢创、布登海姆、汉高，英国石油、璐彩特，美国亨斯迈、英威达、普莱克斯、3M、杜邦，西班牙西萨，法国苏伊士集团、法液空，日本三井化学、三菱瓦斯化学、昭和，荷兰孚宝，新加坡胜科等跨国公司和中石化华谊集团等国内大型化工骨干企业在区内投资建厂，累计批准项目总投资263.24亿美元，历年累计完成固定资产投资1343.04亿元。

2016年园区主要指标实现情况表

指标名称	2016年	2015年	比上年（%）
销售收入（亿元）	1021.06	948.72	7.6
工业总产值（亿元）	969.68	915.74	5.9
实到外资（亿美元）	1.88	1.25	50.4
（区内企业）进出口总值（亿美元）	28.27	28.33	-0.2

二、区域开发与建设

（一）推进实施杭州湾北岸石化区块一体化管理，加强环境综合整治

一是全面完成环境综合整治年度任务。2016年度，化工区共计实施区域环境综合整治任务51项，其中32项纳入《金山地区环境综合整治行动方案》内。一年来，化工区加快推进环境综合监管系统项目建设，园区5个在线自动大气监测站和7个点位特征污染物在线监测数据已完成接入园区环境污染监控平台；完成对区内35家企业污染排放情况排查，实现园区企业排污许可证发放全覆盖；完成化工区环境标准体系研究，为园区对标国际先进标准提供建议和决策依据。纳入市级环境综合整治任务的32项任务已经完成27项，占85%。通过综合治理工作，园区实现挥发性有机物减排30%的目标，区域环境质量明显改善。

二是深入研究完善杭州湾北岸石化区块一体化管理方案。结合各区块区位优势和产业基础，明确各产业区块互动互补的关系和发展重点，将“产品项目一体化、公用辅助一体化、物流传输一体化、环境保护一体化、管理服务一体化”的发展理念，延伸到各个产业区块，形成布局集中、产业集群、资源节约的产业发展总体思路。

三是精心编制园区发展“十三五”规划。围绕上海建设全球科创中心目标，找准自身工作定位，着力强化高端提质增效，坚守安全环保底线，坚持生态文明建设，培育协同创新功能，稳步推进智慧园区，实施产业带一体化管理，深入开展责任关怀，促进区域协同发展。在广泛听取区内企业、驻区管理单位、机关各处室、金山奉贤两区、市府有关委办局和相关企业意见建议的基础上，编制完成了上海化工区“十三五”发展规划。

四是积极探索区域联手监管方法与途径。以安全生产“三区联动联控”工作实体化运作为抓手，严把项目审批关，提高安全环保准入门槛，对能耗、环保、安全不达标的项目坚决执行“一票否决制”。根据《上海化工区产业准入负面清单·环境保护篇》、

10月26日，英威达公司位于化工区的尼龙6,6生产基地举行投产典礼

《上海市危化品禁止、限制和控制目录》（第三批）和《化工区危化品与危险化工工艺禁止、限制和控制目录》要求，统一区域危化品建设项目安全准入标准，启动第三方技术审查。适应上海杭州湾北岸石化区块一体化管理的新形势，组建上海化工区发展研究中心，为化工区的发展提供决策咨询服务。

（二）推进招商引资，挖潜增效，积聚发展后劲

一是努力实现经济运行优质高效。积极应对经济下行、化工产品市场复苏乏力局势，克服产品价格下降、企业检修停产等不利影响，主动服务企业，助推园区经济提质增效。

二是持续推进产业高端化布局。主动对接上海战略性新兴产业和“四新”经济发展总体思路，加快已批先进技术项目的落地，全球最先进技术的英威达公司一体化尼龙6,6生产项目成功试生产。科思创聚合物（中国）公司年产5万吨HDI扩产项目正式投入运营。同属该公司的、拥有世界先进生产技术和节能工艺的聚碳酸酯项目10月投产，产能从每年20万吨提高到40万吨，使上海化工区成为全球最大的聚碳酸酯树脂生产基地。

三是全力做好招商引资工作。全年园区共批准投资项目63个，其中外资项目51个，内资项目12个，共涉及投资7.43亿美元，超额完成全年招商目标任务。其中，西萨公司增资项目、赢创公司甲基丙烯酸酯装置优化项目均超过1亿美元。与沙特延布工业区签署合作备忘录，在产业发展、安全环保、责任关怀、人员培训等方面开展合作，拓展了国际合作的新渠道。

（三）补齐短板，精准发力，破解影响和制约园区发展的瓶颈问题

一是深化政府职能转变和管理服务创新。依托世界著名化工企业巴斯夫、科斯创、杜邦，开展“园区一体化与产品规划”“提升园区竞争力”“加强责任关怀”课题调研，召开第三届国际专家咨询会，紧盯国际发展趋势，借脑引智查摆短板。推进行政权力标准化建设，制定《上海化学工业区管理委员会关于进一步推进政府效能建设的实施意见》。厘清政府与市场、政府层级间的关系，制定《上海化学工业区管理单位和部门行政权力和责任清单》。提升园区城市管理水平，制定《上海化学工业区城市管理考核办法》，强化园区城管队伍的管理职责。

二是圆满完成G20安全与环境保障任务。成立化工区G20峰会空气质量保障指挥部，把峰会安保措施与区域环境综合整治、第三方安全环保巡检、企业年度停车大修计划有机结合。开展安全隐患专项整治活动，累计检查单位168家次，发现火灾隐患211处，下发责令立即改正通知书、责令限期改正通知书219份，对事故隐患实行“零容忍”。G20杭州峰会期间，化工区总体安全形势平稳可控、环境空气质量良好，未发生一起生产安全事故和环境异味上报事件，圆满完成园区安全与环境保障任务。

三是加快推进基础设施建设。区内道路大修工程有序推进，绿化升级改造工程启动实施。化三消防站工程已建成投用，园区封闭管理项目、医疗中心改扩建工程已正式开工。防护林提升改造工程在抓紧推进，为2018年全面完成奠定基础。

四是创新安全环保巡检模式。委托第三方专业机构开展园区安全环保巡检工作，重点针对企业安全生产、职业卫生、环保、消防、特种设备、承包商检维修作业和应急管理等七个方面进行分类和量化巡检。全年共巡检企业856家（次），整改率达到91%，工作逐步得到园区企业地理解、认可和积极配合，有效推动园区安全、环保隐患的排查治理。

五是强化政府工作任务目标管理。细化化工区政府工作任务分工，明确牵头单位和配合单位，每月及时向市政府报送任务推进情况。制定《落实市政府工作目标任务督查办法》，落实市政府工作目标任务督查工作。

六是着力推进智慧园区建设。贯彻《上海市推进智慧城市建设“十三五”规划》精神，启动智慧园区建设总体规划研究项目，编制完成《上海化学工业区智慧园区建设总体规划研究报告》《上海化学工业区智慧园区建设总体规划纲要（2016—2030》和《上海化学工业区推进智慧园区建设十三五行动计划（2016—2020）》。完成化工区网上政务大厅一期建设工作，基本实现与市规土局、市经信委、市安监局等部门的数据后台对接，构建网上服务与实体大厅服务、线上服务与线下服务相结合的一体化新型政府服务模式。应急响应中心以“智慧应急”为核心，以“大数据、物联网、云计算”为手段，完成应急管理指挥系统升级项目建设，构建与园区应急管理需求相匹配的综合应急管理信息平台。

（四）服务企业，沉下身子，提升园区精细化管理水平

一是推进供给侧结构改革。落实市政府《关于推进供给侧结构性改革，促进工业稳增长、调结构、促转型的实施意见》以及推进上海科创中心建设要求，鼓励区内企业利用高新技术、设备和工艺对生产线进行改造和升级，为园区三家企业申请2016年上海市产业转型升级发展专项扶持资金4536万元。落实挥发性有机物减排激励政策，为园区近20家企业申请市级财政激励资金773.5万元。主动服务区内企业，做好职工培训费财政补贴政策的宣传、培训工作，为40家企业申请财政补贴资金1845.5万元。海关驻化工区办事处积极帮助企业解决实际困难，为园区企业办理37份减免免税货物审核、减免税货值达1926.1万美元，为赛科公司办理30.42亿元消费税退税。

二是有效提升机关服务水平。提高建设项目审批效能，及时完成企业建设规划、建设等相关审批许可手续，确保入区项目顺利开工建设；提升园区统计和财政预算精细化管理水平，管委会2016年度获得上海市工业、能源和固定资产投资等各专业统计工作一等奖，获得市级财政主管部门预算管理A级单位评级，继续保持全市先进水平；开通“上海化工区”微信公众号，拓宽服务宣传渠道；公共事务中心加强园区建设工程质量管理，推行质量终身责任承诺制度；边检站加强出入境边防检查和口岸管理，构建跨部门口岸安全管控长效联动协作机制；海事驻化工区办事处积极优化园区水域水上交通环境，提升危险品液货船监管质量；检验检疫驻化工区办事处创新危化品监管模式，保障进出口商品有序通关；公安分局设立园区境外人员服务站，为境外人员提供出入境证件办理服务；化工区质监支队制定《化工区特种设备施工告知现场复核工作制度》，完善化工区特种设备“一站式”服务和归口管理。

三是不断提升安全监管能力。充分利用上海应用技术大学、上海工业自动化仪表研究院等高校科研资源，提升园区安全应急管理水平。深入推进道路交通违法大整治行动，交通秩序有效改观。推进微型消防站建设，建成微型消防站50家。举办中欧应急管理合作项目2016年全景式实战综合应急演练，得到了国务院应急办、国家行政学院、国家安全监管总局等上级机关和中欧应急管理专家的肯定。以“安全生产月”、安康杯竞赛活动为抓手，持续推进园区安全文化建设，管委会被评为全国“安全生产月”活动先进单位，受到国务院安委会办公室的通报表彰。2016年化工区没有发生亡人事故，上报生产安全事故较上年减少50%，园区的安全生产继续保持平稳可控态势。

四是切实体现依法治区理念。贯彻落实《上海市人民政府关于推行政府法律顾问制度的指导意见》，建立化工区法律顾问制度，聘请四维乐马律所、汉盛律所为化工区管委会法律顾问单位，发挥法律顾问在化工区制定重大行政决策、推进依法行政中的积极作用。制定出台《第三方巡检安全环保工作制度》《安全生产事故隐患排查治理规定》和

《安全生产举报奖励规定》等，进一步牢固树立法治理念，提高依法治理的水平。

五是协调优化码头罐区海关监管。沟通协调解决海关监管场所混放非监管货物问题，积极向海关总署反馈现实问题，提出修改相关条令，以整体解决园区液态化工品内外贸混存混放的需要。

（五）推进责任关怀工作，凝聚共识，促进园区发展成果共享

一是深入开展“公众开放日”活动。深化《上海化工区举办“公众开放日”活动的实施意见》，建立活动协调推进工作机制和22个“化工区公众开放日活动接待基地”，举办每月一次“公众开放日”活动，让来访公众实地贴近企业生产一线，回应公众所关心的问题，今年以来，近500位来自金山区、奉贤区的居民代表走进园区、走进企业，亲身体验园区面貌，感受化工对百姓日常生活的作用，增加周边百姓对化工区的认同感。

二是切实推进共建共享。深化“综合帮扶”工作，加大对周边经济薄弱村的帮扶力度，落实2016—2017年度帮扶资金，提前完成市委下达的五年综合帮扶工作。深入推进“双结对、好邻居”活动，进一步加强与漕泾镇、柘林镇的对接，扩大覆盖面。医疗中心深化爱心助医活动，助医门诊4475人次。

三是成立化工区企业协会，以化工区内企业需求为出发点，落实责任关怀、化工园区集聚发展等课题的调研，服务园区发展。召开协会责任关怀工作委员会理事会，组建协会责任关怀工作体系，完善组织架构。编制化工区责任关怀十三五专项规划，坚持从实际出发，扎实向前推进，力争成为全国领先的责任关怀示范园区，打造国际一流的责任关怀实践基地。

三、利用外资

2016年，化工区获批准外商投资项目7个，涉及投资3.88亿美元。

2016年利用外资情况表

吸引外资方式	批准外商投资项目		实到外资
	项目数（个）	总投资额（亿美元）	外资金额（万美元）
合计	7	3.88	18793.3
外商直接投资	7	3.88	18793.3
其中	7	3.88	18793.3
	—	—	—

2016外商直接投资生产型与非生产型（或产业）分布情况表

行业（或产业）	项目数		投资总额		实到外资	
	数量（个）	占比（%）	金额（亿美元）	占比（%）	金额（万美元）	占比（%）
合计	7	100	3.88	100	—	100
生产型项目	7	100	3.88	100	—	100
非生产型项目	—	—	—	—	—	—

2016年，上海化工区外商直接投资来自德国、法国、英国、西班牙4个国家和地区。

2016 年外商投资主要来源地情况表

国家和地区	项目数（个）	投资金额（万美元）
德　国	3	15160
法　国	1	3015
英　国	1	2677
西班牙	1	17928

四、对外贸易

2016 年，化工区企业出口货物总值 12.29 亿美元，比上年增长 1.4%。

2016 年园区内出口额排名前 7 位企业情况表

企业名称	出口额（万美元）	占比（%）	比上年（%）
科思创聚合物（中国）有限公司	58121	47.29	-0.20
赢创特种化学（上海）有限公司	20413	16.61	-0.09
三菱瓦斯化学工程塑料（上海）有限公司	15188	12.36	-31.49
巴斯夫化工有限公司	7983	6.50	49.10
汉高化学技术（上海）有限公司	5574	4.50	122.60
上海巴斯夫聚氨酯有限公司	4181	3.40	22.5 倍
舒弛容器（上海）有限公司	3894	3.20	-1.80

五、项目建设情况

（一）赢创有机硅表面活性剂项目于 3 月 22 日破土动工

该项目是赢创特种有机硅全球投资计划

赢创有机硅表面活性剂项目于 3 月 22 日在化工区破土动工

科思创公司新建世界级 HDI 工厂正式投入运营

的一部分，位于化工区 D3 地块的赢创多用户基地，总投资 5.4 亿元，计划 2017 年下半年投产，生产规模为 3.2 万吨 / 年，将以本地化生产更好地满足不断增长的市场需求。特种有机硅广泛应用于众多行业，聚氨酯生产泡沫稳定剂是其中最大用途之一，用于建筑工业的绝缘体、冰箱绝缘体以及汽车、家具、寝具制造材料，还在墨水、涂料、化妆品、日用品、家庭护理产品中有广泛应用。

（二）科思创公司新建世界级 HDI 工厂正式投入运营

7 月 7 日，科思创公司举行新建 HDI 工厂启动仪式，投入运营。新建 HDI 工厂是科思创在华超过 30 亿欧元分期投资项目的一部分。该项目年产量为 5 万吨，将主要满足亚洲市场对于高性能涂料和粘合剂产品的需求；采用最先进的生产技术，与传统工艺相比，可减少 HDI 生产中碳排放量 70%，实现环保、高效及更高安全性。

（三）10 月 26 日，英威达公司尼龙 6,6 生产基地举行投产典礼

该生产基地于 2014 年初动工建设。作为尼龙 6,6 生产销售的世界领先企业，英威达公司在该基地采用最先进的生产技术，实现本土供应，满足中国和亚洲客户不断增长的需求。尼龙 6,6 以耐高温、抗冲击、抗化学腐蚀和耐磨损等优异性能而著称，广泛应用于服饰和工业纺织品、安全气囊、地毯、涂层等领域。

上海市莘庄工业区

党工委书记、管委会常务副主任、人大工委主任、公司董事长　李建华

一、概　述

2016年，莘庄工业区坚持解放思想、改革创新，坚持转型发展、产城融合，紧紧围绕年度工作目标和各项重点工作，狠抓落实，攻坚克难，为"十三五"规划的开启奠定了较好的基础。全年共实现财政收入89.7亿元（不含免抵调），比上年增长7.3%。实现区级地方财政收入23.1亿元，比上年增长20.6%。实现工业总产值843.3亿元，比上年增长4.1%；完成增加值302.5亿元，比上年增长7.74%。其中，第二产业增加值205.2亿元，比上年增长4.07%，第三产业增加值97.3亿元，比上年增长16.39%。

2016年主要经济指标完成情况表

序号	项　目	2016年（亿元）	2015年（亿元）	比上年（%）
1	工业总产值	843.27	810.37	4.06
2	增加值	302.51	280.78	7.74
3	其中：工业增加值	204.07	196.11	4.06
4	其中：第三产业增加值	97.35	83.64	16.39
5	财政总收入（考核口径）	89.80	83.58	7.40

二、招商引资和科技创新

2016年，莘庄工业区招商引资继续提质保量。全年共吸引合同外资9530万美元，共引进63个外资批准项目（其中：新项目45个，增资项目11个、并购及迁入项目7个）。代表性项目有：上海阑途注册资本1077万美元，科莱恩（上海）注册资本1000万美元，上海实达增资3500万美元，山崎马扎克（中国）增资2200万美元。外资实际到位7388万美元，内资实现注册资本61.9亿元。个性化考核指标推进情况良好，全年已完成：新增跨国公司地区总部3家（科莱恩地区总部、华硕贸易总部、盛威科总部），国内总部1家（顺丰创新产业园项目）；新引进先进制造业项目12个；当年度新引进企业产税率占比达22.64%，其中3家纳税已超过100万元。

工业部南部科创中心建设步伐加快。完成军民融合产业基地揭牌和军民融合产业联盟揭牌，与储备项目单位积极接洽中。其中，711研究所船舶动力配套件生产及军民融合产业能力建设项目已通过"三委一局"评审并开始办理土地出让手续。推动3D打印产业研究院基地、人才实训基地、创新中心基

2016 年 12 月 23 日党工委书记李建华在莘庄工业区 2016 先进制造业招商说明会上

地、产业孵化基地“四位一体”增材制造（3D 打印）产业基地建设，加快实现功能建设和产业聚集。基地空间装修改造工程启动，年内引入相关企业和创业团队 5 家，截至年底，共有 7 家企业落户。春东路“四新基地”启动 IF• 如果文创园项目，通过“政府推动、企业运作”的模式，打造文化创意产业功能板块，已完成部分装修，成功引入 4 家企业，中国版权保护中心华东版权登记大厅签约落户。新增孵化企业 8 家，科技苗圃 6 项，新三板挂牌 7 家，股改 2 家，中小企业 IPO 申报 1 家，N 板挂牌 1 家。

三、区域开发与管理

2016 年，闵行区启动统筹区域经济发展工作，按照区政府部署，莘庄工业区作为全区 104 区块统筹开发和运营管理的重要平台，与浦江、马桥、颛桥三镇签订了合作开发框架协议，与相关镇、委办局加强对接，完成工作班子的搭建，并建立起日常工作沟通渠道。制定了具体实施方案和年度工作计划，并按照计划稳步推进统筹发展。全年共完成分园签约项目 8 个，其中浦江园有顺丰电商创新产业园项目等 2 个，马桥园有维凯新材料总部生产项目等 2 个，颛桥园有赢双电机生产及研发项目等 4 个。同时着手编制《莘庄工业区（马桥园、颛桥园、浦江园）产业发展策略研究和概念规划》，办理分园区工业地块的储备工作，并启动了相关配套建设和专项规划。

园区环境进一步提升。完成 9 条道路的绿化改造工程。完成（申学路—春德路）新建工程、银都路大修工程，断头路（鑫都路）打通项目开工，申南路（中春路—春西路）、中心路（光中路—申南路））道路改造开工，申北路综合改造工程启动。建立健全镇管 7 条段河道的“三清”常态化工作机制，六磊塘及老紫港河道整治完成总量的 85%。安装 46 个充电桩并通电使用。整治违法建筑 241177 平方米，在全区率先完成“五违”整治目标。顺利通过国家生态工业示范园区复查评估，完成“质量、环境与职业健康安全”三大管理体系换证。工业区西区被认定为上海市智慧科创生产性服务业功能区。

社会建设进一步加强。园区 19 个小区全部成立业委会。全面梳理和培育社区自治团队 113 个，力推现有 15 家社区社会组织

12 月 23 日闵行区副区长、莘庄工业区管理委员会主任吴斌在莘庄工业区 2016 先进制造业招商说明会上

参与小区公共事务和公益事业。调解人民矛盾纠纷 124 件，调处成功率 100%。成功调处劳动争议案件 109 件，涉及金额 1399 万余元。23 个小区全部实现“无群租小区”。完成 7 个民生实事项目：发放各类补助、帮困等民生福祉超 1000 万元；投入老年人民生和福利经费近 290 万元；新增就业岗位 1724 个，完成职业技能培训 3680 人，开办各类职业技能和学历继续教育培训班 23 个；建成鑫泽阳光 • 邻里中心并运营，为居民和周边企业提供服务；辖区申莘小学和鑫都小学成为闵行区实验小学教育联盟成员学校；

12 月 23 日闵行区委常委、统战部部长李红珍，闵行区副区长、莘庄工业区管理委员会主任吴斌，莘庄工业区党工委书记、莘庄工业区经济技术发展有限公司董事长李建华，莘庄工业区党工委副书记、莘庄工业区经济技术发展有限公司总经理韩永强在莘庄工业区 2016 先进制造业招商说明会上

各类文体活动获区级以上荣誉和奖项 20 个。

四、软环境建设

工业区基层党建形成特色。全年共有 4 家优秀基层党组织、13 名先进个人，得到市、区级表彰。筑牢“三服务、三经常、三座桥”党建模式，打造形成区域党建、社区党建、“两新”党建三建融合，激发党建工作新活力。区域化党建向纵深发展：区域化联席会议成员单位新增 3 家，共 28 家；党建联盟园区、厂区、社区、院区、校区、营区六域成片；社区共建以 10 个居民区党组织为核心，居委、物业、业委会、社会组织和企业等共同参加，形成联动机制；区域化党建推进一年，通过 30 个党建项目推进和落实，现已形成了“三三制六板块”模式；居民区党建依托党建引领，一手抓队伍建设和管理，逐步让优秀年轻干部成为社区管理的中坚力量。工业区发挥党建在引领“创全”、“田园模式”、共治与自治、公共文化、业委会建设等社会治理中的作用，建立起居民区评议制度并试行。在党建中做实“三座桥”工作模式，通过“双 C 之约”“亨特讲坛”等党建项目，使党组织在企业和社会中发挥更大的作用。

上海闵行经济技术开发区

一、概　况

2016 年，是上海闵行经济技术开发区（以下简称闵行开发区）成立 30 周年，开发区在闵虹集团的统一部署下，组织开展了纪念闵行开发成立 30 周年职工有奖征文与摄像比赛活动，以及在临港滴水湖举办的 8.29 公里职工健康走活动；在《新民晚报》夜光杯“十日谈”栏目连续刊登开发区老领导、资深员工与普通员工等撰写的开发区故事文章，进一步宣传闵行开发区的美誉度；于闵行开发区批准日即 8 月 29 日在上海扬子会议中心举办“城市更新背景下的开发区转型升级与创新发展”高峰论坛，邀请知名学者、嘉宾就宏观经济趋势、产业经济发展、开发区转型升级与创新发展等内容做主题演讲，谋划开发区未来的发展道路等。闵行开发区积极适应国家供给侧结构性改革的有关要求，全面融入上海科技创新中心建设，按照上海地产集团“城市更新平台建设”战略，进一步凭借先进制造业产业基础较好的优势，不断延伸产业链、做长价值链，积极吸引研发、设计、销售、企业总部等机构落户园区，大力推进二三产业融合发展，进一步促进开发区产业结构优化升级与转型发展。2016 年根据国家商务部要求与部署，完成开发区综合发展水平考核评价数据上报并获商务部认可；与天津开发区等国家级开发区共同发起成立“国家级经开区绿色发展联盟”，成为联盟理事单位，进一步深化绿色生态园区建设。年内，开发区实现销售收入 570 亿元、企业利润 54 亿元、上缴税收 41.8 亿元，三项经济数据同比去年增减幅分别为 1.25%、-6.29%、-6.13%。2016 年，面对全球制造业不景气和国内经济下行压力大的宏观经济背景，闵行开发区仍保持了园区经济稳定，未发生经济指标大起大落现象。

为纪念闵行开发区成立 30 周年，2016 年 8 月 29 日，由闵虹集团、中国开发区协会、解放日报社共同主办的“城市更新背景下的开发区转型升级与创新发展”高峰论坛举办

闵行开发区 2016 年度主要经济指标

指标名称	2016 年（亿元）	2015 年（亿元）	比上年（%）
销售收入	570.0	563.0	1.25
企业利润	54.0	57.7	-6.29
上缴税收	41.8	44.6	-6.13

二、提升园区产业能级

2016 年，闵行开发区通过园区已经存在的三菱电梯、强生、施贵宝、西门子、ABB、圣戈班等 10 余个核心企业和企业集群吸引上下游配套企业和更多的研发中心、企业区域总部等项目入驻园区，进一步促进闵行开发区的转型发展。随着艾仕得、亨斯迈、圣戈班、强生、米其林等一批具有国际先进水平的研发机构相继入驻园区，闵行开发区已逐步站上产业价值链“微笑曲线”高端。闵行开发区按照“上海科创 22 条”精神，在闵虹集团的统一部署下，积极参与“零号湾—全球创新创业集聚区”项目建设，以此为契机进一步开拓园区创新发展的思路、观念和实现路径，致力于通过市场手段回购产业低端、能级低的园区企业厂房，释放土地资源价值，为创新企业提供理想的环境空间，设想将“零号湾”内一批自主创新企业落户闵行开发区，实现产业承接。利用各级政府对“四新”经济企业的扶持相关政策，促进闵行开发区生物医药、新材料等产业相关研发中心、工业设计、培训、再制造等生产性服务业发展，推动园区创新技术的产业链向服务和营销两端延伸，实现园区创新能级的不断提升。

2016 年 11 月 2 日，“中国制造 · 智造上海”上海先进制造业投资推介会在上海举行，推介会上，与强生（中国）有限公司签署《强生亚洲地区科创产业聚集基地项目协议书》，助力强生集团打造其全球第二大科创中心

三、招商引资

2016年，闵行开发区扎实推进招商项目落地。“艾仕得（AXALTA）研发中心”一期项目主体建筑施工完成；“艾仕得（AXALTA）研发中心”二期项目预留土地协议正式签署，并已交付使用。“德国工业智造4.0”一宝华压缩机项目签约落户闵行开发区，并正式投产运营。宝华公司专注于各种压缩机的生产，是压缩机制造领域的领导者。亨斯迈上海园区在闵行开发区落成，该园区用地总面积达4.1816万平方米，包含亨斯迈亚太区行政办公室，亚太地区技术中心，以及聚氨酯事业部闵行系统工厂，共可容纳超过600名员工。与强生（中国）有限公司签署《强生亚洲地区科创产业聚集基地项目协议书》，助力强生集团打造其全球第二大科创中心。引进交大实验室孵化项目——上海态昌基因科技有限公司等。推进园区存量企业的产能扩大项目。为强生集团等园区企业新生产线的投产做好环保指标、产证、规划等方面的协调服务。其中仅强生集团“李施德林”新生产线2018年投产后，当年产值将达18亿元，2020年产值预计到达25亿元。2016年，闵行开发区引进外资705.26万美元，其中法雷奥雨刮器公司净增外资620.26万美元，宝华海恩斯压缩机公司实到外资85万美元。

四、区域开发与建设

主要有以下几项：

一是深化绿色生态园区建设。2016年8月，闵行开发区与天津开发区等共同发起成立“国家级经开区绿色发展联盟”，成为联盟理事单位。经过商务部严格筛选，闵行开发区因其在绿色发展方面的突出表现，成为了联盟发起单位。年内，闵行开发区开展园区VOCs有机废气治理工作，协助园区企业完成治理方案编制并通过专家评审。积极开展场地本底环境调查工作。依托专业机构力量，编制完成《闵行开发区环境跟踪影响评价报告》，并上报国家环保部。同时，继续发挥闵行开发区“环境共建组织”的作用，邀请上海环科院专家对园区企业作节能技术培训宣讲，持续推进园区节能减排工作。为亨斯迈公司等13家园区企业的改扩建项目

2016年11月16日，亨斯迈上海园区在闵行开发区落成

2016 年 8 月 19 日，国家级经济技术开发区绿色发展联盟理事单位及专家委员会联席会议在天津开发区召开，闵行开发区成为联盟发起单位（图中左起第三位为闵虹集团副总经理兼闵联公司董事长方菁菁）

提供环评等方面的协调服务。

二是做好基础设施移交善后工作。自 2015 年与闵行区政府签订园区基础设施移交协议后，2016 年分别与闵行区水务、市政、绿化市容等部门签署了“道路移交”“排水设施移交”等协议。同时，本着对园区企业负责的态度，闵行开发区继续做好移交过渡期的服务工作，履行企业社会责任。

三是依托“园区 EHS 网络工作会议”平台，有效指导园区企业按政府部门要求开展安全生产工作。从贯彻落实市委一号课题“补城市管理短板”与支持闵行区创建全国文明城区的高度，配合政府部门在园区开展“打非拆违”工作，积极督促违建的园区企业主动拆违，共完成 22975 平方米拆违工作，完成率 100%。继续加强园区防台防汛工作，强化值守，做好向园区企业发布预警信息与抢险物资储备等各项应急响应工作。

四是在市商务委的授权范围内，全年完成了 11 家园区企业的变更经营范围、股权转让、章程修改等事项的审批。为强生集团“李施德林”漱口水生产线等项目提供政府审批方面的协调服务，并获得企业好评和赠送的锦旗。与开发区海关、检验检疫等政府部门联合召开了政策宣讲会。在制造业不景气的大环境下，收集、汇总开发区企业需要政府部门支持的各项诉求，向闵行区人大和政府相关部门反映等。

五是完成开发区综评数据上报。根据商务部《国家级经济技术开发区综合发展水平考核评价办法的通知》（商资函［2016］192 号），2016 年商务部对国家级开发区的综评工作，体现出以下特点：即整个指标体系为新设体系，首次运用，其中新的指标有 37 项；第一次对考核结果有明确后果，即连续二次排名在后 5 位的开发区要面临“摘牌”；三是从指标体系出台到上报只有短短 2 个月的时间。在此形势下，闵行开发区在闵虹集团开发区综评工作领导小组与工作小组的领导下，克服时间紧、任务重等各种困难，在政府部门与第三方咨询机构的支持下，完成商务部文件设定的各项考核指标体系数据的上报工作，并使数据经得起推敲，确保所填报数据顺利取得商务部的认可。

上海漕河泾新兴技术开发区

一、概　述

董事长、党委副书记、
总经理　桂恩亮

2016年，在经济下行压力加大的外部环境下，漕河泾开发区面对园区转型与公司自身转型升级的严峻挑战，细化目标，落实措施，逆势而上，多项关键指标稳步攀升。开发区产业结构持续优化，行业布局更加均衡，重点行业发展稳定，项目引进平稳。

2016年，漕河泾开发区地区营业收入2933亿元，比上年上升13.2%。其中，二产收入800亿元，上升1.2%，三产收入2133亿元，上升18.7%；生产总值（GDP）991亿元，比上年上升13.5%，其中第三产业增加值完成811亿元，上升17.2%；工业总产值626亿元，利润总额276亿元；进出口总额84亿美元，其中：进口总额35亿美元，出口总额49亿美元；税收总额超过104亿元，比上年上升9%。

2016年漕河泾开发区蝉联上海市明星软件园（领先型）称号，获认定为“知识产权服务业”四新基地，获认定为市级服务业创新发展示范区。在全市开发区综合评价体系排名中，被评为中型园区综合发展指数第一名。

总部园二期外景

二、完善招商机制 招商引资取得明显成效

2016年，面对严峻的外部挑战和竞争，漕河泾开发区不断创新招商模式，努力拓展招商引资渠道，平衡空置率，坚持“大招商”，切实抓好税收落地，招商引资工作取得了新的突破。

年内新引进了一批世界500强和细分领域领军企业，如美国力博特投资新设地区总部，注册资本4.4亿美元、世界500强韩国LG集团设生活健康中国研发中心、全球媒体及娱乐行业技术领导者法国特艺集团、美国棒约翰总部、财富500强贝塔斯曼下属企业浦胜信息等。在关注“大块头”的同时不忘“小老虎”，陆续引入了葡萄维度科技、车轮网、挂号网、天矶科技、维坤智能、昊翔科技等“四新经济”“互联网+”企业。

2016年的建设项目总数为17个，总施工面积52.8万平方米。其中，前期设计项目科技绿洲四期，桂平路700号进展顺利，基本完成施工图设计；新开工项目1个，即集聚区商贸区，开工面积32.1万平方米；竣工项目1个，即科汇大厦，竣工面积5.7万平方米；续建工程3个，续建面积15万平方米；还完成了宝石园孵化器、国际孵化联合体等项目的改造装修，推动园区形态转型升级。新研大楼获得美国能源与环境设计先锋奖（LEED）金奖认证。

三、聚焦科创中心建设 服务体系格局加速成型

漕河泾开发区立足科创中心重要承载区建设，积极实施《漕河泾开发区加快建设上海科创中心重要承载区行动方案》。按照“国际化、专业化、市场化、标准化”要求，各大服务板块由“铺摊子”转向“打造重点模块”，进一步提升了开发区核心竞争能力和服务水平。

载体建设方面，成立“漕河泾众创联盟”，创业中心、COCOSPACE、优客工场、创嘉站、启创中国（腾讯创业基地）等10余家众创空间成为联盟首批成员单位。创营·科技绿洲和创营·宝石园投入运营；与国内外知名孵化器和科技园Founders Space、Fishburners、DEMO SPACE、IUIA、德国黑森州等打造联合孵化空间；在硅谷成功举办2016创新中国硅谷峰会。谷歌中国开发者社区、微软创投加速器等国际众创空间项目相继进驻漕河泾开发区。

项目培育方面，创业中心孵化基地共有482家企业（项目），新引进207家企业（或项目），毕业企业13家。同时，注重项目成果转化，做强知识产权服务。建设上海市知识产权交易中心，编制完成《上海漕河泾国家知识产权服务业集聚发展示范区实施方案》。开发区2016年全年新申请专利3364件，发明专利2345件、发明授权1038件。

投融资方面，成立1000万元天使投资基金；与IDG、复旦-SBI、东兴投资等知名海内外投资机构沟通磋商，拟新成立漕河泾科技创新投资基金。融资平台合作银行增加到3家，授信额度达3.01亿元。开发区全年28家企业完成上市或挂牌，目前区内共有各类上市（挂牌）企业111家。

氛围营造方面，在科创嘉年华活动期间，集中开展TEDx沙龙、海外创业大赛、TMT专场创业大赛、中国500强企业需求发布会、海外招聘会美食节、音乐节等52场平行活动，来自全球10个国家和地区的400个创业团队的跨界精英和创业者参与，浓厚开发区创新创业氛围。

第五编

企业与企业家

2017

上海商贸年鉴

企业与企业家

每个企业在发展壮大中都有许多成功经验和挫折教训，每个企业家也都有自己的艰苦奋斗史。为此，自《上海商务年鉴》2013版起，“企业与企业家”栏目陆续刊文介绍为上海经济发展作出贡献的知名企业和自强创新的优秀企业家。文章可以写企业，也可以介绍企业家，或者将二者结合起来写。我们希望读者能通过字里行间，了解这些企业和企业家创业的甜酸苦辣，学习他们的成功经验，汲取他们的挫折教训，共同为创建党的十八大描绘的全面建成小康社会、加快推进社会主义现代化的宏伟蓝图而努力。

新鲜 便宜 舒适 便利

——康成投资（中国）有限公司的经营理念

康成投资（中国）有限公司董事长 黄明端

一、公司概况

康成投资（中国）有限公司（英文名称：CONCORD INVESTMENT(CHINA) CO.,LTD. 简称康成投资），是2005年3月4日经国家商务部批准成立的外商投资性公司，2009年12月21日经上海市商务委员会认定为“跨国公司地区总部”，是上海市外商投资企业协会副会长级会员单位。目前公司注册资本为24788.6996万美元。

“大润发”是源自中国台湾的会员制大型连锁综合超市，主要经营生鲜食品、各类副食品、日用杂品、家用纺织、文化体育用品和五金家电等，商品达3万多种。依靠开发自有商品、源头采购等降低商品售价的方

大润发超市外景

法，成功在大陆拓展超市业务。“大润发”以最直接、最生活化的方式为消费者服务，集聚优秀的经营管理人才，运用现代化营运系统，快速在国内展店。

“康成投资”作为“大润发”大型综合连锁超市的投资母体，旨在依法在国家允许外商投资的领域进行投资，并对在中国境内所投资企业进行统一管理和协调，对资金、人才、物流、设备、技术和信息等资源做到物尽其用，实现企业各环节的统筹管理，提高整体经济效益。

二、经营理念

1. 新鲜

质量是产品好坏的标准，新鲜是好质量的保证。大润发独特的经营策略是，一律采用高品质的优良食品；蔬果每日产地直达；水产每日由渔港新鲜送达；冷藏肉品每日新鲜处理；熟食和烘焙采用大师傅制度，持续不断地研发新口味、新商品，当天制作、当天销售。

2. 便宜

每日针对日常所需商品（敏感性商品）进行价格市调，坚持提供低于一般市价的好价格。

实行严格的管理体制，根据营业额、库存、费用及运转情况在坚持上述条款的原则下进行机动的调整管理。

强化采购优势，推动源头采购制度——直接到商品最源头的制造者、种植者采购，省去中间商、经销商的环节及差价，让商品“便宜再便宜”。为确保货源的稳定和品质，肉品、蔬果、米等生鲜大宗，尽可能地直接与农民、渔民契作、契养。透过制度化的“包山、包海、包场和包养”采购策略和“低进低出”策略，想尽办法替顾客找到最便宜的货源。

3. 舒适

卖场整洁、明亮，使顾客拥有愉悦的心情休闲购物。

干净舒适的休息休憩区，让顾客在轻松愉快的气氛下，享受美食。

4. 便利

全年无休：营业时间从早上 7 时至晚上 10 时，全年无休服务。

服务台咨询服务：免费申请会员卡；广播寻人；电话卡销售；大型行李寄放；婴儿车、轮椅出借及咨询服务等。

试衣、修改服务：卖场提供免费修改长裤裤长，1 小时可完成修改。

托运安装服务：卖场提供大型商品托运及安装服务，费用低廉。

代客生鲜处理：卖场免费提供诸多生鲜处理。

自动价格查询机：卖场各区域设有自动价格查询机，为顾客购物带来方便。

免费停车场：每家店备有大型停车场免费提供消费顾客车辆停放。让顾客好停、好走、好方便。

三、经营状况

截至 2017 年 4 月 24 日，“大润发”在国内已有 369 家大型综合超市，门店遍布我国华东、华北、东北、华中、华南五大区域，员工总数超过 10 万人，每天为 300 多万人次顾客提供服务。2016 年营业收入超过人民币 900 亿元，已连续多年在中国外资商业连锁企业排名第一。

四、业内殊荣

2015 年上海外资纳税总额百强企业；

2015 年上海外资收入百强企业；

2014 年获上海连锁经营协会的连锁经

大润发超市内顾客在选购商品

营 20 年“杰出创新奖”；

2013 年列闸北区区级税收“十强”企业；

2011 年列上海市外商投资先进企业“双优”、“双百强”企业之“创利税前 20 名非生产型企业”；

2011 年外资零售业营业额位居全国第一，平均单店营业额居全国第一；

2010 年外资零售业营业额位居全国第一，平均单店营业额居全国第一；

2009 年至今，供应商满意度调查报告，大润发均排名第一；

连续多年被评为上海市非生产型优秀企业。

五、企业愿景

展望未来，大润发愿与越来越多的合作伙伴携手前行，共创“多赢”佳绩！

佛吉亚·智行合一

一、走进佛吉亚

佛吉亚是全球技术领先的汽车零部件供应商，致力于为汽车制造厂商提供高质量的创新产品、技术解决方案和服务，推动全球各地汽车产业的发展。佛吉亚有三大核心业务部门，分别是汽车座椅系统、汽车内饰系统、绿动智行系统。截至 2016 年，佛吉亚在全球范围内拥有 98700 名员工，业务遍及 35 个国家，拥有 300 家工厂和 30 处研发中心。2016 年，佛吉亚集团全年营业利润达 9.7 亿欧元，增长 17%；净利润达 6.38 亿欧元，增长 72%。

佛吉亚汽车座椅系统在创新的道路上不断前行，为驾乘人员提供更优质、更舒适的座椅。除了拥有一套从骨架、机构件、面套到电动及启动系统的完整汽车座椅产品线之外，佛吉亚还生产包括前座和后座在内的汽车整椅，以满足客户的即时需求。未来，在确保安全性的前提下，佛吉亚将开发出智能座椅调整、舒适度自定义及其他各种新功能、新特性，让车上生活成为一种更加健康和舒适的出行体验。

作为业界顶尖的汽车内饰供应商，佛吉亚汽车内饰系统致力于打造舒适、互联、个性化的车内移动空间。佛吉亚研发和生产汽车仪表板和中央控制台、驾驶舱成品、车门面板和模块、内饰声学产品和模块、车内装饰灯，兼具观赏性与高性能，将未来移动生活与驾乘人员需求无缝结合以适应自动驾驶条件下的不同情景。

佛吉亚绿动智行系统（前排放控制技术系统）在乘用和商用型交通工具排放控制领域拥有全球市场领先地位。除了专注排放系统和部件的研发及生产外，佛吉亚绿动智行系统正在三大关键领域——轻量化、排放控制及能源再利用，不断创新技术，以确保交通工具尾气排放符合更加严格的环保标准，为保护生态环境做出贡献，同时提升燃油经济性。

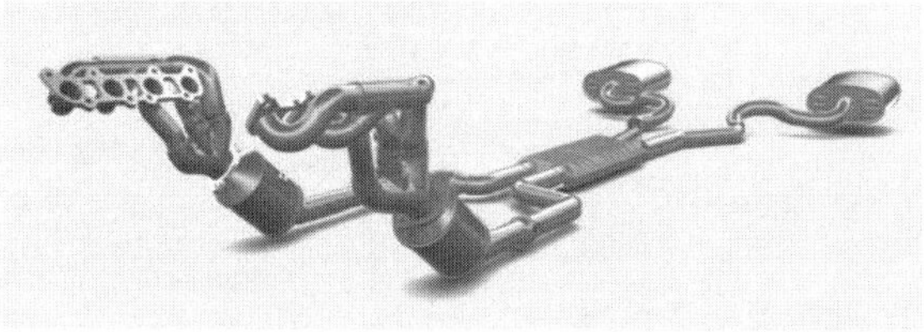

二、创新—助力美好出行

作为全球汽车零部件领域的领导者，佛吉亚不断突破传统技术和商业模式，推陈出新，在变革中获得源源动力，引领未来出行趋势。聚焦未来汽车互联化、智能化和可持续发展的需求，佛吉亚通过“智享车上生活”和“创赢绿动未来”两大创新解决方案，助力美好出行，帮助人们实现智行合一。

智享车上生活

车上互联和自动驾驶将从根本上颠覆未来的车上体验，佛吉亚正专注于为新的汽车使用重新设计驾驶体验，重点集中在互联性、多功能性和预测性等方面。

互联性：运用智能人机交互及集成电子学，强化人、车与外部世界之间的互联性。

适应性：帮助驾乘人员适应不同的驾乘情景，重点关注安全性、幸福感与舒适度。

预测性：通过感应器和大数据，帮助未来座舱进行学习，自动预测每位驾乘人员的需求与状态，不断优化车上体验。

创赢绿动未来

空气质量已经成为城市生活的主要问题，各种法规不断提高对燃油经济性和空气质量的需求。佛吉亚正在积极推动以轻量化技术、减少汽油和柴油发动机排放以及能量回收为主的创新解决方案，打造更清洁和环保的交通工具。

能量回收：将原本浪费的能量回收转化为热能或者电能，从而提升燃油经济性。

轻量化技术：以复合材料和生物材料的运用为主，结合系统设计与结构的优化，实现车辆减重。

减少排放：通过有效手段，减少二氧化碳与颗粒物、氮氧化物等污染物的排放。

三、中国足迹

中国是佛吉亚全球布局中最重要及最具战略意义的市场之一。伴随着中国汽车行业迅猛发展的 20 年，佛吉亚始终坚持将全球最领先的技术和产品带到中国，并贴合中国消费者的需求在中国进行研发，与中国市场共同成长。

截至 2016 年，佛吉亚在中国共拥有 44 家工厂，遍布中国市场的六大主要汽车产区，员工总计超过 16000 名。在中国，佛吉亚拥有 4 个研发中心，1000 名研发工程师和技术人员，为集团在中国及全球的技术创新提供支持。

四、聚焦价值创造

作为佛吉亚发展的基石，“同在佛吉亚”

这一聚焦价值创造的企业文化理念已在全球范围内落地推广，旨在使佛吉亚的机构和企业文化适用于更广泛的义务范畴，以促进集团未来的持续发展。在这一企业文化精神感召之下，佛吉亚人作为志愿者投身各种公益活动，在凝聚团队力量的同时创造企业公民价值，形成企业与社会之间的良性循环。

总部地址：佛吉亚（中国）投资有限公司

上海市闵行区莘庄工业区元江路 3438 号

电话：021 6057 6666

网址: www.faurecia.com & www.faurecia.cn

第六编

专　集

现代服务业集聚区
国内外有影响的展览会
商贸协会选登
商贸法律法规

一、现代服务业集聚区

漕河泾高新科技产业服务区

徐汇区漕河泾高新科技产业服务区，是上海市率先启动的集聚区项目之一。位于漕河泾开发区中心区域，东起虹梅路中环线，南沿漕宝路，西至古美路，北临宜山路，总占地面积约23万平方米，总建设规模约85万平方米，规划投资额约43亿元。集聚区按照国际化、高科技、生态型的标准，定位于总部经济、研发设计、创新孵化、综合服务“四个平台”的功能目标，满足企业对于技术服务、科技中介服务、商务配套服务等日益增长的需求，与高新技术产业形成互为促进、互相融合、互动发展的新格局。

漕河泾高新科技产业服务区毗邻中环线、轨道交通9号线与12号线，周边有89路、131路、927路、804路、809路、700路、757路等公交线路与轨道交通换乘，交通非

常便利。

漕河泾高新科技产业服务区拥有比较完善的道路、供电、供水、通讯等基础设施配套。特别是信息基础设施建设比较突出，引入各大电信营运商及上海互联网络交换中心入驻园区，建成数据中心、技术中心、通信网络中心，形成了上海信息管网系统和上海电信通信管网系统，是上海重要的通信和网络营运中心之一。集聚区已建成以千兆为主干、高速接入互联网的园区光纤网络，光纤可接入所有企业，实现公共区域 WiFi 无线覆盖。

漕河泾高新科技产业服务区的规划设计充分融入“人与自然和谐共生”的理念，主要有以下特色：

充分应用节能环保新技术。结合会议中心地下空间建设，设计了区域控制中心、能源中心及共同沟系统，充分应用环保、节能、新材料及 VAV 空调系统、冰蓄冷技术、雨水收集利用、低温送风节能系统、变风量空调系统等技术，断热型材、低辐射中空玻璃门窗系统、外墙保温系统及 LED 节能灯，具体现了环保节能、统一规划、可持续发展的开发理念。服务区获得 LEED 认证，集聚区总部区六幢高层办公楼中，3 幢楼获 LEED 金奖，3 幢获银奖。

体现“以人为本”的交通设计理念，注重地下空间的合理开发。充分利用地下空间，密切联系轨道交通 12 号线和漕宝路高架的规划设计。地下两层为步行系统，地面为车行系统，实现人车分流，同时，地下停车库使用动态停车诱导系统，实现智能信息化。注重生态环境的精心营造，将地下、地面、地上空间连成整体，充分利用绿化生态，形成优美的环境景观，新建绿化采用智能灌溉系统。

服务区重点引进高附加值服务业企业，聚集跨国公司、地区总部、国际服务品牌的项目。服务区产业结构由原来的电子信息、新材料、生物医药、航空航天四大产业已发展形成“一五一”产业集群体系，即电子信息支柱产业、新材料、生物医药、航空航天和正在形成中的汽车研发配套、环保新能源五大重点产业，以及现代服务业支撑产业。

漕河泾高新科技产业服务区以发展现代服务业为原则，大力拓展服务业的发展空间，着力引进和培育高附加值服务业企业，聚焦跨国公司、地区总部、国际服务品牌的项目，聚焦具有引领、推动上海经济发展的服务机构，已成为上海现代服务业的“国际窗口”和示范区之一。服务区入驻中外企业共 100 余家，入驻率超过 90%，吸引了众多中外企业的地区总部及研发设计中心入驻，其中，全球 500 强企业 8 家。

江湾—五角场科教商务区

江湾—五角场科教商务区，功能定位是以知识创新区公共活动为特色，融商业、金融、办公、文化体育、科技研发及居住为一体的综合性市级公共活动中心，以科教为特色的现代服务业集聚区、繁荣繁华为标志的市级商业中心、三区融合、联动发展的示范性区域。规划面积 3.11 平方千米。规划范围北至殷高路，东至民京路、国京路、政立路、国和路一线，西至国定路、政立路、南至国定路。

商务区南部商业商务区规划面积 0.96 平方千米，中部创智天地规划面积 0.86 平方千米，北部知识商务中心规划面积 1.29 平方千米。规划开发总量约 500 万平方米，其中地下空间为 100 万平方米，地面建筑 400 万平方米。至“十一五”末，共建成项目总建筑面积达 127.5 万平方米（地上面积 91.6 万平方米、地下面积 35.9 万平方米），

占规划建设总量的25.5%。其中商业面积42.9万平方米，商务面积38.1万平方米。

商务配套：大型商场有万达商业广场、百联又一城、巴黎春天、东方商厦、大西洋百货、食品一店、苏宁旗舰店、沃尔玛超市等，高级酒店有复旦皇冠假日酒店、华美达大酒店、财大豪生大酒店、蓝天宾馆等，休闲娱乐场所有万达影院、百联放映厅、真冰溜冰场、一兆韦德健身会所、好乐迪、大歌星KTV等。

餐饮服务：大中型酒店数十家，如小南国、新南华、梅园村、鹭鹭酒家、星辰酒店、骏莱渔港、鼎海半岛大酒店、顺风大酒店等。

文化教育：知名大学有复旦大学、同济大学、财经大学、第二军医大学、南京政治学院上海校区等，重点中学有复旦附中、复旦二附中、少云中学、同济中学等。

医疗保健：长海医院、东方肝胆医院、新华医院、肺科医院、市东医院、五角场卫生服务中心等

金融机构：交通银行五角场支行、中国银行国定路支行、中国银行国宾路支行、上海银行杨浦支行营业部、农商银行杨浦支行营业部、上海大学生科技创业基金会、杨浦区中小企业信用担保中心等。

交通配套：商务区坐拥中环线及内环线，轨道交通10号线穿过区内，另有30多条公交线路可直达人民广场、陆家嘴、张江高科技园区、浦东机场，室内停车位有近4000个。

至“十一五”末，集聚区内共有企业数近2500户，从业人员1.6万人以上。五角场商业圈及东方购物营业收入分别达37.41亿元和41.87亿元。五角场商圈完成区级地方税4.20亿元，同比增长34.9%，创智天地完成区级地方税3221万元，同比增长45.1%，东方购物完成区级地方税2106万元。年度税收亿元楼宇数量为3幢。

嘉定新城上市企业总部集聚商务区

上海市嘉定新城上市企业总部集聚商务区，位于嘉定新城中心区域内，南至双单路、东至横沥河、北至天祝路、西至合作路。嘉定新城上市企业总部集聚商务区建设，融汇

国际环保低碳发展理念、采用个性鲜明的街区式规划和布局，划分上市企业总部商务区、上市企业总部配套区、上市企业孵化区等三大功能组团。同时，组团之间有序衔接、互为表里，营建了可供互相补充、彼此渗透的园区组织架构。商务区聚焦产业政策、人才政策、水平政策、管理政策，吸引需要的产业、人才、项目、机制，推动嘉定产业新发展；聚焦大项目的引进集聚，提升科技产业基地能级，进一步加强产学研合作；注重汽车龙头企业的引领性发展，全面延伸汽车产业链；进一步集聚文化信息产业；结合嘉定新城建设，着力打造上海商业副中心；围绕上海金融副中心发展目标，推动企业上市，推进新型金融服务和产品发展，吸引和鼓励股权投资企业发展，打造资本市场的嘉定板块。

上市企业总部商务区：规划面积 62.5 公顷，东至裕民南路、南至双单路、西至永盛路、北至伊宁路，建筑面积约 113 万平方米。以金融、贸易等现代服务业为发展重点，其中，商务区内含的中央景观能源区，以广泛应用节能环保技术，提高能源利用率，采用热电冷联供系统、蓄能系统、地表水地源热泵系统、土壤地源热泵系统等国际前沿科技，为入驻企业提供低碳环保的生态办公环境。

上市企业总部配套区：规划面积 54.3 公顷，东至横沥河、南至双单路、西至裕民南路、北至伊宁路，建筑面积约 94 万平方米。以配套人才公寓、学校、邻里中心、餐饮场所、文体中心、会议中心、星级商务酒店等业态为主，旨在为上市企业总部商务区以及金融、证券、中介、投行为主的第三产业的发展提供各项配套服务，着力打造上海金融副中心。

上市企业孵化区：规划面积 20 公顷，东至永盛路、南至伊宁路、西至合作路、北至天祝路。区域专为优秀企业迅速成长、跨越升级而设，是优秀企业的登峰跳板与上市的摇篮，主要计划引进著名的金融证券机构、商务咨询公司、会计事务所等中介机构。

商务区内基础建设、金融服务、商业配套、餐饮宾馆、文化娱乐、教育服务一应俱全，更具特色的是该商务区打造以文化创意产业为特色的现代服务业集聚区。由上海文汇新民报业集团投资建设的文新传媒谷项目，位于商务区东北角地块，占地 2.33 公顷，建筑体量 7 万平方米。文新传媒谷项目将发挥产业集聚优势，定位为公共型、功能型、服务型的传媒产业集聚区，为全球传媒和其他文化、信息单位提供服务。

七宝生态商务区

闵行区七宝生态商务区位于虹桥综合交通枢纽东南角，东至外环线，南至漕宝路，西至横沥港，北至航南路，总用地125.89公顷，由中心商务区及闵行文化公园“一区一园”两大板块组成。

商务区为七宝生态商务区的核心区域，东至规划新镇路，南至漕宝路，西至横沥港，北至吴中路，占地41.05公顷。商务区共9个规划地块，可出让净地25.64公顷，地上建筑面积82.48万平方米。文化公园东至外环线，南至漕宝路，西至规划新镇路，北至航南路，总用地84.84公顷。地上建筑面积5万平方米，主要用于文化项目。

“一区一园”以“文化”“生态”“国际”为主要功能定位：商务区将打造成为以文化创意产业为特色的国际化生态商务园区，以文化地景、商务社区、低碳标准为三大理念；公园以文化、公益为主题，在强调生态绿地功能的同时，兼顾历史文化底蕴和现代城市风貌。

七宝商务区在空间布局上形成四条轴线：南北活力绿色主轴、吴中路宽辐绿化轴、中央景观轴以及新龙路林荫大道。

由上海世纪出版集团投资建设的世纪出版产业园项目，位于商务区西北角地块，占地2.33公顷，建筑体量8.97万平方米。世纪出版产业园项目本着开放性、包容性和创意性的设计理念，构建国际性的出版产业的汇聚中心。

商务区将重点引进二类目标企业：一是主要来自新闻服务、出版发行和版权服务、文化用品销售、文化娱乐服务、网络文化服务五大细分产业的文化创意类企业；二是销售、营运总部类企业。

公园板块以文化为主题，融入历史文化、海派文化、时尚文化等文化元素，体现文化

项目、文化活动和文化符号。在“一区一园”和建筑上体现文化形态，在展示内容、雕塑、桥梁等细节上体现文化内涵，形成标志性城市文化综合体。公园空间布局为大绿地、大树林、大湖泊。

截至 2016 年，商务区四条规划道路已建成，绿化景观已开工建设。预计 2017 年底前，商务区内基础建设全部建成，建设中的宝龙、世纪项目全部建成，区域内土地全部出让并开工建设。分四期建设的公园，一期（近吴中路 20 公顷）、二期（近漕宝路 20 公顷）已竣工迎客，三期（东部西大门综合工程）已于 2016 年建成，四期将于 2017 年底建成。

西虹桥商贸商务集聚区

青浦区西虹桥商贸商务集聚区地处长三角、长江流域、乃至全国交通的核心枢纽位置。集聚区范围为东起规划小涞港、西至 G15 沈海高速公路、南起徐泾港、北至北青公路，整体规划面积约 822 公顷，规划建筑总面积达 860 万平方米。其中核心区为商务部和上海市的部市合作项目中国博览中心及配套区地块。

西虹桥商贸商务集聚区以会展服务业、流通服务业、总部经济、现代金融服务业及创意产业为五大主导产业。其中会展服务业着重发展综合性和专业性会展、会展中介服务及会展基础设施建设，流通服务业以发展采购交易、高端商业和贸易平台为重点，总部经济发展则侧重于贸易组织机构和贸易营运型企业总部，现代金融服务业以支付结算和投融资服务为主要方向，创意产业则以文化创意、电子商务、互联网经济为侧重点。

结合西虹桥商务区“以会展为中心、以商务为主、商业为辅”的发展战略，西虹桥商贸商务集聚区“十二五”期间产业总体布局定位于“一核，两区”。其中“一核”为国家会展中心以及配套产业集聚区，“两区”为西部总部基地与商贸金融服务集聚区和北部蟠龙文化休闲与创意产业集聚区。

国家会展中心以及配套产业集聚区，依托国家商务部、上海市部市合作的国家大型会展项目，重点发展以大型国家级国际综合性会展为主导，专业型会展为基础的会展服务业；同时，在周边积极发展会展配套相关产业，如酒店、宾馆、高端办公与商业等。重点打造成为与国际会展中心城市地位相匹配的大型综合性国家会展之都，具有较大国际影响力的国际会展区。

西部总部基地和现代金融服务业集聚区，一方面，依托国家会展项目落地，集聚国家商务部下属贸易职能机构、WTO 贸易职能机构、行业协会、会展中介组织。另一方面，重点引进世界 500 强企业的亚太区总部、大中华地区总部、功能性总部机构，以及长三角和国内知名企业总部经济，构建特色总部经济园区，提升区域国际化水平及价值链整合和控制能力，与虹桥商务区核心功能区联合打造成上海西部地区增长极。

同时，积极发展现代金融服务业，导入高端金融培训、担保、第三方支付、第三方结算、金融服务外包、贸易金融链、VC、PE 等金融服务产业业态，构建高端现代金融服务业的集聚区。

北部蟠龙文化休闲与创意产业集聚区：以蟠龙古镇区为主题，构建蟠龙文化休闲商业区，为西虹桥区域提供文化休闲支撑。双联路以北区域，以生产性服务业发展模式，主要发展以电子商务、互联网经济、商业设计等为主导的创意产业，形成独具特色的西虹桥创意产业园。

西虹桥商贸商务集聚区内各项基础配套条件成熟，已实现“七通一平”。交通方面具有三纵四横的路网体系，并规划建设三条轨道交通。区域绿化面积广阔、河道密布，具有良好的生态环境。

集聚区周边已形成三个优质居住功能区，拥有德法学校、蒙特梭利幼儿园、西华国际学校、上海美国学校、英国国际学校等较为成熟的国际教育资源和上海国家会计学院等高等院校；集聚区周边还具有家乐福、百安居等生活配套商业和相关医疗配套资源。

陈家镇现代服务业集聚区

陈家镇现代服务业集聚区，位于崇明区东滩陈家镇内，规划占地面积 845 公顷。集聚区分“论坛岛区、综合商务区”两大区域，其四至范围为：东至团旺路、西至中滨路、南至东滩大道、北至裕鸿路。论坛岛区是集聚区的核心区域，用地面积 200 公顷，主要包括论坛岛和中央景观湖。其中中央景观湖面积为 150 公顷，论坛岛占地约 50 公顷。综合商务区用地面积约 645 公顷。除河道、道路、湖泊等市政配套外，集聚区可出让用地面积约 393 公顷。其中“十二五”期间重点推进集聚区国际论坛商务区南部约 210 公顷的上海智慧岛数据产业园区的建设，并已启动开工。

陈家镇现代服务业集聚区的产业功能战略定位为科技研发、创意产业、数字软件、

会议会展、商务办公、总部经济、养生养老、休闲度假、生态居住等。在"十二五"期间，致力于将集聚区打造成为东滩陈家镇现代服务业与生产性服务业的核心产业园，成为现代生态城经济发展的基础与支柱。

陈家镇"三纵四横"交通主干道，已先后建设通车，3 条次干道、4 条环路和水、电、气、通讯等配套设施都在同步跟进中。

集聚区已经成功招商引进以下几大项目并在建设中：

养生养老项目：占地面积共 1 平方千米，分别由太平洋保险、泰康人寿保险、中信华东集团三家进行开发、建设和营运。

国家电网培训中心：占地面积约为 23.73 公顷（以控制编制为准），已和电力部门谈妥合作意向，已启动土地收储工作。

葛洲坝新能源科技创意总部社区：占地面积约为 15.13 公顷，已签订合作协议，启动土地收储工作。

论坛岛会展中心，已与优孚控股、银泰和巨人集团签订合作框架协议。

陈家镇现代服务业集聚区除崇明生态岛税收等一般性企业优惠奖励政策外，还具有得天独厚的三大优势：

一是政策优势，陈家镇是全国重点建设城镇、上海市"一城九镇"和市郊发展改革试点城镇，及崇明生态岛建设重点地区，享有一定的政策扶持。

二是交通区位优势，陈家镇是沪陕高速公路 G40 起点、长江隧桥崇明登陆口和 R19 轨道交通的终点，距市中心 45 千米，浦东机场 38 千米。

三是环境资源优势，陈家镇东滩湿地面积约 300 平方千米，气候温和，年平均空气优良率达 92.4%。

赵巷商业商务区

赵巷商业商务区位于青浦区东部，是上海连接江浙两省的重要节点，距上海城市中心人民广场 25 千米，距上海虹桥机场仅 10 千米，南端紧靠国家级旅游基地佘山北麓，往西直达淀山湖风景区仅 20 多千米，区域内设有轨交 17 号线嘉松中路站点（在建中）。

赵巷商业商务区于 2003 年 11 月正式启动开发建设，规划区总用地面积为 334.4 公顷（约合 5016 亩）。

近年来，赵巷商业商务区成功吸引一大批长三角地区高端消费者，已成为"休闲、旅游、购物"的知名品牌，先发效应凸显，区域商业价值不断提升。

目前赵巷商业商务区已有落户项目 7 个（奥特莱斯、吉盛伟邦、珠江创展、元祖梦世界、熊猫豪车会、新华联—奥莱湾和漕河泾赵巷园区），其中已开业运营项目 3 个（奥特莱斯、吉盛伟邦和珠江创展—米格天地），在建项目 4 个（珠江创展—中区酒店、元祖梦世界、熊猫豪车会和新华联—奥莱湾），待建项目 1 个（漕河泾赵巷园区），商业运营总量约 75 万平方米，近千个商铺。

区域将充分发挥赵巷区位、交通、产业、生态等综合优势，以发展现代服务业为核心，完善现代商贸、专业会展、总部经济、文化娱乐、休闲旅游等主体功能，体现商业、商务、旅游的融合联动，集中集聚建设高品质、现代化的购物中心、商务楼宇、星级酒店和大型综合商贸设施，形成空间布局合理、功能配套完善、交通组织科学、建筑形态新颖、生态环境协调，充分体现以人为本，具有较强服务产业集群功能的区域。2015 年被评为"上海特色商业街"称号。

一、已建项目

奥特莱斯品牌直销广场

奥特莱斯品牌直销广场由百联集团投

资运作，位于嘉松中路5555号，占地面积11.53公顷，建筑面积11万平方米，目前入驻商铺数385家，品牌总数为604个。2014年、2015年和2016年连续超过北京燕莎奥莱，位居全国奥莱销售榜首。

吉盛伟邦国际家具村

吉盛伟邦国际家具村作为吉盛伟邦集团总部所在地，由吉盛伟邦和绿地集团共同投资建成。项目位于嘉松中路5369号，占地面积26.67公顷，建筑面积45万平方米，一期总面积20万平方米，二期总面积25万平方米。目前已拥有580家品牌旗舰店，十三大家居主题馆，涵盖了家具、家饰、灯饰等“全程体验一站式”的购物体验中心。

珠江国际中心西区米格天地

珠江国际中心由广东珠江集团投资建成，地块面积18.93公顷，规划总建筑面积60万平方米。项目整体由西区的大型商业旗舰米格天地，中区悦公馆、凯悦酒店和LOFT办公楼群及东区时尚产业展示中心组成，集商业、商务办公、酒店、会展、商贸于一体。

米格天地位于嘉松中路5999号，2013年1月正式营业，占地面积12.27公顷，建筑面积15万平方米，目前入驻商铺总数为188个。

二、在建项目

珠江国际中心中区

珠江国际中心中区分为二期，借助承启周边区域、赵巷商务区的区位优势和国家会展的延展性需求，定位为自住、商务办公、四星酒店的商务配套。其中，一期悦公馆为6栋公寓式办公楼群，建筑面积为75768平方米。 二期由2栋LOFT办公楼与凯悦酒店组成，总体建筑面积达13.7万平方米，其中酒店面积约3万平方米，计划2017年10月对外营业。

元祖梦世界

元祖“梦世界”项目由全国知名的烘焙食品厂商元祖公司主导投资建设，坐落于G50赵巷出口嘉松中路交界。项目投资16亿元。项目地块面积4.2公顷，建筑面积15万平方米，预计2018年竣工。

熊猫豪车会

熊猫“豪车会”项目由熊猫集团主导投资建设，坐落于嘉松中路与沪青平公路路口。项目投资6亿元，占地面积2.87公顷，建筑总面积9.4万平方米，是一个定位独特的汽车集中展示与销售为主题的广场、企业总部大楼及商务办公楼项目，计划2017年项目建成并投入使用。

新华联房产地块

本项目地块建设用地面积45241.9平方米，地上总建筑面积67862.85平方米，总套数673套。本项目住宅设计以多层住宅为主，配合适量12F小高层，项目计划2017年底结构封顶。

三、待建项目

漕河泾赵巷园区一期

漕河泾开发区赵巷园区由漕河泾开发区和赵巷镇共同投资建设，漕河泾开发区占总投资的70%，赵巷镇占总投资的30%，总投资约100亿元。项目规划面积约33.07公顷，紧邻轨道交通17号线嘉松中路站南北两侧，地理位置优越。该项目一期计划今年6月建造施工围墙与报审总体设计，年内完成桩基工程招标并施工。

二、国内外有影响的展览会

第二十六届华东进出口商品交易会

由上海市、江苏省、浙江省、安徽省、福建省、江西省、山东省、南京市、宁波市 9 省市联合主办的 2016 第二十六届华东进出口商品交易会于 3 月 1—5 日在上海新国际博览中心举行。华交会被誉为外贸“新春第一展”，是中国规模最大、客商最多、辐射面最广、成交额最高的区域性国际经贸盛会。本届华交会租用上海新国际博览中心 10 个展馆，展览面积 11.5 万平方米，设标准展位 5480 个，有 3153 家企业参展，其中境外参展企业、跨境电商等 353 家。分别来自美国、英国、日本、韩国、马来西亚和中国香港等 15 个国家和地区。吸引来自 114 个国家和地区的境外采购商 2.15 万人，比上届增长 1.2%。但成交额未随之上升，参展的 3000 多家企业实现出口成交额 23.1 亿美元，比上届下降 9.97%。

本届展会打破原有展览格局，以华交会为品牌，将轻纺、家居、礼品等相关展区改为专业主题展，同时在主题展的框架下细分专业展区，形成以展品类别为导向的展位划分方式，最大程度方便买家洽谈采购。

2016 年华交会首次设立“跨境电商展区”，

第二十六届华东进出口商品交易会现场

邀请跨境电商平台、物流、支付、第三方服务等企业参展，与华交会现场 3000 多家境内外供应商及现场专业采购商零距离接触，在开展传统外贸的同时，帮助企业增加商机。

为加强“展”与“会”的融合，本届展会还安排加工贸易、合作等多种经济贸易洽谈，举办以“传统外贸的互联网进化”为主题的跨境电商系列主题论坛，以及 2016 各国（地区）商协会合作论坛等。

在华交会现场看到，跨境电商、中韩中澳自贸协定、“一带一路”、进口高新科技产品、出口非洲新市场成为新的亮点。上海、杭州、宁波等地区跨境电商组团参展，现场气氛热烈，正逐渐成为外贸新的增长点。

第十八届中国国际工业博览会

由国家工信部、国家发改委、商务部、科技部、中国科学院、中国工程院、中国贸促会、联合国工业发展组织和上海市政府等共同主办的第十八届中国国际工业博览会于2016年11月1—5日在上海国家会展中心举行。

在中国制造业转型升级的背景下，本届中国工博会的主题是“创新、智能、绿色”，将坚持“专业化、国际化、市场化、品牌化”办展方向，聚焦前沿热点领域，设置数控机床与金属加工、工业自动化、机器人、新能源与电力电工、信息与通信技术应用、节能环保技术与设备、节能与新能源汽车和科技创新等8个专业展区。共吸引境内外专业观众15.02万人次，较上届增长13.78%，其中海外观众人次增长10.9%

第十八届中国国际工业博览会在上海开幕

本届工博会展品亮点纷呈，荣获本届工博会特别荣誉金奖的天宫二号空间实验室广受好评，我国自主研发的兆芯开光ZX-C系列处理器备受关注，还有助力中国制造由大变强的微电子设备、大疆无人机、新能源汽车、船舶与海洋工程装备等展品悉数亮相。

展会期间，机器人展区人气爆棚，展区面积较上届扩大将近一倍，双臂协作机器人、轻载复合机器人、ABB人机协作等展品大放异彩。还有不少智能机器人展示各自“绝活”：摆臂转圈、跳劲舞、写书法、画国画、舞龙等。聚集制造业智能化升级，生动演绎国内外工业互联网愿景。

本届工博会首次召开创新与新兴产业发展国际会议（IEID），中外院士和著名企业家等就具有颠覆性的新兴产业方向和政策等方面进行开放式交流。在2016国际机器人检测认证高峰论坛上，国家有关部门向社会公布“中国机器人认证（CR）”标志，同时颁发首批中国机器人产品认证证书。

本届工博会期间首次召开了投资推介会，签约了总投资413亿元的4个项目。

第十五届中国（上海）国际跨国采购大会

由商务部和上海市人民政府共同主办、上海跨国采购中心有限公司承办的第十五届中国（上海）国际跨国采购大会于2016年9月27—29日在上海跨国采购会展中心举行。本届跨采大会的会场面积1.3万平方米，共有447个标准展位，邀请了国内外235家展商设展。参展采购商包括通用电气、ABB百利通、博世、IBM、德国大众、德国联邦铁路等世界500强企业。另有德国联邦物流协会组织的德国企业、联合国开发计划署、联合国粮食计划署、世界卫生组织、联合国

第十五届中国（上海）国际跨国采购大会

工业发展组织、联合国难民署、中国联合国采购促进会参展采购。

本届展会共设 5 个展区，分别为“国际工业零部件采购商展区”“联合国机构采购展区”“金属加工及工业制造展区”“智能制造展区”及“供应链服务商展区”。

本届跨采大会充分发挥在采购商资源的优势，帮助更多中国企业不出国门，就能找到优质的采购商和贸易机会。主要亮点如下：

欧洲采购商参展数量创新高，有 70 个展位，共有 42 家德国采购商设展。欧洲采购商展区的企业与中国制造 2025 的重点领域息息相关，涉及的行业主要有先进轨道交通装备、节能与新能源汽车、农机装备和新材料等，如采埃孚、欧博耐尔、斯泰必鲁斯等。

大会承办方与德国工业科技研究院合作首次设立了智能制造展示区，向中国企业现场展示德国智能制造的概念、技术、设备、软件等前瞻技术，并通过举办一系列的论坛、研讨会、技术交流会等促进中德两国制造企业在智能制造领域的交流和学习。

大会承办方联合德国联邦采购物流协会 (BME) 推出采购服务，结合双方的平台和资源，为 BME 的会员企业提供全年采购信息服务。同时利用 BME 在采购领域的专业知识和技能合作开展中国供应商培训服务。

展会期间举办的“2016 中国（上海）国际跨国采购论坛”，以“智能制造趋势下的全球供应链变革与发展”为主题，将采购供应链的变革与工业智能制造的发展趋势相结合，并融入“中国制造 2025”战略和“德国工业 4.0 战略”的内容。

论坛邀请了来自德国先进工业科技研究院、德国大众、IBM、博世等知名公司和协会的 7 位演讲嘉宾就“智能制造”和随之带来的全球采购供应链变革趋势下未来中国企业在全球供应链体系中的机遇和挑战进行研讨和分享。

本届跨采大会期间，承办方与德国联邦采购物流协会合作主办“第 11 届 BME 工业采购周”活动，并与联合国采购促进会及 5 家联合国机构举办联合国采购研讨会，与中国供应商分享联合国采购的机遇。大会期间共有 10 场专业采购与供应链管理论坛和研讨会。

第四届中国（上海）国际技术进出口交易会

由商务部、科技部、国家知识产权局和上海市政府共同举办的第四届中国（上海）国际技术进出口交易会（“上交会”）于 2016 年 4 月 21—23 日在上海世博展览馆成功举办。为期 3 天的上交会是我国首个集技术展示和交易服务为一体的国家级、国际性、专业性的展会。本届上交会展览面积 3.5 万平方米，共有 921 家知名科技企业和交易服务机构参展，分别来自 22 个国家和地区、境内 28 个省市自治区，全方位地展现了我国技术贸易的特点及国际技术贸易发展的趋势，凸显了中国知识产权保护的新形象。

第四届中国（上海）国际技术进出口交易会

本届上交会观众踊跃，达到 50367 人次，比上一届增加 12%，其中专业观众比例 81.2%。三天展会期间，共举办了开幕论坛、3 个主题日活动、50 场专业论坛和专题会议等多项活动。其中联合国工发组织主题日、知识产权主题日反响热烈，有近2000名各领域专业人士积极参与。

本届上交会上，一批国内外领先的高新技术项目亮相，中国铁路总公司的京沪高铁项目、上海优爱宝的浮球矩阵、芬兰雅威科技有限公司AAVI Leaf系列的空气净化技术、中国科学技术大学的佳佳迎宾机器人、上海斯米克负离子健康板等获得“第四届上交会十大人气项目奖”。其中，匈牙利摩根斯达集团的私人飞行器更以最高票当选本届上交会“镇馆之宝”。

本届上交会主宾国意大利派出由教育、大学和科研部部长斯蒂芬妮·贾尼尼率领的庞大经贸科技代表团参加。在意大利主题日举行的中意经贸科技专场对接会上，共吸引了意大利企业、院校和科研机构64家共124名代表参加，来自于智能电网、可持续发展的建筑和材料、智能政务云计算等16个领域，有近1/3的中意机构达成初步合作意愿。

本届上交会加强技术与资本的对接，开展了首届“寻找中国好项目”投融资评选活动、上交会境外技术项目对接专场活动、上交会·外经论道——英中科创合作论坛暨投资项目对接会等专项对接活动，各方互动积极热烈。在“寻找中国好项目”投融资评选活动中，有12家创业公司入围决赛，与40位知名投资机构决策人、近百家优质企业董事长进行互动。本届上交会18所参展高校中，有39个项目吸引了近50家单位的关注，有17项签约。其中上海应用技术大学与印度尼西亚哈利达集团等三方进行了“褐煤提质技术的开发”项目签约。

此外，第四届上交会还继续推进线下线上结合的技术交易平台建设。据不完全统计，截至2016年4月23日，技术进出口促进交易平台累计发布项目信息4177条，其中供方信息3258条，需方信息919条，并同步发布到“技术交易汇”手机客户端。

中国上海国际婚纱摄影器材展览会

2016年第二十九、三十届中国上海国际婚纱摄影器材展览会携2016上海国际儿童摄影展览会、第十八届上海国际摄影器材与数码影像展览会先后于2016年2月23—26日和2016年7月21—24日在上海新国际博览中心举行。

2016年婚纱摄影展共启用上海新国际博览中心9个展厅，下设“婚纱礼服及时尚配饰展”“主题摄影及样片展”“相册相框、耗材及后期制作展”及“婚庆用品和旅游婚纱摄影展”四大分支子展，共计十二大主题展示，并同期举办“2016上海国际儿童摄影展览会”，三展联动，旨在以专业打造全球结婚产业链一站式采购和贸易交流平台，以展出总面积25万平方米、观众参观人数超过12万人次，继续保持同类展会全球规模第一。

为配合行业转型升级，让互联网成为创新驱动发展的先导力量，本届婚纱展会W4

2016年秋季新款新娘披肩婚纱

馆新增设以“互联网 +”为主题的展区，集中展示婚纱摄影行业电子商务资源聚合平台。该平台以互联网 B2B+O2O 线上线下运营模式为依托，能够更好为企业做到精准细分切割，资源聚合营销，从而垂直服务影楼。

2016 年春季展会婚纱礼服以粉晶和淡蓝年度色为代表的仙气嫁衣脱俗高雅，娴静清新，为婚纱礼服注入新的活力。而秋季展会婚纱礼服则带来性感且不挑人的露肩一字领和透视感秀场，展示出女性柔美的曲线。俏丽的中短款礼服日常且实用，则可完美衔接婚礼仪式后的 party 等场合。

本次展会对成功引入婚纱摄影的高清数字影棚技术，带来更多的主题样片。其中 VR 虚拟实境技术将可弥补高清数字影棚摄影对于动态呈现上的局限。旅拍已广泛应用于婚纱摄影，展会展现丰富的旅拍主题板块、更多的浪漫地点将为新人启程一段爱的旅行。

回归自然的风潮已席卷着相框相册市场，展会以原木、松木、白木等为主的原生态材质展品倍受观展者青睐。同时源自欧洲装裱工艺的拉米娜版画又再次进入大家的视野，色彩时尚、各型各状的简约相框选择搭配，都为观众带来不少乐趣。此外，利用机器人代替传统营销人员现场介绍企业品牌的系统也首次初探儿童摄影行业，更增加了展会人气和提升客户的趣味互动体验。

全新境界的 2016 年婚纱摄影展，专业的展区规划、丰富的展品演绎、精彩的同期活动、多元的宣传推广，以及营造良好的观展体验，和赋予展会更多的文化内涵，已成为婚纱摄影展不断提升和发展的方向。

中国（上海）国际广告印刷展览会

2016 年中国（上海）国际广告印刷展览会于 3 月 9—12 日在国家会展中心（上海）举行。主办方上海现代国际展览有限公司紧扣中央“一带一路”“互联网 +”精神，顺应新格局，抓住新机遇，谋求新发展，为展商和观众再度奉献了一场精彩的广告行业开年盛会。历时 4 天的展览会共吸引海内外专业观众 163259 人次。使用了国家会展中心包括北厅与二层展馆在内的总共 8 个展馆，共 20 万平方米展出面积。参展企业 2100 余家，云集了几乎所有世界顶级的数字喷印设备品牌，如 HP、EFI、DURST、SwissQprint、FUJIFILM、AGFA、Canon、Epson、Dilli、MIMAKI、Mutoh、Roland 等传统巨头。展会上以飞阳、恒泽基业、泰威、赛博、工正、润天智等为代表的一流中国制造群体，与世界顶级品牌同场竞技，并驾齐驱，标志着中国制造的全面进步的崛起。

2016 年上海广印展展会现场

响应中央“一带一路”发展战略，是上海现代国际展览公司领导审时度势，切合行业发展需求，凭借上海广印展自身影响力，于 2015 年联合日本、韩国广告展主办单位与行业协会发起成立“亚洲广告联合会”（简称 AAA）。经过近一年紧锣密鼓的宣传与运作，包括马来西亚、巴基斯坦、越南、泰国、阿联酋、土耳其、伊朗、印度、台湾地区等都已申请加入了 AAA。亚洲广告联合会首次会员大会在 2016 年上海广印展同期举行。

就 AAA 如何进一步团结各会员国家和地区的广告协会与主办方，发挥协同作用，合力促进各国各地区广告标识展会及广告业的蓬勃发展。AAA 各会员将在 11 月组团参加在韩国首尔举行的 KOSIGN 2016 展会；2017 年 1 月还将聚首阿联酋迪拜，通过不间断联系，进行技术与理念的交流与推广，进一步推进各国在广告标识领域的通力合作与发展共赢。

本次展会由于从 2015 年起就采用甲骨文的营销管理云计算软件，对展会的管理系统、对欧美的宣传都起了很好的作用。如本届展会在专业观众的组织与邀约上就取得历史性大跨越，展会专业观众达到 16 万多人次，比上届上涨 11.49%，观展人数更是增加 30% 以上，展会现场火爆场面前所未有。上海广印展“全球著名的采购贸易平台”的品牌形象被赋予了更加深刻的内涵。

本届广印展同期举办有 7 个主题展会：第二十四届上海国际广告技术设备展览会、第二十四届上海国际印刷包装纸业展览会、2016 年中国（上海）国际印刷周、2016 年上海国际照明展览会、2016 年功能性塑膜加工技术展、2016 年上海国际数字喷墨纺织品印花展和 2016 年中国（上海）零售业博览会。

展览会开幕当天举行了 CSA 中国广告设备器材价值榜 TOP100 暨出口进步二十强颁奖典礼。展会嘉宾为获奖的百强企业及出口进步二十强授奖。

中华老字号博览会

2016 年中华老字号博览会于 2016 年 9 月 23—26 日在上海展览中心东一馆举办。本次展会由国家商务部支持，上海市商务委员会、上海市经济和信息化委员会、黄浦区人民政府和中国商业联合会中华老字号工作委员会等主办，黄浦区商务委员会、静安区商务委员会、上海中华老字号企业协会、上海市商业信息中心和上海外经贸商务展览有限公司等承办。

上海是全国中华老字号的重镇。上海“中华老字号博览会”是商务部引导支持的国家级展会，也是商务部与上海市政府的部市合作项目。过去已经连续成功举办了九届，已成为上海购物节的重要活动之一。

本届博览会主题为“科技创新和老字号”，共展出面积 6500 多平方米，参展企业 200 多家（其中有江苏、浙江、天津、广东、新疆、云南、重庆、山东等 10 个省市的企业近 60 多家），包括食品餐饮、轻工百货、服装鞋帽、珠宝首饰、工美文化、医药保健、现代服务等行业诸多久负盛名、别具风采、家喻户晓、耳熟能详的百年老店和经典品牌，如：老凤祥、恒源祥、杏花楼、豫园商城、“凤凰”、中国一铅、中华药业、开开集团、“古今”“正章”“新长发”“立丰”“回力”等，还有百联集团、光明集团、龙头集团、锦江国际等市属集团率旗下众多老字号品牌参展亮相，包括第一百货、第一医药、光明乳业、梅林正广和、乐惠食品、益民食品、龙头家纺、三枪内衣、国际饭店、上海国旅等。

上海中华老字号博览会会场

本届博览会精彩有：

来自近 20 家老字号企业的上海优选伴

手礼集体亮相博览会，通过多种演绎手段让观众能近距离的了解、认识和体验老字号创新产品，突显上海老字号品牌形象。

老字号企业参展形式新颖。百联集团在展会上推出 O2O 互动体验，促进线上线下互动发展，构建多渠道扩大消费供给新格局。光明食品集团以“展示 + 销售”的形式，体现老字号企业的品牌故事、发展历程、经营理念、创新成果及集团整体形象。重点展示光明食品集团“从田头到餐桌”的全产业链经营模式和国际化经营战略，倡导健康生活方式，引领食品产业可持续发展。

展会邀请部分境外品牌参展，如日本龟甲万酱油，中国台湾品牌伴手礼展品等给老字号博览会锦上添花，更丰富了现场展品内容。

博览会上老字号能人精彩纷呈。童涵春堂老中医现场为观众望、闻、问、切；“长春食品”劳模王文杰示范服务；“大富贵”以品种、品质性价比引来现场客满；全国织补冠军陆籽豪，照像修复专家陈林兴的现场献艺，展现了老字号“上海工匠”的风采。

上海国际食品博览会

2016 年中国 • 上海国际食品博览会于 2016 年 10 月 26—28 日在上海展览中心举行。本届博览会经国家商务部批准，由中国食品工业协会主办，上海光明食品（集团）有限公司承办。

本届博览会以国际化、专业化、市场化为标准，打造食品行业中价值展示和思想碰撞的国际级食品产业对话平台。参展产品的范围包括奶制品、肉制品、糖果及休闲零食、酒类等众多领域，定向邀请国内外商业联合会，国内外食品行业终端企业，全国大型商场及餐饮酒店参展。上海本土的食品巨头光明集团在博览会期间举行的光明食品节是本届展会的一大亮点，其旗下众多企业也参加了展会。本届博览会共吸引了 19 个国家和地区的 531 家国内外知名食品展商，11320 位专业采购商，观众 7.3 万人。高质量的展商和专业观众带来了众多合作交流的机会。

2016 年上海国际进口食品展现场

展会联合国内及海外优秀食品企业共同举办“2017 中国食品产业发展趋势发布”“2016 中国食品产品发展论坛”等多场专业研讨论坛。还汇聚食品行业大咖，通过品牌化创新赛事、新品发布等活动，引领食品行业的健康发展。

展会还通过“贸易配对”“创新产品评选”等多种主题化商业活动，促进行业联盟与产业上下游的融合，推动企业创新，对接展商及专业观众，实现企业、行业、产业的互利共生。

首届上海国际新能源汽车展

首届上海国际新能源汽车展于 2016 年 6 月 28—30 日在新国际博览中心举行。百款新能源汽车齐聚申城，诸多车型纷纷亮相，是自主品牌新能源汽车最全参展阵容。展会由最具权威专业的中国国际贸易促进委员会上海市分会、中国国际贸易促进委员会汽车行业分会、上海市国际展览有限公司和中国汽车工程学会共同打造。主办方秉承一贯的专业化、品牌化和国际化的办展理念，凸显行业引领和权威，将上海打造为中国新能源汽车首选发布、展示和交流的首选平台。

首届上海国际新能源汽车展览会

本届展会具有五大特点：

一是规模空前。展会启用W4、W5两个室内展馆和室外5000平方米试乘体验活动区，共计3万平方米展示规模，集中展示新能源汽车新产品、新技术。

二是国内新能源汽车厂家齐集。五大汽车集团携手参展，自主、合资品牌同台竞技。近20家参展企业涵盖了中国新能源汽车领域全部大厂商。带来的展车展示了各自在新能源领域的不同发展方向与侧重点，产品广受好评和热议。观众可从中深入了解中国企业发展新能源汽车的成果与未来发展趋势。

三是展品丰富多彩，各种车型齐全。展出新能源汽车近200辆，车型包括轻卡、客车、SUV、乘用车、赛车等；动力来源有混合动力、纯锂电池驱动、也有燃料电池、甲醇等，展示了新能源汽车在发展方向上的多种途径。

四是首创展车试乘活动，打造展会互动新体验。比亚迪、江淮、吉利3个品牌的9辆新能源展车现场供试乘体验。户外试乘成为展会一场视觉盛宴，帮助展商获得更好的推广效果。

五是汇聚尖端人才，办成一届新能源汽车技术盛会。为实施汽车产业技术转型战略，加快发展新能源汽车，主办方为此次展览会量身打造了一系列同期活动，涉及战略、技术、市场等多方面内容，共计16场次。以“创新致远，持续发展”为主题的2016上海新能源汽车产业峰会汇聚整车企业、核心零部件制造企业等全产业链的高层领导和相关的专家学者，从企业战略、技术发展等多角度、全方位解读汽车的发展现状与未来方向，与同期召开的上海国际新能源汽车展览会珠联璧合，打造全球化的新能源汽车产业推广平台。同时，国际汽车关键技术论坛，3D打印、轻量化、智能互联等专题会，2016汽配展盖世汽车采购配对会，2016AIAG供应链论坛等一系列技术交流与商贸活动，共同促进了业内的合作和贸易畅通。

第十六届国际染料展和数码印花展览会

由中国染料工业协会、中国印染行业协会和中国国际贸易促进委员会上海市分会主办，上海国际展览服务有限公司承办的“第十六届中国国际染料工业及有机颜料、纺织化学品展览会”和“2016上海国际数码印花及印染自动化技术展览会”于4月13—15日在上海世博展览馆举办。

本届展会展出总面积4万平方米，吸引了来自17个国家和地区的620家企业踊跃参展，展品涵盖各类先进的环保型染料、有机颜料、助剂、中间体、仪器环保设备、数码印花设备、印染自动化技术及印花材料等，继续构建行业创新驱动和转型发展的交流合作平台。

本届展会上，国内外知名企业如MS、REGGIANI、宏华、开源、凡腾、黑迈、赛

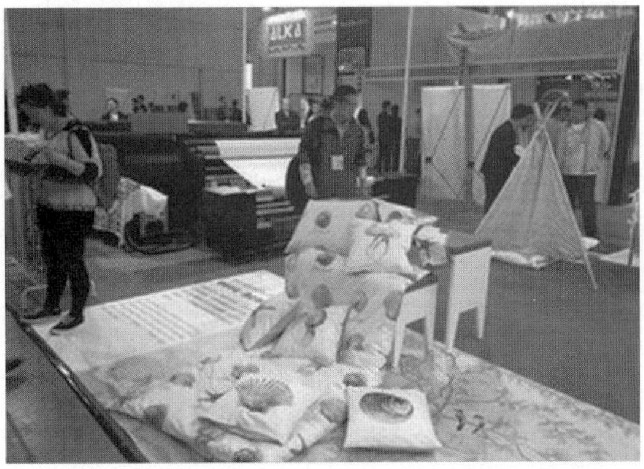

第十六届国际染料展和数码印花展在上海开幕

顺、宏美、宏大、长胜、安德丽墨水、晶丽等带来最新的数码印花及印染自动化技术。

国内行业龙头企业如龙盛、闰土、传化、亚邦、吉华、德美等在展会上全面展示由传统开放式工艺转向高端型、高功能性、环保型转变的新产品、新工艺。国际展商德司达、科凯、佳和、博朗、拓纳、约克夏、赢创、亨斯迈、宁柏迪等悉数亮相，表明了展会在全球行业内的极高知名度和认可度。

展会期间，中国印染行业协会举办了纺织数码喷墨印花研讨会，与展商共同探讨数码印花产业化进程及发展方向，积极打造“绿色印花”和“智能印染”；中国棉纺织行业协会、中国针织工业协会、中国麻纺织行业协会、中国染料工业协会色母粒、助剂、有机颜料专委会等众多行业协会举行了多场专业研讨会；传化、科凯、联胜、天祥、TESTEX、尤特尔等多家知名企业也举行了技术交流会，介绍先进技术和理念，为更多专业观众提供绝佳的交流与合作机会。

第十六届中国国际模具技术和设备展览会

第十六届中国国际模具技术和设备展览会于 2016 年 6 月 28 日至 7 月 1 日在上海新国际博览中心举行。展会主题是引领模具“新常态、新发展、调结构、促升级”，助力制造业迈入“十三五”，力图倾力打造“精益制造装备与自动化智能制造”和“一体化成形与精密模具制造”。

本届展会在原有高端精密加工设备与技术和先进模具制造基础上注入新版块：3D 增材制造、激光装备、机器人自动化集成等新技术运用，为传统模具制造提质增效，并扩展到互联网 + 模具、模具智造、云制造生态圈等新业态。展品呈现出“精细化、自动化、信息化、一体化、网络化、智能化”的新特点。共设 6 个展馆，面积超 7 万平方米，吸引了中国内地、中国香港、中国台湾和意大利、德国、美国、日本、瑞士、法国等 15 个国家和地区的近 1200 家企业参展。

同期举办的“SAPE 2016 上海国际汽车零部件及相关服务展览会”和上海国际新能源汽车展览会三展联动，强势集合了整车和汽车零部件与模具的行业资源，真正形成了上下游行业紧密结合，从战略高度打造从高端精密加工装备到汽车模具、汽车零部件，直至新能源整车的全产业链生态系统，实现以汽车模具为纽带的上下游贯通的首届一指专业制造展会平台。

中国国际模具技术和设备展览会

展会期间，举办了“ISTMA 金砖国家论坛”“FADMA 亚洲模具协会联合会工作会议”“中国模具工业协会理事会”“行业资源共享互联网 + 模具协同制造峰会”“国际汽车模具发展论坛”“模具与现代制造产业集聚园区协同发展论坛”等12个行业学术会议和采购对接会。显示出本届展会是一届世界领先水平的先进模具、设备、技术与展览并举的国际化盛会。

本届展会开展了“精模奖”评选活动。展出的塑料模具、冲压模具、汽车覆盖件模具、铸造模具、模具标准件、模具材料、模具智能化以及互联网+等技术与产品中，有161副模具和10个标准件角逐“精模奖”，基本反映了中国模具及其相关技术的发展状况与前沿水平。

三、商贸协会选登

上海国际时尚联合会

上海国际时尚联合会成立于2004年8月，是由与时尚产业相关的社会团体、企事业单位及时尚产业从业者个人自愿组成的联合性、国际化的社团法人组织。主管单位上海市商务委员会。会长葛文耀，秘书长殷姿。

联合会下设设计师委员会、现代艺术委员会、演艺文化委员会、时尚传媒委员会、时尚品牌委员会、时尚美妆委员会、高级定制委员会，拟设立评审、认证、时尚研究等学术委员会。现有会员近200家，领域涉足时尚产业相关的服装服饰、珠宝腕表、鞋履箱包、美容化妆、创意设计、时尚传媒、跨界艺术、演艺策划、职业模特及高端时尚服务业等多个业态。

联合会主要职能：信息交流、政策传递、需求反馈、调查研究、营销推广和人才引荐等；业务范围：学术研究、工作协调、专业培训、资质认证、业务咨询、信息服务、专业评比、会展招商、生活方式推介、国内外合作与交流等。

创办于2014年，一年两度的“上海高级定制周”是联合会的重要公共服务平台，2016年联合会在这个平台上，褒扬工匠精神，为推动“中国定制”与传统文化的相融合以及逐步走向国际舞台发挥了关键性的作用。上海高级定制周汇集了中国顶级定制设计师及品牌，动态发布奠定了上海高定印象的第一步，通过强化品牌传播，引导、培养、汇聚客户群体，使上海高级定制周多元化推广平台的价值功能持续得到体现。尔后继续通过高定品牌集中式展售的方式，为上海积累更多注重高品质生活方式的高定群体，而定制品牌的汇集、碰撞和跨界都彰显出上海高级定制周旨在为高品质的生活方式起到领航作用。同时，高定周主题论坛邀请时尚产业领域知名专家、行业带头人、高校教授顾问等，聚焦当代经济和文化环境，面对中国高级定制的国际化、品牌化等课题，激辩创新创意思维，探讨高级定制的地位、作为、方向、方法和前景，为进一步发展中国高级定制提出开创性思考。

作为上海与世界各国在时尚领域沟通合作的重要平台，联合会自成立以来，在广泛开展国际间交流与合作的同时，立足于上海这座城市的高度，全力发挥协会在政府与企业间的桥梁作用，为打造上海成为国际时尚之都出力。联合会通过交流性和公益性的各种时尚活动，缔结城市时尚联盟，助力上海时尚产业发展，在促进时尚产业建设、推动产业市场繁荣以及增强国内外时尚领域往来交流与商贸对接等方面已取得一定成效，并将继续为之不懈努力。

地址：上海市浦东新区浦东大道1200号23楼

邮政编码：200135

电子信箱：info@shiff.cn

上海古玩经营协会

2006年11月，在上海商界同仁协会内设立古玩商分会，填补了上海古玩市场没有团体机构的空白。

分会成立以来，努力培育古玩市场，积极倡导诚信经营，规范交易行为，培养专门人才，开展调查研究，为政府主管部门出谋划策，拓展与全国各地尤其是长三角地区的合作交流(每年举办国际古玩艺术品博览会，每年一届古玩高峰论坛等)，切实发挥促进古玩市场健康有序发展的龙头作用，积累了丰富的工作经验，提高了管理能力，聚集了上海地区41家主要古玩市场和经营单位，牢固树立上海古玩业的独有形象和品牌，社会影响力和经济效益十分明显。

2011年8月，在上海商界同仁协会古玩商分会基础上正式成立上海古玩经营协会，打出古玩业的“上海牌”。业务主管单位上海市商务委员会。上海古玩经营协会是上海唯一一个古玩经营方面的一级专业协会。协会的宗旨：遵守我国的宪法和所有相关的法律、法规及政策、条例；遵守社会道德风尚；引导和教育会员爱国、敬业、守法，为古玩市场的规范与发展做出贡献。协会的主要任务：(1)积极协助政府和有关部门规范古玩经营的市场行为，制订符合实际的古玩经营方面的管理规定；(2)加强调查研究，及时了解和掌握市场动态及需求；(3)加强古玩经营方面的学术研究与信息交流；(4)积极探索古玩市场发展模式并努力实践(5)倡导诚信服务，建立健全诚信经营机制，促进古玩市场的和谐与繁荣；(6)提供咨询、合作、协调等综合服务；(7)设立培训机构，提供各种培训服务，提高从业人员的整体素质；(8)组织举办高质量的展览、展示会和每年一届的国际古玩艺术品博览会；(9)加强宣传力度，推动与海内外古玩经营业的沟通、了解与多方面的合作；(10)立足上海，加强与长三角经济区古玩艺术品行业的交流与合作。

地址：上海市大木桥路88号云洲古玩城六楼601室

邮编：20032 电话：64176136

邮箱：shgwjyxh@126.com

上海市民用航空运输销售代理行业协会

上海市民用航空运输销售代理行业协会，是在民航华东管理局指导下，由上海外航服务公司、上海东美航空旅游有限公司、上海中旅国际旅行社有限公司、上海春秋国际旅行社(集团)有限公司、携程计算机(上海)有限公司等20家航空运输销售代理企业共同发起，于2005年12月成立。为上海民用航空运输销售代理企业自愿组成的跨部门、跨所有制的非营利的行业性社会团体法人。现有会员单位85家。会长王德荪。行业主管部门上海市商务委。

协会工作职责及主要任务：代表航空运输销售代理业的整体利益，向政府及时反映行业企业情况、问题和意见，为政府决策提供依据；积极向代理企业宣传贯彻国家及政府有关方针、政策、法律、法规，把政府各种意图和政策取向传导给企业，协调企业行为与政府意图的统一；促进销售代理企业与航空运输企业、委托合作单位的交流与沟通，增进相互了解，在平等互利的基础上促进友好协作，共同发展；进行行业调研、架构业务平台；抓好人员培训、做好中介咨询；加强行业自律、规范企业行为；协调相互关系、维护会员权益；及时信息沟通、扩大对外交流；优化行业风气、改善窗口形象；为会员企业及整个航空运输销售代理行业提供全面服务，协助或帮助代理企业解决实际困难和问题，指导企业改进工作，不断提高航空运输销售代理行业的整体素质；建立行业约束监督机制，加强行业自律，共同维护正常的航空运输销售秩序，不断树立行业新形象，提高行业声誉。

协会宗旨：遵守政府主管部门的有关法律、法规，在行业管理中发挥积极作用，成为政府、航空运输企业和销售代理企业间的桥梁和纽带，推动上海民航销售代理行业健康有序的发展，为经济建设和民航事业发展服务，为销售企业服务。

协会的组织原则是民主集中制。协会最高权力机构是会员代表大会；理事会是会员代表大会闭会期间履行代表大会职责的机构；常务理事会在理事会全体会议闭会期间行使理事会权力。理事会下设秘书处，负责处理日常工作。

地址：上海市延安西路 2067 号 1201 室

邮编：200336

电话：62728845

传真：62718090

电子信箱：958603939@qq.com

上海市商业企业管理协会

上海市商业企业管理协会是 5A 级社团组织，成立于 1985 年 2 月。会长王志刚。现有会员单位 300 多家，其中，副会长单位 36 家，理事单位 105 家。协会会员单位基本涵盖了上海市各商业业态和类型。协会下设秘书处、办公室、会员部、财务部、《商业企业》编辑部。

协会以服务企业、服务政府、服务社会为宗旨，通过三个平台的建设，努力创建适应新形势要求的服务型协会。

一、建设弘扬企业家创新改革的宣传平台

截至 2016 年，协会已连续 14 年举办“上海商业优秀企业家”和“上海市和谐商业企业”评选表彰活动。该项活动具有广泛性、代表性和时代性，是上海商业行业一项具有较大影响力的活动。协会还通过参与“全国流通产业十大经济人物”“全国和谐商业企业”“全国商业优秀企业家”“全国诚信兴商双优示范单位”和“全国商业诚实守信道德模范”等评选活动，将一大批优秀企业和企业家推广到全国。协会《商业企业》杂志深入挖掘商业热点，宣传企业家先进事迹，推广有效管理经验和经营之道，发布权威性商业销售数据，被会员单位誉为“良师益友”。

二、建设推动企业转型发展的业务交流平台

1. 持续开展“走进企业”活动。为分享改革创新、转型发展成果和经验，协会每年组织多次“走进企业”活动，以增强企业之间沟通、学习和合作。近年来，协会共组织了 14 次“走进企业”活动。

2. 为企业牵线搭桥创造合作机遇。协会积极组织业务交流，创造资源共享、合作共赢机遇。近年来，协会组织各种形式的对接项目达 20 多个，参与企业 120 多家。

3. 组织企业走出去扩大对外交流。协会与其他单位的合作，连续4年组织会员参加在越南、马来西亚、斯里兰卡、泰国等国家举办的“东盟中国企业建材及家具用品博览会”，以及组织会员参加在美国、荷兰举办的“国际自有品牌商品采购展”。

三、建设适应现代商业需求的人才培训平台

多年来，协会利用各种优势资源为会员单位免费开展职工培训。2016年，为31家企业开办了多项培训课程，共计20多个班级、1000多人次。协会的培训平台已成为深受会员单位欢迎的特色服务项目。为顺应企业转型发展需求，协会还适时组织和举办主要以企业主要领导或高级管理人员为对象的讲座、沙龙、研讨会，帮助企业了解宏观形势和正确解读国家的有关政策。

地址：上海市肇家浜路201号350室

邮编：200032

联系电话：021-63224086

传真：021-63225247

邮箱：www.ssqgx.com

上海市国际货运代理行业协会

上海市国际货运代理行业协会成立于1992年7月，是由国际货运代理企业自愿组建的跨部门、跨所有制的非营利性社团法人行业组织。现有会员520家，主管部门上海市商务委员会。会长王林。

2016年，协会的主要工作：

一、反映行业诉求，维护行业利益

协会关注行业发展的共性问题，积极反映行业发展的合理诉求，为行业发展营造良好环境。一是积极参与货运代理协议示范条款的起草工作。近几年国际贸易纠纷时有发生，给会员单位带来了相当大的经营风险。协会积极开展行业调研，听取会员单位意见，参考历年来司法实践的具体案例，先后4次参加货运代理协议示范条款研讨会，分别就示范条款中的单证质押、应收账款的计息方式、受客户委托货运代理应尽的义务、权限、责任等提出了建设性的系列意见，加快了货运代理协议示范条款的出台进程。二是积极反映货代行业工伤保险费率不合理的问题。2016年初，市社保机构下达的有关文件中将“货物运输代理”行业归入“装卸搬运和运输代理业”类，与道路运输业、水上运输业等一样按1.1%的比例收取工伤保险费。对此会员企业反响很大，认为国际货运代理行业是提供国际物流专业服务的服务性行业，与道路运输、装卸搬运业有很大差异。协会在收集会员意见和调研的基础上，向市人力资源和社会保障局反映行业诉求，并出具《关于国际货运代理行业业务特性的情况报告》，受到政府的重视。随后，协会又多次参与政府部门的调研与座谈，使有关部门认可货代行业特质与货运行业的差异，重新核定国际物流货代企业的工伤保险费率由1.1%下降至0.4%。

二、注重协会建设，完成协会评审

协会重视自身的规范化建设，认真贯彻国家民政部和市社团局有关开展行业自律和诚信建设活动的要求，积极探索建立协会法人治理结构，梳理、修改、完善规章制度，发挥会员大会、理事会在推进行业自治中的重要作用，规范协会自身运作。年内，协会增设协会监事，探索建立更能发挥理事议事与权力制衡的内部治理结构。协会认真全面对标上海市行业协会商会评估指标体系，分别在基础条件、内部治理、财务资产、工作绩效、社会评价等方面，找问题，补短板，逐步完善行业协会工作规范制度。年中经专家组评审考核，协会顺利通过了5A级行业协会的评审。

三、增强服务功能，营造良好环境

协会积极关注行业企业所关心的热点、难点问题，努力提升服务水平。年内协会开展“走访企业月活动”，分别走访了20家会员单位，了解情况，交换信息，特别就“一带一路”“自贸区发展”等国家战略方针对国际物流业态产生的深刻影响进行了深入广泛的探讨。走访中获悉部分会员单位资金周转困难，协会提出了采用购买责任保险的方式替换保证金的建议，及时帮助会员单位解决了营运资金安排的困难。

四、倡导行业诚信，树立行业标兵

协会积极推进行业诚信体系建设，倡导行业诚信，树立行业先进企业标兵。一是协会积极开展两年一度的全国先进物流企业评选推荐工作。2016年共有23家会员单位经协会推荐获得全国先进物流企业候选单位提名。二是协会每年组织开展货代企业信用等级评估工作活动，积极推进行业诚信建设。2016年协会评出货代企业信用等级A级以上企业21家，并将评定的21家A级以上企业分别在《中国航务周刊》等专业媒体及协会网站上公示，发挥诚信企业的示范作用。

五、开展行业培训，提高业务素质

协会努力做好培训工作，围绕行业热点、难点问题，适时举办各类专项培训，不断提高行业员工的业务素质，促进行业健康发展。协会先后举办了“货代行业热点案例解析”“货代物流企业与货代责任险”等专题讲座，邀请行业专家作培训或报告，协助会员单位对新知识、新政策的理解与把握，提高企业管理水平和专业人员的业务素养。协会围绕政策法规，多次举办报告会，请海关、检验检疫部门介绍通关新要求及在此基础上的通关新模式与监管新流程，从而使企业及时掌握通关最新信息。其中“海关AEO国际认证规则”专题讲座涉及国际贸易大环境建设，对未来国际物流行业的发展趋势将会带来深刻影响，反响强烈，深受好评。

六、加强对外交流，促进行业发展

2016年，协会组织会员单位参加由中国货代协会与WCA联合主办的一年一度中外货代物流企业洽谈会，充分发挥协会对外交往的优势，积极为会员搭建对外交流的工作平台，为会员单位拓展业务创造条件。二是协会接待了重庆市、江苏省货代协会考察团和西班牙、美国、印度等国的港口、机场、行业协会的来访，为区域间合作交流常态化创造条件。扩展了会员单位的视野，拓宽了企业间交流合作的渠道。

七、做好协会日常工作，提升服务会员水平

2016年，协会继续加强信息服务工作，共出版了《信息交流》12期；继续重视做好发展新会员的工作。全年共发展了53家新会员单位；认真做好各项备案登记工作。全年共完成新企业备案1250家，企业备案表变更430家；继续参与市口岸办组织的口岸巡访评议活动；积极协助海关、检验检疫部门做好口岸通关新政策的宣传推介工作。

地址：上海市虹口区甘河路8号明道大厦17楼B座

邮编：200437

电话：65600859　65600861

传真：65602133

电子邮箱：siffa@online.sh.cn

网址：www.siffa.org

上海市品牌授权经营企业协会

上海市品牌授权经营企业协会，是由零售企业、自有品牌产品生产企业及行业服务提供商等相关组织机构和个人自愿参加组成的社会团体，是自有品牌及相关行业的权威

组织，代表着零售商业及自有品牌行业的主导力量，成立于2013年。现有会员企业100家，涵盖各业态零售商、消费品制造商、供应链服务商及关注自有品牌发展的机构、媒体和个人。是中国零售自有品牌行业的唯一的社团机构。会长王状一。行业主管部门上海市商务委。协会为商超及其授权生产企业开发、宣传、销售自有品牌产品，优化供应商合作与供应链服务提供有价值的信息、技术与资源支持。

1. 主办“全球零售自有品牌产品亚洲展”（PLF），与创办于20世纪80年代的荷兰及美国自有品牌展会共同组成全球规模最大的三大自有品牌系列展。

2. 开展自有品牌行业调查研究，先后发表了《提升中国零售自有品牌竞争力研究》和《零售自有品牌品类管理的解析调研》两份报告，填补国内市场对自有品牌研究的空白。

3. 主办“中国零售自有品牌高级管理课程”等专业培训，培养零售企业系统化科学化的经营思路，为零售企业培养专业人才。

4. 举办采购商、供应商见面洽谈会，深入产业基地或零售内部，为需求匹配的采供双方搭建合作桥梁。

5. 创办零售自有品牌消费节，对自有品牌产品进行评选，帮助零售企业进行消费群体的培养和推广。

6. 举办国内外的参观考察活动，为零售企业引入国际化的视野和标杆企业的先进管理方法和工具。

7. 组建由国内外资深零售人士构成的“专家顾问团”，为企业运营中的各种问题提供定制服务，覆盖内部培训、咨询、产品开发、战略规划、团队设计等各个领域。

地址：上海市江宁路445号时美大厦16B室

邮编：200041

电话：62950871

传真： 62366029

电子信箱：plsc@plsc.org.cn

上海市蛋品行业协会

上海市蛋品行业协会，成立于1995年5月，是上海蛋品生产、加工、流通及行业企事业单位自愿组成的跨部门、跨所有制的非营利的行业性社会团体法人。协会秘书长马国贤。行业主管部门上海市商务委。

协会主要工作：提供信息、交流经验、技术培训、行业调研、协调产销关系等。开展调查研究、举办技术讲座、组织参观学习、搞好牵线搭桥，举行企业经验管理的行业评估和评选，为会员单位办实事。建立价格信息发布制度，协会每月编辑一期《上海蛋品》，收集刊登有关的政策文件、介绍国内外科学饲养及开发新产品的信息等。

价格信息发布系统是协会的一大特色，每天通过手机短信发给全体会员，已成为会员单位商业买卖合同签约的一个重要依据。从1995年起20多年来，这个价格发布充分得到了广大会员单位信任，也得到上海市物价管理部门的肯定，市有关部门也是采用协会的统计数据。

上海蛋品市场90%以上依靠外省市货源，协会认真加强地区协作，同江苏、北京、福建、山东、安徽、湖北、内蒙古等多个省市保持联系沟通，保证上海市场的蛋品供应。

协会每年举办茶会、酒会、沙龙、交易会、讨论会等交流活动，并组织各类参观考察，主要内容是服务供应商、共享信息资源、商业推荐、投资项目介绍等。协会也多次为企业牵线搭桥，拓展企业之间的合作模式，在产销之间建立直通渠道，降低企业生产成本。

2016年，协会组织企业举办《蛋品质量检验资格证书培训班》。秉持针对性、实用性、与生产实际相结合的原则，聘请具有教学资格的专家和丰富经验的大学教授进行教学。通过培训并经考核合格后，由协会颁发《蛋品质量检验资格证书培训班结业证书》和《蛋品质量感官检验资格证书》。从而提高企业从业人员业务素质，保证蛋品行业健康有序的发展。

地址：上海市四川中路 49 号 101 室

邮编：200002

电话：63298150

传真：63298150

电子信箱：shanghaidanpin@126.com

上海市汽车配件用品行业协会
上海市工商联汽车配件用品商会

上海市汽车配件用品行业协会（前身为上海汽车配件流通行业协会）成立于 2002 年 4 月，上海市工商联汽车配件用品商会成立于 2007 年 8 月，实行“两块牌子一套班子”的运作方式。协会（商会）是由上海汽车配件和用品有形市场、汽车配件以及汽车美容装潢用品等汽车相关产品的生产制造、研发、流通、服务等企业自愿组成，实行行业服务和自律管理的跨部门、跨所有制的非营利的行业性社会团体法人。有会员单位 402 家。会员企业销售额占行业销售额 70%。

2011 年，协会被上海市社会团体管理局评定为 AAAA 级社会组织。

协会下设有“轮胎分会”以及“标准化委员会、电子商务委员会、专业市场委员会、沪产车配件委员会、进口配件委员会、出口配件委员会、智能、制造委员会、维修服务委员会、汽保设备委员会、汽车用品委员会”等十大专业委员会。

协会（商会）宗旨：联合自律、规范经营、整合优势、共谋发展。

协会（商会）定位：力争成为政府的参谋部、行业的联络站、企业的服务员。

地址：上海市曹安路 1926 号主楼 4011 室

邮编：201824

电话：69191685　59189238

传真：69191685

E-mail：qpltxh@163.com

上海水产行业协会

上海水产行业协会成立于 2001 年 5 月，是由上海具有法人资格的水产相关企业、事业单位、社会团体及其他经济组织自愿组成的，实行行业服务和自律管理的跨部门、跨所有制的非营利的行业性社会团体法人。现有会员单位 189 家，会员涵盖上海水产业界水产养殖、捕捞生产、船舶修造、观赏水族、水产市场、水产加工、贸易流通、科研教育、行政管理等方面。会长濮韶华。行业主管部门上海市商务委。2014 年 3 月被市社团局评定为 5A 等级社团组织。

2016 年，协会主要工作：

一、发挥引导作用，提高自律水平

年内协会向社会推荐上海大闸蟹诚信经营（示范）企业，2005—2016 年累计向社会推荐 414 家次。主动配合主管部门督促上海主要水产市场做好食品安全管理工作，组织会员企业上传水产品追溯信息。连续第

13个年头开展“上海名优食品（水产类）”评比活动，有13家会员企业的13个品牌22个产品（系列）被评为“2016年度上海名优食品（水产类）”产品。

二、扩大业界合作，拓展服务功能

支持举办2016第十一届上海国际渔业博览会；为会员企业融入互联网+转型发展提供服务支持，介入聚鲜网络科技（上海）有限公司与实体企业的战略合作；组织会员参加厄瓜多尔“凡纳滨对虾”主题推介会、荷兰FOPEEN烟熏三文鱼品鉴会、“2016上海西郊国际特色农副产品迎春大联销”、“荆门市承接上海及长三角地区产业转移投资推介会”等国内外商务活动；加强与兄弟省市同行交流、沟通，于8月24日成功举办“2016长三角水产发展论坛”；走访在沪台资水产企业，加强沟通联系，反映诉求；组织江杨、江阳、东方、嘉燕等各水产市场主动配合政府部门做好6月28日沪太水产市场、10月31日铜川路水产市场关闭经营，商户转移接纳工作；全年接待国际业界同行30多次，接待会员咨询100多人次。

三、关注行业规范，推进标准化工作

做好新颁布实施的水产相关标准的宣贯工作，3次组织相关培训。参与上海现代农业标准体系水产业三年建设规划编制，上报水产方面的预研制标准3项，开展推荐性地方标准集中复审8项。做好月报、旬报、周报、节假日专题专报、年报的编制和分析工作，及时报送节日水产品供应情况简报，供主管部门参考。

四、发挥分支机构作用，推动水族发展

6月27日，上海水产行业协会水族专业委员会七彩神仙鱼同业会成立。10月21日连续第十一次举办上海国际休闲水族展览会，同期举办龙鱼、锦鲤、七彩神仙鱼大赛，有力地推动了都市观赏鱼水族产业发展。

五、加强自身建设，工作规范有序

协会按规定召开年度理事会、会员大会，严格按民主程序通过各项议程。积极参加市各主管部门组织的有关活动10多次，主动接受指导。协会联合党支部，结合协会特点，认真开展“两学一做”活动，坚持支部活动正常化，政治学习常态化，有效提升协会工作人员的政治觉悟和业务水平。

地址：上海市昆明路596号208室
邮编：200082
电话：65852901
传真：65852903
电子邮箱：shfta@fishery.org.cn。

上海交电家电商业行业协会

上海交电家电商业行业协会成立于1988年10月。协会现拥有会员企业371家，会员企业占据市场份额90%以上。业务涉及家用电器的制造、流通、服务、回收利用和处置，以家电流通业为主。会长邓永明。行业主管部门上海市商务委员会。

2016年，协会坚持以点及面的工作思路，聚焦常态业务，发展新兴形式，充分利用有限的市场亮点辐射尽可能多的业务领域。

一、开展“以旧焕新，惠民升级”主题营销活动

“惠民”系列是协会近年来力推的主题营销活动，2016年除了保留原有的多方造势、全渠道参与的特色之外，还利用全民网红、点赞造势等贴近消费者日常生活的形式提升强化活动社会认知度。活动期间协会咨询热线来电频繁，消费者普遍欢迎协会牵头引领此类绿色健康消费理念，显示了活动的良好推广效果。

二、举行新供给、新路径、新零售——2016上海家电行业高峰论坛

每年的上海家电行业高峰论坛为各大品牌高管总结交流一年得失，展望来年趋势提供了平台。2016 年论坛的亮点除了既定的业内人士交流之外，协会还邀请了多家市场研究机构的专家学者到场为来宾们讲解宏观经济政策、国际局势对家电行业的影响，顺应了近年来伴随着国家战略走出去的家电行业所面临的新形势，向从业人员普及了他们有可能要面对的新问题。获得了与会者一致好评。

三、空调旺季前安全工作结对监督竞赛

空调安装工的安全工作多年来始终是各品牌售后经理的心中大患，2016 年协会在调研后，决定开展专项安全竞赛。具体形式为各参与品牌两两结对会同协会工作人员，共同随机抽样，相互现场监督检查对方品牌服务网点及业务人员安全工作完成情况，保障旺季中企业安全作业。

四、“互联网 +”瞄准家电后服务市场

家电“后服务”是指家电产品从售出到报废的整个使用生命周期内对其实施的各类保养、清洗、升级及耗材更新等“体验”提升服务。这一服务是顺应消费者对生活品质的不断追求同时也是行业不断规范化的要求。协会在传统家电清洗旺季中开展家电产品清洗保养服务节活动，向社会重点推广家电后服务市场概念以及几家较为规范的创业企业。

地址：上海市静安区大田路 129 号嘉发大厦 A 幢 17 楼 E 座

邮编：200041

电话：021-52287261

传真：021-52285810

电子邮箱：shjjli@vip.sina.com。

上海市单用途预付卡协会

上海市单用途预付卡协会成立于 2015 年 10 月，是由单用途预付卡发卡企业、服务机构、科研机构自愿组成的企业型社团组织。主管部门上海市商务委员会，会长徐家平，协会现有会员企业 220 家。2016 年度协会主要工作如下：

一、做好会员服务工作

1. 做好信息服务工作。坚持每个工作日编辑发送“单卡每日快讯”，到 2016 年底共出刊 601 期，订阅数达到 8526 户；“上海市单用途预付卡”网站于 2016 年 4 月 8 日上线。

3. 实施培训工作。2016 年协会组织 2 次发卡企业法规、营销和税收培训，培训企业 125 家；共到 7 个区县对 250 多家发卡企业实施备案要求、管理规范、税收政策、营销创新的培训讲座，企业反响较好。

4. 授权 184 家备案发卡企业在卡面上使用“备案标识”。

5. 为发卡备案企业提供备案咨询服务。

二、加大社会宣传

1. 在微信服务平台基础上，在上海 6500 个单卡购买和使用结算处设置备案信息铭牌。内容包括：该卡备案号信息、请购买使用经备案单卡的警示、对应公众号二维码扫描、查询网址等。

2. 在专项治理期间，由协会制作提供的单卡海报 2 万张、市民手册 5 万册、管理手册 5000 册、视频等公益宣传资料向各区县发放；单卡公益广告在有线电视、地铁、区县电视台、各商圈社区播放，兴起单卡公益宣传的热潮。

3. 开展“诚信兴商”活动。作为市消保委 3·15 重要活动，协会在 40 家发卡企业 65 家门店实施“信用公开，诚信兴商”活动。

三、做好消费者服务工作

1. 全年做好协会 4000092877 热线和网站、微信消费者咨询投诉工作。2016 年共计收到868个消费咨询和投诉，其中253个为投诉电话。

2. 配合市、区管理部门参与处理美味七七、年代秀饭堂、东方罗玛浴场、云都温泉、苏香斋、温秋缘雅典沐浴、水果营行、丽粤茶餐厅、丽池会所、千子联、海之崴温泉浴场、瓦伦丁烘焙店、顺水人情浴场、瑞扬护肤、久一品菜市、佰芙丽造型美容等20余起一定规模企业关门倒闭或“失联”等消费者预付卡集中投诉事件和媒体应对工作。

3. 受市商务委委托，协会积极参与处理12345消费者预付卡投诉电话，并对投诉信息进行汇总分析；与浦东新区商务委签约，承担2017年浦东新区涉及单用途预付卡12345市民投诉处理工作。

四、开展商务诚信，加强行业自律

1. 全面实施行业商务诚信工作。完成本市单用途预付卡行业商务诚信建设，成为上海市商务诚信公众服务平台第一批市场子平台；在备案企业中实施信用查询和公开授权；与上海市质量和标准化研究院合作制定《单用途预付卡商务诚信评价标准》。

2. 开通上海单卡商务诚信频道。这个系统是与上海市公共信用平台对接的，目前所有发卡备案企业已经纳入商务诚信评价和发布。

五、协助政府规范市场

1. 认真做好备案发卡企业的信息申报分析工作。受管理部门委托，协会落实专人专岗，认真做好备案企业信息申报的培训、管理、催报、分析工作，信息的申报率和准确率不断提升。

2. 参与管理部门规章制度的制修订。商务部《单用途商业预付卡管理办法（试行）》目前正在修订；上海市管理部门正在积极实施单卡执法移交，制定上海单用途预付卡管理办法，并争取人大立法。

3. 受市商务委委托，专项开展预付卡监管平台技术和方案调研工作。

地址：上海浦电路489号由由燕乔大厦409室

邮编：200122

电话：021-51313680

传真：021-51313688

邮箱：info@shcard.org

上海黄金饰品行业协会

上海黄金饰品行业协会，成立于1996年12月，是以上海为主的用黄金、铂金贵金属为主要原材料的饰品零售、批发、生产加工行业企事业单位自愿组成的跨部门、跨所有制的非营利的行业性社会团体法人，现有各种所有制会员单位近210家。协会主管部门为上海市商务委员会。会长程秉海。

2016年协会主要工作如下：

一、强化协会服务功能，继续成功举办大型节、展、会活动

1. 成功举办上海国际黄金珠宝节暨上海国际珠宝展。由协会主办的上海国际黄金珠宝节（每年举办一届，已连续举办十届）和上海国际珠宝展（也是每年一届，已连续举办五届）均被上海购物节组委会列为重点活动版块之一，并在2016年10月该活动被上海购物节组委会评为“十大品牌活动”。

2. 连续11年成功举办中国黄金与贵金属峰会。12月7—8日，协会主办的“第十一届中国黄金与贵金属峰会”在上海斯格威铂尔曼大酒店隆重举办。该峰会国际化程度高，外籍人士占25%，云集美国、英国、法国等近20个国家及地区贵金属领域的权威人士及国内黄金交易所、期货交易所、中国黄金、山东黄金、紫金矿业、山东招金等行业巨头，权威性强，现已成为国内外广泛认可的黄金与贵金属行业年度聚会。

二、强化行业正能量传播，积极组织开展评选表彰活动

为总结表彰20年来为上海黄金珠宝行业发展做出杰出贡献的行业建设者，10月12日，由协会主办的20年庆典活动如期召开，一批优秀人物获奖榜单揭晓，其中4人被评为上海黄金珠宝行业20年功勋人物；19人获评为著名品牌创始人、著名品牌掌门人、杰出企业家；15人被评为风云人物；近60名黄金珠宝行业的全国劳模，部、省、市劳模及全国工艺美术大师受到表彰。这对弘扬先进、提高行业整体素质起到了积极的作用。

三、强化标准规范管理，搭建学习培训平台

截至2016年底，协会已制定《黄金珠宝饰品零售店经营服务规范》《金镶玉首饰镶嵌与服务规范》两个地方标准，并获得中国黄金行业科技三等奖。2016年国家标准GB11887-2012第1号修改单于2016年5月4日正式实施，协会高度重视新国标在上海黄金珠宝市场的贯彻落实工作。为推动企业贯彻好标准，协会还先后组织了二批会员企业及非会员企业参加新标准培训

四、强化协会发展工作，积极稳妥吸收新会员入会，扩大行业覆盖面

发展会员是协会一项重要的基础工作。3月30日，在协会四届四次会员大会上，针对目前市场销售低迷，为减轻小企业的负担，会议通过《降低普通会员会费》的议案，降低普通会员单位会费。目前，上海黄金饰品行业协会的会员单位近210家，涉及浙江、江苏、福建、广东等省份，以及中国香港、澳门等地区，另外还有泰国等海外同行。目前协会会员单位已经涵盖了上海黄金交易所、期货公司、会展公司、广告公司、生产和加工企业、零售企业、批发企业等相关产业链，进一步优化了会员的构成。

五、强化业内外交流活动，努力创造企业间合作机会

2016年，协会先后参加了中国黄金大会、招远国际黄金节等全国性行业聚会。同时，协会积极组织会员企业赴外地参观考察。7月14日，协会组织近20家会员企业赴诸暨珍珠产业基地和珍珠市场考察，终端消费与产业源头直接对接，为供给侧改革实践提供了服务。

地址：方浜中路28号301室
邮编：200010
电话：63553416
传真：63553416-808
电子信箱：shgold@163.com

上海数字印刷行业协会

上海数字印刷行业协会，系由1988年12月上海市人民政府财贸办公室批准成立的上海打印誊印行业协会经两度更名而来（1994年更名为上海轻印刷行业协会；2009年变更为现名），更名体现出行业协会更符合印刷技术发展的现状。协会也是迄今为止全国范围内唯一以数字印刷这个新兴的印刷工艺命名的专业性行业协会。

经上海市社会团体管理局组织的规范化考核，2013年协会被授予4A级社团组织称号；2014年获得由中国印刷技术协会数字印刷分会颁发的“十年行业推动奖”。

行业协会现有会员单位248家，包括国际与国内顶尖的数字与传统印刷及印后设备、耗材供应商；数字印刷与正在走向数字化管理和智能化生产的传统印刷企业；开设印刷专业的大学、职校与企业工作有着密切关联的会计师事务所、商标注册机构及会展

公司等三部分法人单位。2016年经换届选举产生的第七届理事会会长，由较早进入数字印刷领域的上海广建艺筑数码科技公司的董事长薛平担任。

在全球性经济危机尚未最终走出困境的局面下，2016年的印刷业有着两大基本特点：一是为了保护人类赖以生存的环境，国家把包装印刷业与石油化工业一起列为试点征收挥发性有机物（VOCs）排放的行业，客观上加大了企业的制造成本；二是在德国举办的有着“印刷业发展风向标”之称的德鲁巴印刷展首次由数字印刷设备盖过传统印刷设备，长期来影响着数字印刷发展的五大瓶颈：幅面、速度、质量、承印介质、性价比有了实质性的突破，预示着数字印刷爆发式增长的时间正在加速到来。

鉴于上述变化，加之新一届协会理事会有意引进新风，2016年协会主要工作如下：

1. 坚持民主办会，在广泛听取会员单位意见的基础上，于3月圆满完成第七届理事会的换届改选工作。

2. 坚持“服务企业、规范行业、发展产业”为协会工作的指导思想，坚持规范办会，一年二度召开扩大的会长办公会议明确上、下半年的工作，发挥理事单位的作用。通过协会单位认可的厂长沙龙、召开现场会、组织参观活动等多种形式增强协会组织的活力。

3. 基于有着海外留学背景接家族企业班的情况日渐增多，这代高管有着不同于父辈的理念与想法，协会经过相当一段时间的筹备，成立了新一代印刷经理人交流平台，并且邀请一些有造诣的中年优秀企业家一起参与，不定期就大家关心的问题开展交流，并于11月组织到浙江平湖的3家企业学习取经。

4. 编写协会首部《上海数字印刷行业发展报告（2015）》，系统回顾协会近30年来的发展历程。该报告编入2016年由上海市人民政府发展研究中心与现代服务业联合会合作编写、学林出版社出版的《上海现代服务业发展报告（2016）》。

5. 协会一面通过舆论途径反映企业的真实情况与合理诉求，一面积极推动环境治理工作的开展，强调企业应该正视自己的社会责任。2016年组织治理动员与政府扶持政策的情况介绍会，并于年末主动承接了浦东新区政府环保局下达的关于胶印、凸（柔版）印、数字印刷等3个印刷工艺的VOCs排放及治理（推广）的课题项目。

地址：上海市黄浦区福州路107号三楼318室

邮编：200002

电话：63296019 63211668

邮箱：103423520@qq.com

上海市茶叶行业协会

上海市茶叶行业协会成立于2005年1月，现有各种所有制会员单位175多家，是面对市场，并代表上海茶叶市场主流的行业组织，2012年被上海市民政局和社团局评为4A级行业组织。

近年来，上海市茶叶行业协会始终着眼振兴上海茶市，不断更新理念，坚持创新发展，增强服务意识，努力为广大会员茶商搭建诚信经营的平台。在2015—2016年度中，着重开展以下几方面工作。

一、成功举办2015—2016期间两届上海国际茶博会

每年春季举办的中国（上海）国际茶博会，是上海市茶协宣传推介各地名茶、繁荣沪上茶市的重头戏，也是协会多年打造的一张“名片”。2015—2016年度中举办的两届茶博会各有特色，成果丰硕。2015年的茶博会，茶叶百强企业、老字号品牌、地方龙头茶企参展率大幅度攀升，占参展茶企总数的70%以上。与往届相比，这一届产区政府组织当地知名茶企组团参展的比例大幅上升，从而有助于融合资源优势，打造地方茶叶品牌形象。展会还以中国名茶荣获巴拿马世博金奖100周年为契机，隆重举办“中国名茶荣获世博金奖100周年”纪念大会。会上向12个100年前曾在巴拿马世博会上获金奖的茶品牌颁发“百年荣耀金品牌”。

二、不断增强服务意识，以茶文化助推茶产业

协会始终秉承“服务会员”的理念和宗旨，努力创造条件，为会员茶商提供各类服务，包括及时发布茶情通报和报道茶市动态，为会员提供信息服务。每年春茶上市前，协会都要通过各种途径，对各产茶地的茶树生长和茶叶采摘、制作、面市情况开展调研，并通过上海有影响的新闻媒体，及时发布2次以上茶情通报，为茶商经销和市民购茶提供信息和服务。

协会更以弘扬茶文化为载体，先后策划、组织了多场文化公益活动，帮助和引导会员茶企与消费者之间的融合，展示企业形象，宣传茶产品，助推茶产业。如会同“茗之源”茶业先后举办“茶，穿越时光的初心”为主题的茶文化演讲；“江河一润”茶业公司在上海全民饮茶周中开展以“茶·感恩”为主题的茶品鉴活动；大宁茶城和丰庄茶城在春茶上市之际，先后组织“春茗茶香茶文化雅集”活动和“云贵川春茶品鉴会”。协会还会同茶城经营商组织入驻茶商深入社区，向市民普及茶知识，宣传茶文化。协会还藉端午节之际，与上海青果公益组织及徐汇群众艺术馆联手成功举办“国民饮茶”大型公益活动，组织会员在现场设置近20张各具文化特色的茶席，开设茶艺讲座，吸引3000多名市民参与，实现茶商与消费者的直接对接。

三、帮助和引导会员电商销售平台

为引导会员更新经营理念，改进营销模式，帮助会员拓宽销售渠道，提高经营效益，协会积极鼓励进入和引导会员参加网上销售。为降低会员上网销售的成本，协会于2015年底主动与新民报业集团旗下的“大购网”电商平台联系，商谈合作事宜，于2016年初双方签订战略合作协议，确定让会员茶商无成本进入、低成本销售的上网条件，并积极加以推进。一是在《上海茶业信息》报以“登陆大购网，实现OTO”为题，用一个整版介绍“大购网”的相关背景资料和运行方式，让会员茶企了解和认识大购网。二是走访会员，宣传大购网的背景资料，听取意见，填写上网销售的意向表。三是举办专题座谈，请新民报业集团营运总监专题介绍“大购网”的性质、宗旨、经营项目、运作方式及与销售商的合作条件，有合作意向的会员茶企负责人踊跃与会并积极提问，进行互动，更具体了解了“大购网”的优势和发展前景。四是请“大购网”操作人员直接与会员茶商见面进行合作对接。目前，已有近十家会员茶企与大购网签订上线销售的合作协议。

四、以企业诚信创建活动为抓手，努力推进行业自律

上海市企业诚信创建活动是由上海市委宣传部等24家主管部门组织开展的权威性强、含金量高的企业诚信和品牌建设活动。按照市诚信创建活动组委会的要求，市茶协及时制定企业诚信创建活动方案和申报评定工作推进计划，动员具备条件的会员茶企踊跃申报诚信创建企业，并落实由市创建组委会推荐的市第三方评定机构。协会还组织部分会员茶商参加市诚信创建办公室举办的业务培训。经组织动员，申报参加诚信创建的茶企由以往的2家发展到近20家，经第三方评估，有4家企业被评为诚信创建企业。其中三星级2家，二星级2家。

五、履行社会责任，贯彻落实上级社团组织的有关工作要求

对于上海市商务委、经团联、社团局、

商联会等主管部门召开会议部署工作、交流经验、通报情况以及旨在繁荣市场的推介或公益活动，市茶协均积极组织，踊跃参加。2015—2016年间，市茶协先后参加了市经团联信息工作会议、上海市企业社会责任报告发布会、市商联会举办的新《食品安全法》学习培训会和通讯员会议，并组织会员茶企参加企业社会责任培训班、市政府补贴培训以及“3·15”消费者权益日大型咨询服务活动，并通过《上海茶业信息》报传递信息，扩大影响。

上海市购物节组委会组织开展的上海市购物节，协会不仅及时下发通知，动员和组织广大会员茶企踊跃参与，还结合行业特色，积极参加以“绿色、健康、饮茶”为主题的“上海金秋购茶节”惠民促销活动。先后举办“上海金秋购茶节暨获奖茶品鉴会”“2015上海购物节秋季茶展”和“2016中国茶业交易会暨上海购物节茶展”，受到市购物节编委会的表彰。

六、加强对外合作，扩大协会影响

协会持续加强与长三角茶业合作组织的联系和合作，积极参加市商务委、经团联等部门组织的与外省市的经济合作考察活动，先后参加市商务委落实与云、黔、湘商贸交流合作会议并制订对接方案，沪滇商务座谈会，云南农产品入沪展会，遵义农产品入沪展会，上海—遵义产业合作暨项目推介会，组织会员茶企赴遵义考察和对接等，有力地促进了产销合作。2016年，协会先后走访浙江省茶产业协会、中华全国供销合作总社杭州茶叶研究院，并应云南临沧市茶协邀请，就产销对接进行访问考察，应陕西茶协的邀请，组团前往陕西咸阳、汉中等产茶区考察泾渭茯茶和汉中茶产业。协会还与斯里兰卡驻沪总领事馆保持良好和密切联系，每届茶博会，都邀请领馆派员出席开幕式和巡展，近期又应邀与来沪的斯里兰卡茶叶局官员会面，商谈合作事宜，并组织会员单位出席斯里兰卡驻沪总领馆举行的“锡兰红茶文化夜”活动，增进了双方的产业合作和文化交流。

七、加强协会自身建设，夯实各项基础工作

在积极服务会员的同时，协会还十分注重加强自身建设，具体体现在以下几方面：一是隆重举办市茶协成立十周年暨经济年会。2015年是上海市茶叶行业协会成立十周年，为总结经验，发扬成绩，规划未来，推进发展，市茶协于4月28日在市政协礼堂隆重举行了市茶协成立十周年庆典暨经济年会。会上命名和表彰“十强茶城”“八大特色名茶楼”、九位“个人卓越贡献奖”获得者、十七家“行业优秀品牌企业”和51家优秀会员单位。二是积极发展新会员。前几年，受各种因素影响，发展新会员工作十分缓慢。从2015年底起，协会通过走访茶商、宣传协会的宗旨、功能和职责，吸引茶商入会。2016年上半年更是加大了宣传的力度，并取得明显成效，申请入会的茶商逐渐增多。目前，协会的会员数已从2015年底的121家增加到175家，增幅为44.63%。三是平稳过渡，做好秘书处负责人调整工作。根据会员队伍不断壮大，以及理事会成员、单位的变动等实际，为了加强理事会和秘书处班子的建设，在2017年的协会三届七次理事会和会员大会上，增补8名理事，聘任王木根为协会秘书长，同时还新聘了3位兼职副秘书长。四是成立临时党支部。经中共上海市商业联合会党委正式发文批复，同意协会临时党支部正式成立，已按《党章》要求正常开展活动，有力地助推了行业的党建工作。

地址：上海市浦东新区东昌路600号东昌大楼218室

邮编：200120

电话：58430629

传真：58430795

E-mail:teashai5@.sind.com

四、商贸法律法规

国家商贸法律法规

国家新颁布商贸法律、法规目录

法律、法规名称	发布机关	发布日期	实施日期
关于外国驻华使（领）馆及其馆员在华购买货物和服务增值税退税政策的通知	财政部　国家税务总局	2016.4.6	2016.5.1
关于公布《国境口岸卫生许可管理办法》的令	国家质量监督检验检疫总局	2016.4.21	2016.7.1
关于同意开展服务贸易创新发展试点的批复	国务院	2016.4.22	
关于促进汽车平行进口试点的若干意见	商务部　工业和信息化部　公安部 环境保护部　交通运输部　海关总署　国家质量监督检验检疫总局　国家认证认可监督管理委员会	2016.4.27	
关于进一步促进贸易投资便利化完善真实性审核的通知	国家外汇管理局	2016.4.29	2016.4.29
关于促进外贸回稳向好的若干意见	国务院	2016.5.10	
关于推动文化文物单位文化创意产品开发若干意见的通知	国务院办公厅转发文化部等部门	2016.5.11	
公布《港澳服务提供者在内地投资备案管理办法（试行）》的公告	商务部	2016.5.18	2016.6.1
关于发布《对外援助标识使用管理办法（试行）》的令	中华人民共和国商务部	2016.5.23	2016.6.22
关于发挥检验检疫职能作用促进外贸回稳向好的通知	质检总局	2016.6.8	
关于促进二手车便利交易 加快活跃二手车市场的通知	商务部等 11 部门办公厅	2016.6.12	
关于中央财政支持开展居家和社区养老服务改革试点工作的通知	财政部	2016.7.13	

（续表）

法律、法规名称	发布机关	发布日期	实施日期
关于印发《专利收费减缴办法》的通知	财政部　国家发展改革委	2016.7.27	2016.9.1
关于动漫企业进口动漫开发生产用品税收政策的通知	财政部会同海关总署　国家税务总局	2016.8.20	
关于全国范围内取消加工贸易业务审批，建立健全事中事后监管机制公告	商务部　海关总署	2016.8.25	2016.9.1
公布《服务外包产业重点发展领域指导目录》	商务部　财政部　海关总署	2016.8.25	
关于公布《粮食质量安全监管办法》的令	中华人民共和国国家发展和改革委员会	2016.9.8	2016.10.8
关于转发国家发展改革委物流业降本增效专项行动方案（2016—2018 年）的通知	国务院办公厅	2016.9.13	
关于推进商品交易市场转型升级的指导意见	商务部　国土资源部　住房城乡建设部　交通运输部　银监会	2016.9.18	
关于优惠贸易协定项下进出口货物报关单填制规范的公告	海关总署	2016.9.20	2016.10.1
关于完善股权激励和技术入股有关所得税政策的通知	财政部　国家税务总局	2016.9.20	2016.9.1
关于各优惠贸易安排项下经港澳中转进口货物单证提交事宜的公告	海关总署	2016.9.21	2016.10.1
关于公布《〈中华人民共和国海关稽查条例〉实施办法》的令	海关总署	2016.9.26	2016.11.1
关于规范货物贸易外汇收支电子单证审核的通知	国家外汇管理局	2016.9.28	2016.11.1
关于公布《外商投资企业设立及变更备案管理暂行办法》的令	商务部	2016.10.8	2016.10.8
关于促进农村生活服务业发展扩大农村服务消费的指导意见	商务部	2016.10.17	
关于进一步优化中国（上海）自由贸易试验区银行业机构和高管准入监管的通知		2016.10.28	2016.10.28
关于推动实体零售创新转型的意见	国务院办公厅	2016.11.2	
关于推进电子商务进社区促进居民便利消费的意见	商务部　民政部　国土资源部　住房城乡建设部　质检总局	2016.11.8	
关于开展加快内贸流通创新推动供给侧结构性改革扩大消费专项行动的意见	商务部等 13 部门	2016.11.14	
发布《机电产品国际招标代理机构监督管理办法（试行）》的令	商务部	2016.11.25	2017.1.1
关于规范加工贸易项下进口消耗性物料管理的公告	海关总署	2016.11.28	2017.1.1
关于海关特殊监管区域内开展委内加工业务的公告	海关总署	2016.11.29	2017.1.1
关于公布《企业投资项目核准和备案管理条例》的令	中华人民共和国国务院	2016.11.30	2017.2.1

（续表）

法律、法规名称	发布机关	发布日期	实施日期
关于在服务贸易创新发展试点地区推广技术先进型服务企业所得税优惠政策的通知	财政部　国家税务总局　商务部　科技部　国家发展改革委	2016.12.2	
《关于加强国际合作提高我国产业全球价值链地位的指导意见》	商务部等 7 部门	2016.12.5	
关于出境加工业务有关问题的公告		2016.12.7	2016.11.30
关于印发《对外直接投资统计工作考核办法》的通知	商务部办公厅	2016.12.9	
关于全面放开养老服务市场提升养老服务质量的若干意见	国务院办公厅	2016.12.17	
关于进一步规范进口货物直接退运业务相关事宜的公告	海关总署	2016.12.19	2017.1.1
关于做好外商投资企业设立及变更备案监督检查有关工作的通知	商务部	2016.12.19	
关于做好“十三五”时期消费促进工作的指导意见	商务部	2016.12.23	
公布行政审批中介服务事项调整有关事宜的公告	商务部	2016.12.26	2017.1.1
关于调整对外援助物资检验和验放管理的通知	商务部　海关总署　国家质量监督检验检疫总局	2016.12.30	2017.1.1
公布 2017 年出口许可证管理货物目录的公告	商务部　海关总署	2016.12.30	2017.1.1
关于海关特殊监管区域和保税监管场所保税货物流转管理的公告	海关总署	2016.12.30	2016.12.30
关于 2017 年关税调整方案的公告	海关总署	2016.12.30	2017.1.1
《2017 年进口许可证管理货物分级发证目录》的公告	商务部	2016.12.31	2017.1.1
关于支持科技创新进口税收政策管理办法的通知	财政部　教育部　国家发展改革委　科技部　工业和信息化部　民政部　商务部　海关总署　国家税务总局　国家新闻出版广电总局	2017.1.14	2016.1.1
关于印发《国际金融组织和外国政府贷款项目前期管理规程（试行）》的通知	财政部	2017.1.24	2017.3.1
关于进一步推进外汇管理改革完善真实合规性审核的通知	国家外汇管理局	2017.1.26	2017.1.26
关于促进老字号改革创新发展的指导意见	商务部等 16 部门	2017.2.3	
关于印发《商贸物流发展“十三五”规划》的通知	商务部等 5 部门	2017.2.8	
关于“十三五”时期促进酒类流通健康发展的指导意见	商务部	2017.2.15	

（续表）

法律、法规名称	发布机关	发布日期	实施日期
关于规范和促进拍卖行业发展的意见	商务部	2017.2.17	
关于推进重要产品信息化追溯体系建设的指导意见	商务部 工业和信息化部 公安部 农业部 质检总局 安全监管总局 食品药品监管总局	2017.2.23	
关于银行间债券市场境外机构投资者外汇风险管理有关问题的通知	国家外汇管理局	2017.2.27	2017.2.27
关于印发《全国药品流通行业发规划（2016—2020 年）》的通知	商务部	2017.3.1	
关于《中华人民共和国海关关于最不发达国家特别优惠关税待遇进口货物原产地管理办法》的令	海关总署	2017.3.3	2017.4.1
关于公布《进出口工业品风险管理办法》的令	国家质量监督检验检疫总局	2017.3.6	2017.4.1
关于修改《进口旧机电产品检验监督管理办法》的决定》的令	国家质量监督检验检疫总局	2017.3.14	2017.4.1
关于《执行〈中西部地区外商投资优势产业目录（2017 年修订）〉》的公告	海关总署	2017.3.20	2017.3.20
关于印发《居民生活服务业发展“十三五”规划》的通知	商务部	2017.3.24	
关于印发《研发机构采购国产设备增值税退税管理办法》的公告	财政部 商务部 国家税务总局	2017.3.27	2016.1.1
关于建立粮食生产功能区和重要农产品生产保护区的指导意见	国务院	2017.3.31	
关于印发全面深化中国（上海）自由贸易试验区改革开放方案的通知	国务院	2017.4.1	
关于便利银行开展贸易单证审核有关工作的通知	国家外汇管理局	2017.4.4	
关于印发 2017 年食品安全重点工作安排的通知	国务院办公厅	2017.4.6	
关于公布《汽车销售管理办法》的令	商务部	2017.4.14	2017.7.1

上海商贸法律法规

上海新颁布商贸法律、法规目录

法律、法规名称	发布机关	发布日期	实施日期
关于印发《上海市推进“互联网+”行动实施意见》的通知	市政府	2016.4.1	
关于印发《中国（上海）跨境电子商务综合试验区实施方案》的通知	上海市人民政府办公厅	2016.6.8	

（续表）

法律、法规名称	发布机关	发布日期	实施日期
关于在中国（上海）自由贸易试验区海关特殊监管区域内开展汽车平行进口试点保税仓储业务的公告	上海海关	2016.6.30	2016.6.30
关于中国（上海）自由贸易试验区保税区域综合用地规划和土地管理的实施意见（公共意见征询）	中国（上海）自由贸易试验区管理委员会保税区管理局	2016.8.2	
关于印发《进一步深化中国（上海）自由贸易试验区和浦东新区事中事后监管体系建设总体方案》的通知	市政府办公厅	2016.8.5	
关于加快本市融资租赁业发展的实施意见	上海市人民政府办公厅	2016.8.25	2016.9.1
关于印发《本市贯彻〈国务院办公厅关于发挥品牌引领 作用推动供需结构升级的意见〉的实施办法》的通知	市政府办公厅	2016.9.8	2016.9.1
关于印发《上海市跨境电子商务示范园区认定办法》的通知	市商务委	2016.11.21	2016.12.21
关于印发《2016 年上海市政府自贸区债券招标发行规则》的通知	市财政局	2016.12.14.	2016.12.14
关于印发《上海市药品、医疗器械、化妆品违法行为举报奖励办法》的通知	上海市食品药品监督管理局　上海市财政局	2017.1.5	2017.2.15
关于印发修订后的《上海市鼓励跨国公司设立地区总部的规定》的通知	上海市人民政府	2017.1.27	2017.2.1

第七编

专　记

各区商贸
著名商圈
上海特色商业街

一、各区商贸

宝山区商贸

一、概　述

宝山区商务委员会主任
叶　强

2016年，宝山区商务委围绕年初确定的目标任务，狠抓落实，突出重点，全区商务运行呈现良性发展的总体态势。完成商品销售总额3643.63亿元，比上年增长10.3%；社会消费品零售总额642.54亿元，比上年增长8.1%；吸收合同外资4.31亿美元，比上年增长59%。外贸进出口总额523.47亿元，其中：出口额220.74亿元，进口额302.73亿元。

二、商业经济

（一）主要商业项目

宝乐汇：处于淞宝商圈的核心位置，西侧毗邻宝山区商业主轴——牡丹江路。2016年4月28日正式开业，建筑面积10万平方米。是由宝钢发展有限公司投资6亿元倾力打造的集零售、餐饮、娱乐、服务、休闲于一体的大型综合体验型购物中心。绿地进口商品直销中心、星巴克、西贝餐饮、TOM熊电玩城、星美国际影城等国际知名品牌纷纷入驻。

亿博大厦：紧邻地铁三号线友谊西路站。2016年10月开业，建筑面积6.8万平方米，由上海韦博置业有限公司投资4.3亿元建设而成，是一座集商务、购物、休闲、休憩等多重功能为一体的商业商务综合大楼。憨豆咖啡、VRAN班跑、鑫源超市等知名品牌已入驻其中。

翼生活：紧邻地铁一号线宝安公路站。

宝乐汇外景

2016 年 11 月开业，建筑面积 2.8 万平方米，由北翼集团投资 1.2 亿元打造的集商业、办公于一体，定位为宝山杨行地区的社区型商业综合体。比宜德超市、巴黎贝甜、音维爱时尚量贩式 KTV、一兆韦德健身、世茂国际影院等知名品牌入驻其中。

睦邻小镇：位于罗泾镇。2016 年 8 月开业，建筑面积 5600 平方米，由北翼集团借鉴新加坡“邻里中心”模式，打造的集社区服务、商业购物、文化体验等于一体的社区商业中心。迪亚天天、克莉丝汀饼屋，老裕兴汤包馆、唐德影业等接地气的品牌先后入驻小镇。

（二）运行特点

批零业增长好于住餐行业。2016 年，全区批发零售业实现零售额 597.89 亿元，比上年

智慧湾外景

增长 8.1%，占全区社零额的 93.1%。住宿餐饮业实现零售额 44.66 亿元，比上年增长 7.7%，占全区社零额的 6.9%。

汽车消费增速稍有放缓。汽车行业实现零售额 146.06 亿元，占全区社零额的 24.6%，比上年增长 7.4%，增幅较上年回落 3.7 个百分点。其中，宝和丰田、瑞孚等汽车销售增长超过一倍。闸捷、锦腾等汽车销售增长超过五成。

节庆营销促进消费增长。组织区内商业企业开展节庆主题营销活动，营造欢乐消费、繁荣和谐的节日氛围，促进了消费增长，据对区内重点商业企业元旦、春节、五一、十一四大节日销售分别同比增长 4.8%、10.2%、18.43% 和 10.0%。

三、服务业

2016 年，宝山区服务业完成增加值 725.11 亿元，比上年增长 8.0%。服务业占经济总量的比重为 69.1%。全区服务业完成固定资产投资 323.14 亿元，占全区固定资产投资总额的 94.59%；实现税收 205.78 亿元，增长 17.1%，其中区级税收 93.64 亿元，增长 7.5%。

（一）提升服务业载体“两率”

协调区内各投资促进中心、园区所属乡镇、各开发区、园区运营方，形成合力，努力提升载体“两率”（企业入驻率和税收属地率）。至四季度，全区服务业载体整体“两率”达 74.2% 以上，其中中成智谷、上海移动互联网创新园达 90% 以上，智力产业园二期、高境复旦软件园、长江软件园、北外环信息产业园达 85% 以上。

（二）创新创业环境建设

一是成功引进万科“星商汇”商务品牌。该品牌是万科集团跟随城市进化的步伐，在产业地产领域的服务品牌，旨在打造全生态企业成长服务平台，专注企业在“初创、成长、发展、稳定、扩张”的全发展周期中全方位、

中成智谷外景

不同层次的需求。通过与该品牌开始深度合作， 2016 年在宝山区成功举行了 6 次产业圈层系列论坛活动。二是整体启动“创新、创业、创意”三线产业带建设。坚持“市场主导、企业主体、政府支持、融合发展”原则，以“低成本、小集聚、分布式、嵌入型、专业化”发展模式，充分利用地铁一、三、七号线周边载体优势，推动创新要素集聚，激发社会创新活力、促进创新企业发展，打造宝山落实国家双创战略以及上海科技创新中心建设的重要功能区。同时，年内智慧湾、吴淞科技园二期、智力产业园二期、卓越时代、尚知科技园等一批以工业存量用地改造为主要模式的服务业载体正式对外运营，为区域新兴产业集聚提供了增量物理空间。

四、利用外资

2016 年，宝山区批准外商投资项目 180 个（其中新批 150 个，增资 30 个），比上年增长 5.3%。宝山区吸收合同外资 43121 万美元，比上年增长 59.0%；实到外资 23355 万美元，比上年增长 12.6%。

2016 年利用外资情况表

利用方式	合同外资		实到外资	
	金额（万美元）	比上年（%）	金额（万美元）	比上年（%）
合　计	43121	59.0	23355	12.6
其中：合　资	8320	110.00	93	-96.0
合　作	0		0	
独　资	34801	50.2	23262	26.2

利用外资主要领域、方式及特点：2016 年，外商投资生产型项目 19 个，合同外资 8944 万美元，占合同外资总量的 20.7%。项目主要涉及食品制造业、专用设备制造业、通信设备、计算机及其他电子设备制造业。非生产型项目 161 个，合同外资 34177 万美元，占合同外资总量的 79.3%。项目主要涉及软件业、批发业、房地产业。

2016 年外商投资行业（或产业）分布情况表

行业（或产业）	项目数		合同外资		实到外资	
	数量（个）	占比（%）	金额（万美元）	占比（%）	金额（万美元）	占比（%）
合计	180		43121		23355	
生产型项目	19	10.6	8944	20.7	4362	18.7
非生产型项目	161	89.4	34177	79.3	18993	81.3

特点：一是行业结构进一步优化。外商投资服务业项目成为区利用外资主力军，占全部项目数的 89.4%，投资领域涉及批发零售、专业服务、软件信息、餐饮管理、现代物流等。二是积极协调企业增资扩股。通过实地走访、电话沟通等方式，积极协调推进重点企业增资扩股，及时跟踪解决企业发展过程中的困难和问题。2016 年增资规模较大的企业有：颐海（上海）食品有限公司增资 4671 万美元，上海恺诚房地产开发有限公司增资 4882 万美元，上海衣脉信息科技有限公司增资 9500 万美元，雅玛多（中国）运输有限公司增资 5347 万美元，华域皮尔博格泵技术有限公司增资 458 万美元，上海申和热磁电子有限公司增资 11 亿日元。三是提升外商投资质量，推进总部经济发展。大力推进总部经济的发展，吸引具有营运管理功能的总部型企业和机构集聚发展，提升能级。引进邮轮、游艇、游船“三游”服务业、科技服务业、软件信息服务业等专业服务和商贸服务业领域的高端主体，支持在宝山的跨国公司提升全球营运管理能力。2016 年，歌诗达邮轮集团环宇领先邮轮管理（上海）有限公司、上海长江力索船务代理有限公司等落户宝山。四是进一步强化服务力度，推进项目进程。根据项目实际情况做好跟踪和服务工作，对成熟项目进一步做好审批等方面的指导服务工作，力争项目早开工，早投产。对在谈项目，积极做好协调服务工作，解决相关问题，推介项目进程。

2016 年，外商直接投资主要来自中国港澳地区、欧洲、日韩等国家和地区。其中中国港澳地区项目 49 个，合同外资 26790 万美元；欧洲项目 27 个，合同外资 4879 万美元；日韩项目 23 个，合同外资 3369 万美元。

2016年外商投资主要来源地情况表

国别（地区）	项目数（个）		合同外资（万美元）
	新批	增资	
中国港澳	41	8	26790
中国台湾	21		338
日　韩	15	8	3369
东　盟	15	3	758
欧　洲	22	5	4879
美　国	8	2	181
其　他	28	4	6805

五、对外贸易

2016年宝山区企业实现进出口总额523.47亿元，比上年下降6.76%，其中出口总额220.74亿元，下降11.75%。

2016年，在国有企业和外资企业对外贸易均出现下滑的情况下，宝山区私营企业进出口额实现124.84亿元，比上年小幅增长3.74%。

2016年出口企业情况表

企业类型	出口额（万元）	比上年（%）
国有企业	973644.26	-19.17
私营企业	538692.15	-1.23
外资企业	644339.13	-10.91

2016年，宝山区外贸结构逐步优化，主要出口虽仍为钢铁相关产品比上年如钢材、钢结构件和集装箱，但高新技术产品进出口额达30.19亿元，比上年增长24.48%，其中进口额为20.35亿元，增幅达50.69%。

2016年主要出口商品一览表

商品名称	出口额（万元）	比上年（±%）
钢　材	779760.99	-18.52
钢铁或铝制结构体及其部件	107198.77	-28.91
集装箱	70784.79	-57.46
冷冻机和制冷设备	48917.10	5.54
机械提升搬运装卸设备及零件	36522.50	-13.48
纺织纱线、织物及制品	35646.74	3.73
家具及其零件	32936.89	6.28
服装及衣着附件	32466.36	-8.61
通断保护电路装置及零件	30246.01	-23.94
灯具、照明装置及类似品	30018.76	2.43

2016 年，在对美日韩等传统市场出口低迷的背景下，宝山区企业响应国家战略，拓展一带一路沿线市场成效显著，进出口额为 109.66 亿元，增长 6.28%，其中出口增幅为 1.14%。

2016 年出口商品主要输往地情况表

国别（地区）	出口额（万元）	比上年（%）
东　盟	399104.65	-14.37
美　国	329271.01	-15.64
欧　盟	237418.01	2.40
韩　国	187236.99	-31.45
日　本	145300.20	-6.99
印　度	144619.77	27.91
土耳其	87516.39	13.00
沙特阿拉伯	65595.77	312.64
中国香港	56055.44	-40.26
加拿大	52019.18	-38.48

六、对外经济合作

2016 年，宝山区企业经核准赴境外新设立企业 12 家，并购 4 家，增资项目 10 个，投资总额 9.43 亿美元。

投资主体主要为民营企业，投资国别（地区）主要为中国香港、美国、澳大利亚等。

2016 年宝山区对外投资呈现能级不断提升态势，医疗、文化等服务业企业不断增多，如复古基因股份有限公司从事诊断技术、医疗技术领域内的开发、咨询、服务；香蕉计划集团公司从事演艺经纪、会展等服务。

2016 年对外投资情况表

设立方式	境外企业名称	境内投资主体	国别（地区）	投资总额（万美元）	经营范围
新设	大华德克兰普朗姆普顿有限公司	大华（集团）有限公司	澳大利亚	11733.40	房地产投资
新设	諧成實業有限公司	上海谐成企业控股集团有限公司	中国香港	395.20	国际贸易、化工产品、油类
增资	均和海外（香港）有限公司	上海均和集团国际贸易有限公司	中国香港	1500.00	货物及技术进出口贸易
并购	曼帝斯公司	同利房地产有限公司	捷　克	306.21	房地产咨询及管理、投资咨询、财务咨询、商务信息咨询等
新设	德国赛赫公司	赛赫智能设备（上海）股份有限公司	德　国	5.50	工业设备的研发、生产和销售、对外投资与咨询、货物及技术的进出口
增资	香港际动网络科技有限公司	上海际动网络科技股份有限公司	中国香港	5.00	网络科技、计算机科技领域内的技术开发、电子商务等
新设	腾达国际物流（香港）有限公司	上海腾达国际物流股份有限公司	中国香港	0.13	国际多式联运、集运，装卸服务，仓储，货物及技术的进出口

（续表）

设立方式	境外企业名称	境内投资主体	国别（地区）	投资总额（万美元）	经营范围
增资	东鼎投资公司	上海东鼎投资集团有限公司	美 国	1500.00	房地产，资产管理
新设	复古基因股份有限公司	百世嘉（上海）医疗技术有限公司	美 国	20.00	诊断技术，医疗技术领域内的技术开发、技术咨询、技术服务，从事货物及技术的进出口服务，Ⅰ类医疗器械的销售
并购	韩国香蕉计划文化发展株式会社	上海香蕉计划文化发展有限公司	韩 国	285.78	演艺经纪，电视娱乐节目制作业
新设	尚林实业发展有限公司	尚林管道工程（上海）有限公司	中国香港	0.15	管道、建材、五金交电、日用百货批兼零，货物及技术的进出口
增资	赛赫欧洲有限公司	赛赫智能设备（上海）股份有限公司	德 国	40.10	工业设备的研发、生产和销售，对外投资与咨询，货物及技术的进出口
增资	大华集团墨尔本投资公司	大华（集团）有限公司	澳大利亚	13300.00	房地产、旅游信息、实业投资及管理
新设	海资建设（美国）有限公司	上海海资建设工程有限公司	美 国	30.00	建筑材料销售及贸易
新设	山意微电子有限公司（美国）	上海市山意微电子技术有限公司	美 国	50.00	微电子科技领域内的技术开发、转让，应用系统的技术开发、咨询
增资	浦帮机电制造私营有限公司	上海共祥电气制造有限公司	印 度	93.00	电气机械设备机制造，金属制品加工，货物及技术进出口
增资	大华集团（澳洲）有限公司	大华（集团）有限公司	澳大利亚	16897.71	房地产投资
增资	大华集团悉尼投资有限公司	大华（集团）有限公司	澳大利亚	44106.85	房地产投资
增资	保集国际有限公司	上海保集（集团）有限公司	中国香港	500.00	化工产品销售
增资	尼尔钢铁贸易有限公司	上海煜来实业有限公司	中国香港	30.00	钢材销售及提供相关技术咨询
新设	盈智欧洲有限公司	上海盈智汽车零部件有限公司	德 国	550.00	汽车零部件的研发、制造、和销售，汽车零部件相关技术服务
并购	印尼万向镍业	上海琪璞实业发展有限公司	印度尼西亚	1000.00	镍铁的冶炼与加工
并购	大瑞科技股份有限公司	上海飞凯光电材料股份有限公司	中国台湾	1497.01	BGA 封装锡球的生产、加工及销售
新设	香蕉计划集团公司	上海香蕉计划文化发展有限公司	中国香港	150.00	演艺经纪服务，会展服务，赛事活动策划，公关活动策划，文化艺术交流策划，影视策划咨询，广告设计、制作、发布

（续表）

设立方式	境外企业名称	境内投资主体	国别（地区）	投资总额（万美元）	经营范围
新设	惠而顺精密工具（美国）有限公司	上海惠而顺精密工具有限公司	美 国	10.00	从事硬质合金精密工具的进口及销售业务
新设	新通联包装（马来西亚）有限公司	上海新通联包装股份有限公司	马来西亚	250.00	纸包装制品、木包装制品的生产、批发与零售，包装服务领域技术开发、转让、服务等

七、发展趋势

2017 年是全力推进“十三五”规划，实现跨越式发展的关键年。宝山区商务委将继续聚集项目、提升能级，开拓商务工作新局面。

1. 既重量又重质，提升商务载体能级。一是探索租税联动机制，提升载体产出率；二是积极支持临港、金桥、万科、荣广、科房、复地、德必等先进产业园区运营商进入宝山发展；三是会同有关部门推动一批在建项目早日竣工，推进一批已启动项目完善设计、建设方案，力争早日开工建设，推进一批拟建项目方案落地。

2. 以发展平台经济为重点，引进和培育优质的现代服务业企业。一是围绕“互联网 + 平台”，大力推进以上海钢联、欧冶云商为代表的大宗商品平台经济发展；二是建设高能级的大宗商品交易以及大数据、云计算和移动互联网服务平台；三是推进一批具有核心竞争力的企业不断拓展规模。

3. 适应消费变化新趋势，推动商业转型升级。一是推进食行生鲜、上蔬永辉等运作主体加快发展；二是市区联动，开展创建幸福婚庆产业示范园工作；三是协调推进重点商业商务综合体建设进度；四是继续做好单用途预付卡履约保证保险试点工作；五是推进内贸体制改革的示范项目之一“上海酒业诚信通”——酒类网格化移动巡查系统项目建设。

4. 落实“区港联动”，发展邮轮延伸产业。一是推进邮轮船舶供应服务便利化；二是推进邮轮服务贸易示范项目申报及示范基地建设；三是深化进出口平台建设，加快上海—东盟商品直销中心及平台建设运营；四是探索设立海关特殊监管区；五是加强全区外贸运行监测和调研分析，联合海关起草完成《促进宝山区外贸稳定增长课题》。

5. 拓展外资领域，提高项目质量。对接市外商投资促进中心、香港贸促会、欧盟商会、涉外律师事务所等机构，积极引进高端服务业、先进制造业项目和研发中心。围绕移动互联网、机器人、智能制造、设计研发、新材料等新兴产业，加大外资项目的招商引资力度，积极引进高端服务业项目和先进制造业项目，引导外资企业设立研发中心和研发机构。

6. 聚焦邮轮旅游，促进旅游产业有序发展。一是深化邮轮旅游创新发展；二是聚焦罗店“文化旅游小镇”、罗泾“生态旅游小镇”特色资源的挖掘开发；三是深挖旅游市场加强营销；四是提高旅游管理服务水平。

奉贤区商贸

一、概述

奉贤区经济委员会主任
徐建龙

2016年是谋划“十三五”的开局之年，奉贤区牢牢把握稳中求进的工作总基调，紧紧围绕创新驱动、转型发展的总方针，着力稳增长、调结构、促改革、惠民生，想方设法稳外需，千方百计扩内需，全区商贸工作总体进展顺利，外贸进出口、利用外资等工作平稳发展，顺利完成全年目标任务。全区将进一步聚焦服务业重点领域，重点打造“现代商贸”“电子商务与平台经济”“金融服务”“专业服务”“文创休闲”五大服务业。

2016年，全区实现增加值729.3亿元，可比增长5.5%；实现商业销售额1506.4亿元，比上年增长10.1%；实现社会消费品零售总额490.3亿元，比上年增长10%；实现第三产业税收142.3亿元，比上年增长33%；外贸进出口总额644.18亿元，比上年下降3.05%；合同利用外资6.82亿美元，比上年增长11.48%；实际利用外资2.63亿美元，比上年下降17.39%。

二、商业经济

2016年，全区大力优化商业发展结构，

2016年百联南桥购物节

加快社区商业建设步伐，快速提高商业发展水平，继续保持全区商业快速增长势头。全年实现商业销售额1506.4亿元，比上年增长10.1%；实现社会消费品零售总额490.3亿元，比上年增长10%。吃、穿、用、烧各类商品消费零售额除烧类商品外均快速增长，其中吃类商品零售额107.3亿元，比上年增长11%；穿类商品零售额60.9亿元，比上年增长10.4%；用类商品零售额207.7亿元，比上年增长12.5%；烧类商品零售额64.3亿元，比上年增长2.1%。城乡集市贸易成交额50.1亿元，比上年增长8.3%。

现代服务业总体呈加速增长态势，第三产业占全区经济结构比重创新高，现代服务业引领全区经济转型发展和能级提升作用逐步体现。全年共完成第三产业增加值316.4亿元，比上年增长8.2%，占全区比重43.4%，比上年提高2.2个百分点。其中，批发零售业实现增加值82.8亿元，可比增长9.3%；住宿餐饮业实现增加值11亿元，可比下降10.8%；信息、计算机服务和软件业实现增加值34.1亿元，可比增长8%；金融保险业实现增加值40.6亿元，可比增长9.8%；房地产业实现增加值43.5亿元，可比增长18.6%。实现第三产业税收142.3亿元，比上年增长33%。

2016年是上海购物节举办10周年，奉贤区以“新消费、新体验、新联动”为主题，发动全区商业资源积极参与引爆消费热潮，先后开展南桥商圈嘉年华、奉贤第二届婚博会、宝龙城市广场闽南文化展、苏宁生活广场佳节大狂欢、艺术进商圈等9项活动，贯穿“特色奉贤”“购想佳节文化”“商旅文体互动”三大版块。参与主题活动的24家零售商家销售额达到6.42亿元，同比增长12.2%，消费市场反响热烈。

三、利用外资

2016年全区新设外资企业344家，外资企业增资71家。吸收外资总额15亿美元，比上年增加28.74%。共计合同利用外资6.82亿美元，比上年增长11.48%。实际利用外资2.63亿美元，比上年下降17.39%。

闽南文化节

从项目数量分析，2016 年新项目数量 344 个，比上年增长 19.4%。其中第三产业项目 344 个，制造业项目仅 15 个。

从产业分析来看，2016 年新设制造业项目 15 个，增资制造业项目 22 个，共计合同利用外资 1.69 亿美元，占合同利用外资的 25%；2016 年新设三产服务业项目 329 个，增资项目 49 个，共计合同利用外资 5.13 亿美元，占合同利用外资的 75%。三产项目数量继续较快增长。其中亮点项目上海泽翔房地产开发有限公司投资总额 5.6 亿美元，港方出资 1.4 亿美元，成为奉贤区第二家港资房地产企业；似鸟（中国）投资有限公司注册资本 3000 万美元，由日本似鸟股份有限公司全额投资，成为奉贤区第 8 家跨国公司地区总部。

从增资分析来看，2016 年全区增资外资企业 71 家，共计新增合同利用外资 1.68 亿美元，比上年下降 47%，占合同利用外资的 25%。增资占比下降一是因为新设 1.4 亿美元的泽翔房地产拉低了合同外资中增资占比；二是比较老的外资企业经过多年的增资挖潜，近几年引进的制造业项目又极少，导致增资潜力日渐枯竭。

从投资来源地来看，投资前五位的国家 / 地区合同利用外资总额 5.24 亿美元，占合同外资总额的 76.33%。分别是中国香港、韩国、中国台湾、新加坡、日本。其中中国香港合同利用外资 3.65 亿美元，占比达到 53.08%，依旧是来华投资的第一来源地。韩国合同利用外资 0.54 亿美元，排名第二。

2016 年利用外资情况表

利用外资方式	批准外资企业			合同利用	
	企业数（家）	总投资额（万美元）	比 2015 年（%）	外资金额（万美元）	比 2015 年（%）
外方直接投资合计	344	110798.95	108.65	51328.99	75.25
合资企业	32	91422.02	633.00	25255.52	747.79
独资企业	312	19376.93	-52.31	26073.47	-0.90
增资企业	71（不计入合计）	39171.86	-38.20	16846.60	-47.13
合　计	344	149970.81	28.74	68175.59	11.48

2016 年新设外商投资产业分布情况表

	项目类型	产业分类	项目数		投资总额		合同外资	
			数量（个）	占比（%）	金额（万美元）	占比（%）	金额（万美元）	占比（%）
新批项目	生产型	第一产业	—	—	—	—	—	—
		第二产业	15	4.36	27126.71	24.48	9501.42	18.51
	非生产型	第三产业	329	95.64	83672.24	75.52	41827.57	81.49
	合　计		344	100.00	110798.95	100.00	51328.99	100.00
增资项目	生产型	第一产业	—	—	—	—	—	—
		第二产业	22	31.00	11371.64	29.00	7394.93	43.90
	非生产型	第三产业	49	69.00	27800.22	71.00	9451.67	56.10
	合　计		71	100.00	39171.86	100.00	16846.60	100.00

2016 年外商投资主要来源地情况表

	国别（地区）	项目数（个）	投资总额（万美元）	合同外资（万美元）
新批项目	新项目合计数	344	110798.95	51328.99
	韩　国	64	1588.41	1423.05
	中国台湾	63	10051.56	3876.65
	中国香港	56	77069.40	29723.88
	新加坡	19	3309.17	983.54
	美　国	17	7838.59	5348.69
	日　本	16	2004.83	3929.94
	英　国	9	72.73	72.11
	意大利	8	2320.37	664.95
	加拿大	7	120.19	120.19
	澳大利亚	6	774.18	265.20
	萨摩亚	6	3460.51	1805.94
	德　国	6	445.83	349.52
	塞舌尔	5	103.20	80.60
	法　国	4	172.00	128.00
	也门共和国	4	101.24	101.24
	马来西亚	3	282.16	282.16
	加　纳	3	40.46	37.47
	阿拉伯联合酋长国	2	215.04	215.04
	巴基斯坦	2	39.71	39.71
	土耳其	2	13.00	13.00
	尼日利亚	2	57.60	57.60
	南　非	2	25.28	25.28
	墨西哥	2	36.35	30.04
	英属维尔京群岛	2	45.28	36.28
	哥伦比亚	2	25.48	14.64
	毛里求斯	2	11.68	8.78
	喀麦隆	2	17.00	17.00
	印　度	2	25.08	25.08
	以色列	2	12.84	12.84

（续表一）

	国别（地区）	项目数（个）	投资总额（万美元）	合同外资（万美元）
新批项目	瑞　典	2	27.94	24.95
	西班牙	2	12.18	12.18
	开曼群岛	1	1000.00	1000.00
	格鲁吉亚	1	500.00	500.00
	伯利兹	1	619.08	309.54
	荷　兰	1	10.00	10.00
	立陶宛	1	10.00	10.00
	比利时	1	14.95	7.47
	丹　麦	1	46.45	46.45
	爱尔兰	1	10.00	10.00
	乌克兰	1	91.67	91.67
	奥地利	1	10.00	10.00
	伊　朗	1	14.52	14.52
	葡萄牙	1	17.00	17.00
	津巴布韦	1	3.00	3.00
	朝　鲜	1	75.40	22.62
	肯尼亚	1	7.83	7.83
	中国澳门	1	1.29	1.29
	委内瑞拉	1	4.48	4.48
	菲律宾	1	7.54	7.54
	秘　鲁	1	21.40	15.00
	塞浦路斯	1	15.08	15.08
增资项目	增资项目合计数	71	39171.86	16846.60
	中国香港	24	9197.36	6728.44
	韩　国	9	10838.00	3994.70
	新加坡	6	3740.86	967.85
	日　本	5	1309.88	693.50
	美　国	5	830.70	292.27
	德　国	5	650.46	545.51
	中国台湾	3	122.36	98.68

（续表二）

	国别（地区）	项目数（个）	投资总额（万美元）	合同外资（万美元）
增资项目	意大利	3	193.67	166.49
	萨摩亚	2	1790.00	800.00
	荷　兰	2	4789.00	1048.00
	英　国	2	97.92	99.75
	马来西亚	2	817.00	717.84
	澳大利亚	2	497.07	194.38
	瑞　士	1	4297.58	499.19

四、出口贸易

全年区外贸进出口总额644.18亿元，比上年下降3.05%。其中，进口245.14亿元，比上年下降2.92%；出口399.04亿元，比上年下降3.13%。

截至2016年底，全区共有进出口企业2460家。出口企业中外商投资企业545家，全年出口251.17亿元，比上年增长2.14%；内资企业1915家，出口147.87亿元。出口额10亿元以上的企业有6家，2亿元以上的有25家，1亿元以上的有53家。区主要出口产品为机电产品、机械产品、塑料制品等产品。出口产品主要销往美国、日本等100个多个国家和地区。

2016年实现一般贸易出口237.95亿元，比上年增长5.46%；加工贸易出口141.88亿元，下降15.55%。

2016年主要进出口商品情况表

HS 商品分类	出口		进口	
	货值（万元）	比上年（%）	货值（万元）	比上年（%）
第一类 活动物；动物产品	8747.94	-6.73	19140.14	-12.15
第二类 植物产品	24433.02	-30.06	59136.99	-2.74
第三类 动、植物油、脂、蜡；精制油脂	7.34	-72.95	3410.75	10.26
第四类 食品；饮料、酒及醋；烟草及烟草代用品的制品	28489.93	-14.57	81978.23	70.88
第五类 矿产品	1677.41	-31.20	83075.74	34.80
第六类 化学工业及其相关工业的产品	283887.76	0.52	307517.73	-0.88
第七类 塑料及其制品；橡胶及其制品	302025.81	-22.51	371101.49	-23.74
第八类 革、毛皮及制品；箱包；动物肠线制品	72033.52	-0.28	43249.54	-13.03
第九类 木及制品；木炭；软木；编制品	18812.32	-32.53	48029.88	-5.54
第十类 木浆等；废纸；纸、纸板及其制品	36445.36	-21.85	55828.12	-6.5

（续表）

HS商品分类	出口		进口	
	货值（万元）	比上年（%）	货值（万元）	比上年（%）
第十一类 纺织原料及纺织制品	342118.54	-15.76	85017.68	1.88
第十二类 鞋帽伞等；羽毛品；人造、人发制品	37353.02	-16.18	818.54	-34.77
第十三类 矿物材料制品；陶瓷品；玻璃及其制品	101354.33	-0.97	51091.70	8.15
第十四类 珠宝、贵金属及制品；仿首饰；硬币	5986.67	-35.97	1813.24	-22.80
第十五类 贱金属及其制品	368590.70	-5.07	265953.48	-24.90
第十六类 机电、音像设备及其零件	1610785.51	4.89	649585.77	7.93
第十七类 车辆、航空器、船舶及运输设备	158684.19	-7.52	87186.36	11.94
第十八类 光学、医疗等仪器；钟表；乐器	139717.70	26.93	127570.10	22.40
第十九类 武器、弹药及其零件、附件	5363.59	10.74	0	-100
第二十类 杂项制品	418332.31	-6.22	104839.35	5.36
第二十一类 艺术品、收藏品及古物	13.69	-93.76	26.90	299.22
第二十二类 特殊交易及未分类商品	0.40	-66.89	3.86	

金山区商贸

2016年，面对依然严峻复杂的外部环境和改革发展稳定的繁重任务，金山区以“创新驱动、转型升级”为主线，推动全区服务业平稳健康发展，实现了“十三五”良好开局。

一、商贸业

（一）商品销售稳中有升，市场运行平稳有序

2016年，金山区社会消费品零售额414亿元，比上年增长11.3%。春节、五一、十一等节日市场销售监测表明，商业企业整体实现不同增长。

（二）商业业态持续优化，商业用地合理供给

年内，金山区积极推进大型商业综合体调整优化业态，进一步提升服务质量，满足市民购物、休闲需要。金山万达对百货区域进行局部调整，引入苏宁家电体验馆、英派斯运动健身馆、锐利体育用品店、品牌服装集合店等业态，增加市民休闲体验类项目；易家中心契合自身发展定位，引入索福德体育运动体验项目和儿童体验类项目，提高客户黏性度；国贸城一期开展市场整顿和提升，进一步规范市场发展，二期进一步加大招商力度，丰富业态发展。

区商务委会同区规土局和相关部门排摸全区2016年商业、办公用地家底，根据全区商业设施空间布局的合理性要求，对拟出让地块的运营管理、业态功能、周边商办设施、地块招商及供地时间等情况进行综合评估，合理把控商业设施供给数量和时序。确定上报15幅商办用地，并对物业持有比例、持有年限及业态功能等提出具体要求。

（三）节庆活动精彩纷呈，商旅联动焕发活力

2016金山购物节、旅游节双节合并，以“畅想金周末　欢乐购物游”为主题，分为开幕启动、欢乐购物和休闲旅游三个篇章，共十二项重点活动，涵盖了商业、旅游、文化、美食等各个方面。其间，金山智慧商业街启动、上海旅游节花车巡游金山专场、金山“名特优”产品展示展销、上海金山国际沙滩音乐烟花节等系列活动的举办，进一步给金山的商业带来了人气，提升了品牌形象。在上海魔都消费卡、i金山、乐活金山等微信公众号以及户外媒体的广告投放和开幕仪式的启动下，金山购物节的认知度和品牌效应得到了进一步提升。

（四）商业保理开展试点，智慧商圈推进建设

2016年，金山区根据《上海市商业保理试点暂行管理办法》及金山区试点工作实施方案，积极、稳妥推进商业保理试点，指导企业开展项目咨询和公司设立。8月11日，区组织相关职能部门及商业保理领域专业人员对上海新跃商业保理有限公司的设立方案进行了评审，该公司成为区内首家设立的商业保理公司，可为更多的中小企业提供贸易融资、客户资信调查与评估、应收账款管理与催收等业务，助力物流企业快速发展。

为优化调整渔村商业结构促进转型，金山区积极推动金山嘴渔村老街智慧商圈建设。通过信息网络建设及大数据、电子导游、民宿预定、商圈人流量监控等系统和平台的搭建，提升了金山嘴渔村老街的信息化管理和服务水平。

（五）推进市场建设，推动市场转型提

升

金山区围绕标准化菜市场社区微菜场建设目标，年内共完成区内7家菜市场新建改造工程，包含康品汇和正育等转型升级的2.0版菜市场项目，进一步丰富了金山新城2.0版新标准化菜市场的业态。通过2.0版菜市场统一标识、统一管理、统一结算、统一服务、统一品牌的“五统一”管理模式的探索，为区菜市场行业未来的整体转型升级提供了良好的参考和借鉴。智慧微菜场建设中，强丰实业公司累计完成全市76台微菜场设备布点，涉及金山、普陀、静安、杨浦、浦东等9个区，其中金山区内布点38台，大大方便了小区居民的购菜便利。同时，积极探索菜市场智慧支付应用，以建行“闪付”为契机，通过布设与追溯电子秤相连接的pos机终端设备，实现手机支付（Apple Pay）、IC借记卡、龙卡云闪付HCE等支付方式，进一步提高资金交易的安全性和便捷性。

二、生产性服务业

（一）立足创新实践，推进“互联网+产业服务”工作

金山区印发《金山创建上海“互联网+产业服务”创新实践区方案》，围绕服务平台、园区载体、治理模式等重点，大力推进10项重点任务建设，跟踪服务好25个重点项目，推进全区“互联网+产业服务”行业发展。

（二）立足载体建设，提升重点服务业园区集聚能级

围绕园区对产业的集群效应，金山区生产性服务体系逐步形成了“面向产业、服务产业”“二、三融合、互动循环”的良性发展格局。杭州湾北岸电子商务产业园围绕“互联网+”概念，加大力度培育上海网化化工科技、酷逗湾等项目，园区累计注册企业1745家，2016年实现税收1.02亿元；金石湾服务业功能区重点关注科创与环境服务业，历年累计入驻企业1130家，2016年新入住企业99家，实现税收1.3亿元。金石湾科创天地落户企业51家，其中独立办公室24家，苗圃27家；枫泾现代服务业集聚区科创小镇累计注册企业102家，入驻项目24个，举办活动245场；瑞空间依托“互联网+众创服务”概念，已入选国家级众创空间名单，累计注册企业1070户，2016年入驻企业实现税收2200余万元；金山卫科创园由原金山卫纺织厂改造，建筑面积8000平方米，累计注册企业292家，2016年产生税收882.7万元；金山科创园与云服务商、天使投资等合作打造创业生态圈，是上海首个海峡两岸青年创业基地。已有90个科创项目（其中台资项目17个）注册落户，发展情况良好，项目领域覆盖文化创意、生命健康、物联网、互联网+等方向。

（三）立足平台经济，引进和培育服务业重点项目

在大宗商品交易领域，2016年，区内上海化工品交易市场交易客户达万家，其中危化品专区交易客户525家，现货专场交易品种达938种，入驻企业累计成交量200万吨、交易额188亿元。网化商城营业收入达2.1亿元，注册用户2.7万家，月均订单1.4万个。在供应链管理领域，2016年，新跃物流“物流汇”平台实现营业收入8274.9万元，比上年增长1.95%。平台入驻物流企业7104户，入驻企业累计营收90亿元，比上年增长17.8%，累计税收2.35亿元，比上年增长13.9%。平台上线70余项产品，业务向新疆、河南、湖南、安徽等地拓展，并沿“一带一路”整合物流资源和服务，拓展平台服务能级。在安全监控领域，2016年，蓝亚全国带泵罐车信息监控平台已有1780辆车、173家使用单位和14家制造单位在平台注册，13342个卸液点纳入平台监控范围，该监控平台的建设、推广和运营将逐步汇集全国带泵罐车的流动流向大数据，为“物联网+大数据”的商业运营模式创新提供

发展空间。危险化学品流动流向监控系统纳入试点单位共 61 家，累计交易 8296 笔，累计运输 6518 笔，累计告警 13876 条，涉及环氧乙烷等危险化学品 165 个品种，共累计 25.2 万吨。在检验检测领域，2016 年，国家级石油钻采炼化设备质量监督检验中心已全面完成项目建设和资质转移。全年签约合同金额 8000 万元，实现营业收入 7000 万元，上缴税收 300 万元。国家质检总局化学品安全研究中心项目已完成一期场地装修，待运营主体入驻后将配备 350 台设备、年检测业务量超过 3.7 万批次。

三、利用外资

（一）概况

2016 年，全区利用外资吸引投资总额 56559.2 万美元，比上年增长 12.09%，吸引合同外资 33955.8 万美元，比上年增长 -8.98%，完成全年目标任务 3.3 亿美元的 102.9%。新批外商直接投资项目 120 个，吸引合同外资 25535.5 万美元，占总量的 75.2%。其中，制造业项目 6 个，合同外资 2199.3 万美元，服务业项目 114 个，合同外资万 23336.1 万美元。增资项目 24 个，吸引合同外资 8420.4 万美元，占总量的 24.8%。其中，制造业项目 15 个，净增合同外资 6908.8 万美元，服务业项目 9 个，净增合同外资 1151.6 万美元。

（二）外资主要来源地

金山区新批外商投资项目来源地中，中国香港、中国台湾和韩国位列前三，项目数分别为 32 个、36 个和 7 个，韩国超越日本，进入前三；合同外资金额分别为 17877.4 万、2380.7 万和 1579 万美元，合计 21837.1 万美元，占新批总量的 64.3%。其他主要投资来源地有日本、欧洲等国家或地区。

（三）服务业利用外资

2016 年，金山区新批服务业项目吸引外资突破 2.33 亿美元，金额占新批总量的 91.4%，呈现出服务业比重增大、制造业比重减小的趋势。服务业利用外资有如下特点：一是服务业投资覆盖多个领域，有融资租赁、交通物流、批发零售、餐饮管理、商务服务、科技推广和创意设计等；二是重大项目发挥支撑作用。新批服务业规模项目 6 个，合同外资金额 13307.5 万美元，占新批服务业总量的 57%。

（四）对外贸易

2016 年，金山区外贸进出口总值 535.77 亿元，比上年增长 6.00%。其中，出口 288.21 亿元，增长 8.31%；进口 247.56 亿元，增长 3.43%；贸易顺差 40.65 亿元。进出口总值增幅位列全市区县第六，在 8 个郊区县中位列第一，出口总值增幅列全市第二、郊区县第一，进口总值增幅列全市第九、郊区县第三。

四、旅游产业

（一）有序推进旅游项目建设，增强旅游产业实力

2016 年，区政府对外发布《金山区旅游产业改革发展十三五规划》，突出编制休闲农业与乡村旅游设施布局规划，解决乡村旅游发展的突出瓶颈问题。随之全区积极推进古镇人文旅游区、中部乡村生态旅游区、滨海休闲旅游区建设。并以打造“宜居宜游优选地”为路径指引，继续推进“金周末”系列产品落地，充分发挥重大项目的带动作用，发展旅游新业态，开发旅游新产品，提升乡村旅游、滨海旅游品质。全年全区游客数达 650 万人次，比上年增长 18%，旅游综合收入 38 亿元，比上年增长 10%。

（二）加强宣传推介，积极开拓客源市场

年内，金山区积极向浙、沪等地推广金山旅游项目，同时整合产品对接迪士尼。举办了“游迪士尼，住上海金山”“闲乐金周末，踏青赏花游”等推广周专场。创新“互

联网＋旅游”模式，举办“金周末体验师”活动，与腾讯·大申网合作开展“金周末”体验师招募活动，吸引高校学生、旅游达人等在金山两天一夜免费体验，引发广泛关注和参与。运用微信、微博等新媒体渠道，在朋友圈形成对金山旅游爆发式、裂变式传播。活动开展期间，腾讯APP、上海生活、上海玩乐等媒体全程参与，报名参加人数达2500人，在最佳体验师的投票活动中，总投票量达67575次。积极开展“金周末”示范点评选。继“金渔钩休闲游”示范点后，进一步推动“金勺子美食游”“金枕头度假游”“金木鱼祈福游”“金画笔文化游”“金篮子乡村游”等示范点项目建设，深化品牌产品落地。

（三）强化行业管理，提升旅游服务品质

年内，区内3家国家4A级旅游景区通过景区评定性复核；3家星级饭店通过评定性复核；途安假日酒店创建成为三星级旅游饭店，新义农庄成功创建为上海市三星级农家乐。组织200多名旅游从业人员参加2016金山区旅游行业服务技能大赛，通过导游讲解、中式餐饮铺台、中式铺床比赛，以赛促学、以赛促练，进一步提升金山区旅游行业服务接待水平。全年开展各类旅游行业培训班12期，1000多人次参加培训。通过政策引导、资金补助、标准规范等手段持续推进旅游厕所革命，将旅游厕所与景区特色高度融合。为此，受到《中国旅游报》专题报道，并入选上海市旅游厕所优秀案例。

五、2017年发展趋势

（一）推动商圈功能优化提升服务能级

利用移动互联网和大数据技术，结合我区智慧城市建设，进一步加快服务业与互联网的融合，进一步丰富金山新城和新市镇的商业服务内容，提升商业服务品质。

（二）聚焦民生保障推进菜场转型发展

继续推进社区商业服务模式，进一步促使社区智慧微菜场落地，满足更多社区居民消费需求，让居民买得实惠，取得方便，吃得新鲜。

（三）继续推进“互联网＋产业服务”

继续大力推进“互联网＋”行动，发展为“金山智造”提供配套和支撑的服务经济，进一步加大服务业项目的招商和引进力度。

（四）加快推进服务业园区载体集聚能级

大力培育市级服务业园区；加快推进科创园发展；继续关注文化创意产业园建设；创新服务业园区发展模式。

（五）加强对服务业利用外资的支持

顺应金山区“两业并举　智造强区”的发展战略，坚持吸引外资两业并举、优化结构。结合先进制造业作为区聚焦发展产业、服务业吸引外资快速发展的特点，继续认真做好对外资的招商引资工作，特别是把现代服务业作为我区重点利用外资引资领域。

（六）鼓励扶持企业走出去

依据金山区推进供给侧结构性改革促进工业稳增长调结构促转型的要求，支持企业开拓国际市场。鼓励企业拓展“一带一路”沿线国家市场，充分利用品牌展会等平台扩大出口。

（七）推进旅游项目建设

继续推进项目建设，提升旅游产业发展能级。以枫泾古镇与上海建工集团开展战略合作、金山嘴渔村景区开展海鲜一条街环境整治、管网改造等为契机，进一步整体打造开发区内旅游资源。

二、著名商圈

南京西路商圈

上海南京西路商圈，是被称为“中华商业第一街”南京路的西半部，圈内拥有恒隆广场、中信泰富、梅龙镇所形成的“金三角”与会德丰广场、越洋广场、嘉里二期等组成的“金五星”交相辉映；这里有著名的恒隆广场、久光百货总店、静安嘉里中心、梅龙镇广场、中信泰富、金鹰、越洋广场、晶品广场、818 广场、四季坊等数十家中外名店，汇商业之精华；聚集的知名品牌高达 1200 多个，国际品牌就有 750 多个，而且国际上 8 成的顶级品牌都在这里开有旗舰店或专卖店，是沪上最高档的购物场所。

恒隆广场是上海摩天大楼之一，高档百货商店，云集来自世界各地顶尖时尚品牌，无论置身其中，还是匆匆路过，恒隆广场精致奢华的橱窗摆设和各大品牌的巨幅广告无一不让人屏息凝神，驻足观望。

久光百货总店是由沪港共同出资打造的上海百货业航母，集商业零售、餐饮、超市、休闲于一体，以其璀璨的时尚魅力，成为十

里南京路的新地标。目前，已有超过500个国内外著名品牌进驻久光百货。

梅陇镇广场是由沪港合资共同发展的综合性商业楼宇，采用“现代经典设计概念”，外观以柔和浅杏色为主，配上雅致几何图案；办公楼采用欧陆传统的斜尖顶，与四周建筑和谐配合，卓越出众。主楼从第十二层至三十七层为涉外甲级写字楼，众多知名跨国公司入驻其中。裙楼从地下一层至十层为大型购物商场，每单位建筑面积由118平方米至全层约1500平方米。

越洋广场是一座集写字楼、酒店和商铺的综合性楼盘。地处南京西路商圈精华地段，以及附近的休闲会所和静安公园为楼盘营造了较好的商务办公环境。楼盘由一幢43层甲级办公楼、5层的主题商场和24层的超五星级精品酒店组成，将引入国际一线品牌以及高档休闲、餐饮业。

上海818生活广场是一座涵盖商店、餐饮、活动举办及娱乐休闲等多方面功能的复合型商场。广场内有ZARA、H&M等潮流品牌之外，还有中高端潮流女鞋精品店及多家名品、精品商店在广场落户。

南京西路商圈是上海总体规划中“四街四城”和全市四大商务中心区之一，围绕南京西路将打造成以高档商务、会展、酒店、购物中心和公共活动区为特质的“上海中城”。未来将成为美国纽约曼哈顿式顶级商业与顶级物业共同发展的国际型社区。以静安南京路为主轴的国际商务港概念已推出，将营造成为上海市中心商圈最广袤、最活跃、最高档的商场。

淮海路商圈

淮海路商圈是上海最繁华的商业中心街区之一，与南京路齐名，是全上海公认的最美丽、最摩登、最有情调的一条街。这条路上现代化建筑林立，时尚名品荟萃，娱设施齐备，是众人眼中华贵雍容的购物天堂。淮海中路两侧建筑更显现代气派。商店装潢典雅高贵，欧美古典、中式古典、欧陆新潮及跨世纪大都市建筑风格各具风采，散发出浓郁的城市型文化休闲气息。

走在从陕西南路到西藏南路长约2.2千米被人称为“东方香榭丽舍大街”的淮海中路精华地段上，其典雅而繁荣就会令人想起法国的巴黎香榭丽舍、美国的纽约第五大道、日本东京的银座及新加坡的乌节路街景。

淮海路东段高级商务圈（西藏南路—重庆南路）：为高级商务圈，云集了力宝广场、金钟广场、香港广场、上海广场和百脑汇、赛博等电脑广场，较大的商厦是太平洋百货淮海店和全新开业的大上海时代广场等。

淮海路中段高档商业圈（重庆南路—陕

西南路）：是高档商业圈，两侧商店装潢讲究、陈设高雅。百盛、巴黎春天、二百永新、华亭伊势丹等时尚百货供应高档流行商品和品牌服饰，质优价昂，奢华气息尽显。此外还有上海市妇女用品商店、古今胸罩公司、全国土特产食品公司等名特商店。

淮海路西段时尚购物圈（陕西南路—常熟路）：是时尚购物圈，有专营高档女式服饰精品的美美百货和以服饰为主、兼营工艺礼品的襄阳服饰礼品市场。

淮海路商圈还有极为丰富的人文景观，国家级文物保护单位“中共一大会址”“共青团中央旧址”“中山故居”“宋庆龄故居”等均在沿路附近。常熟路以西的淮海中路是上海最高档的住宅区域之一，各式花园洋房、高档别墅遍布其间。美国、法国、日本等驻沪总领事馆都设在这段淮海路上，上海图书馆新馆也坐落于此。走在淮海路上即使不购物，也能感受到收获的喜悦。再加上周围那几条风雅幽静的支马路——太仓路、雁荡路、思南路、瑞金路、茂名路、汾阳路、复兴西路、湖南路、高安路、余庆路等，把淮海路商业街点缀得如此的高雅。

四川北路商圈

四川北路商圈，南起苏州河四川路桥北堍北苏州路，北至鲁迅公园，俞泾浦横贯四川北路中段，四川北路公园和爱思儿童公园点缀其中。四川北路得天独厚的地理环境和生态优势是其他市级商业中心所没有及无法参照的，这里镌刻着城市历史的厚重印记，上海历经的陈年岁月。

四川北路商圈在改革开放后的进程中延续了以往的繁华商业与繁华街景、朝夕人流。虽然以后由于徐家汇、五角场等新兴商圈的迅速崛起，使得四川北路商圈的发展遇到了挑战，不过其所拥有的商业历史和文化遗迹依旧，这是其他商街、商圈所不具备的独到优势，海派文化底蕴依然深厚。改建后的四川北路以高品位、中低价的商品和现代电子技术的服务，及利用周边人文景观建设起来的现代文化旅游和娱乐设施的特色，加上进驻四川北路的一批著名的商贸企业，吸引着越来越多的市民和国内外的游客。

四川北路商圈迎合上海市民讲究“实惠”的心理，“走走逛逛其他路，买卖请到四川路”仍然是一句亲切而实际的口号。四川北路上标志性的建筑新凯福、多伦、凯伦、上海春天四大商厦已巍巍矗立，众多高品位的商业设施落成后，仍然坚持以中价位商品为经营特色，充分体现商业个性，面向广大工薪阶层，成为百姓青睐的购物天堂。

在四川北路商业功能中，南、中、北三个区域，各具有明显的特点和个性，但又有文化艺术的一贯氛围，最终形成“南繁、中

专、北雅”的四川北路商业新格局。

南段：休闲时尚的苏州河北岸。从苏州河至海宁路又是上海北外滩的西端区域，比邻苏州河南岸的外滩源项目，临近七浦路商圈。这里古典建筑众多，昆山花园路的英式建筑，乍浦路餐饮一条街都颇具特色，除了沿街小店，21 世纪运动城、上海春天百货商城、九州黄金是这里主要的商店。沿线以及附近的写字楼有高宝新时代广场、精武大厦、福海大楼、宇航大厦及上海滩国际大厦、海湾大厦、晟隆大厦等，更为四川北路商圈添加一份营商氛围。

中段：生态与商贸融合的典范。从海宁路至海伦路，这里是四川北路最繁华、最热闹的区段，依托便利的三条轨道交通线路和四川北路公园、爱思儿童公园、俞泾浦的良好生态环境带来大量人流。这里是四川北路新建住宅最多的区域，国际明佳城、嘉杰国际广场、凯润金城及玫瑰广场集聚，提供了丰厚浓郁的人气。这里同样也是四川北路商务氛围最浓的地方，已经形成了以福德商务中心、东宝百货、嘉杰国际广场和凯润金城为主的成熟中小型商圈。

北段：文化休闲带动时尚商业。从海伦路至虹口足球场，这里是文化底蕴最浓厚的区段，多伦路、甜爱路、溧阳路、山阴路各具风情，人文古迹、园林、体育场馆、文化艺术集结于此。

汇集了两条轨道交通线路，十条以上的公交线路和上海旅游集散中心，是上海重要的交通枢纽之一。区域内的东泰休闲广场是目前四川北路最大的综合娱乐休闲广场，天兴百货则吸引了 ONLY、ESPRIT 等时尚品牌，星巴客也成功入驻鲁迅公园附近。

徐家汇商圈

徐家汇商圈汇集了国际甲级办公室、五星级饭店、特色酒店、国际化时尚特色商业、文化等多样化功能，并通过道路沿线绿化、小型广场及人文和建筑景观，将各公共空间连成整体。这里有上海第一家高档百货东方商厦，第一条酒吧休闲街衡山路，第一个云集各类 IT 数码产品的数字商圈。聚集了众多的大型购物商城，如东方商厦、港汇广场、太平洋百货、第六百货、汇金百货。

徐家汇商圈的核心项目，是“徐家汇中心”。这个被称为“上海市中心面积最大的

一块黄金地块”，是徐家汇二次开发的重点规划项目。建成后具有办公、五星级酒店、公寓式酒店、商业、文化娱乐五种功能形态，将建大约 380 米的超高层主塔楼并有望成为浦西第一高楼。

“徐家汇中心”将成为一站式国际时尚商圈。商业定位与现有的徐家汇商业进行差异化竞争，将目的性消费作为商业的主要对象，并以体验式消费和时尚性消费作为商业的核心，提升徐家汇商圈的整体档次。还将引入 SONY、APPLE 中心，迪斯尼体验及营销中心和 SMG 影视中心，打造地区性文化创意产业区。

“徐家汇中心”办公楼宇将占到总开发量的 50% 以上，主塔楼和各副塔楼都将定位在国际甲级写字楼，通过高标准的硬件和软件环境，面向全市高端客户，吸引国际、国内大型企业总部，金融保险、科技研发等现代服务业，以及世界 500 强企业入驻。

徐家汇商圈，是与南京东路、淮海中路、四川北路等商圈并称的上海十大商圈之一，集中了一批知名商厦，并连接衡山路欧陆风情街、宜山路建材家具街两条市级特色街，形成融购、赏、食、游为一体的综合商业布局，百货、餐饮、娱乐、文化已成为商圈的主力业态，每年社会消费品零售总额达到 70 多亿元。

江湾——五角场商圈

江湾——五角场商圈，是上海四大城市副中心之一，南部地块为上海十大商业中心之一。五角场因邯郸路、四平路、黄兴路、翔殷路、淞沪路五条发散型大道的交汇处而得名。

江湾——五角场城市副中心规划总占地面积达 3.11 平方千米，总建筑规模约 508 万平方米。最终将建成融商业、金融、办公、文化、体育、高科技研发及居住为一体的综合型市级公共活动中心，是一个以科教为特色的现代服务业聚居区、以繁荣繁华为标志的市级商业中心。在五角场南部环岛地块的上海合生国际广场将打造成集五星级酒店、高端购物中心、高科技影城、多主题真冰溜冰场等于一身的超高端商业广场，完全针对高端奢侈品消费。位于五角场北部地块的由美国铁狮门房地产公司开发的上海城区最大综合体“尚浦领世”项目已于 2011 年正式

开工，这里不仅将有高档住宅、SOHO 居住办公空间，摩天地标性甲级写字楼，还将有高端零售商业，“尚浦领世”将使得五角场商圈的高端奢侈型商业进一步高速扩容并成为整个副中心的真正高端旗舰。

江湾——五角场商圈汇聚了合生国际、金岛蓝天、苏宁电器、万达、百联又一城等一批商业广场、购物中心。其中，上海合生国际广场总建筑面积超过 36 万平方米，总设计理念以“水”为核心。该项目包括一个高端大型购物中心，一座超 5A 甲级办公塔

楼，一家五星级酒店豪华酒店。它也拥有上海稀有的 3D IMAX 影院、多主题真冰溜冰场，浪漫水景餐饮，名品主力百货，让人们尽情体验高品质的现代都市生活。另一家百联又一城购物中心，则坚持中高档定位，集购物、餐饮、休闲、娱乐、健身等业态于一体，荟萃 2000 余种国际、国内精选品，消费者近悦远来，已日渐成为杨浦乃至上海北部地区消费者购物休闲重要场所，成为五角场商圈最具影响力的企业之一。

商圈的另一个特点是，五角场环岛周围建有多条特色商业街：四平路文化餐饮街、淞沪路休闲健身街、邯郸路科技文化街、黄兴路购物休闲街和翔殷路休闲街，形成了一个人群相对比较集中的商业综合区。

江湾——五角场商业、金融、办公、文体、研发及居住融为一体，商圈更具特色的是五角场板块内复旦大学，上海财经大学等名牌高等院校林立，区域以打造知识上海杨浦为目标，以构筑名牌高校为重点的综合性大学城相结合，把校区，知识产权园区，现代生活社区和高档商业商务区融为一体，相互呼应发展，互相和谐促进。对此，杨浦区在商圈内打造知识创新中央社区和高端知识商务中心。知识创新区将被打造成为上海的中央

智力区（CID）——创智天地，将是杨浦区实施国际化战略的重要场所，已吸引一批跨国公司在这里安营扎寨。北部毗邻复旦大学新校区的高端知识商务中心，则与特大型生态国际社区——新江湾城相依。而区域内的“尚浦领世”知识商务广场，规划总建筑面积达 90 万平方米，可容纳 8 万～ 10 万居民和商务人士，将成为世界总部经济集聚区。国际技术转移中心、跨国公司研发中心、国际学术交流中心、国家级工程研究中心、国家级重点实验室等项目也将汇集于此，展现“硅谷”的神韵。作为五角场城市副中心的真正核心的北部地块将建成以商务办公为主导，商业、餐饮、文化、娱乐、研发、酒店等城市商务功能配套的现代服务业集聚区。

陆家嘴商圈

浦东开发开放后陆家嘴定位为国家级金融开发区的同时，浦东新区利用浦东沿黄浦江的地理优势，采取建设商业综合体、著名景点、公共绿地、摩天大楼四驾马车齐驱的大手法，建设陆家嘴商圈。四个体系环环相扣，将人流的量度与黏度维持在一个高度。

从 1995 年 12 月浦东八佰伴商城开业，历经 20 多年建设，陆家嘴商圈已形成小陆家嘴商务区、新上海商业城、世纪大道商圈、沿江商务休闲带四大板块。

小陆家嘴商务区拥有全国最摩登的 CBD 高楼和密集的白领人群，有 40 多家跨国公司、100 多家金融机构和上千家贸易、投资和服务型企业选择在这里办公。区域内东方明珠电视塔、海洋水族馆、沿黄浦江休闲带、金茂大厦世界最高观景台天天都吸引了摩肩接踵的游客。这里有其他商圈无法比肩的众多大型商业体。坐落黄浦江畔的正大广场凭借全市最大的商业面积和无敌江景，成为上海市家庭娱乐购物中心的杰出代表。正大的零售楼层设计分为春、夏、秋、冬 4 个不同区域，重点满足各个消费层次与不同

年龄群体的交流与生活需要，而不刻意追求高档品位，而求雅俗共赏。异军突起的IFC国金中心广场，包括两幢双塔型甲级写字楼、11万平方米商场，它将高雅时尚生活品味和多元优雅文化及艺术完美融合，拥有超过240间国际顶级品牌及享誉世界的顶级餐厅，吸引了无数白领人士乃至整个长三角富豪的购买力。

新上海商业城是上海市市级商业中心之一，由张扬路、浦东南路、商城路、崂山东路区域内的24幢已启用、在建和拟建的楼宇组成。最早开业的是上海第一八佰伴，营业面积达10万平方米，是当时亚洲最大的购物中心之一。开业当天曾创下107万人次客流的吉尼斯纪录，2015年经营业绩获全市购物中心和百货单体第一的业绩双冠王，百货单体业绩已蝉联十多年的全市冠军。这里还有华润时代广场、中融国际商城、新梅双塔、三鑫世界商厦、百联东方汇等多家商业综合体，经营业态主要为百货、电子数码、家电、餐饮四大板块，其他为文化类零售业态。

世纪大道商圈地处地铁2号、4号、6号、9号4条线路交汇的世纪大道站周围。陆家嘴集团开发的96广场，以情景致体验式中心广场和饶有情趣的开放式空间，吸引人们来此购物、休闲、餐饮、逛街。2016年9月开业的百联世纪购物中心，是在电商蜂起、传统实体业态遭遇“寒冬”之际挺身而出，试图以“网红店”“首家店”、屋顶花园、艺术空间等个性化布局实现逆袭。更大的手笔是，在这里，由陆家嘴集团、百联集团和香港和记黄埔联手开发、占地9万平方米、建筑面积40万平方米、散布在世纪大道两侧的“世纪大都会”商业休闲中心，部分综合性大型商场与甲级写字楼已陆续竣工开业，提供商业、酒店、文化、娱乐、办公等多功能、高品位现代服务配套设施。

沿江商务休闲带布局有上海船厂、滨江绿地、老白渡地区等改造项目。上海船厂滨江商业配套、老白渡地区商业配套已完成。滨江还打造多个游船码头和高级会所，发展中高档特色餐饮业。

四大板块实现后，浦东新区核心地带就形成以陆家嘴金融城为起点，从正大广场、国金中心、环球金融中心、金茂时尚生活中心、上海中心、新上海商业城、世纪大都会，直至世纪大道日晷雕塑附近行政文化商业中心，串起一条沿世纪大道商业黄金走廊，成为上海最繁华最大的商圈。

三、上海特色商业街

吴江路休闲街

吴江路休闲街是与南京西路相邻平行的一条小马路，东起石门一路，西至茂名北路，全长约300米，商业面积1.6万平方米，人车分流，分上下两层，街心设置露天广场。广场上两座钢结构天桥，将中创、新时代大厦等北侧商业楼宇与南侧四季坊商铺有机结合，形成1 + 1>2的ShoppingMall商业模式。现代景观灯光、水幕墙、异域风情雕塑以及贯穿整条步行街路面的霓虹灯带等细节设计，烘托出休闲街内在的时尚韵味与典雅气质。周边的恒隆广场、梅龙镇广场、中信国富等国际知名商业楼宇和波特曼丽嘉酒店、四季酒店等五星级酒店鳞次栉比，更为休闲街积聚了人气和商机。吴江路休闲街已成功引进各类中外休闲品牌数百个。其中餐饮品牌50个，服饰服务类品牌68个，包括COSTA、DQ、ONLY、DHC、Moscot、Levis、星巴克、苹果等在内的一批知名品牌已全面开业，整条街开业率现已达80%以上。

吴江路休闲街以美食为主，餐饮比例高达75%，在休闲街的两侧，汇聚了星巴克咖啡、肯德基、小杨生煎、葡京餐厅、满记甜品、85℃面包房、一兆韦德健身、日本DHC化妆品等多个知名商家，餐饮、休闲和服饰商家约130多家。二层平台上的97厨房，滋滋星越南馆等极具特色的休闲餐饮店，为购物者提供了休闲和小憩的场所。亲民、平价小吃小杨生煎、老字号品牌红宝石蛋糕和五芳斋粽子，更吸引食客纷至沓来。

休闲街在设计上精雕细琢，导入多元文化，融合国际元素，彰显了优雅的气质和人

文景观。泰兴路和茂名路口，分别摆设了由法国知名雕塑家苏州泰的“骑车少女”和“轮滑少女”两座雕像，回眸驻足，似流连忘返。整条休闲街还配以绿化小品，青砖铺地、LED 水幕墙，休闲坐凳、电子屏等景观设施，贯穿地面的霓虹灯带、犹如行云流水般将休闲街装扮得流畅亮丽。街立面是上海大学美术学院创作的“海上霞光”“春意盎然”“东海之滨”三块色彩鲜艳、内涵丰富的“二层肌肤”，平台下侧是整改一新、明亮通透的车道，供机动车和自行车通行。

吴江路休闲街开街后，成功举办了“中华民俗风情节”、泰国“风情节”和日本“东瀛风情节”等多项节庆和商业推介活动。曾先后被认定为上海市特色商业街、上海市争创迎世博文明示范标志街区、上海市迎世博特色夜市示范街。

多伦路文化名人街

多伦路是一条小街，南傍四川北路商贸闹市，北邻鲁迅公园、虹口足球场，背靠内环高架、轻轨明珠线，动静相间一里有余。街短而窄，路曲且幽。夹街小楼，栉比鳞次，风格各异。小街虽在地图上难有立锥之地，但在近现代中国文化史上却有浓墨重彩的一笔。多伦路上知名馆藏有：

金泉古钱币博物馆。现由中国西安金泉钱币股份有限公司主办。全馆展品共分十大部分，集 8000 余品种，上万枚钱币。可谓集上迄先秦、下至民国的各个历史时期的货币精华，并附有世界上 187 个国家和地区的现行流通货币。馆藏珍品有青铜铸币鼻祖“保德铜贝”“金代小额铜钞版”，比西方用纸币的历史早了 400 余年；明代永和年间郑和下西洋，在对外贸易中买回的五十两金锭；还有创中国古钱币拍卖天价，耗资 27.5 万元购回的“咸丰通宝·大清壹百”，集国号、年号、铸局、纪值一身，被钱币收藏界人士誉为“清钱之王”。

奇石馆。馆主为陈瑞枫、周文秀夫妇。陈周夫妇自 1949 年与石结缘，并开始了爱石、藏石生涯，在半个多世纪里，历经艰难，痴情不改，藏石上万，共有 100 多个石种。其中雨花（水）石、灵壁（陨）石、江河（卵）石以及各种象形石尤为突出。

藏筷馆。是馆主古筷收藏家蓝翔于 1988 年 7 月在上海创办的我国独一无二的民俗藏筷馆。多年来，已接待了日本、美国、俄罗斯、澳大利亚等大批外宾及港、澳、台同胞，全国各地慕名参观者人数更多。现藏筷馆收藏有古今中外各式筷箸 980 多种，总数近 1600 双。蓝翔撰写出版了我国有史以来的第一部箸文化专著《筷子古今谈》。

藏钟馆。由馆主上海收藏欣赏联谊会钟表分会理事刘国鼎开办。刘少年时代即随父摆弄钟表，与钟表结下了不解之缘，专门收藏南京古钟。钟藏馆收藏了各个不同时期、不同产地的“南京钟”70多座，形成了南京钟收藏系列。南京钟，19世纪中叶发祥于南京，存世有限，一直是中外收藏家的至宝。这些古钟至今仍能演奏出清脆悦耳的钟声。

左联会址与左联纪念馆。位于多伦路201弄2号的左联会址，是1930年3月2日中国左翼作家联盟成立大会召开地，位于多伦路145号的左联纪念馆，其建筑曾作为左翼中华艺术大学校址和学生宿舍，现为左联纪念馆和十大文化名人展馆。

夕拾钟楼。位于多伦路119号。名称取自鲁迅先生著名文集《朝花夕拾》。钟楼顶端所置机器人为上海交通大学高新技术产品。机器人具有电脑语音系统功能，能说话、会唱歌。编入程序的电脑语音系统，可以准确报时，并能简略地介绍本地区近代历史演变的大事典故。

鸿德堂（苏韵阁）。1928年由中国教友捐献12万元自建，为上海市近代优秀保护建筑。作为西方宗教建筑而采用中式建筑的风格，在国内仅此一处。现底楼大厅辟为苏州刺绣展览馆，为苏州刺绣厂在上海的主要产品展示窗口，陈列展品有各种单面绣挂屏、条幅、册页、画体；双面绣品屏风、台屏、微型景泰蓝转屏等精美的展品。

海瓷堂。这是一家中国古陶瓷私人藏馆，自1999年开馆以来，藏馆先后接待了来自世界40余个国家的地区的观众与国内收藏爱好者。馆主以馆藏珍品为基础，结合传统与现代技艺，兼容并蓄中西文化，将中国文化再现于限量版文化产品之中。

新天地休闲娱乐街区

上海新天地休闲娱乐街区位于淮海中路南侧，东至黄陂南路，西到马当路，北沿太仓路，南接自忠路，占地面积3万平方米，建筑面积6万平方米。新天地分为南里和北里两块，南块以现代建筑为主，石库门旧建筑为辅，北里以保留旧石库门建筑为主；新旧对话，交相辉映。新天地为本已走向历史文物的石库门注入了新的生命力。它以石库门建筑为主体，门外是风情万种的石库门弄堂，门里是完全的现代化生活方式，有着欧式风情的休闲和娱乐总汇，汇集了各式的酒吧、餐厅和夜总会，成为上海新建景观之一。

新天地的石库门建筑群保留了当年的砖墙、屋瓦，游人仿佛进入时光隧道，回到20世纪20年代。而每座建筑内部，则按照21世纪现代都市人的生活方式、生活节奏、情感世界度身定做，成为国际画廊、时装店、主题餐馆、咖啡酒吧……中老年人走进新天地有怀旧感，青年人则觉得时尚，外国人觉得它很“中国”，中国人则觉得很洋气。

白天，很多中外游客来新天地观光、拍

新天地休闲娱乐街区

照留念。临近傍晚，这里弥漫着浪漫的欧式风情，露天的酒吧、咖啡吧最受年轻一族和老外们的欢迎。

上海新天地旁边开辟了太平桥公园绿地和人工湖，绿地占地 4.4 万平方米，位于整个太平桥项目的中央地带。园内种植高大乔木，兴建低坡景观，提供休憩空间。园中心兴建了上海市中心最大的人工湖，占地 1.2 万平方米。湖的中央建有大型喷泉，湖泊东西两端点缀着两个小岛，名为“玉兰岛”和“合欢岛”。人工湖四周绿地高低起伏，栽种了各种乔木和灌木。绿地北侧新辟一条长 1200 米的湖滨路，沿人工湖划出了一条优

美的曲线，与湖西新天地广场的石库门海派建筑连成一体，成为市中心一处独特的新景观。

上海豫园老街

豫园老街筑建于清光绪十三年 (1907)，豫园路，因与明代上海豫园而得名。北起福佑路，可与福民街相邻。其入口处，西邻小世界游乐城， 即今商城小世界会所；东与始建于明代嘉靖年间的豫园为邻。小世界建于 20 世纪 20 年代，形成了一条南北向的新豫园路，长约 50 米。由于东面已经有一条豫园路，故将新的豫园路命名为豫园新路，原来的豫园路便称为豫园老路。这就是豫园老街路名之由来。

豫园老街集中荟萃了上海老城隍庙地区的传统特色商品，充分反映了“名、特、优、精”的经营特色：既有历史悠久、源远流长的中华老字号 (如王大隆、丽云阁等)，也

有全国绝无仅有、独一无二的特色专业户(如筷子店、手杖店等）。涵盖居家用品、工艺礼品、喜庆用品和传统特色商品四大板块。万余种传统商品汇集一市，数十家特色商店同处一街，宛如镶嵌于豫园商城中的一条绚丽彩带。每逢庙会假日，芸芸众生，扶老携幼，熙熙攘攘，摩肩接踵，一幅“吃、玩、带”的民俗画，一派“国泰民安”的好风景尽收眼底。

老街至今已有 100 多年的历史。改革开放后，豫园商城明确提出发展特色店铺的经营。豫园老街犹如豫园内的古树，枯木逢春，顿时繁盛起来。老街的老建筑，经过“修旧似旧”的彻底翻造，外观古色古香，颇具民族特色，内设电动扶梯、中央空调，环境舒适。对豫园老街的改造和发展，既要恢复与发扬原来的经营特色，又要有现代气息，特别是要融入浓郁的中国文化“元素”。比如全街上百立柱上的“抱柱联” 的修补、装饰，就凸显中华文化气息。筷子店的抱柱联是“两著尽传五千年华夏文化，一店独领三百里春申风骚”。王大隆刀剪店抱柱联是“并丹利器快刀能剪水，莫干神物霜刃可倚

天。”万里手杖店的抱柱联颇为夸张：“日丽风和指点江山行万里，花明柳暗扶持耄老睹三秋”。把老街的改造具体落实到每一家小店的塑造，做到创意新颖，各具特色，颇费匠心。游客漫步于豫园老街时，仿佛置身于历史的长廊之中，感悟着古代与现代的文化融合。

衡山路休闲街

衡山路上的行道树梧桐浓荫是上海人的骄傲。衡山路是以各国风味餐饮、休闲吧坊、娱乐健身为经营业态的上海首屈一指的高雅消费区。衡山路及其相交叉路上的休闲场所鳞次栉比，主要有酒吧、茶坊、酒店、娱乐中心、美容院、画廊等共 100 多家，吸引的都是高档消费层次的成熟白领和具有现代意识的年轻人。

这里的酒吧规模不一、风格各异，但个个精雕细琢、精致独特：美式“波钵街”激情四溢；“萨莎”则是纯粹的英式酒吧；“藏珑坊”处处透出新古典的中国风，“时光倒流”让你仿如置身二三十年代旧上海的某个小茶坊；中西合璧的“小红楼”高雅安静。“M-Box”“梵氏思”“欧玛莉”酒吧则充满活力。周末夜晚，里面坐满了二十来岁的新锐一族，每一个不同年龄不同性格不同品位的人都能在衡山路上找到他们的最爱。衡山路已成为上海夜生活最为活跃的一个区域，衡山路酒吧更成为上海的一个品牌。从世界各地来到衡山路酒吧的外来人，都会在烛光摇曳、浅唱低吟的音乐声中找到自己故乡的回忆、寄放他们对家乡的怀想。

在酒吧尽兴之后的娱乐活动除了“欧登”，尚有“富豪东亚国际网球中心”的网球场、室内高尔夫、游泳池、“外高桥俱乐部”等，更少不了沪上首屈一指、热力十足、夜夜火爆的“真爱 Disco”。老洋房餐厅不仅有着神秘的出身，怀旧、优雅的文化基因，就餐中的任何细节，包括寻他千百度的体验，更成为都市饕餮客标榜的过程享受。

悠久的衡山路留下了许多优秀的历史建筑和人文景观。20 世纪三四十年代，众多文化名家、达官显贵在这里居住的老洋房就有近 2000 多栋，这里是上海最具特色的住宅群落，汇聚了世界各国的建筑精华和艺术风格。衡山路一头连接着繁华的徐家汇，云集着相当庞大的年轻外企白领阶层；另一头比邻使馆区和高级住宅区，居住着大批外籍工作人员和社会地位相对较高的人群；他们为衡山路提供了厚重的消费客源。

衡山路的辉煌到达顶点，1999 年曾被列为上海市十大专业特色街之前。随着“新天地”诞生，雁荡路、巨鹿路诸多小酒吧的出现，衡山路人气一路下滑。现在，在转型

发展方针指导下，衡山路将以历史风貌保护区为重点，发展休闲经济、旅游经济而奋力开发。

上海老外街

老外街地处长宁、闵行两区交界处，长约480米，东西两端分别与虹许路和虹梅路相连接。改革开放后，这条路开辟为“虹梅休闲街”，后来街上的经营者与消费者外国人居多，人们又简称为“老外街”。在虹梅路入口的一端有一辆显眼的老式蒸汽火车头，车头上挂块牌子：“101”。所以民间把这里俗称为“老外街101”。这条路原是一条废弃的铁路，但却有一段不为人知的传奇历史。它的前身是上海虹桥机场徐虹支线的101专线停靠站，曾经是毛泽东主席和国家领导人专线线路中的停靠站。人们曾流传过它的传奇故事。

现在，在蒸汽火车头后长长的一堵围墙，被装饰成一节节绿色的列车车厢。对面与车厢相对应的便是一家家餐厅外极具个性的露天座椅。

虹梅休闲街采用欧陆风格设计，环境优雅，品位高雅，街区内有现代雕塑、喷泉、小山瀑布，各种名贵花卉、盆景、乔木遍布其中，此外还有文化创意园区、主题博物馆、家具展、厅式茶馆，以及“2009”艺术空间、原曲画廊、亦雅雕塑等文艺小站遍布其间。这里是集各国餐饮、酒吧等融为一体，融合国际多元文化的一条休闲街，成为亲情、友情、爱情聚会的好地方。开街后，业态不断完善，有关部门针对上海外资企业不断增长，虹梅路地域外籍人士越来越多的情况，将虹梅休闲街的客户群定位为以常住上海的外籍家庭型人士为主，并加大支持力度，因而发展成为名符其实的老外街。在这条街上，汇集了中餐包括上海菜、皖南菜、新疆菜等六大菜系，海外餐饮包括日本、泰国、印度、印尼、伊朗、墨西哥、美国等14个国家的主题餐厅、酒吧24家，首创将10多个不同国度的风味餐馆浓缩到一条迷你休闲街上。据统计，老外街有3个70%，第一，外籍人士开设的餐厅占老外街餐厅总量的70%以上；第二，来老外街消费的人中70%是外籍人士；第三，70%来老外街消费的都是回头客。老外街在册员工近600人，年营业额约1.8亿元，开街10多年内，先后接待了海内外游客600多万人次。

上海商贸年鉴支持单位

SHANGHAI BUSINESS YEARBOOK SUPPORTERS

德高广告（中国）有限公司

无印良品（上海）商业有限公司

上海百联南桥购物中心有限公司

长兴（中国）投资有限公司

上海中石化三井化工有限公司

养乐多（中国）投资有限公司

安利捷（中国）投资有限公司

统一超商（上海）便利有限公司

格朗吉斯铝业（上海）有限公司

上海红酒交易中心股份有限公司

昌硕科技（上海）有限公司

上海大祥化学工业有限公司

江铜国际贸易有限公司

上海豫园（集团）有限公司

上海凤凰自行车有限公司

运东国际租赁有限公司

和通汽车投资有限公司

上海机械设备成套（集团）有限公司

上海聚益信息技术有限公司

思亲肤化妆品贸易（上海）有限公司

排名不分先后

上海商贸年鉴支持单位

SHANGHAI BUSINESS YEARBOOK SUPPORTERS

上海奥特莱斯品牌直销广场有限公司	东芝开利空调销售（上海）有限公司
上海东方电视购物有限公司	上汽大通汽车有限公司
村田汽车塑料零部件（上海）有限公司	上海柯渡商贸有限公司
香港太古地产有限公司上海代表处	上海文华财经资讯股份有限公司
上海老凤祥有限公司	上海北蔡资产管理有限公司
上海赵巷商业商务投资发展有限公司	上海华天房地产发展有限公司（虹桥南丰城）
上海市方达律师事务所	三菱电机（上海）机电电梯有限公司
地素时尚股份有限公司	浙江民泰商业银行股份有限公司上海分行
港中旅华贸国际物流股份有限公司	上海外联发商务咨询有限公司
三井化学（中国）管理有限公司	云健康基因科技（上海）有限公司
上海科技管理学校	上海统超物流有限公司

排名不分先后

上海商贸年鉴支持单位

SHANGHAI BUSINESS YEARBOOK SUPPORTERS

上海添宝百货有限公司

上海新世界淮海物业发展有限公司第一分公司

上海柏兴房地产有限公司

上海上电电力运营有限公司

上海银星汽车维修有限公司

上海蔬康网络科技有限公司

上海锋盈信息科技有限公司

上海新世界集团假日酒店管理有限公司

上海众人网络安全技术有限公司

安吉租赁有限公司

上海徐家汇商城集团电子商务有限公司

明码（上海）生物科技有限公司

巴斯夫电子材料（上海）有限公司

上海群利实业有限公司

巴斯夫催化剂（上海）有限公司

上海永冠众城新材料科技（集团）股份有限公司

上海浦东国际机场佳美航空食品配餐有限公司

上海世博百联商业有限公司

上海嘉宝安石置业有限公司

上海自贸区国际文化投资发展有限公司

上海吴淞口国际邮轮港发展有限公司

排名不分先后

Excellent 优秀

上海华信国际集团有限公司

捷普科技（上海）有限公司

上海幸福九号网络科技有限公司

金佰利（中国）有限公司

安莉芳（上海）有限公司

普华永道中天会计事务所（特殊普通合伙）

威能（中国）供热制冷环境技术有限公司

统一企业（中国）投资有限公司

如新（中国）日用保健品有限公司

上海梅龙镇广场有限公司

上海豫园旅游商城股份有限公司

上海正欧实业有限公司

上海石油化工交易中心有限公司

希思黎（上海）化妆品商贸有限公司

上海交大电梯与控制设备有限公司

排名不分先后

企业风采

Enterprises Style

上海通安房地产开发有限公司

连卡佛百货商贸（上海）有限公司

宝山区顾村工业公司

上海港汇房地产开发有限公司

欧尚（中国）投资有限公司

上海力仕鸿华房地产发展有限公司

上海大博文鞋业有限公司

中银消费金融有限公司

英迈（中国）投资有限公司

英运物流（上海）有限公司

上海畅为软件股份有限公司

华领医药技术（上海）有限公司

上海合印科技股份有限公司

上海大唐融资租赁有限公司

上海新力机器厂

排名不分先后

Excellent 优秀

上海宝钢新型建材科技有限公司

上海市金茂律师事务所

中国银行

上海印海实业有限公司

上海裕生特种线材有限公司

福斯润滑油（中国）有限公司

硕腾（上海）企业管理有限公司

上海来伊份股份有限公司

安迪苏生命科学制品（上海）有限公司

欧冶物流股份有限公司

上海宇昂水性新材料科技股份有限公司

国核工程有限公司

上海荧客网络科技有限公司

映瑞光电科技（上海）有限公司

上海形状记忆合金材料有限公司

排名不分先后

企业风采

Enterprises Style

上海恒邦房地产开发有限公司

上海临港普洛斯国际物流发展有限公司

上海市新杨工业园区管理委员会

上海安吉星信息服务有限公司

恩智浦（中国）管理有限公司

巴斯夫中国有限公司

上汽大众汽车有限公司

上海海螺服饰有限公司

上海古林国际印务有限公司

上海捷铭律师事务所

远纺工业（上海）有限公司

上海金智达复合材料有限公司

北京市隆安律师事务所上海分所

上海电气风电集团有限公司

排名不分先后

NYPRO
A JABIL COMPANY

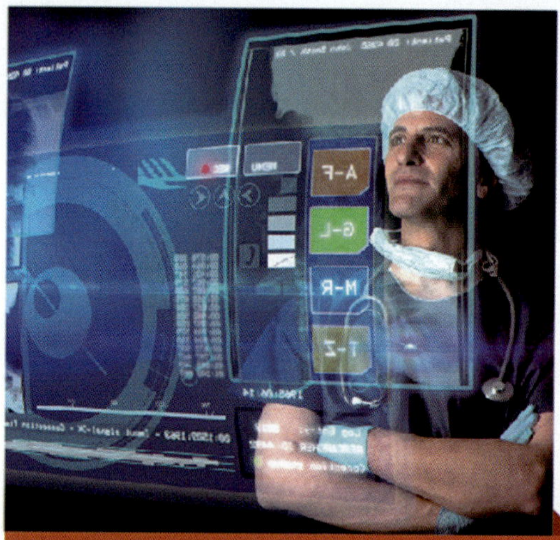

捷普是一家面向全球电子设备技术公司提供完备的电子设计，生产以及产品制造服务的电子设备解决方案企业。它于1966年在密歇根州成立。捷普是全球第三大电子制造服务供应商。

我们通过在全球范围内提供完备的电子产品供应链管理来帮助促进电子产品更快的走向市场以及使成本控制更加的有效。捷普在全球四大洲拥有90家工厂，超过180，000名员工以及30.5百万平方英尺的生产区域，同时捷普在广泛的领域里为客户提供全面的，个性化，针对性的解决方案。在2013年，公司销售额达到183亿美金。

捷普亚洲总部-捷普科技（上海）有限公司成立于2002年9月2日，坐落于上海市漕河泾开发区，目前是研发的亚洲区总部，也是捷普亚洲区的医疗产品生产基地。现工厂占地面积155,000平方英尺。捷普科技（上海）有限公司始终倡导授权、团队合作、充分沟通的工作理念，并且为员工提供良好的职业发展机会。为打造全球一流的EMS企业，我们始终坚持质量是永远第一位，客户满意是工作的第一目标。

耐普罗在中国上海的制造工厂为多种行业提供专业的可配置产品的解决方案。独特的业务模式使我们在目标行业中与客户成为真正的合作伙伴，这些行业包括：医疗、分析仪器、网络、国防和航空航天、计算和存储以及工业控制。我们高度熟练并经验丰富的劳动力能够提供卓越的响应速度、效率和质量。

耐普罗医疗在行业领域中提供了最广阔的设计和制造能力。

拥有40年的经验，我们高度专业化的团队通过发展和制造成品药物输送设备、一次性用品、医疗电子及机械和系统解决方案，满足了复杂的医疗和医药市场的需求，也使一些世界领导品牌实现了他们的市场潜力。耐普罗所传达的创新、专业以及让人安心的概念，帮助我们的客户构建的产品能够维持或改善人们的生活。

为高复杂产品提供端对端的解决方案

耐普罗上海制造工厂战略定位为服务于高复杂产品及组件，为其提供扩展端对端制造和后期制造方案。在竞争日益激烈的全球市场中，我们提供：

设计与开发
- 产品设计服务包含从概念到详细的设计阶段
- 可制造性和可测试性设计
- 测试流程的设计与开发

原型设计和新产品导入服务
我们提供的新产品导入服务通过卓越的质量和工程支持，能够促进产品更快的进入市场。其优点包括：
- 丰富的经验—体现在监管要求、技术和产品的复杂性
- 灵活的解决方案—针对客户的需求
- 无缝过渡到生产—提升速度和知识转移

复杂产品制造
- 印刷电路板组装与测试（PCBA&T）
- 机电系统组装
- 背板组件

系统集成
- 机箱建造，设备建造，定制生产/按单配置（BTO / CTO），直接实现（DF）
- 先进技术及全球测试
- 印刷电路板组装及机电关键部件管理
- 附件整合，BTO / CTO，DF

物流服务
- 供应链设计与管理
- 售后服务
- 定制生产/按单配置
- 直接实现

单一联络点
以客户为中心是耐普罗的核心价值。公司为每个客户都设定一个联系人，并有一个支持团队在本地和全球范围内以确保最佳表现。我们有得天独厚的优势为客户提供高技能、积极向上及经验丰富的员工队伍、灵活适应性、加速进入市场、材料用杠杆以及全球供应链的合作伙伴。我们并承诺于不断开发人力资源和升级设备及工艺。
- 协作关系
- 灵活性
- 主动沟通
- 客户特定的解决方案
- 本地为中心的业务
- 一个单一的联络点专用资源

认证与经验
市场经验和应用
拥有超过20万平方尺的生产区域及10年以上的专业经验，我们的关注一直是战略性发展许多高要求和监管行业所需要的专业知识。耐普罗不同于任何其他制造服务公司表现在：
- 在全球所有耐普罗公司运行一个单一的全球企业资源规划系统（SAP）
- 持续监控和调整我们全球的覆盖区域，以满足市场需求和我们客户的需求
- 提供一个全球性的IT部署流程

非凡的能力　设计到制造的完美协同
Extraordinary Capabilities

Synergy of Design Through Manufacturing

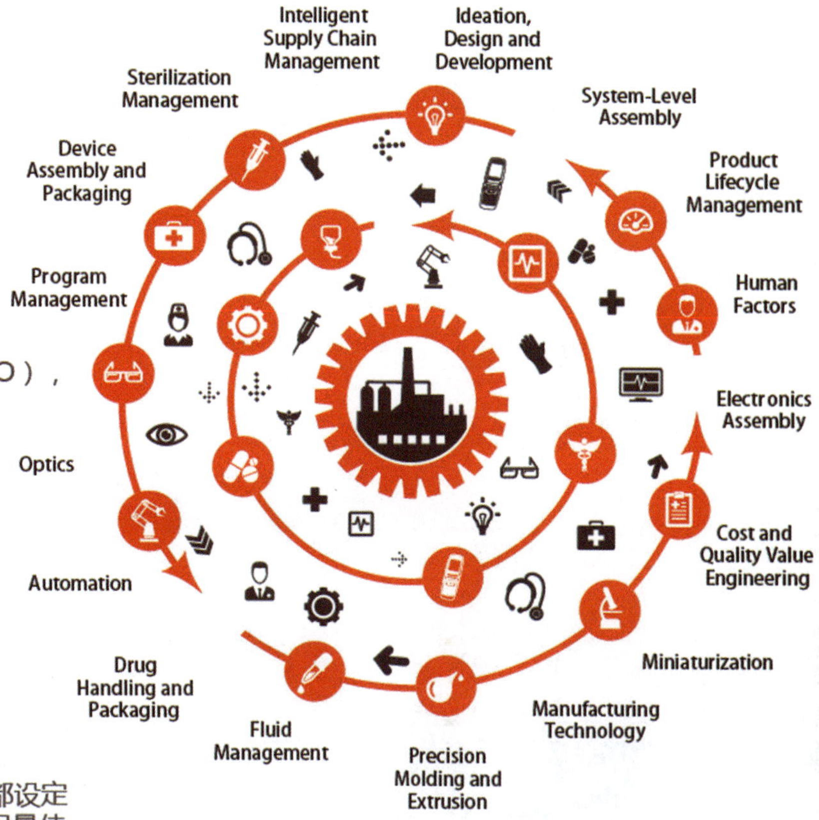

认证
- 中国国家药监局
- 环境：ISO 14001:2004
- 防静电S20：20
- ISO 13485
- TL9000
- OHSAS 18001
- 美国FDA
- 法规认证UL，CSA，TUV
- AS9100

幸福9号
幸福九号　幸福就好

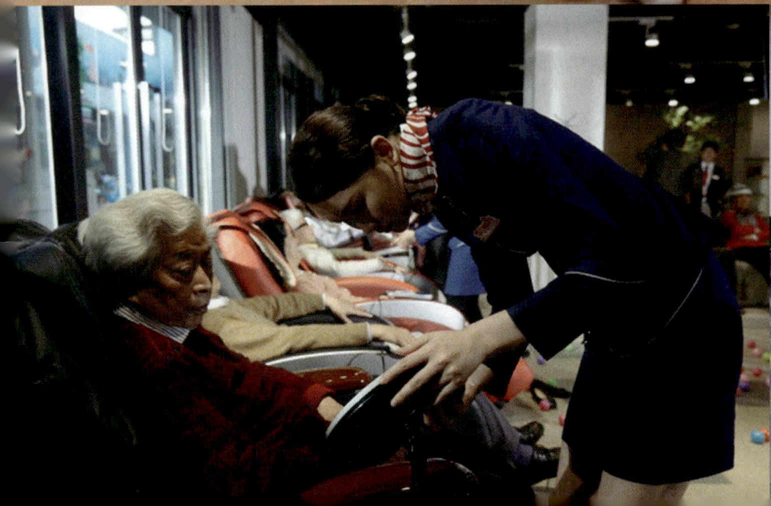

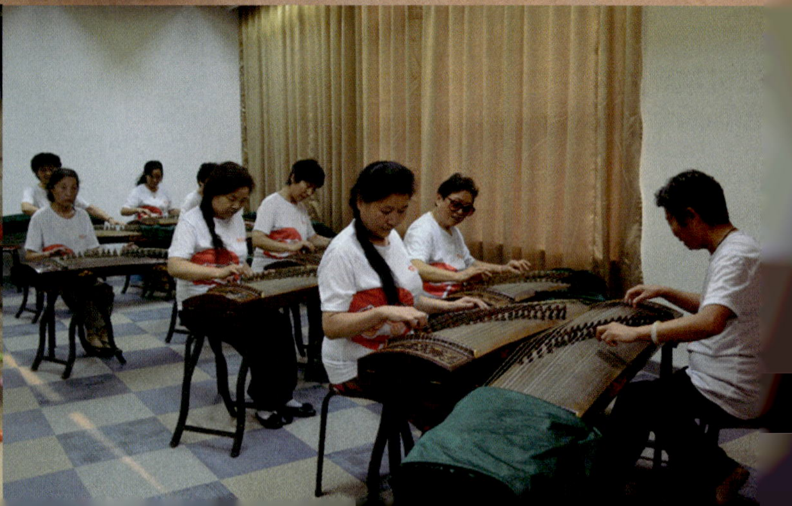

幸福9号 幸福九号 幸福就好

老龄化社会的到来，养老产业备受关注，老龄化的加速，也为当前的养老服务带来挑战，幸福9号以创新的“**互联网+养老模式**”破解了养老难题。幸福9号通过**网上商城**、**居家养老服务店**、**老人乐园**三大平台，全面满足老年人休闲、娱乐、购物、养生、社交等物质与精神需求，形成线上线下联动，利用互联网思维撬动养老产业，构成完整的养老生态系统，为老人**缔造了一个全新的幸福养老平台**。

截止2016年12月，幸福9号已在全国建立近**100家老年乐园**，**近4000家居家养老服务店**，网上商城产品几千种，涵盖老年人所需的居家、休闲、日用、养生等物品，服务老人上千万。老人随时可以带儿女或者和老伙伴儿一起到幸福9号来玩，他们可以在这里**理疗按摩**、**健康咨询**、**上网购物**、**唱歌跳舞**、**打拳下棋**、**读书写字**、**交友旅游**等，还可以寻求各种家政服务及**个性化服务**。

在不断发展壮大的同时，幸福9号始终坚持以“**让天下老人健康快乐**”为使命，以“致力于打造全球孝养老人最多的机构”为愿景，奉行“**客户第一、以人为本、诚信尽责、团结奉献、身教言传、高效创新**”的核心价值观，为所有老人创造一个“**老有所依、老有所养、老有所学、老有所乐**”的幸福晚年生活。

幸福9号发展历程：

- 2014年3月，幸福9号网上商城正式上线，开启创新互联网+养老模式
- 2014年8月，幸福9号获得浙商创投近亿元投资，其后多轮融资成功，2016年上半年公司估值近20亿。
- 2014年11月，幸福9号荣获“2014年中国营销标杆企业奖”。
- 2015年3月，幸福9号总裁王磊获得福布斯2015“中国30位30岁以下创业者”称号。
- 2015年5月，第十届全国人大常委会副委员长顾秀莲一行参观考察幸福9号。
- 2015年6月，幸福9号以第八名的成绩登上了创客TOP1000的排行榜。
- 2015年9月，艾瑞咨询发布《中国独角兽企业估值榜TOP200》，幸福9号位列其中。
- 2016年3月，幸福9号网上商城入选“2015中国新互联网公司300强”榜单，排名第十五位。
- 2016年4月，幸福9号登陆北京卫视，正式宣告迈入品牌营销时代。
- 2016年7月，幸福9号包下两艘邮轮共带领4609名老人环游世界这一事件创造了“大世界基尼斯之最”。
- 2016年9月，中国外交部原部长李肇星携夫人秦小梅女士到访幸福9号。
- 2016年10月，联合国秘书长潘基文接见幸福9号总裁王磊，高度赞扬幸福9号的孝养理念。
- 2016年12月幸福9号董事长王振荣获“2016养老行业品牌年度人物”

Embry Form
安莉芳
www.embrygroup.com

Group PROFILE

安莉芳集团简介

安莉芳集团1975年创办于中国香港，2006年在香港主板上市，是从事女性内衣研发、设计、生产及销售的国际著名内衣企业，至今已拥有四十多年发展历史。集团总部设于中国香港，在深圳、常州、山东、上海拥有大型生产基地或办公大楼，零售业务遍及中国大陆、中国香港、中国澳门200多个城市，销售点2000多个。

作为中国品牌内衣领军企业的安莉芳集团，是行业首家获得ISO管理认证和绿色生态纺织品认证的企业，也是三大国家标准十八大行业标准的起草单位，自主研发专利技术四十多项，建立了高质素多元化的品牌系列，包括优雅、舒适、时尚的母品牌“安莉芳”；年轻、时尚、Sexy&Chic的“芬狄诗”；高贵奢华、充满爱与魅力的内衣奢侈品牌“Liza Cheng”；健康、清雅、功能的“Comfit”；时尚舒适、专业品质的亲民品牌“E-BRA”；崇尚清新性感，Fresh&Sexy的“安朵”；以及精细考究、充满时尚活力的精英男士品牌“IVU”。

展望未来，安莉芳将继续努力，以对个体有益，对社会有益，对自然有益，三者合一，成就大公益的理念，追求卓越，将让女性形体美、生活更美的美丽事业不断推向前进。

普华永道创新中心助力上海科创中心建设

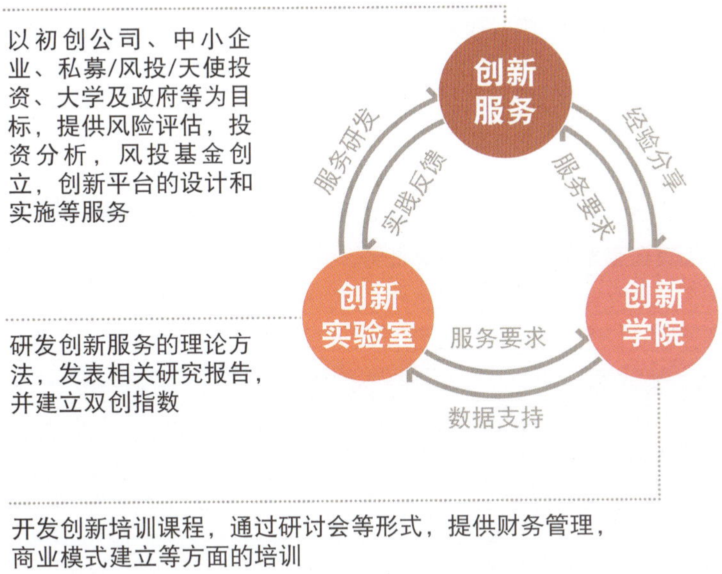

创新服务团队：

施娟娟
+86 (21) 2323 5374
jane.j.shi@cn.pwc.com

肖利珍
+86 (21) 2323 5378
echo.l.xiao@cn.pwc.com

威能集团 产品系列

威能集团提供供热/ 生活热水/ 通风/ 空调领域广泛的产品系列和配套服务

壁挂锅炉、落地锅炉、一体化锅炉、燃气和电热水器、储水罐、温控器及网络控制系统、太阳能及光电系统、热泵、通风及空调系统、水处理系统、系统零配件。

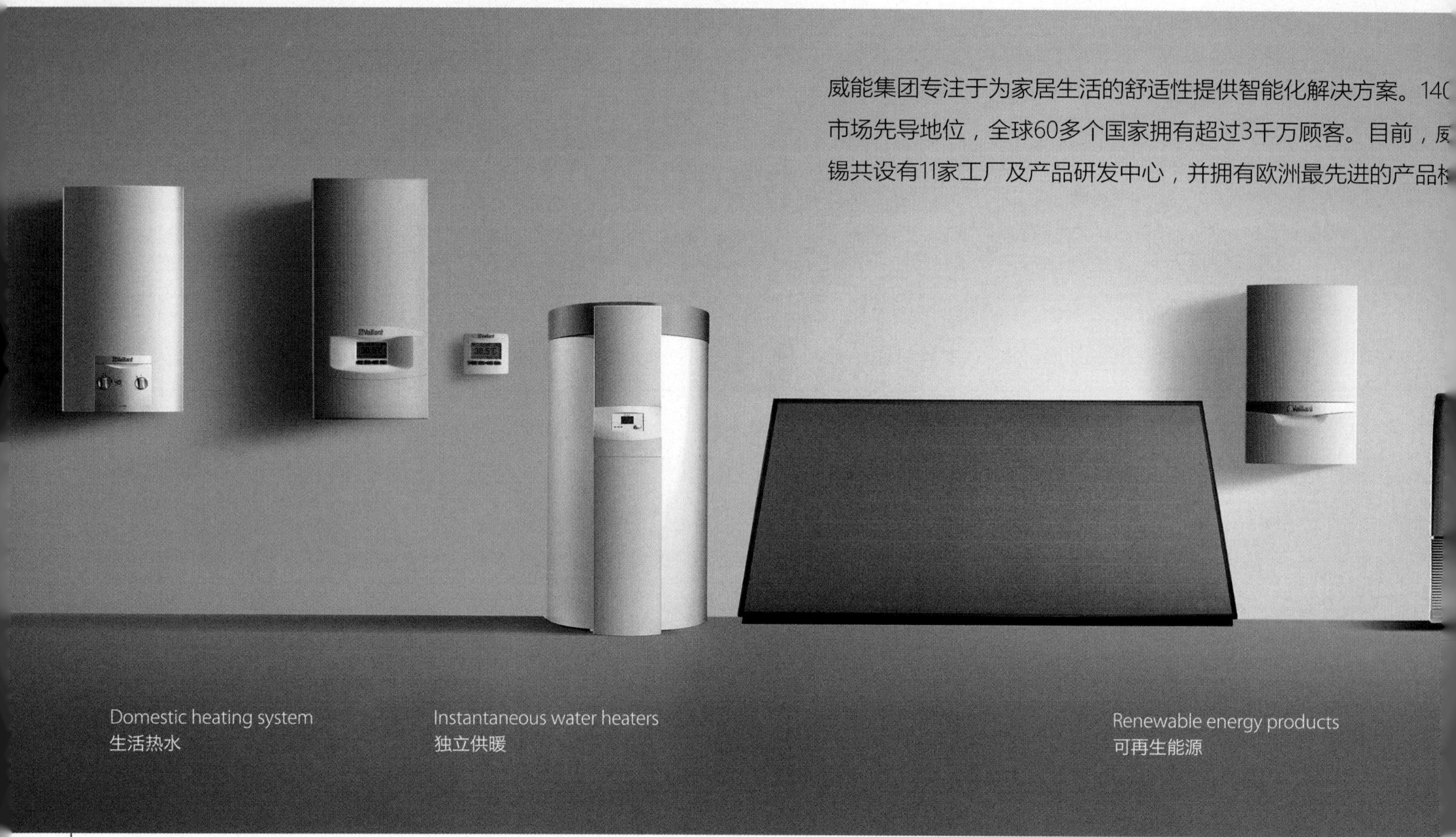

Vaillant，德国威能，总部位于德国北莱茵-威斯特法伦州Remscheid市，拥有140多年的发展历史，是欧洲出色的供热/生活热水/通风及空调设备制造商，也是顶尖的家用燃气壁挂炉制造商。

1874年，约翰-威能(John Vaillant)研制出了使用煤气的循环加热系统并把它变为产品。威能非常注重采暖技术的人性化设计，不断推出多项专利技术，相继发明了闭合系统的热水器、壁挂式燃气热水器等，开启了欧洲家庭热水市场的舒适时代。

1995年，德国威能正式进入中国市场，成立了威能（北京）供暖设备有限公司，承担起在中国的营销、服务、采购等业务。

2007年，威能集团在中国无锡投巨资设立的工厂正式启动，越来越多在欧洲投产成功，符合欧洲高环保、高节能、高能效要求的供热产品和供热技术被引入中国市场。

2015年，威能集团将在中国的职能总部和各核心事业部全部迁往上海，在黄浦区成立地区总部"威能（中国）供热制冷环境技术有限公司"，此公司作为威能在中国的全资子公司，承担其在亚太中心的业务发展任务。

威能集团

Vaillant

，威能集团在供热、通风、热水器、空调领域始终保持
旗下共计拥有八大国际品牌，在欧洲7个国家及中国无
室，全球员工超过12000人。

r-conditioning system
调新风

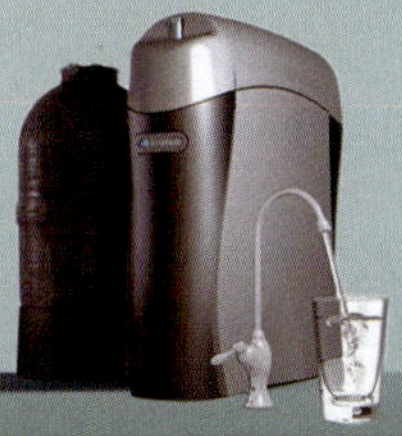

Water Filter
水处理产品

威能在中国市场逐步推出了包括壁挂炉、热水器、空调、新风、水处理系列、空气净化器及其他使用可再生能源的产品，可满足中国消费者对于健康舒适生活的多方面需求。

作为行业领袖和最先将家用分户供暖系统引入中国市场的国际品牌之一，威能集团与广大合作伙伴一起，以其节能环保的系统解决方案全面投入中国市场，不仅为中国家庭带去了高品质的产品、技术和服务，更注重推广以用户为核心的国际品牌价值、全球服务理念和节约能源、使用清洁能源的公共意识，为千万中国家庭建立起舒适生活的新标准。

德国邮政敦豪

Deutsche Post	DHL		
邮递/电子商务 -包裹	快递	全球货运、空运	供应链
• 在德国，每个工作日都需寄送约 6400 万封信件，拥有 29000 个包裹寄送点 • DHL 占整个德国的包裹市场份额的 43%	• 跨越国界的快递服务 • 业务遍布220多个国家和地区，服务于 250多万位客户 • 4,500 个网点 • 350 架飞机 • 36 个枢纽中心	• 航空和海运货物服务市场领军者 • 专注于工业项目和首尾相连的供应链解决方案 • 欧洲主要道路货运转运公司之一 • 强大的客户基础（福布斯 500 强中 50% 以上的公司 ）	• 合同物流 • 仓库面积 2500万平方米 • 2,700 个网点 • 企业信息解决方案全球主要供应商 • 业务遍布全球 50 多个国家
153 亿 欧元	125 亿 欧元	149 亿 欧元	147 亿 欧元

敦豪供应链全球规模&覆盖面

敦豪供应链 DHL SUPPLY CHAIN

- 全球排名第一的合同物流服务商
- 在50多个国家拥有事业规模
- 全球大约有14.7万名员工
- 2,700 个物流中心、仓库和中转中心
- 全球拥有大约2500万平方米的仓储面积
- 专精于多种关键产业，其中包括零售，快消，科技，医药&健康，汽车，制造业等

德国邮政敦豪是世界最大的物流公司，2014年全球营业额达到566亿欧元，在全球范围内有约48.9万雇员

多式供应链解决方案

生产&原材料

出口、进口作业

DHL supply Chain在中国被认可的专业性

利用30多个城市，80多个站点的分拨网络，来服务全国200多个客户。

5,500+
员工

80
站点遍布30多城市

行业专家

- ❖汽车
- ❖零售
- ❖消费品
- ❖ 生命科技和医疗事业
- ❖ 工业制造业
- ❖ 科技

200
辆自有车辆
3,000+
代理车辆

+900,000
平方米

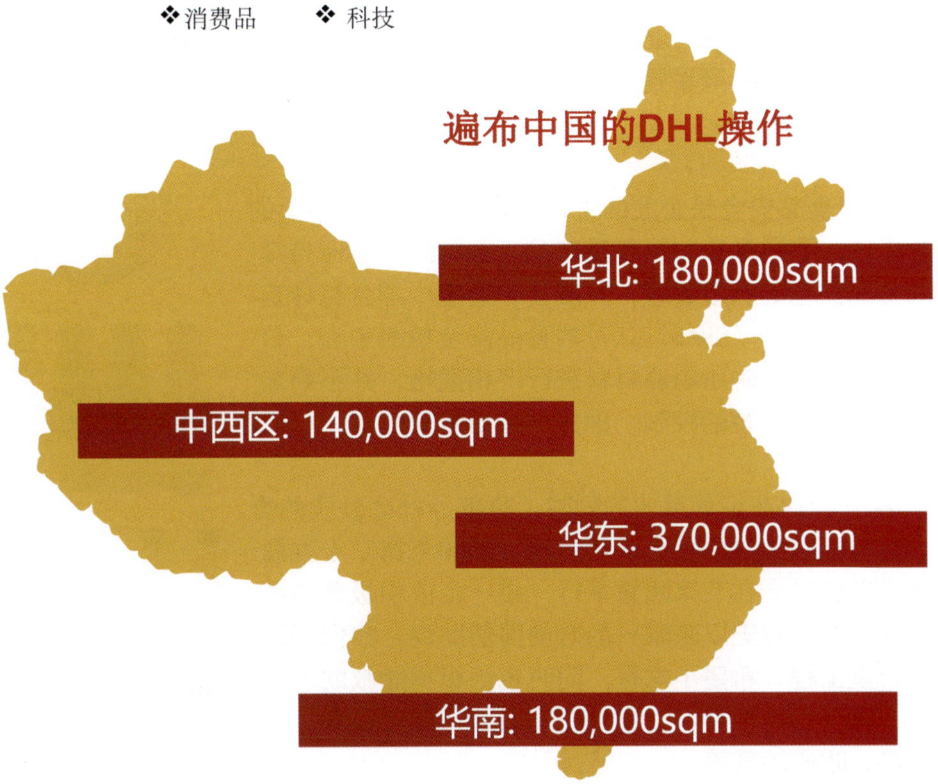

NU SKIN
DISCOVER THE BEST YOU™

如新（中国）日用保健品有限公司

NU SKIN 如新集团是全球性个人保养品和营养补充品行业的领先企业之一、抗衰老专家。1984年创立于美国犹他州普罗沃市，并于1996年在纽约证券交易所挂牌上市。NU SKIN 如新整合了先进的科技设施和阵容强大的科研团队致力于打造业界领先的抗衰老创新科研中心，如新业务已遍及全球49个市场。2003年，NU SKIN 如新集团正式进入中国大陆。2014年，投资总额近5亿人民币的 NU SKIN 大中华创新总部园区在上海正式落成，是集团发展史上最大的海外投资项目。同时，NU SKIN 如新集团凭借其在慈善事业中的突出贡献，分别在2008、2011和2012年，2016年四度获得由中华人民共和国民政部颁发的「中华慈善奖」，同时自2010年至2016年连续七度荣膺「中国慈善排行榜十大慈善企业奖」。作为跨国企业， NU SKIN 如新严格遵守当地法律、法规，在规范行业发展，消费者权益保护，环境保护等层面勇于但当，助力行业健康发展，为所在国家和地区的经济发展、就业等方面作出积极贡献。

GIVF me FIVE

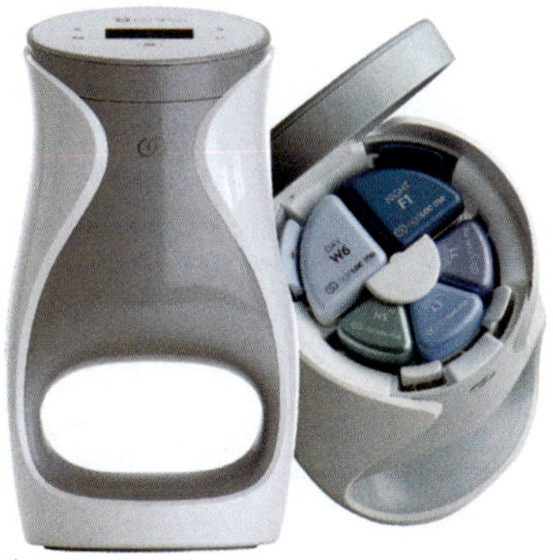

梅龙镇广场

位于上海市南京西路1038号，处于上海商圈的黄金地带，为沪上时尚人士购物休闲的首选地之一。梅龙镇广场以“现代经典设计概念”为建筑特色，融汇典雅瑰丽的欧陆设计风格，为上海现代建筑艺术的典范。加上独特的空间设计，巨大的中厅从底层一直延伸到第七层，使来宾顿然产生一种辉煌、堂皇的感觉，也吸引了国际品牌在这里举办大型活动，如服装秀、新品发布等，印证了梅龙镇的时尚魅力。一直以来， 梅龙镇以经典不朽的风格配上时尚前瞻的态度，不断迎来世界各地的国际知名品牌，无不让人体会时尚新动态，更设上海及各国美食，知名的伊势丹百货、超市和环艺电影院，让你尽情享受一站式的购物乐趣。来梅龙镇看看戏，品尝美食，逛逛时尚优品，不就是一种享受吗？爱上生活，爱上梅龙镇。

Located at the prosperous commercial hub of 1038 Nanjing West Road Shanghai, Westgate Mall is one of the best shopping meccas for Shanghai’ s fashion goers. Designed with unique neo-classical European architectural style, Westgate Mall also boasts a seventh floor huge atrium which is ideal for leisure shopping and launch of mega promotional events such as fashion shows, grand product launches etc. Westgate Mall’ s settings and tenant mix have not only attracted international fashion brand names, also, popular restaurants which serve Shanghai and western cuisines, the renowned Isetan Department Store, supermarket and UA Cinemas, all you need to enjoy one-stop shopping pleasure . Come for the movies, enjoy in a café, get inspired by fashion brands, Westgate Mall is your ultimate shopping destination.

Westgate Mall
梅龙镇广场

地址：南京西路1038号　No. 1038 Nanjing Rd West
电话（Tel）:（021)62187878 传真（Fax）:（021)62186967
www.westgatemall.com.cn

豫园商城

“中国一流旅游品牌”

黄金珠宝、餐饮、商旅文地产、中医药、旅游零售

地处上海市黄浦区的豫园地区，从元、明、清到民国初年，700多年来一直是上海的政治、经济、文化中心，被称为“上海的根”，是上海特有的人文标志和文化名片，其中方圆5.3公顷的豫园商城，起源于150多年前清同治年间的老城隍庙市场，集邑庙、园林、建筑、商铺、美食、旅游等为一体，从而构成了上海700年历史文脉的物化展示和上海城市文明的视觉演绎，丰厚的文化底蕴、浓郁的民俗风情、鲜明的经营特色更使豫园商圈成为全上海最中国的地方而享誉海内外。

1992年，上海豫园旅游商城股份有限公司正式挂牌成立。2002年，民营高科技企业复星集团成为豫园股份的第一大股东。

如今，豫园股份已发展成为涵盖黄金珠宝、餐饮、商旅文地产、中医药、旅游零售等商业经营为主业以及商业投资、战略投资相结合的中国著名商业类上市公司。历史的积淀与延承赋予豫园股份众多优质的品牌资源，公司以旗下2个中国名牌、3个中国驰名商标、15个上海著名商标及13个中华老字号品牌的优势资源，跻身于中国500最具价值品牌第77位。

豫园股份营运品质持续提升、品牌影响持续扩大、行业地位持续提高，2016年实现营业收入156.43亿元人民币，净利润4.79亿元人民币，总股本14.37 亿股。

截至2016年末,豫园股份外拓网点1929家。其中黄金珠宝业在全国布网总量已达1828家，包含直营连锁店、品牌加盟店、特约经销点等多种经营模式；餐饮业拥有国内直营门店33家，海外门店10家；中医药业拥有上海市区连锁药店、品牌专卖柜58家。

公司将集中精力、重点发展黄金珠宝业、餐饮业、商旅文地产业和中医药业，加速培育、打造多个产业独角兽。与此同时，公司还将积极支持旅游零售商业各企业以及电子商务等企业在细分领域中谋求各自的行业地位，将豫园商圈倾力打造成为“上海第一旅游品牌”，并在此基础上进军“中国一流旅游品牌”行列。未来，豫园股份将通过产业经营和产业投资的双轮驱动打造成为全球化的快乐时尚大平台。

我们创造
化学新作用
让创意
爱上效益
人类的目标有时会与大自然相左。不过，我们可以协调二者之间的关系。我们携手各方力量推出解决方案，让这个世界和居住在其中的人们都能受益。
让不断发展的世界为更多的人带来更美好的生活，因为在巴斯夫，我们创造化学新作用。
分享我们的愿景，敬请访问
wecreatechemistry.com
BASF
We create chemistry

SUPREMŸA
BAUME
法国希思黎致臻夜间修复精华霜
New. 划时代全新突破 风靡全球的夜间奇迹再生核心技术，
搭配全新卓效修护核心配方，打造强势抗老修护双核心。
奇迹抗老核心——有效延缓肌肤自然老化现象；
卓效修护核心——强化肌肤天然屏障。
为脆弱的老化肌肤，提供完美修护，
宛如新生，夜复一夜，
肌肤更现柔嫩、丰盈、紧致、重现年轻！
创新精质面霜质地，丰盈丝滑，
给予肌肤滋润舒适的感受。
SUPREMŸA
BAUME
国妆备进字 J20173345 广告
精彩网上购物：www.sisley.com.cn
法国希思黎至臻坊社区：www.sisley-beauty.com.cn
sisley
PARIS
敬请关注法国希思黎官方微信，
扫描二维码，了解更多信息。

Lane Crawford

国际 品牌

著名精品百货公司连卡佛于2013年10月开设了其迄今在中国最大的旗舰店，为消费者在上海提供一个奢侈时尚和生活方式终点站。

上海旗舰店位于淮海中路99号的上海时代广场，面积达150,000平方英尺（约14,000平方米），合共四层。旗舰店将汇聚500多个国际品牌，当中包括女装、美容、珠宝首饰、男装以及生活方式等商品组合。这是在大中华地区最丰富的国际奢侈品和设计师品牌组合。

该旗舰店的投资额约为四亿人民币，是连卡佛在大中华地区的第八家门店，也是连卡佛迄今为止最大的门店。

上海旗舰店是连卡佛与国际知名建筑事务所Yabu Pushelberg合作设计的。Yabu Pushelberg与连卡佛合作设计过四家门店。上海旗舰店采用了现代画廊的设计方法，使得全店能有一个充满活力的、启发性的和不断变化的整体环境。

上海旗舰店将面积超过20,000平方英尺（约1,800平方米）的空间辟为美容、时尚以及生活方式的个性化服务区域。65位个人形象顾问和礼宾人员将在这些奢华和私密的服务区域为顾客打造独特的、个性化的购物体验。

作为连卡佛线上线下无缝商业策略的一部分，上海旗舰店和连卡佛网上商店将完全联通，为顾客提供店内和在家购物的无缝体验。顾客可以在连卡佛网上订购商品，然后在上海旗舰店内的“网上购物礼宾部”取货或退货。这样的服务在中国市场上也是首例。

另外还有约3,000平方英尺（约278平方米）的是名为The Hub的特色空间，专门展示创意作品。The Hub旨在通过在店中心展出新兴设计师和艺术家的作品，来支持他们的成长和发展。

奢华
时尚

ROBOT 创新驱动，转型发展

顾村工业园区

上海机器人产业园

园区简介

顾村工业园区是1994年经宝山区人民政府批准设立的区级工业园区，2006年经上海市人民政府批准整合升级为市级工业园区，列入上海市104产业园区。2012年经上海市经信委批准成立上海机器人产业园。园区总占地面积3.09平方公里，其中建设用地2830亩。2012年园区在全市中小型园区综合考评中位列第六名。

园区地理位置极佳，区位优势突出。东临南北高架、南靠S20外环高速、西邻上海市最大的郊野公园——顾村公园。外环线、郊环线、沪太路主干道和轨道交通1、7号线使园区连接上海主要港口、机场的距离均在半小时内，是离市中心最近的上海市‘104’区块。

目前园区入驻规模企业65家，机器人及配套企业11家。上海发那科机器人有限公司、上海鑫燕隆汽车流水线制造有限公司、上海法维莱交通车辆设备有限公司、上海复旦智能监控成套设备有限公司、上海小贝自动化设备有限公司、德欧机械设备（上海）有限公司等先后落户园区。园区将逐步形成机器人产业、智能装备制造业和高端生产性服务业集群式发展。

园区发展方向

围绕上海市“十二五”时期“创新驱动，转型发展”的工作主线，宝山区将“建设全市加快经济发展方式转变的示范区、推动城市转型发展的最佳实践区”，作为“十二五”时期区域发展的总体目标。根据镇“十二五”规划发展要求，考虑园区发展，立足“调结构、促转型”的思路，培育符合城市功能和要求相适应的产业，园区将形成三大产业集群式发展：

- 机器人产业链为核心的产业，主要包括汽车、电子、钢铁、航空航天等行业为主的机器人和以家庭机器人、医疗机器人等为主的服务机器人研发，关键核心部件制造、机器人应用开发与组装、机器人上下游应用产业、机器人技术培训等。
- 相关智能装备制造业，主要包括高端智能数控机床，智能仪器仪表电子等设备，关键零部件、元器件等。
- 高端生产性服务业，主要包括发展科技体验、展示交易、科研教育、高端论坛等配套产业。
- 机器人产业是未来成长性最好的行业之一，行业发展前景无可限量，而作为一个新兴产业，机器人产业目前在我国尚处于起步阶段，我们将通过建设上海机器人产业园这一机器人产业的聚集区，积极探索推动传统工业园区向高新技术、先进制造业和高端服务业转型发展，努力构建符合园区实际和可持续发展的现代产业体系，最终实现产业与城市化的融合发展！

港汇恒隆广场

Grand Gateway 66 港汇恒隆广场

国际化购物中心、双塔写字楼、涉外服务式公寓

港汇恒隆广场（Grand Gateway 66），坐落于上海最繁华的商业中心——徐家汇商圈，统合大型购物中心，甲级写字楼，及高档涉外酒店式公寓。自1999年开幕至今，历经15年的发展与积累，港汇恒隆广场现已成为上海滩无可取代的时尚地标之一。

港汇恒隆广场汇聚各大品类的知名品牌，近年更是相继引进GUCCI、LOEWE、CHAUMET、Tiffany & Co.、BOTTEGA VENETA、Jimmy Choo等一线品牌，不断致力于打造更奢华的购物殿堂。5楼、6楼及1楼汇聚了极食、美心、翠园、天泰、金牛苑、苏浙汇、鼎泰丰等十余家特色餐厅，满足了消费者对不同美食的喜爱与追求。

经典的建筑设计及人性化的服务设施，也令港汇恒隆广场当之无愧地成为上海滩Shopping Mall中的典范。中庭挑高35米的玻璃穹顶，加之两翼跨越整个商场的玻璃采光顶，使得整个商场空间均可利用天然光源，顾客可于通透明亮的环境下尽享购物休闲意趣。商场服务台，近百部升降梯和手扶梯，提供母婴哺乳室的盥洗室，及逾千个泊位的大型地下停车场等服务设施，令顾客尽享贴心舒适的至尊购物体验。

合印五年

合印包装服务有限公司通过五年时间的逐步发展，从最早单纯的给客户提供印刷服务，发展到现在前端给客户提供整体印刷外包服务，后端实现印刷厂家供应链深耕管理，实际上已经完成了印刷行业的B2M平台服务，同时提供基于包装印刷品的物联网管控与营销服务整体解决方案！

合印科技股份有限公司

- 专业印刷服务：印刷品、包装产品、POSM
- 印刷品整体外包服务＆印刷材料集中采购
- 基于印刷的供应链管理
- 基于印刷包装的物联网平台

合印网络科技有限公司

- 互联网营销解决方案
- 消费者大数据分析服务
- 渠道商管理平台

一物一码

包装上的一物一码，俗称“产品身份证”。在产品营销，追溯，异业合作等各方面应用，联动品牌与消费者，增加消费者的互动体验，提升对品牌的忠诚度。加强管理生产及销售，获取并积累销售数据，为精准营销及SCRM系统做足准备。

服务过的客户

GODIVA　Johnson 庄臣　PEPSICO　亿滋 Mondelez　好丽友　Henkel　立邦　PERFETTI Van Melle　GANSO　Carrefour 家乐福　HERSHEY'S　DANONE　Budweiser　CHANDO 自然堂　L'ORÉAL

我们的产品服务

可变二维码

全方位赋予了单品单码的“产品身份证”，支持多种形式的可变数据。

营销互动

产品数字化，联通线上线下，提高用户体验，增加互动，增强消费者忠诚度。

异业合作

打通行业壁垒，分享企业资源，整合优势，扩展企业市场领域。

数据分析

品牌在活动的过程中，对各方（消费者，经销商，小店，BA等）数据的手机以及活动效果的实时检测，我们提供数据分析，分层数据管理，数据报告平台服务，为品牌进行消费者数据标签，促销资源管控，分层管控等，为后续的精准营销提供数据支持。

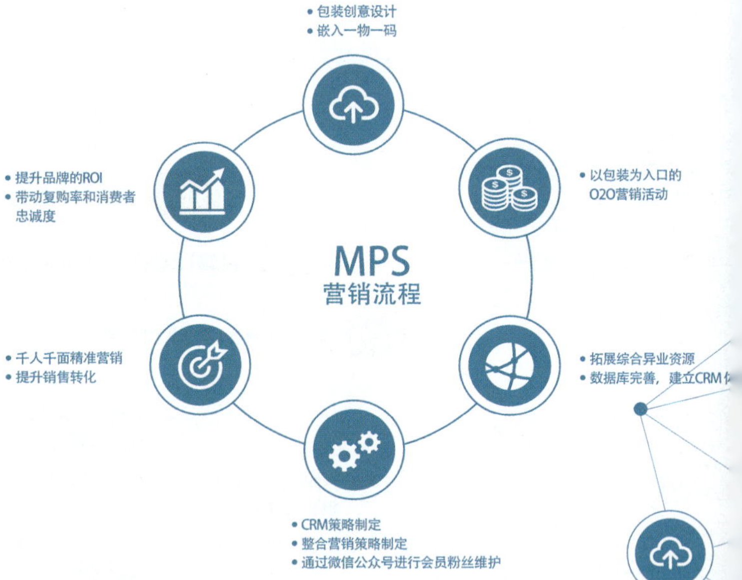

上海新力机器厂

上海新力机器厂是上海市高新技术企业，隶属于中国航天科技集团公司第八研究院，是中国航天系统内唯一的高端智能装备和锻压钣金成型装备制造企业，立足整个制造业，以客户需求为牵引，打造高端智能装备方案解决商和系统集成商以及为客户提供全产业链和全生命周期的完整解决方案。同时，结合“互联网+”和《中国制造2025》国家战略，积极开展智能制造的研究和实践，为迎接“工业4.0”时代做准备。在此背景下，上海新力机器厂依托航天平台，以个性化定制对接海量用户，致力于高档数控机床和金属增材制造技术的研发、建立智能制造创新中心、搭建符合中国制造业发展实际的智能制造系统平台，为客户提供智能设计、智能管理、智能应用、智能物流等服务，为中国制造业提供坚强的智力支持，努力将该公司打造为高端智能装备方案解决商与系统集成商，为客户提供高附加值的服务和全生命周期的完整生产系统。公司以创新、高品质的理念，经过多年的技术开发与沉淀，开发了VMW系列立式五轴联动加工中心、SMU系列万能铣床、VMF增材-减材复合制造一体机、龙门系列加工中心（包括非金属复合材料）等多款高端智能数控机床（图1-4），并掌握了电主轴、回转工作台等核心部件的关键技术，为后续产品的研制奠定了坚实的基础。

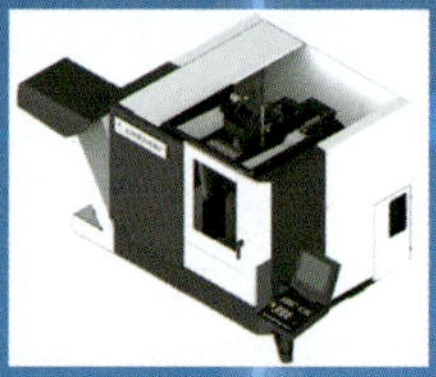

图1 SMU50万能铣床

图2 VMW立式五轴联动加工中心

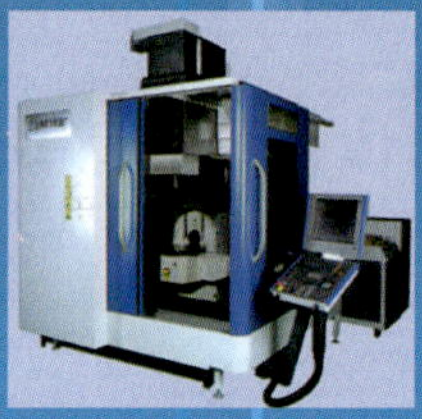

图3 增材-减材复合制造一体机

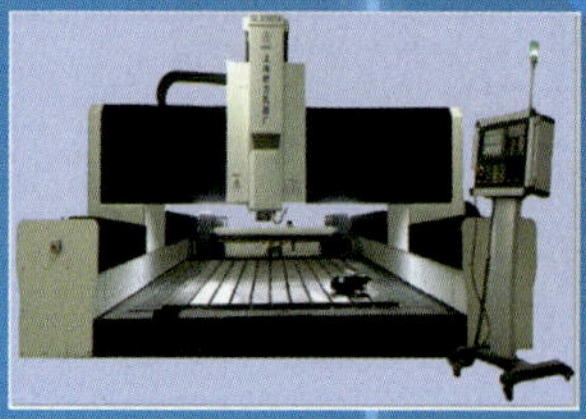

图4 SL系列龙门加工中心

智能化制造已经成为未来制造业技术发展的必然趋势，以智能制造为核心的新工业革命再度成为国际社会关注的焦点，上海新力机器厂围绕智能制造系统平台建设，以智能化装备为载体，充分利用系统大数据，搭建智慧工厂平台，提供智能制造解决方案和服务。目前，系统应用的三大领域：智能装备、智能生产线、智能远程维护，包含四大功能模块：实时工况、健康预警、能力评估、远程诊断。(图5、6是我公司为某客户提供的智能系统平台与自动化流水线解决方案)

图5 某客户智能系统平台解决方案

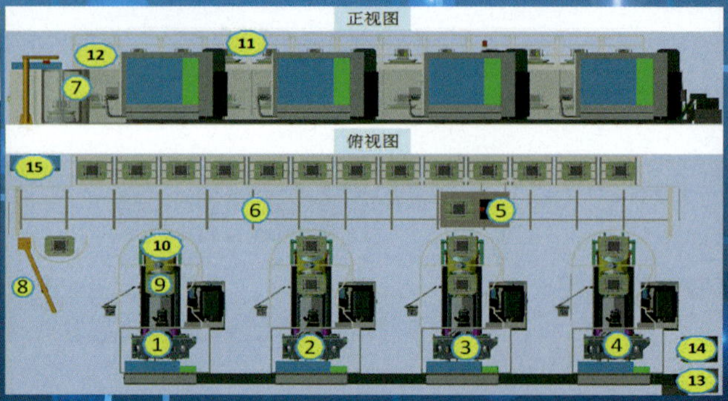

图6 某客户自动化流水线解决方案

上海宝钢新型建材科技有限公司

上海宝钢新型建材科技有限公司成立于2012年11月（简称:宝钢建材），公司前身为上海宝钢生产协力公司（成立于1986年）、宝钢发展有限公司上海新型材料分公司，主要从事宝钢冶金固废资源综合利用业务，资源和产品主要包括水渣、矿粉、钢渣、粉煤灰、脱硫石膏、脱硫灰等，固废资源年处置能力800多万吨。

公司具备较强的产品研发、质量管理和技术服务能力，公司技术中心2013年被授予“上海市级企业技术中心”荣誉称号。

迄今，技术中心已完成科研项目50多项，各类专利60余项，高新技术成果转化5项。

主营业务

单位名称	主要业务 水渣	资源量或产品量
内河码头	宝钢股份水渣放渣堆存发运	年资源量约420万吨
湛江宝钢建材	湛江钢铁水渣放渣堆存发运	年资源量约150万吨
单位名称	**主要业务 矿粉**	**资源量或产品量**
宝田公司	利用宝钢股份水渣生产矿粉	产能规模：250万吨/年
湛江宝钢建材	利用湛江钢铁水渣生产矿粉	产能规模：50万吨/年
南京梅宝	利用梅山钢铁水渣生产矿粉	产能规模：100万吨/年
单位名称	**主要业务 钢渣**	**资源量或产品量**
钢渣作业管理部	宝钢股份钢渣处置	年资源量约80万吨；
湛江宝钢建材	湛江钢铁钢渣处置	年资源量约60万吨；

成长·无限
中银信贷工厂
中小企业全面金融服务
担保更灵活｜服务更专业｜审批更高效｜产品更丰富

上海印海实业有限公司

上海印海实业有限公司于2016年4月11日成立，位于中国经济金融城市之首——上海，是一家专注于跨境购物的电商平台，注册资金500万。目前，我司已有线上APP——“花蚁”，线下6家体验店（上海），致力于从全球30多个国家为用户提供专业的买手服务、全球精选一线品牌及爆品的推荐、采购及消费场景直播类服务等。我司人数有300余人，主要职能部门有运营部、设计部、IT部、客服部等，各部门之间高效协同，积极创新，全力为用户提供最优质的服务。

公司自成立以来，始终以坚持为客户提供最优质购物体验为己任，依托APP核心亮点——“任意门”体验场景，引导客户使用个性化定制窗口，让客户足不出户可以在花蚁逛遍全球。目前公司已完善美、日、韩、泰等十个国家的自有采购分部以及移动式海外仓建设，全品类的一线爆品、完善的APP功能、健全的售后服务、采购终端真品保障，让我们有能力为客户做到全球真品最低价的承诺，现阶段我们已为客户精选上万种商品，并且已有几千款完成上架工作。

公司在打造完美客户购物体验的同时在APP上嵌入VIP会员功能，赋能给VIP客户享有在平台商品推荐返点的权益，同时VIP客户可独享平台消费折上折的权益，“花蚁”从上线到目前已有超过2万的下载注册量，打造的联动模式让VIP客户享有有趣购物体验的同时，边赚边省，让收益触手可及。

在“大众创业”“共享经济”成为政府政策和时代主旋律的背景下，公司坚持以市场为导向，以服务抢先机，在未来两年内，公司将努力构筑全球商品在电子商务领域最大的资源供应平台，让花蚁在电商平台占有一席之地。

关注福斯中国
微信公众号
高效的金属加工厂
Efficient metalworking
最节能的汽油机和
蒸汽涡轮机
Energy-optimized
gas and steam
turbines
沼气厂
Biogas plants
低能耗引擎和变速箱
Low-consumption
engines and gearboxes
环保的农林业
Environmentally
friendly forestry
and agriculture
风力场
Wind farms
Technology
that pays back
LUBRICANTS.
TECHNOLOGY.
PEOPLE.
FUCHS
德国福斯润滑油
福斯润滑油（中国）有限公司
上海市嘉定区南翔高科技园区嘉绣路888号
电话：+86 21 3912 2000
www.fuchs.com.cn

来伊份

来伊份作为中国休闲食品连锁领导品牌，目前在江、浙、沪、京、津等10多个省市拥有近2300家门店，每年为亿万人次提供“健康、美味、新鲜、优质”的产品。2016年10月12日，来伊份主板上市，成为“主板零食第一股”。

来伊份开创了直营连锁商业模式，构建了“乡村作物城市落户”的新产业链，并以打造“良心工程，道德产业”为己任，建立了严谨的食品安全管控体系，严格把控产品原料、生产、流通的每一环节，实现了实时监控与可追溯。提升了中国休闲食品标准化升级，促进了休闲食品制造业生产技术革新。推动中国休闲食品产业从小而散、作坊式的旧形态，向专业化、规模化、现代化、市场化发展。

从田园到舌尖，来伊份农副产品累计销售已达200亿元，涉及国内22个省份近180家供应商，解决了数十万种植、养殖户的产品市场化渠道，帮助了3万多农村人口就业，改善了部分农村地区的“空巢”现象，同时带动了城市近万名“4050”女性群体就业，为社会和谐发展作出了贡献。

从田园到舌尖，来伊份始终坚持“领鲜到底”的产品理念，在确保产品品质健康升级的同时，适时推出了全渠道发展战略，并累计投资数亿元，建立了强大、先进的信息处理系统，成功打通了线上线下业务通道。成为目前领先的，集线下门店、线上电商、移动APP于一体的OTO全渠道销售模式的信息化休闲食品企业。

来伊份秉承“传播休闲文化，创造快乐无限”的企业使命。为消费者畅享全球美食保驾护航，为中国休闲食品产业的发展贡献自己的力量!

尊重科学 追求完美

气宇轩昂 斗志昂扬

上海宇昂水性新材料科技股份有限公司

上海宇昂水性新材料科技股份有限公司成立于2005年1月18日，以水溶性高分子为特色的集研发、生产、营销及应用为一体的创新型、科技型、成长型、外向型的高新技术企业。公司总部位于上海浦东张江国家高新技术园区，研发总部及生产基地位于临港园区。为上海市高新技术企业，全国功能高分子行业委员会理事单位、秘书处所在单位，水溶性高分子PVP国标撰写单位。公司于2012年12月20日新三板挂牌，证券代码为“430179”，证券简称“宇昂科技”，为上海市首批新三板挂牌企业。旗下有上海宇昂新材料科技有限公司、上海宇昂生物科技有限公司、上海融澈水性材料有限公司全资子公司。

公司主营业务为水溶性高分子材料技术、环保技术、新能源技术及其相关产品的研究开发、生产和销售，以及提供相关技术服务。产品涉及的行业领域为医药、化妆品、食品饮料、水处理、3D打印纳米材料、新型农业缓控释包膜材料等新兴或蓬勃发展的产业。目前公司产业链延伸到化妆品、净水器、日化等应用领域。

公司创立的“YUKING”优质品牌已经得到了广大客户的信赖，其拥有核心专利技术及自主知识产权的水溶性高分子系列产品已经行销欧洲、北美、南美、澳洲、非洲、亚太、中东等数十个国家与地区，客户群包括世界前五十大知名药企及化妆品企业等；公司拥有20余项国家发明专利，1项美国专利，7项PCT国际专利及数十项拟申请的国家发明专利；部分核心专利技术经中科院评定处于国内领先、国际先进的水平。

上海宇昂科技建有合成及水溶性高分子研究应用为特色的实验室，与上海同济大学、上海交通大学药学院、上海大学材料学院、复旦大学分析检测中心、成都有机所、晨光化工院、上海医工院、中石化研究院等数家高校和科研院所建立了产学研合作机制。

公司从2005年成立至今，销售额实现跨跃式攀升，这主要得利于公司产品、技术服务优势，以及对市场的掌控能力。公司积极参与国际市场的竞争与合作，借助自身的技术优势，为客户提供专业的解决方案，帮助客户提升产品的附加值，提高客户产品的市场竞争力。如今，宇昂科技研发与市场领域已经涵盖医药、食品、化妆品、水处理、日化、涂料等蓬勃发展或的新兴经济领域，逐步实现水处理膜关键材料的国产化攻关、核电水处理关键技术攻关、化妆品保水/促透材料的关键配方研究、现代农业环保型缓控释包膜材料关键技术研究、水性涂料油改水关键配方的国产化突破、环保型水性消毒产品等重大关键性突破，公司的品牌之路正在形成，越来越多的客户意识到“宇昂科技”品牌是实力的象征，上海宇昂科技是最值得信赖的合作伙伴。

上海宇昂科技全体同仁以“尊重科学，追求完美”为宗旨，尊崇“诚实守信”的商业道德，坚持“以客户为中心”的服务理念，发扬“气宇轩昂、斗志昂扬”的企业文化精神，愿与国内外新老客户携手共创美好的明天。

映瑞光电科技（上海）有限公司

映瑞光电科技（上海）有限公司（以下简称“映瑞光电”）成立于2010年7月，坐落于上海市临港产业区，是一家从事LED及相关产业链设计、研发与制造的中外合作高新技术企业。2010年7月29日，映瑞光电与上海临港集团签约LED光电项目，项目规划在浦东临港产业区打造国家级LED产业化示范基地。2011年1月，映瑞光电LED产业化项目正式动工。2013年初，项目开始量产芯片及外延片。2015年度，映瑞光电销售收入9813万元，市场占有率达到2.3%。

2016年，公司的核心产品、市场地位、销售规模及内部营运管理水平等指标均大幅提升，公司走上良性发展道路。大、中、小功率多款白光LED产品已研制开发；LED芯片的发光效率达到和高于120lm/W，产品的寿命将超过3万小时；利用新一代GX系列外延技术，提高了外延片的发光强度，降低了芯片驱动电压；结合单大马士革集成互连高压氮化镓基LED器件模块技术，发明一种新颖的COB惠斯登电桥交流LED模组技术；通过芯片工艺的设计优化，工艺验证成功制备了大面积，高亮度的倒装结构LED芯片。发光光效达到190lm/W，驱动电压达到3.0V左右。在350mA使用电流下，超过CREE的同类产品。

2016年，公司加快了扩产步伐，在产量提升的同时，加强了产品制造的过程管控，产品质量也有了较大提高。映瑞的倒装结构LED芯片历时一年完成了从研发到量产的过渡，目前以实现大规模量产。产品无论从光电参数或是可靠性方面均为国内领先产品。垂直结构LED芯片目前已经实现大规模量产产品，且为公司核心技术产品。产品目前以蓝光以及白光芯片形式销售，受到市场的广泛好评。

映瑞光电作为国内领先的LED芯片设计及制造企业始终秉承“市场，研发与知识产权相辅相成”的方针政策。公司荣获“2015年上海专利试点企业”荣誉称号。自建厂以来，公司已经提交244件国内外专利申请，其中国内已授权专利51件（含实用新型专利2件），国外已授权专利10件，国内申请进行中共80件，国外申请进行中共17件。

得益于芯片出色的性能和信赖性，映瑞的倒装4343芯片以5%的性能优势领先成为第一支通过韩国LGDisplay公司内部认证，并应用于其电视背光产品上的高端LED芯片，并随后长期在其内部评估的芯片排名上稳居首位。韩国公司Wooree E&L更是与我司结成了战略合作伙伴关系，并承诺其所有产品的60%将使用映瑞芯片。映瑞的垂直芯片自推出后，在市场上一路劈荆斩棘，在中国获取了超过50%的国产垂直芯片市场份额。在公司的大力扩产下，目前映瑞已经成为国际上产能最大的垂直芯片厂商之一。

近期，映瑞已经完成了高性能晶圆级白光芯片的研发和量产。晶圆级白光芯片的产生，将达成闪光灯、车灯等众多高端应用对于芯片光色分布的苛刻要求，同时将大幅提升应用端生产流程的便利性，降低系统成本。以此为利器，映瑞将迈开步伐，推动封装及应用端的变革！

上海形状记忆合金材料有限公司

科技领先、开拓创新、追求卓越、求实诚信

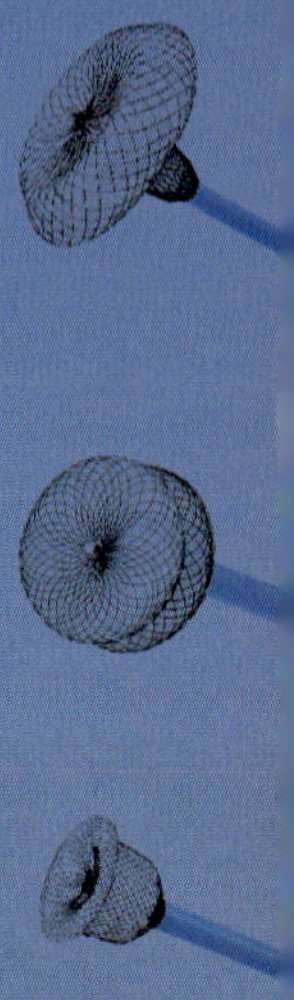

上海形状记忆合金材料有限公司成立于 1994 年，是专业从事心血管缺损、畸形封堵器产品研发、生产及营销的高新技术企业。公司拥有一支长期致力于形状记忆合金材料工艺研发的专业技术队伍，实力雄厚、技术精湛，陆续研制出动脉导管未闭封堵器、房间隔缺损封堵器、室间隔缺损封堵器、圈套器和封堵器介入输送装置等系列产品。产品自上市以来，在国内国际数百家心脏中心获得广泛应用，累积病例超过 45000 例，经大量临床验证，其治疗安全性、有效性均已达到国际先进水平，众多先心病患者受益，并深得医生及患者好评。

2005 年至今，公司陆续通过了 ISO9001、ISO13485 质量管理体系认证、GMP 质量体系认证，并连续被评为上海市高新科技企业。公司产品曾多次荣获国家及市级奖项，其中房间隔缺损、室间隔缺损封堵器为国家科技攻关计划项目，室间隔缺损封堵器获 2007 年上海市科技进步一等奖，动脉导管未闭封堵器、房间隔封堵器获上海市 2003 年科技进步二等奖，在研新产品获国家科技部“863 计划”支持，全系列产品获得国家科学技术进步二等奖。2012 年，公司产品通过欧盟 CE 认证，现已行销全球 20 多个国家，向国际市场迅速拓展。

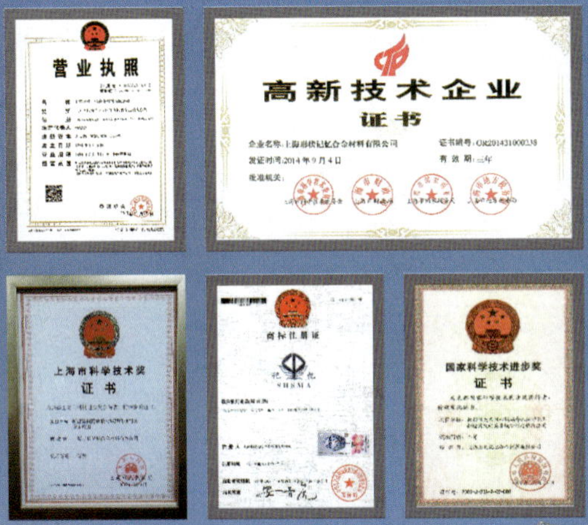

2008 年，上海形状公司成为国内心脏介入医疗器械领军企业乐普（北京）医疗器械股份有限公司的全资子公司。

乐普医疗是我国最早研发制造心脏介入医疗器械产品的高新技术企业，总部位于北京中关村昌平科技园，也是目前国内唯一一家央企控股的心血管介入医疗产品规模化制造企业。通过坚持技术创新、质量领先、合作共赢的发展之路，乐普医疗已发展成为目前国内规模最大的冠脉支架、球囊扩张导管以及完成心脏介入手术配套用医疗配件的产业基地。产品延伸覆盖冠心病、先心病、瓣膜病及心脏节律四大心脏病介入诊疗领域。2009 年 10 月 30 日，成为首批登陆 A 股创业板的 28 家企业之一（代码：300003）。

秉承总公司“科技关爱生命”的企业宗旨，上海形状公司以“科技领先、开拓创新、追求卓越、求实诚信”为经营理念，持续以全新的产品开发理念、科学的管理体系和专业的研发团队为广大医务人员及患者提供优质、诚信的产品和服务，为人类先心病治疗事业贡献力量。

上海恒隆广场
Dior
HERMÈS
Cartier
DOLCE&GABBANA

上海市新杨工业园区管理委员会

Xinyang

园区简介

上海市新杨工业园区成立于1995年12月，是经上海市城市规划管理局和普陀区人民政府批准建立的工业开发区。2005年，园区顺利通过国家审计总署的审计，后经由国家发改委和国土资源部公布，成为上海26家被保留的市级开发区之一。

新杨园区前身是新杨村，原规划总面积为187.57公顷，因外环生态林带建设调整和老宅改造的建设，截止2002年4月，园区实际开发面积调整为92.36公顷。

园区地理位置优越，交通环境理想，基础设施完善，自然环境优美。红柳路、柳园路、真南路等主要道路，组成“三横四纵”棋盘式格局，同时紧靠外环线，沪嘉高速穿境而过，交通十分便捷。东侧为千亩外环林带，南侧为高速绿化带。

园区经过20多年发展经济稳步提升。目前，园区落户企业约150多家，注册企业超过2500家，年创税超3亿元。近年来，根据桃浦镇的总体规划和战略部署，园区进行了较大规模的产业结构调整工作，逐步形成了南部以“金叶”、“绿新”为代表的印刷包装产业区；西部以“斯瑞”、“祥羚光电”为代表的新材料产业区；红柳路沿线以“星瀚奔驰”、“宝泓宝马”为代表的高档品牌汽车商贸带；北部以“宝翔”、“日鸿”、“大明”为代表的中高端不锈钢加工贸易区，产业结构和布局更趋科学、合理。尤其是园区重点打造的“红柳路名车坊一条街”，正逐渐成长为一张见证新杨发展的名片，有效提升了新杨的经济实力和环境面貌。

同样的政策比服务，同样的服务比政策，欢迎前来洽谈合作。

上海市新杨工业园区管理委员会
地址：上海市普陀区柳园路89弄18号B座
邮编：200331
电话：021-66957690、021-66955101

上海海螺服饰有限公司

上海海螺服饰有限公司（Shanghai Conch Apparel CO.,LTD.，以下简称公司）创建于1950年，前身为荣新内衣厂，1966年更名为上海第二衬衫厂，1998年定名为上海海螺服饰有限公司，是专业设计生产经营各类中高档衬衫、西服、职业装等系列产品的服装企业。拥有海螺（CONCH）、金海螺（GOLD CONCH）、高马仕、绿叶、箭鱼等著名服装品牌。

“海螺”品牌的发展历史，可以追溯到五十年代初的“绿叶”品牌。1951年5月1日，当时的荣新内衣厂注册并启用了“绿叶”牌商标。据史料记载，1954年，绿叶牌衬衫以中国衬衫的唯一代表，参加了在前苏联举办的国际服装博览会和前民主德国举办的莱比锡服装展览会，“绿叶”品牌开始名声大振。1973年，当时的上海第二衬衫厂以美国衬衫名牌“阿罗”为赶超目标，注册并使用“海螺”商标，进行优质衬衫的生产。海螺衬衫以其严格的标准、新颖的款式、精细的缝制赢得了国内外消费者的青睐。“海螺”商标创牌于70年代初期，主要出口港澳地区，用于高档男衬衫。1979年，海螺牌衬衫荣获国家金质奖，自此屡获国家级、部级、行业及市级各级荣誉，在国内外消费者中享有良好的声誉。1993年起，海螺重视拓展内销市场，树立商标形象，获得较大成果，成为行业中长期保持名牌形象的商标之一。同时海螺产品线不断延伸，由单一衬衫系列向男式服饰配套产品系列发展。

海螺服饰是一家具有六十多年历史的自主民族服饰品牌企业，海螺衬衫在国内市场具有较广泛的知名度和良好的美誉度。从80年代的衬衫化学领到现如今的六嵌条工艺，都为海螺品牌的精湛技艺奠定了良好的基础。海螺品牌的市场占有率始终名列前茅，先后获得国家金质奖、上海市著名商标、上海名牌、中国最具市场竞争力品牌、中华老字号等殊荣。2010年公司被认定为“上海市企业技术中心”，2014年获“上海名牌辉煌之星”称号，2016年荣获“上海市品牌培育示范企业”。在世界品牌实验室公布的2016年中国500最具价值品牌排行榜中，“海螺”品牌价值为39.55亿元。

海螺衬衫在品质上始终坚持质量第一；风格上力求突出男性阳刚之美的特质；制作上依托高端的专业水准与强有力的质量保证体系，精心设计、精心制作，通过精选面料，优化裁剪，使高端产品保持领先的设计优势、时尚风格和做工精致等特点。“正式场合穿海螺”、“海螺不吹亦是歌”，就是对海螺产品品质和风格的最好写照。

近年来，海螺新品开发源源不断，并向中高端方向发展，先后推出丝棉系列、棉毛系列、形态记忆系列以及符合时尚潮流的个性化系列等衬衫。在各专卖店及商场开设了“量身定制”业务，为有特殊需求的顾客提供“贴身”服务，深受消费者好评。在上海、江苏、北京、广州、南京等城市开设了销售网点，构建了遍布全国的营销网络，顾客满意度不断上升，市场占有率长期处于上海第一的领先地位。

公司结合自身经营状况再次组织对质量工作进行信息化提升，结合ERP系统持续关注质量工作的各个环节。改进后公司将所有部门纳入质量管理体系，力求通过提升公司全员、全过程的工作质量，进一步提升产品质量和整个管理体系的运行效率，进而满足顾客需求，提升顾客满意度。

海螺凝聚的是几代海螺人“追求卓越、永不自满”的企业精神。在传承和创新中，赋予海螺新的内涵和活力。不管岁月如何变迁，海螺永远坚守勤勤恳恳“为国人做更好的衬衫”的使命。

上海古林国际印务有限公司

上海古林国际印务有限公司创建于一九九四年七月，是由日本古林纸工株式会社和上海包装造纸＜集团＞有限公司合资组建的综合性包装企业。

本公司注册地址：上海市闸北区陈家宅路56号，注册资金1000万美元。其中日方占股份60%，中方占股份40%。本公司充分发挥日本印刷包装界先进技术及经营管理方式，在日本古林纸工株式会社八十余年来制造纸容器的丰厚经验和独特技术的基础上，将款式设计、生产技术、质量管理、售前售后服务融合一体，形成了可迅速满足客户的产销体制，赢得了众多著名制药公司（世界500强制药公司）和化妆品公司的信赖，并成为他们最重要的供应商。

由于本公司不断采用创新工艺技术，采用BACD、折光、荧光、线条等多种综合一体的高科技防伪印刷手段的产品，已达到世界包装行业先进水平行列。

本公司坚持奉行以包装奉献社会的经营理念和“让客户更满意”的方针，1991年和2004年率先在全行业中荣获ISO9001质量管理体系和ISO14001环境管理体系认证。

——审慎 勤勉 敬业 坚韧
敬畏法律 感恩生活——

保障企业和人民群众生命财产安全

上海金智达复合材料有限公司
SHANGHAI JINZHIDA LAMINAR MATERIAL CO.,LTD.

已在武汉、广州、天津，建立分公司形成全国布网，上海研发的集团化格局。

嘉定区科技小巨人企业

上海市高新技术企业

和谐劳动关系达标企业

专精特新”企业

拥有发明、实用新型和软件著作权等30多项专利。

二十多年的复合理念、现代企业管理模式和严格质量保证体系，通过TS16949:2009质量管理体系认证，是国内最大、最专业的汽车内饰复合材料生产企业，是行业中著名复合品牌。

新建5万多平米2幢厂房，拥有国内外领先的专用设备，德国进口火焰设备，英国进口热熔胶膜设备，美国进口VOC全套检测设备，几百平米的实验中心，与高校合作产学研教学基地，紧跟国际汽车内饰复合材料的发展，向国内主机厂提供最先进的复合材料。产品型号达数百种，性能满足标准和绿色环保，广泛应用于汽车顶棚、门板、座椅等部位。配套：上海大众、上海通用、一汽大众、沈阳宝马、长城汽车、吉利、VOLVO和上海汽车等各车型。2016年生产1900万米复合布，销售近3亿。

隆安成立于1992年，是中国最早的合伙制律师事务所之一，并于2017年成功改制成为特殊普通合伙律师事务所。目前我们在中国北京、上海、沈阳、深圳、广州、南京、天津、济南、苏州、南通、株洲、大连、中国香港、太原、杭州、武汉、贵阳、成都、郑州、湖州、昆明共二十一个城市设有办公机构，隆安正在进一步扩展，此外，隆安还与多家外国律师事务所建立了广泛的跨国合作关系，以便满足经济全球化发展的需要。目前隆安合伙人200余人，执业律师800余人。

隆安律师大多毕业于国内外著名的法学院，他们资历丰富、积极进取，其中一些曾在中国最高人民法院、最高检察院长时间工作，拥有极高的社会影响和权威的司法经验，也有曾在美国、英国、日本等国执业多年的兼具国内和国外多重职业资格的律师，另一些则是在学术领域取得不凡成就的教授、博士等。隆安吸纳了众多国际和中国港澳台的人士担任专业顾问，这些优秀的律师与来自多个经济发达国家的外国律师顾问组合成一个完美的团队，在中国为客户提供国际水准的法律服务。

在过去的二十五年里，隆安为包括世界500强在内的众多大中型企业提供了并购、金融、外商直接投资、知识产权、大型项目等领域的法律服务。隆安多次被全国律师管理机构评为中国最为优秀的律师事务所之一。凭借近年来的整体实力，隆安成功入围《亚洲法律杂志》年度多项法律大奖，入选中国十佳成长律所，并以前十的成绩荣登亚洲最大50家律所及中国律所30强榜单。隆安亦在英国《律师》杂志亚太地区百强律所榜单及中国精英律所30强榜单中位居前列。

隆安与中央及主要省市的政府经济和其他管理部门都有着良好的沟通基础和渠道，并经常应邀在知识产权、证券、金融、税收等经济法律立法中提供咨询意见。隆安与各级政府机构的广泛和深入的交流，使我们能及时了解重要的信息，从而帮助客户实现他们的最大利益。

隆安律師事務所 LONGAN LAW FIRM

地址：上海市漕溪北路333号（徐家汇）中金国际广场B座20层　邮编：200030

电话：（86-21）60857666　传真：（86-21）60857655

NEW ENERGY

上海电气风电集团

上海电气风电集团是上海电气旗下的新能源产业板块，是上海电气集团股份有限公司（上证A股601727和香港H股2727）的核心资产之一。

2015年3月，上海电气以上海电气风电设备有限公司等企业为核心组建了上海电气风电集团，注册资本为人民币21.4亿，主要业务包含大型风力发电机组研发、设计、制造、技术咨询、工程总承包等。

上海电气风电集团将用先进的风机技术，国际化的项目管理理念和海上风电领域所拥有的丰富专业知识及运行经验，以为用戶提供全生命周期、全方位服务为目标，致力于成为国内领先的风电整体方案解决者。

欧尚

欧尚集团是世界主要商业集团之一。集团创立于1961年，创始人杰拉尔.米里曳先生首次在法国北部城市开设并经营一家把自选、廉价和服务放在同一建筑物的商场--超市。欧尚集团主力业态为购物中心、大型超级市场、超级市场、便利店，同时涉足加工生产和金融业。欧尚集团2015年集团营业额达542亿欧元,在世界500强排名第129位，为法国排名第二的商业集团，是极富竞争力的集团。欧尚集团近年来及时实施拓展海外市场的战略，除了在西欧、南欧外，在中国、波兰、匈牙利、俄罗斯、摩洛哥、印度等国投资，成为迅速崛起的国际商业集团。

欧尚于1996年进入中国市场，1997年设立上海欧尚超市有限公司。1999年第一家超市在上海杨浦区开业，杨浦中原店的建筑面积为15000平方米，经营商品品种达2万多种。杨浦中原店经过2003年的扩建，建筑面积已达到25000平米，超市经营面积达到11000多平方米，使购物环境更加优美。

欧尚（中国）投资有限公司的前身¬—上海欧尚配送服务有限公司成立于2002年，2006年更名为欧尚（中国）投资有限公司。公司的主营业务为投资和经营购物中心及大型超市。欧尚超市销售的商品60%为食品，食品当中50%为生鲜冷冻产品，他们提供价廉物美的商品和优质的服务，以改善消费者的购买能力和生活水平为目标。公司除了为超市进行统一采购和配送商品外，还开展市场调研，对商品实行优胜劣汰，满足市场的需求，提高公司的经济效益；促进和提高供应商的生产工艺和商品质量。欧尚的宗旨是与合作伙伴共同发展，实现双赢。同时，欧尚（中国）投资有限公司还负责法国欧尚集团在中国境内全部的投资和经营业务活动。

2011年，欧尚中国首次将法国本土成功的"网上下单，到店提货"商业模式引进到国内，在苏州开出了中国第一家Auchan Drive店。至今，欧尚在中国共有两家Auchan Drive，分别位于上海和苏州。

至2015年底，欧尚已在中国开出七十四家购物中心和大型超市，除了上海的十家和北京五家店外，其余分布在南京、苏州、无锡、常州、扬州、镇江、杭州、宁波、嘉兴、台州、绍兴、芜湖、马鞍山、蚌埠、成都、沈阳、大连、青岛、烟台、南昌、广州、东莞、武汉等城市。

借由信赖 让美好发生
雨伞借你，因为我知道你需要帮助

年鉴历程

YEARBOOK PROGRESS

《上海商贸年鉴》（以下简称《年鉴》）是一部大型的上海商贸专业工具书，由上海商贸年鉴编纂委员会负责组织编纂。其主要任务是全面收集上海每一年的商贸发展情况及资料信息，并编辑整理，汇集成册。

《年鉴》的前身为《上海对外经济贸易年鉴》，创刊于 1995 年，每年编纂出版 1 卷，已出版 22 卷，其中包含《上海商务年鉴》7 卷、《上海商贸年鉴》1 卷。2017 版《上海商贸年鉴》是其第二十三卷。

《年鉴》充分反映上海商贸新的特色以及商贸系统在“创新驱动、转型发展 ”中出现的新成果和新经验。全书约 100 万字，收集图照 200 余幅，国内外公开发行。回顾年鉴历程，展望未来，以展示上海商贸的崭新风貌为己任，更好地为广大读者服务。

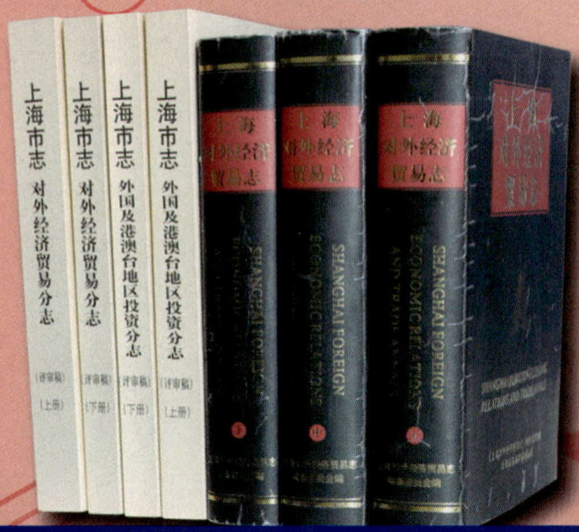

《上海商贸年鉴》编纂委员会

第八编

统　计

对外贸易往来的国家和地区
内外贸统计表

一、对外贸易往来的国家和地区

2016年，面对复杂多变的国际环境和国内繁重艰巨的改革发展稳定任务，上海认真执行“创新驱动，转型发展”国家战略方针，继续坚持调结构、促转型、优化对外贸易结构，全市对外贸易保持平稳发展态势。

2016年全市货物贸易进出口总额28664.37亿元，比上年增长2.7%，增速领先全国3.6个百分点，在全国的占比从11.4%提高到11.8%。其中，进口16558.92亿元，增长5.2%；出口12105.45亿元，下降0.5%。按市场分，对欧盟进口3729.41亿元，增长6.3%；出口1990.54亿元，下降10.9%；对美国进口1791.99亿元，增长2.4%；出口2965.08亿元，增长5.6%；对东盟进口2069.86亿元，增长6.2%；出口1446.00亿元，增长6.3%；对日本进口1941.73亿元，增长9.7%；出口1266.95亿元，下降3.5%。

服务进出口突破1万亿元，继续位居全国首位。利用外资保持稳定，质量和效益明显提高。新增合同外资再次超过500亿美元，实际使用外资185亿美元，连续17年实现增长。新增跨国公司地区总部45家，亚太区总部15家，累计分别达580家和56家；新增外资研发中心15家，累计达411家。对外投资快中趋稳，“一带一路”成为热点。实际对外直接投资251亿美元，增长51%，规模居全国各省市第一。新签对外承包工程合同119亿美元，增长6.7%，连续9年超过百亿美元。

2016年上海对外贸易往来国家（地区）一览表

国别（地区）			进出口额		出口额		进口额	
			金额（万美元）	比上年（%）	金额（万美元）	比上年（%）	金额（万美元）	比上年（%）
亚洲	中国	香港	2222600	3.75	1813960	-6.00	408637	92.22
		澳门	10401	-26.85	10065	-25.90	336	-47.16
		台湾	2232730	3.05	644102	5.26	1588630	2.18
	东亚	日本	4851890	-2.20	1920680	-9.07	2931210	2.89
		韩国	2367620	-17.39	734451	-13.20	1633170	-19.15
	东盟		5324140	-0.16	2192050	-0.06	3132090	-0.23
	中东		—	—	—			

（续表）

国别（地区）		进出口额		出口额		进口额	
		金额（万美元）	比上年（%）	金额（万美元）	比上年（%）	金额（万美元）	比上年（%）
非　洲		733927	-4.87	365203	-12.58	368724	4.22
欧洲	欧　盟	8658010	-6.33	3017010	-16.10	5641000	-0.10
	俄罗斯	373141	-17.45	164659	-3.59	208482	-25.87
美洲	美　国	7204020	-1.84	4491630	-0.66	2712390	-3.73
	加拿大	493865	-0.94	199989	-4.70	293876	1.80
	拉丁美洲	1953350	-8.74	743848	-10.36	1209510	-7.72
大洋洲	澳大利亚	1501110	-7.95	490142	-1.51	1010970	-10.77
	新西兰	204250	23.91	51152	9.26	153099	29.72

2012—2016 年上海与中国香港贸易情况表

年份	进出口		出口		进口	
	金额（万美元）	比上年（%）	金额（万美元）	比上年（%）	金额（万美元）	比上年（%）
2012	1682321	-2.15	1596921	-1.09	85400	-18.41
2013	1749382	3.99	1676986	5.01	72397	-15.23
2014	1925436	10.06	1846457	10.11	78979	9.09
2015	2146910	11.50	1934340	4.76	212578	169.16
2016	2222600	3.75	1813960	-6.00	408637	92.22

2012—2016 年上海与中国澳门贸易情况表

年份	进出口		出口		进口	
	金额（万美元）	比上年（%）	金额（万美元）	比上年（%）	金额（万美元）	比上年（%）
2012	8379	75.11	7507	81.15	872	36.09
2013	5038	-39.87	4237	-43.56	801	-8.14
2014	7821	55.24	7208	70.12	613	-23.48
2015	14237	82.04	13600	88.68	636	3.83
2016	10401	-26.85	10065	-25.90	336	-47.16

2012—2016 年上海与中国台湾贸易情况表

年份	进出口		出口		进口	
	金额（万美元）	比上年（%）	金额（万美元）	比上年（%）	金额（万美元）	比上年（%）
2012	2022702	-4.58	570095	-7.90	1452607	-3.22
2013	2201649	8.85	579084	1.58	1622565	11.70
2014	2315757	5.18	668217	15.39	1647540	1.54
2015	2168750	-6.35	612301	-8.37	1556450	-5.53
2016	2232730	3.05	644102	5.26	1588630	2.18

2012—2016 年上海与日本贸易情况表

年份	进出口		出口		进口	
	金额（万美元）	比上年（%）	金额（万美元）	比上年（%）	金额（万美元）	比上年（%）
2012	5731083	-2.25	2496183	4.12	3234900	-6.65
2013	5508159	-3.89	2490852	-0.21	3017307	-6.73
2014	5448775	-1.08	2331280	-6.41	3117495	3.32
2015	4986090	-8.49	2132220	-8.54	2853870	-8.46
2016	4851890	-2.20	1920680	-9.07	2931210	2.89

2012—2016 年上海与韩国贸易情况表

年份	进出口		出口		进口	
	金额（万美元）	比上年（%）	金额（万美元）	比上年（%）	金额（万美元）	比上年（%）
2012	2445331	-5.65	694548	-6.37	1750783	-5.37
2013	2390184	-2.26	621203	-10.56	1768982	1.04
2014	2624618	9.81	716236	15.30	1908382	7.88
2015	2868290	9.28	847982	18.39	2020310	5.87
2016	2367320	-17.39	734451	-13.20	1633170	-19.15

2012—2016 年上海与东盟贸易情况表

年份	进出口		出口		进口	
	金额（万美元）	比上年（%）	金额（万美元）	比上年（%）	金额（万美元）	比上年（%）
2012	5702581	6.02	2091703	2.70	3610878	8.04
2013	5392717	-5.43	2140240	2.32	3252477	-9.93
2014	5379677	-0.24	2341681	9.41	3037996	-6.59
2015	5339950	-0.74	2202980	-5.92	3136970	3.26
2016	5324140	-0.16	2192050	-0.06	3132090	-0.23

2012—2016 年上海与中东贸易情况表

年份	进出口		出口		进口	
	金额（万美元）	比上年（%）	金额（万美元）	比上年（%）	金额（万美元）	比上年（%）
2012	1146777	4.04	730753	7.07	416024	-0.88
2013	1194701	4.18	754926	3.31	439775	5.71
2014	1159711	1.38	728183	2.35	431528	-0.23
2015	—	—	—	—	—	—
2016	—	—	—	—	—	—

2012—2016 年上海与非洲贸易情况表

年份	进出口		出口		进口	
	金额（万美元）	比上年（%）	金额（万美元）	比上年（%）	金额（万美元）	比上年（%）
2012	746601	-8.10	437588	-11.20	309014	-3.31
2013	854201	14.41	498268	13.87	355933	15.18
2014	874773	2.42	448466	-9.98	426307	19.77
2015	772632	-11.69	417953	-6.82	354679	-16.80
2016	733927	-4.87	365203	-12.58	368724	4.22

2012—2016 年上海与欧盟（28 国）贸易情况表

年份	进出口		出口		进口	
	金额（万美元）	比上年（%）	金额（万美元）	比上年（±%）	金额（万美元）	比上年（%）
2012	9018685	（持平）	3910743	-10.25	5107942	9.58
2013	9158193	1.55	3619396	-7.45	5538797	8.44
2014	10370735	13.24	3884079	7.31	6486656	17.11
2015	9276670	-10.61	3622310	-6.83	5654360	-12.87
2016	8658010	-6.33	3017010	-16.10	5641000	-0.10

2012—2016 年上海与俄罗斯贸易情况表

年份	进出口		出口		进口	
	金额（万美元）	比上年（%）	金额（万美元）	比上年（%）	金额（万美元）	比上年（%）
2012	526779	8.28	326291	27.84	200488	-13.30
2013	458104	-13.04	298966	-8.37	159138	-20.62
2014	496350	8.35	301718	0.92	194632	22.30
2015	452097	-8.92	170823	-43.38	281275	44.52
2016	373141	-17.45	164659	-3.59	208482	-25.87

2012—2016 年上海与美国贸易情况表

年份	进出口		出口		进口	
	金额（万美元）	比上年（%）	金额（万美元）	比上年（%）	金额（万美元）	比上年（%）
2012	7017804	0.75	5015901	3.65	2001903	-5.84
2013	7339830	4.59	5064995	0.98	2274835	13.63
2014	7639797	4.09	4984520	-1.59	2655277	16.72
2015	7411020	-3.00	4557890	-8.56	2853140	7.45
2016	7204020	-1.84	4491630	-0.66	2712390	-3.73

2012—2016 年上海与加拿大贸易情况表

年份	进出口		出口		进口	
	金额（万美元）	比上年（%）	金额（万美元）	比上年（%）	金额（万美元）	比上年（%）
2012	543095	2.86	307133	9.15	235962	-4.32
2013	569189	4.80	297254	-3.22	271935	15.25
2014	540785	-4.99	282270	-5.04	258516	-4.93
2015	498837	-7.76	209919	-25.63	288918	11.76
2016	493865	-0.94	199989	-4.70	293876	1.80

2012—2016 年上海与拉丁美洲贸易情况表

年份	进出口		出口		进口	
	金额（万美元）	比上年（%）	金额（万美元）	比上年（%）	金额（万美元）	比上年（%）
2012	2564888	-0.22	1065466	-6.38	1499422	4.68
2013	2277017	-11.22	1009836	-5.22	1267182	-15.49
2014	2407811	5.74	997587	-1.21	1410225	11.29
2015	2143030	-11.00	831160	-16.68	1311870	-6.97
2016	1953350	-8.74	743848	-10.36	1209510	-7.72

2012—2016 年上海与澳大利亚贸易情况表

年份	进出口		出口		进口	
	金额（万美元）	比上年（%）	金额（万美元）	比上年（%）	金额（万美元）	比上年（%）
2012	1294798	-3.42	579843	2.39	714955	-7.67
2013	1425327	10.08	582237	0.41	843090	17.92
2014	1646343	15.51	582694	0.08	1063650	26.16
2015	1634740	-0.71	501821	-13.88	1132920	6.51
2016	1501110	-7.95	490142	-1.51	1010970	-10.77

2012—2016 年上海与新西兰贸易情况表

年份	进出口		出口		进口	
	金额（万美元）	比上年（%）	金额（万美元）	比上年（%）	金额（万美元）	比上年（%）
2012	162468	18.87	47191	7.87	115277	24.05
2013	211837	30.39	48746	3.30	163091	41.48
2014	227140	7.22	54487	11.78	172653	5.86
2015	164900	-27.40	46803	-14.10	118096	-31.60
2016	204250	23.91	51152	9.26	153099	29.72

资料来源：上海海关。

说明：2015 年数据海关略有修正，2016 年比上年百分比数据以修正值计算。

二、内外贸统计表

国内贸易

2016年，上海按照当好全国改革开放排头兵、创新发展先行者的要求，主动适应经济发展新常态，着力推进创新驱动发展、经济转型升级。实现了“十三五”时期经济社会发展的良好开局。

2016年全市批发和零售业商品销售总额100792.84亿元，比上年增长7.9%，增速同比提高1.5个百分点；社会消费品零售总额10946.57亿元，增长8.0%，增速同比回落0.1个百分点。

分行业看，批发和零售业零售额9874.15亿元，比上年增长8.4%，增速同比提高0.2个百分点；住宿和餐饮业零售额1072.42亿元，增长4.7%，增速回落2.6个百分点。分商品类别看，建筑及装潢材料类、中西药品类、家具类、汽车类商品零售增长较快。全年建筑及装潢材料类商品零售额103.83亿元，增长23.0%；中西药品类商品零售额664.41亿元，增长20.9%；家具类商品零售额111.37亿元，增长15.0%；汽车类商品零售额1829.61亿元，增长13.2%。

全年无店铺零售业态零售额1584.00亿元，比上年增长13.8%。其中，网上商店零售额1249.77亿元，增长15.8%，占社会消费品零售总额的比重为11.4%，比上年提高0.5个百分点。

2012—2016年上海社会消费品零售总额情况表

单位：亿元

年份	社会消费品零售总额	按商品用途分			
		食品类	衣着类	用品类	燃料类
2012	7840.40	1844.96	1060.76	4261.50	673.18
2013	8556.96	1962.39	1147.71	4752.34	694.52
2014	9303.49	2065.56	1313.05	5210.09	714.79
2015	10131.50	2248.70	1531.97	5769.28	581.55
2016	10946.57	2399.22	1776.87	6205.12	565.36

2016 年上海社会消费品零售总额商品类别占比示意图

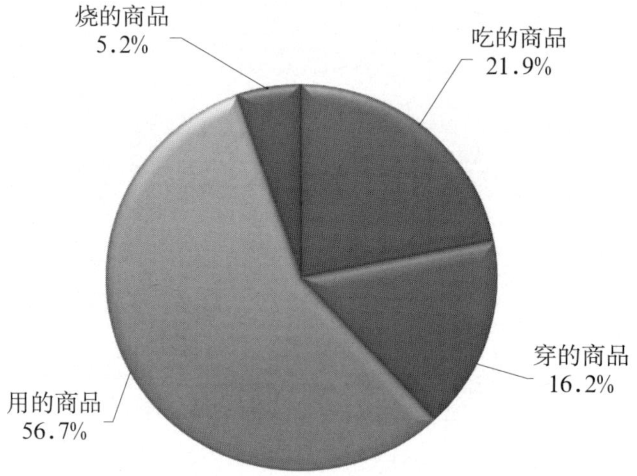

2012—2016 年上海市社会消费品零售总额增长情况示意图

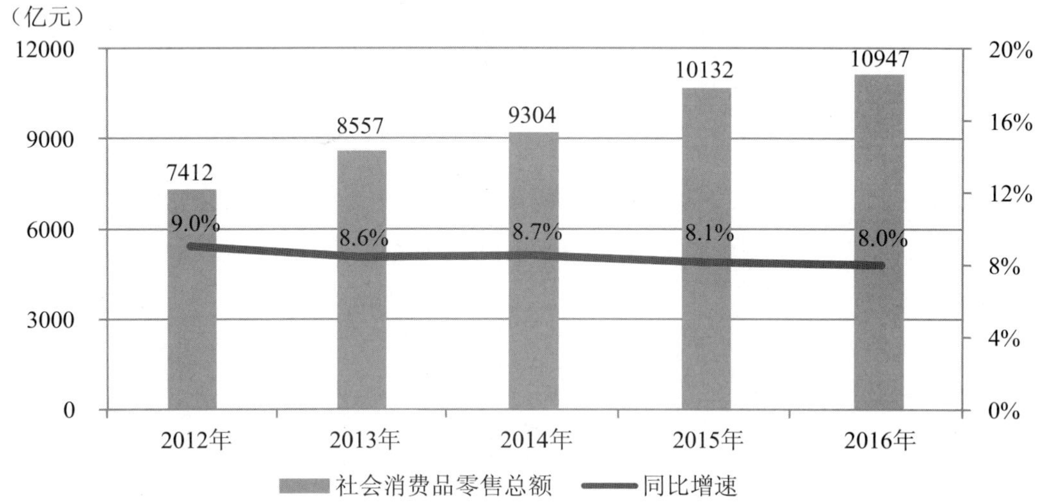

2016 年上海主要商品零售情况表

商品名称	零售额（亿元）	增速（%）	占比（%）	拉动社零增长百分点（个）
服装、鞋帽、针纺织品类	2016.4	11.7	20.4	2.1
汽车类	1829.6	13.2	18.5	2.1
粮油、食品类	1062.1	5.6	10.8	0.6
家用电器和音像器材类	793.7	11.9	8.0	0.8
中西药品类	664.4	20.9	6.7	1.1
日用品类	596.9	3.7	6.0	0.2
化妆品类	471.8	6.4	4.8	0.3
文化办公用品类	427.8	9.8	4.3	0.4

（续表）

商品名称	零售额（亿元）	增速（%）	占比（%）	拉动社零增长百分点（个）
石油及制品类	411.5	-0.9	4.2	0.0
通讯器材类	371.9	5.3	3.8	0.2
烟酒类	349.0	4.0	3.5	0.1
金银珠宝类	320.7	-1.8	3.2	-0.1
其他类	128.3	-26.2	1.3	-0.4
家具类	111.4	15.0	1.1	0.1
建筑及装潢材料类	103.8	23.0	1.1	0.2
饮料类	91.5	-3.3	0.9	0.0

2016 年上海各区社会消费品零售总额情况表

各区	社零总额（亿元）	同比增速（%）	与全市增速比较（%）
浦东新区	2037.3	8.2	+0.2
嘉定区	985.9	13.4	+5.4
闵行区	892.4	8.3	+0.3
黄浦区	799.2	1.0	-7.0
宝山区	642.5	8.1	+0.1
徐汇区	634.9	5.8	-2.2
静安区	623.2	7.1	-0.9
普陀区	585.2	3.3	-4.7
青浦区	538.7	10.0	+2.0
松江区	538.5	8.5	+0.5
奉贤区	490.3	10.0	+2.0
杨浦区	468.6	6.9	-1.1
金山区	414.0	11.3	+3.3
虹口区	296.7	3.2	-4.8
长宁区	295.4	7.9	-0.1
崇明区	107.2	10.3	+2.3

2016 年上海主要商圈零售情况表

商圈名称		年同比（%）	增速与上年同期变动百分点（个）
市级商圈	南京东路商圈	2.3	1.5
	南京西路商圈	13.5	5.9
	淮海中路商圈	25.1	8.2
	四川北路商圈	13.3	4.6
	徐家汇商圈	0.9	-4.5
	小陆家嘴—张扬路商圈	-11.9	-7.9
	豫园商城商圈	3.7	-5.8
	五角场商圈	13.3	11.7
	中山公园商圈	1.5	-1.2
	中环真北商圈	31.4	17.6
	新虹桥—天山商圈	18.5	11.5
	大宁商圈	-0.5	-5.9
平均增速		4.0	1.5
城区商圈	打浦桥商圈	-4.5	4.5
	南方商城商圈	13.1	-4.2
	长寿商圈	3.2	0.3
	曹家渡商圈	29.8	0.9
	长风商圈	2.1	14.4
	御桥商圈	52.3	34.5
	北中环商圈	41.9	39.9
	世博商圈	18.9	16.2
平均增速		31.7	16.8
郊区商圈	嘉定老城商圈	-1.7	-6.9
	松江新城北区商圈	-1.8	6.7
	松江新城南区商圈	13.6	27.0
	莘庄商圈	16.7	2.0
	七宝商圈	-13.4	-8.2
	金山新城商圈	-12.7	10.4
	南桥商圈	32.2	13.2
	青浦老城商圈	20.7	3.2
	赵巷商圈	5.6	4.5
平均增速		7.0	5.1

2016 年上海主要商品销售总额构成情况表

	金额（亿元）	同比（%）	占比（%）	拉动商品销售总额增长百分点（个）
商品销售总额	100792.8	7.9	100.0	—
生产资料	53423.5	7.8	53.0	4.1
工业消费品	35985.5	7.9	35.7	2.8
其他类	6221.5	4.8	6.2	0.3
主副食品	5162.4	13.2	5.1	0.6

2016 年上海各区主要商品销售总额情况表

各区	商品销售总额（亿元）	同比增速（%）	与全市增速比较（%）
浦东新区	32360.6	8.5	+0.6
普陀区	9928.5	3.0	-4.9
长宁区	6513.5	15.8	+7.9
黄浦区	5739.4	1.6	-6.3
嘉定区	5394.8	16.9	+9.0
静安区	4895.9	5.9	-2.0
虹口区	4587.1	25.1	+17.2
徐汇区	4473.8	5.5	-2.4
宝山区	3643.6	10.3	+2.4
闵行区	3157.0	3.0	-4.9
杨浦区	2604.4	1.8	-6.1
松江区	1635.4	9.3	+1.4
奉贤区	1506.4	10.1	+2.2
金山区	1311.9	9.3	+1.4
青浦区	1282.9	10.1	+2.2
崇明区	450.6	11.4	+3.5

2016 年上海居民消费类商品销售情况表

商品类别	销售额（亿元）	增速（%）	占比（%）	拉动商品销售总额增长百分点（个）
汽车类	10637.1	11.7	10.6	1.2
服装、鞋帽、针纺织品类	5404.4	9.2	5.4	0.5

（续表）

商品类别	销售额（亿元）	增速（%）	占比（%）	拉动商品销售总额增长百分点（个）
粮油、食品类	5162.4	13.2	5.1	0.6
通讯器材类	4183.9	-13.4	4.2	-0.7
文化办公用品类	3009.9	12.7	3.0	0.4
日用品类	2456.5	8.8	2.4	0.2
中西药品类	2362.7	18.2	2.3	0.4
烟酒类	1653.5	3.5	1.6	0.1
家用电器和音像器材类	1342.9	11.6	1.3	0.1
化妆品类	1317.8	12.8	1.3	0.2
金银珠宝类	1001.0	2.8	1.0	0.0
五金、电料类	993.7	16.3	1.0	0.1
建筑及装潢材料类	667.1	29.4	0.7	0.2
饮料类	412.7	21.9	0.4	0.1
体育、娱乐用品类	257.3	22.6	0.3	0.1
家具类	209.6	13.8	0.2	0.0
书报杂志类	72.2	0.1	0.1	0.0
电子出版物及音像制品类	3.1	-48.1	0.0	0.0

2016 年上海生产资料类商品销售情况表

商品类别	销售额（亿元）	增速（%）	占比（%）	拉动商品销售总额增长百分点（个）
金属材料类	31417.1	7.8	31.2	2.4
石油及制品类	7311.2	6.0	7.3	0.4
化工材料及制品类	6736.8	7.6	6.7	0.5
机电产品及设备类	5880.5	16.3	5.8	0.9
煤炭及制品类	1442.6	-9.5	1.4	-0.2
木材及制品类	307.6	20.4	0.3	0.1
种子饲料类	267.7	-4.6	0.3	0.0
棉麻类	60.1	10.1	0.1	0.0

对外贸易

2013—2016 年按国别（地区）分的上海关区出口总额情况表

单位：亿美元

国别（地区）	2013 年	2014 年	2015 年	2016 年
总 计	4991.29	5232.12	5005.80	4798.74
亚 洲	2089.82	2196.84	2145.10	2080.64
中国香港	240.90	259.82	260.67	249.00
中国台湾	135.55	150.85	137.00	139.29
日 本	542.65	526.67	474.49	435.14
韩 国	172.68	191.83	212.30	203.74
新加坡	122.39	119.58	117.74	104.80
马来西亚	87.60	91.68	78.47	78.97
泰 国	90.77	93.13	99.26	100.48
菲律宾	38.10	47.19	49.70	44.95
巴基斯坦	23.18	28.69	32.55	46.09
科威特	4.07	5.73	5.48	5.66
沙特阿拉伯	31.42	32.94	34.23	27.58
阿拉伯联合酋长国	53.60	54.21	49.20	45.34
非 洲	175.01	178.39	168.00	144.26
埃 及	13.02	15.08	16.43	18.63
苏 丹	3.17	3.04	3.20	2.41
欧 洲	1047.00	1134.42	1033.36	973.63
德 国	180.43	197.06	186.34	174.65
法 国	76.41	81.86	75.35	71.91
意大利	83.42	91.32	84.83	79.83
荷 兰	160.62	173.80	167.30	135.51
英 国	128.49	141.10	142.14	125.96
瑞 典	19.66	21.28	19.52	18.25
俄罗斯	89.73	88.47	55.68	51.14
美 洲	1535.00	1574.53	1510.83	1457.21
美 国	1117.97	1152.02	1127.24	1114.53
加拿大	83.71	84.63	75.11	70.52
巴 西	101.10	96.42	76.11	61.60

（续表）

国别（地区）	2013 年	2014 年	2015 年	2016 年
智　　利	29.82	27.78	25.89	26.17
大洋洲其他国家（地区）	—	—	0.01	0.01
澳大利亚	124.90	126.26	118.27	115.08
新 西 兰	13.20	14.58	13.51	14.37
其　　他	—	—	—	—

2013—2016 年按国别（地区）分的上海关区进口总额情况表

单位：亿美元

国别（地区）	2013 年	2014 年	2015 年	2016 年
总　　计	3130.08	3402.43	3182.06	3127.25
亚　　洲	1602.67	1691.70	1599.12	1538.44
中国香港	9.48	14.88	8.97	23.97
中国台湾	230.89	245.69	225.94	230.80
日　　本	434.49	447.71	293.87	406.59
韩　　国	277.95	336.61	346.03	295.48
新 加 坡	67.32	69.77	73.92	69.92
马来西亚	147.31	124.64	120.27	110.83
泰　　国	62.35	64.28	62.99	64.38
菲 律 宾	36.50	37.84	33.81	31.03
巴基斯坦	6.35	4.85	3.81	3.06
科 威 特	1.11	0.71	0.47	0.58
沙特阿拉伯	15.76	16.21	14.08	10.47
阿拉伯联合酋长国	5.57	5.32	5.38	4.82
非　　洲	50.08	53.62	37.10	34.89
埃　　及	1.11	0.96	0.94	0.91
南　　非	22.06	19.17	14.04	14.13
欧　　洲	860.23	994.57	924.89	972.25
德　　国	302.30	347.93	297.18	304.92
法　　国	86.60	89.53	80.22	75.76
意 大 利	70.53	79.69	70.69	73.87
荷　　兰	19.60	22.80	24.85	28.50
英　　国	67.43	86.32	70.31	60.41

（续表）

国别（地区）	2013 年	2014 年	2015 年	2016 年
瑞　典	38.18	36.14	34.62	33.61
俄 罗 斯	20.19	26.07	34.56	31.32
美　洲	518.36	545.25	508.98	490.57
美　国	318.86	341.86	344.59	327.66
加 拿 大	31.94	27.82	25.09	30.73
巴　西	25.15	23.52	21.62	24.10
智　利	73.13	78.95	57.45	54.65
大洋洲其他国家（地区）	—	—	0.01	—
澳大利亚	79.39	97.03	96.07	74.34
新 西 兰	18.51	18.94	14.40	15.86
其　他	0.49	1.06	0.74	—

2012—2016 年上海关区出口总额分类情况表

单位：亿美元

年　份	关区出口总额	其　中				
		一般贸易	来料加工装配贸易	进料加工贸易	对外承包工程货物	出料加工贸易
2012	4911.60	2722.60	137.52	1718.10	72.50	0.12
2013	4991.29	2857.73	130.46	1642.18	80.16	0.11
2014	5232.12	3112.37	126.18	1601.78	85.04	0.05
2015	5005.80	3016.20	133.26	1497.66	67.43	0.04
2016	4798.74	2978.08	132.05	1307.63	73.73	0.07

2012—2016 年上海关区进口总额分类情况表

单位：亿美元

年　份	关区进口总额	其　中				
		一般贸易	来料加工装配贸易	进料加工贸易	对外商投资企业进口设备	租赁贸易
2012	3101.50	1517.00	123.06	676.40	33.00	10.80
2013	3130.08	1628.68	135.19	524.14	23.58	23.68
2014	3402.43	1777.08	164.31	568.61	26.63	40.52
2015	3182.06	1616.79	155.92	502.04	13.89	23.12
2016	3127.25	1674.22	141.84	452.20	9.00	2.87

说明：海关关区资料来源为上海海关。

2012—2016 年上海市进出口总额情况表

年　份	进出口总额（亿美元）	进口总额（亿美元）	出口总额（亿美元）	进出口差额（亿美元）	进出口总额相当于生产总值的比例（%）	出口总额相当于生产总值的比例（%）
2012	4367.58	2299.51	2068.07	-231.44	135.8	64.3
2013	4414.33	2371.89	2042.44	-329.45	—	—
2014	4666.22	2563.45	2102.78	-460.67	—	—
2015	4517.33	2547.64	1969.69	-577.95	—	—
2016	4338.05	2503.38	1834.67	-668.71	—	—

资料来源：上海市统计局。

2015—2016 年国际会展情况表

指　　标	2015 年	2016 年
举办国际会展次数（次）	292	287
国际会展展出总面积（万平方米）	1124	1228

资料来源：上海市统计局。

2012—2016 年上海外贸进出口贸易额及其增长速度情况表

年　份	进出口总额		出口额		进口额	
	金　额（亿美元）	比上年（%）	金　额（亿美元）	比上年（%）	金　额（亿美元）	比上年（%）
2012	4367.58	-0.15	2068.07	-1.42	2299.50	1.00
2013	4414.33	1.07	2042.44	-1.24	2371.89	3.15
2014	4666.22	5.71	2102.78	2.95	2563.45	8.08
2015	4517.33	-3.19	1969.69	-6.33	2547.64	-6.17
2016	4338.05	-3.97	1834.67	-6.86	2503.38	-1.74

资料来源：上海市统计局。

2015—2016 年上海与世界各地贸易往来情况表

单位：万美元

国别（地区）	2015 年				2016 年			
	进出口	进　口	出　口	进出口差额	进出口	进　口	出　口	进出口差额
总　　值	45173300	25476400	19696900	-5779500	43380500	25033800	18346700	-6687100
亚　　洲	20964600	11851400	9113280	-2738120	20052900	11467500	8585460	-2882040
中国香港	2146910	212578	1934340	1721762	2222600	408637	1813960	1405323
印　　度	788010	284926	503084	-218158	737409	275292	462118	196826
日　　本	4986090	2853870	2132220	-721650	4851890	2931210	1920680	-1010530

（续表）

国别（地区）	2015 年				2016 年			
	进出口	进　口	出　口	进出口差额	进出口	进　口	出　口	进出口差额
韩　国	2868290	2020310	847982	-1172328	2367620	1633170	734451	-898719
中　国	1313510	1313510	0	-1313510	1067050	1054750	12295	-1042455
中国台湾	2168750	1556450	612301	-944149	2232730	1588630	644102	-944528
东　盟	5339950	3136970	2202980	-933990	5324140	3132090	2192050	-940040
马来西亚	1471590	1113790	357797	-755993	1377250	1022420	354834	-667586
新加坡	1281210	579542	701671	122129	1250630	588154	662471	74317
泰　国	796350	447097	349253	-97844	813541	453662	359879	-93783
非　洲	772632	344679	417953	63274	733927	368724	365203	-3521
欧　洲	11427400	7551280	3876090	-3675190	11086500	7799860	3286680	-4513180
英　国	1208380	643841	564534	-79307	1017260	580364	436895	-143469
德　国	2942380	2247210	695176	-1552034	2929880	2339980	589900	-1750080
法　国	938492	692095	246397	-445698	847173	629435	217738	-411697
意大利	825336	551350	273986	-277364	815433	573324	242109	-331215
荷　兰	1111960	205021	906938	701917	811778	207072	604705	397633
拉丁美洲	2143030	1311870	831160	-480710	1953350	1209510	743848	-465662
巴　西	622912	433113	189798	-243315	605196	446063	159132	-286931
智　利	478258	415567	62691	-352876	417580	355240	62341	-292899
北美洲	7911020	3142480	4768540	1626060	7698690	3006870	4691820	1684950
美　国	7411020	2853140	4557890	1704750	7204020	2712390	4491630	1779240
大洋洲	1948980	1259110	689871	-569239	1851200	1177510	673696	-503814
澳大利亚	1634740	1132920	501821	-631099	1501110	1010970	490142	-520828

2013—2016 年上海外贸出口贸易方式情况表

贸易方式	2013 年		2014 年		2015 年		2016 年	
	出口额（万美元）	占比（%）	出口额（万美元）	占比（%）	出口额（万美元）	占比（%）	出口额（万美元）	占比（%）
总　值	20424351	100.00	21027758	100.00	19696900	100.00	18346700	100.00
一般贸易	8172465	40.01	8797282	41.84	8389790	42.60	7972460	43.46
国家间、国际组织无偿援助和赠送的物资	1343	0.01	2660	0.01	1760	0.01	2519	0.01
华侨、港澳台同胞、外籍华人捐赠物资	94	—	—	—	16	—	—	—
补偿贸易	—	—	—	—	—	—	—	—

（续表）

贸易方式	2013 年		2014 年		2015 年		2016 年	
	出口额（万美元）	占比（%）	出口额（万美元）	占比（%）	出口额（万美元）	占比（%）	出口额（万美元）	占比（%）
来料加工装配贸易	378416	1.85	376298	1.79	371939	1.90	332239	1.81
进料加工贸易	9059560	44.36	8822530	41.96	8053980	40.89	7010910	38.21
寄售代销贸易	—	—	—	—	—	—	—	—
边境小额贸易（边民互市贸易除外）	—	—	2	—	—	—	—	—
来料加工装配进口的设备	—	—	—	—	—	—	—	—
对外承包工程货物	142364	0.70	90311	0.43	63601	0.32	85062	0.46
租赁贸易	51	—	430	—	3657	0.19	1610	0.01
外商投资企业作为投资进口的设备、物品	—	—	—	—	—	—	—	—
出料加工贸易	1104	0.01	524	—	409	—	669	—
易货贸易	—	—	7	—	0	0	0	0
保税监管场所进出境货物	385261	1.89	376054	1.79	326886	1.66	261810	1.43
海关特殊监管区域物流货物	2281455	11.17	2558778	12.17	2482200	12.60	2632620	14.35
其　　他	2237	0.01	2883	0.01	2659	0.14	46805	0.26

2013—2016 年上海外贸出口市场构成情况表

国别（地区）	2013 年		2014 年		2015 年		2016 年	
	出口额（万美元）	占比（%）	出口额（万美元）	占比（%）	出口额（万美元）	占比（%）	出口额（万美元）	占比（%）
总　　值	20424351	100.00	21027758	100.00	19696900	100.00	18346700	100.00
亚　　洲	8829650	43.23	9345263	44.44	9113280	46.27	8585460	46.80
中国香港	1676986	8.21	1846457	8.78	1934340	9.82	1813960	9.89
印　　度	411091	2.01	475128	2.26	503084	2.55	462118	2.52
日　　本	2490852	12.20	2331280	11.09	2132220	10.83	1920680	10.47
韩　　国	621203	3.04	716236	3.41	847982	4.30	734451	4.00
中国台湾	579084	2.84	668217	3.18	612301	3.11	644102	3.51
东　　盟	2140240	10.48	2341681	11.14	2202980	11.18	2192050	11.95
马来西亚	419411	2.05	442698	2.11	357797	1.82	354834	1.93

（续表）

国别（地区）	2013 年		2014 年		2015 年		2016 年	
	出口额（万美元）	占比（%）	出口额（万美元）	占比（%）	出口额（万美元）	占比（%）	出口额（万美元）	占比（%）
新加坡	704542	3.45	786425	3.74	701671	3.56	662471	3.61
泰国	315505	1.54	332427	1.58	349253	1.77	359879	1.96
非洲	498268	2.44	448563	2.13	417953	2.12	365203	1.99
欧洲	4068336	19.92	4286628	20.39	3876090	19.68	3286680	17.91
英国	521196	2.55	518052	2.46	564534	2.87	436895	2.38
德国	670884	3.28	739308	3.52	695176	3.53	589900	3.22
法国	264381	1.29	278098	1.32	246397	1.25	217738	1.19
意大利	287022	1.41	298669	1.42	273986	1.39	242109	1.32
荷兰	849481	4.16	924894	4.40	906938	4.60	604705	3.30
拉丁美洲	1009836	4.94	997587	4.74	831160	4.22	743848	4.05
巴西	290669	1.42	255904	1.22	189798	0.96	159132	0.87
智利	70711	0.35	69847	0.33	62691	0.32	62341	0.34
北美洲	5363423	26.26	5269046	25.06	4768540	24.21	4691820	25.57
美国	5064995	24.80	4984520	23.70	4557890	23.14	4491630	24.48
大洋洲	654839	3.21	680671	3.24	689871	3.50	673696	3.67
澳大利亚	582237	2.85	582694	2.77	501821	2.55	490142	2.67

2013—2016 年上海外贸进口市场构成情况表

国别（地区）	2013 年		2014 年		2015 年		2016 年	
	出口额（万美元）	占比（%）	出口额（万美元）	占比（%）	出口额（万美元）	占比（%）	出口额（万美元）	占比（%）
总值	23718923	100.00	25634468	100.00	25476400	100.00	25033800	100.00
亚洲	11820765	49.84	11967576	46.69	11851400	46.52	11467500	45.81
中国香港	72397	0.31	78979	0.31	212578	0.83	408637	1.63
印度	316102	1.33	338795	1.32	284926	1.12	275292	1.10
日本	3017307	12.72	3117495	12.16	2853870	11.20	2931210	11.71
韩国	1768982	7.46	1908382	7.44	2020310	7.93	1633170	6.52
中国	1185040	5.00	1236021	4.82	1313510	5.16	1054750	4.21
中国台湾	1622565	6.84	1647540	6.43	1556450	6.11	1588630	6.35
东盟	3252477	13.71	3037996	11.85	3136970	12.31	3132090	12.51

（续表）

国别（地区）	2013 年		2014 年		2015 年		2016 年	
	出口额（万美元）	占比（%）	出口额（万美元）	占比（%）	出口额（万美元）	占比（%）	出口额（万美元）	占比（%）
马来西亚	1376719	5.80	1119330	4.37	1113790	4.37	1022420	4.08
新加坡	506393	2.13	492103	1.92	579542	2.28	588154	2.35
泰国	474291	2.00	462258	1.80	447097	1.76	453662	1.81
非洲	355933	1.50	426310	1.66	344679	1.35	368724	1.47
欧洲	6713049	28.30	7666056	29.91	7551280	29.64	7799860	31.16
英国	695728	2.93	945679	3.69	643841	2.53	580364	2.32
德国	2086131	8.80	2493945	9.73	2247210	8.82	2339980	9.35
法国	695319	2.93	749384	2.92	692095	2.72	629435	2.51
意大利	522124	2.20	603495	2.35	551350	2.16	573324	2.29
荷兰	168396	0.71	169139	0.66	205021	0.81	207072	0.83
拉丁美洲	1267182	5.34	1410225	5.50	1311870	5.15	1209510	4.83
巴西	323664	1.36	359416	1.40	433113	1.70	446063	1.78
智利	396687	1.67	484143	1.89	415567	1.63	355240	1.42
北美洲	2548534	10.74	2914402	11.37	3142480	12.34	3006870	12.01
美国	2274835	9.59	2655277	10.36	2853140	11.20	2712390	10.84
大洋洲	1009832	4.26	1241693	4.84	1259110	4.94	1177510	4.70
澳大利亚	843090	3.55	1063650	4.15	1132920	4.45	1010970	4.04

说明：1. 根据 2006 年 3 月 1 日起施行的《中华人民共和国海关统计条例》中第九条，如果货物的原产国是中国，那么进口该货物的原产国统计就列名为中国，也就是国货复进口。

2. 以上进出口资料来源除已注明来自上海市统计局外，余均来自上海海关。

第九编

商贸便览

上海商贸资料
中国经贸资料

2017
上海商贸年鉴

一、上海商贸资料

2016 年中国·上海商贸情况对照表

类别	项目	单位	中国		上海	
			数量	比上年（%）	数量	比上年（%）
国内生产总值	国内生产总值	亿　元	744127.0	6.7	27466.15	6.8
	其中：第一产业增加值	亿　元	63671.0	3.3	109.47	-6.6
	第二产业增加值	亿　元	296236.0	6.1	7994.34	1.2
	第三产业增加值	亿　元	384221.0	7.8	19362.34	9.5
	其中：商业增加值	亿　元	—	—	—	—
国内贸易	商品销售总额	万亿元	29.65	10.4	10.08	7.9
	社会消费品零售总额	亿　元	332316.0	10.4	10946.57	8.0
	电子商务消费额	亿　元	—	—	—	—
	其中：B2B	亿　元	—	—	—	—
	网上购物	亿　元	51556.0	26.2	1249.77	15.8
货物贸易	进出口总额	亿　元	243386.0	-0.9	28664.37	2.7
	其中：出口额	亿　元	138455.0	-1.9	12105.45	-0.5
	进口额	亿　元	104932.0	0.6	16558.92	5.2
服务贸易	进出口总额	亿美元	8241.0	14.2	2018.80	2.6
	其中：出口额	亿美元	2803.2	2.3	499.10	-5.0
	进口额	亿美元	5437.7	21.5	1519.70	5.4
利用外资	新批外资项目	个	27900	5.0	5153	-14.22
	合同利用外资	亿美元	—	—	510.00	-13.48
	实际利用外资	亿美元	1260.0	4.1	185.00	0
	累计实际利用外资	亿美元	—	—	3840.00	—

（续表）

类别	项目	单位	中国		上海	
			数量	比上年（%）	数量	比上年（%）
总部经济	累计：在沪跨国公司地区总部	家	—	—	580	8.4
	投资性公司	家	—	—	330	5.8
	研发中心	家	—	—	411	3.8
对外投资	新批对外投资项目	个	27900	5.0	1425	6.5
	投资总额	亿美元	1701	44.1	—	—
	其中中方投资总额	亿美元	—	—	366.50	-8.1
对外经济合作	新签对外承包工程合同额	亿美元	—	—	118.45	6.7
	完成营业额	亿美元	1594.0	3.5	66.56	-10.7
	派出劳务人员	万人次	49.0	-6.8	1.53	6.4
	年末在外人员	万　人	—	—	—	—

2012—2016 年国内生产总值及其增长速度图

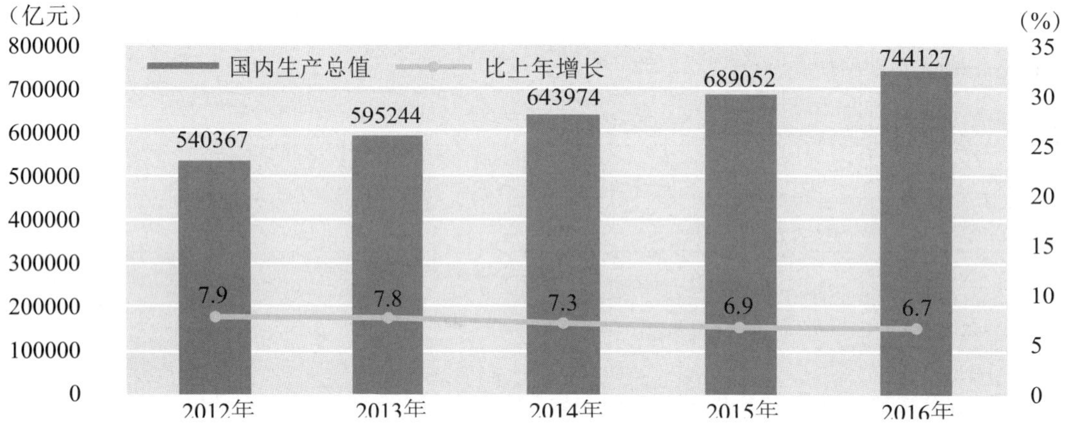

2012—2016 年上海市生产总值及其增长速度图

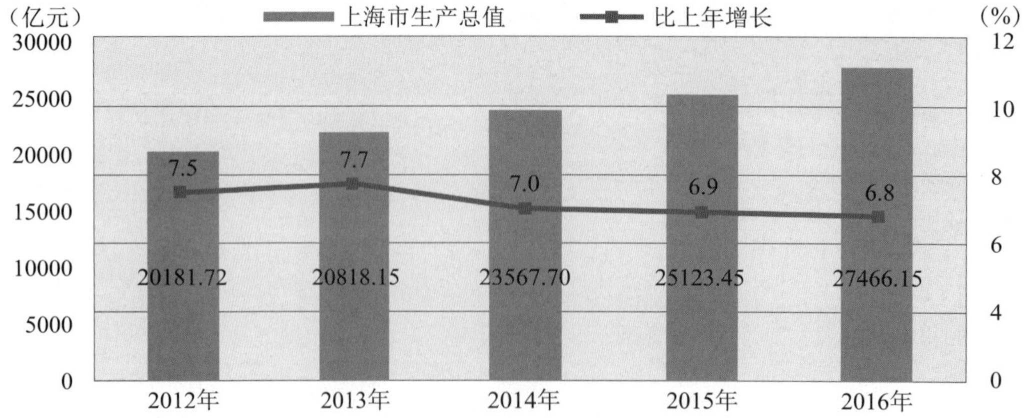

2012—2016 年第三产业增加值占国内生产总值比重图

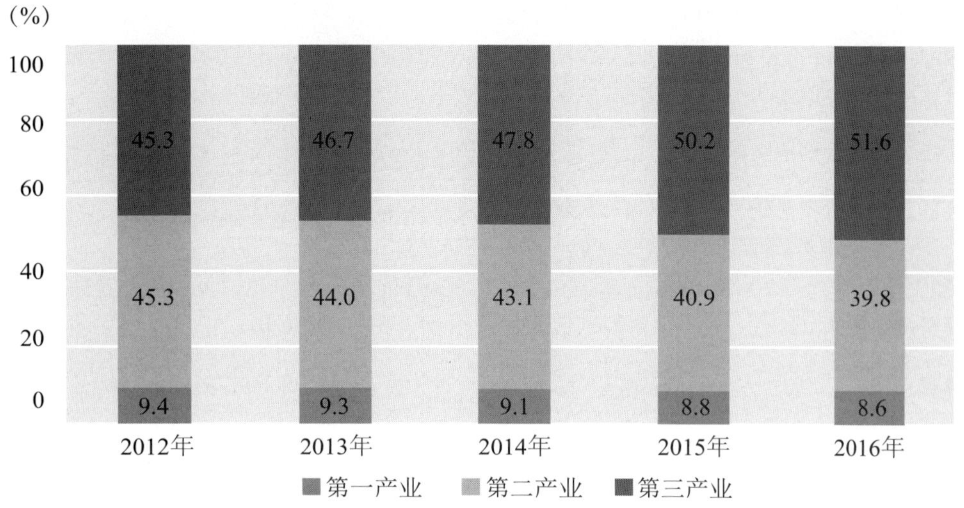

2012—2016 年国内社会消费品零售总额增长情况图

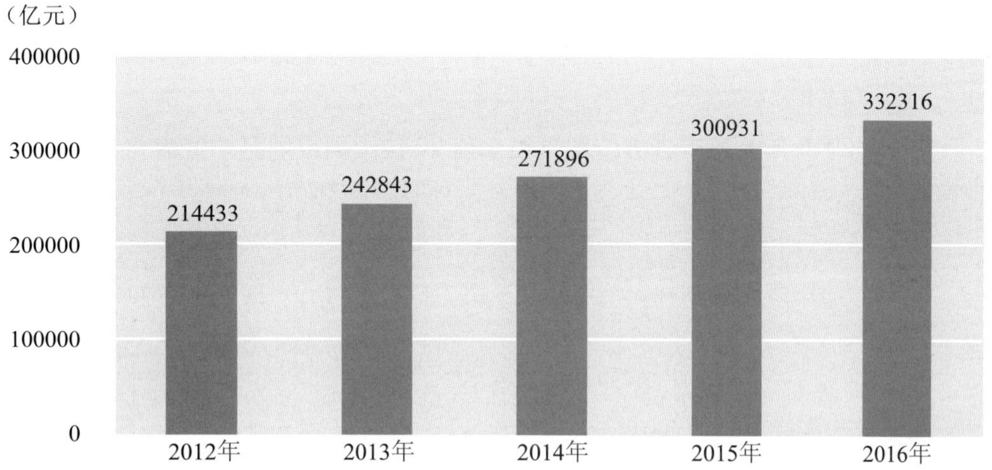

2012—2016 年上海社会消费品零售总额增长情况图

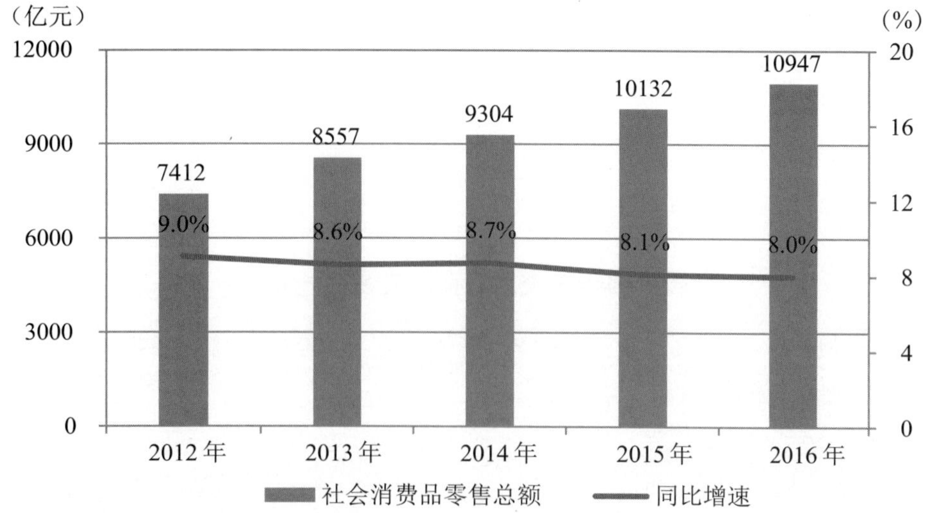

2016 年中国（上海）自由贸易试验区主要经济指标及其增长速度表

指 标	单位	绝对值	比上年增长（%）
地方一般公共预算收入	亿元	559.38	23.7
外商直接投资实际到位金额	亿美元	61.79	28.2
全社会固定资产投资总额	亿元	607.93	9.4
工业总产值	亿元	4312.84	14.2
社会消费品零售额	亿元	1396.76	6.9
商品销售总额	亿元	33609.23	6.9
服务业营业收入	亿元	4167.59	7.0
外贸进出口总额	亿元	7836.80	5.9
#出口额	亿元	2315.85	14.5
期末监管类金融机构数	个	815	7.5
新兴金融机构数	个	4651	11.9

2016 年上海市进出口贸易往来前 20 位国别或地区一览表

排序	国别（地区）	进出口额（万美元）	比上年(%)	排序	国别（地区）	进出口额（万美元）	比上年(%)
1	美 国	7204020	-1.84	11	中 国	1067050	-12.53
2	日 本	4851890	-2.20	12	英 国	1017260	-15.36
3	德 国	2929880	-0.31	13	法 国	847173	-9.19
4	韩 国	2367620	-17.39	14	意 大 利	815433	-1.23
5	中国台湾	2232730	3.05	15	泰 国	813541	2.20
6	中国香港	2222600	3.75	16	荷 兰	811778	-25.77
7	瑞 士	1854200	23.76	17	越 南	766700	5.98
8	澳大利亚	1501110	-7.95	18	印 度	737409	-6.43
9	马来西亚	1377250	-6.41	19	巴 西	605196	-2.61
10	新 加 坡	1250630	-1.82	20	智 利	417580	-12.80

历届中国华东进出口商品交易会一览表

届次	年份	展馆（万平方米）	摊位（个）	参展省市（个）	参展企业（家）	到会外商（人次）	国别（地区）（个）	总成交额（万美元）
1	1991	22.10	1050	7	607	6018	71	102261
2	1992	2.90	1450	7	700	6341	78	133247

（续表）

届次	年份	展馆（万平方米）	摊位（个）	参展省市（个）	参展企业（家）	到会外商（人次）	国别（地区）（个）	总成交额（万美元）
3	1993	3.50	1750	15	1000	6741	84	164784
4	1994	3.60	1800	20	1000	7788	90	180508
5	1995	5.10	2500	36	1400	7906	100	214100
6	1996	4.90	2500	37	1500	7543	104	223600
7	1997	6.42	2537	35	1500	7738	125	223144
8	1998	6.38	2625	33	2000	6518	150	195500
9	1999	5.18	2216	32	2000	6108	130	120600
10	2000	4.40	1926	32	1926	7277	120	129500
11	2001	6.12	2807	37	340	10562	126	153200
12	2002	5.76	2850	35	3000	13646	154	168900
13	2003	5.75	2966	35	3000	15749	175	204000
14	2004	8.05	4158	14	3100	18915	—	255900
15	2005	8.05	4158	39	3300	20558	151	297372
16	2006	10.35	5346	39	3540	23660	—	332119
17	2007	10.35	5346	39	3522	18557	117	355300
18	2008	10.35	5346	39	3592	19263	145	367800
19	2009	10.35	5312	39	3500	18229	140	224000
20	2010	10.35	5310	39	3376	19029	123	273300
21	2011	10.35	5310	39	3326	20105	133	283900
22	2012	11.50	5880	39	3420	21124	128	312200
23	2013	11.50	5880	39	3607	20016	115	275900
24	2014	11.50	5780	13	3441	21433	117	275900
25	2015	11.50	5780	13	3378	21200	114	256600
26	2016	11.50	5480	—	3153	21454	114	231000

2016 年上海百强企业名单

排序序号	企业名称
001	上海汽车集团股份有限公司
002	交通银行股份有限公司
003	上海浦东发展银行股份有限公司
004	中国太平洋保险（集团）股份有限公司

（续表一）

排序序号	企业名称
005	宝钢集团有限公司
006	中国远洋海运集团有限公司
007	绿地控股集团股份有限公司
008	上海华信国际集团有限公司
009	光明食品（集团）有限公司
010	上海烟草集团有限责任公司
011	中国建筑第八工程局有限公司
012	上海建工集团股份有限公司
013	百联集团有限公司
014	上海东浩兰生国际服务贸易（集团）有限公司
015	益海嘉里投资有限公司
016	上海医药集团股份有限公司
017	太平人寿保险有限公司
018	中国东方航空集团公司
019	上海电气（集团）总公司
020	上海市对外服务有限公司
021	国网上海市电力公司
022	中国石化上海石油化工股份有限公司
023	上海均和集团有限公司
024	上海华谊(集团)公司
025	上海城建（集团）公司
026	上海复星高科技（集团）有限公司
027	上海纺织（集团）有限公司
028	上海永达控股（集团）有限公司
029	海通证券股份有限公司
030	中智上海经济技术合作公司
031	老凤祥股份有限公司
032	申能（集团）有限公司
033	上海国际港务（集团）股份有限公司
034	中国二十冶集团有限公司
035	中运富通控股集团有限公司
036	沪东中华造船（集团）有限公司

（续表二）

排序序号	企业名称
037	东方国际（集团）有限公司
038	上海钢联电子商务股份有限公司
039	环旭电子股份有限公司
040	上海东方明珠新媒体股份有限公司
041	上海宝冶集团有限公司
042	中国万向控股有限公司
043	上海均瑶（集团）有限公司
044	上海红星美凯龙投资有限公司
045	上海外高桥造船有限公司
046	上海胜华电缆(集团)有限公司
047	上海世茂股份有限公司
048	中芯国际集成电路制造有限公司
049	大华(集团)有限公司
050	月星集团有限公司
051	上海春秋国际旅行社（集团）有限公司
052	上海斐讯数据通信技术有限公司
053	康德乐（上海）医药有限公司
054	上海机场（集团）有限公司
055	上海龙宇燃油股份有限公司
056	奥盛集团有限公司
057	上海苏宁云商销售有限公司
058	致达控股集团有限公司
059	上海闽路润贸易有限公司
060	天喔食品（集团）有限公司
061	上海申通地铁集团有限公司
062	源山投资控股有限公司
063	上海紫江企业集团股份有限公司
064	上海展志实业集团有限责任公司
065	上海交运集团股份有限公司
066	上海龙旗科技股份有限公司
067	五冶集团上海有限公司
068	上海申华控股股份有限公司

（续表三）

排序序号	企业名称
069	上海东方电视购物有限公司
070	上海鑫冶铜业有限公司
071	上海置信电气股份有限公司
072	上海美特斯邦威服饰股份有限公司
073	协鑫集成科技股份有限公司
074	上海福然德部件加工有限公司
075	舜杰建设(集团)有限公司
076	上海临港经济发展（集团）有限公司
077	上海大名城企业股份有限公司
078	正泰电气股份有限公司
079	上海外经集团控股有限公司
080	上海强生控股股份有限公司
081	上海亚泰建设集团有限公司
082	中国海诚工程科技股份有限公司
083	中华企业股份有限公司
084	龙盛集团控股（上海）有限公司
085	上海大众公用事业（集团）股份有限公司
086	上海星宇建设集团有限公司
087	新大洲本田摩托有限公司
088	上海丝绸集团股份有限公司
089	台积电（中国）有限公司
090	科世达（上海）管理有限公司
091	远纺工业（上海）有限公司
092	上海金开利集团有限公司
093	永乐(中国)电器销售有限公司
094	阿克苏诺贝尔太古漆油(上海)有限公司
095	上海嘉里食品工业有限公司
096	思源电气股份有限公司
097	上海新朋实业股份有限公司
098	上海浦原对外经贸公司
099	中锐控股集团有限公司
100	中国铁路物资华东集团有限公司

2016 年上海服务业企业 100 强名单

排序序号	企业名称	排序序号	企业名称
001	交通银行股份有限公司	033	上海苏宁云商销售有限公司
002	上海浦东发展银行股份有限公司	034	上海闽路润贸易有限公司
003	中国太平洋保险（集团）股份有限公司	035	上海申通地铁集团有限公司
004	中国远洋海运集团有限公司	036	源山投资控股有限公司
005	绿地控股集团股份有限公司	037	上海展志实业集团有限责任公司
006	百联集团有限公司	038	上海交运集团股份有限公司
007	上海东浩兰生国际服务贸易（集团）有限公司	039	上海龙旗科技股份有限公司
008	太平人寿保险有限公司	040	上海申华控股股份有限公司
009	中国东方航空集团公司	041	上海东方电视购物有限公司
010	上海市对外服务有限公司	042	上海福然德部件加工有限公司
011	国网上海市电力公司	043	上海临港经济发展（集团）有限公司
012	上海均和集团有限公司	044	上海大名城企业股份有限公司
013	上海纺织（集团）有限公司	045	上海外经集团控股有限公司
014	上海永达控股（集团）有限公司	046	上海强生控股股份有限公司
015	海通证券股份有限公司	047	中国海诚工程科技股份有限公司
016	中智上海经济技术合作公司	048	龙盛集团控股（上海）有限公司
017	申能（集团）有限公司	049	上海大众公用事业（集团）股份有限公司
018	上海国际港务（集团）股份有限公司	050	上海丝绸集团股份有限公司
019	中运富通控股集团有限公司	051	上海金开利集团有限公司
020	东方国际（集团）有限公司	052	永乐(中国)电器销售有限公司
021	上海钢联电子商务股份有限公司	053	上海浦原对外经贸公司
022	上海东方明珠新媒体股份有限公司	054	中锐控股集团有限公司
023	中国万向控股有限公司	055	中国铁路物资华东集团有限公司
024	上海均瑶（集团）有限公司	056	上海九州通医药有限公司
025	上海红星美凯龙投资有限公司	057	上海汉滨实业发展有限公司
026	上海世茂股份有限公司	058	上海百润企业发展有限公司
027	大华(集团)有限公司	059	富春控股集团有限公司
028	月星集团有限公司	060	网宿科技股份有限公司
029	上海春秋国际旅行社（集团）有限公司	061	东方财富信息股份有限公司
030	康德乐（上海）医药有限公司	062	上海恒升企业（集团）有限公司
031	上海机场（集团）有限公司	063	上海淮海商业（集团）有限公司
032	上海龙宇燃油股份有限公司	064	上海金桥（集团）有限公司

（续表）

排序序号	企业名称	排序序号	企业名称
065	上海中钢投资集团有限公司	083	上海汉得信息技术股份有限公司
066	大众交通（集团）股份有限公司	084	上海润欣科技股份有限公司
067	上海吉电电子技术有限公司	085	上海延华智能科技（集团）股份有限公司
068	劲霸男装（上海）有限公司	086	上海悦腾网络科技有限公司
069	上海钢宇实业集团有限公司	087	上海新文化传媒集团股份有限公司
070	万达信息股份有限公司	088	鼎捷软件股份有限公司
071	上海汇通能源股份有限公司	089	上海恺英网络科技有限公司
072	上海中技投资控股股份有限公司	090	卫宁健康科技集团股份有限公司
073	鹏欣环球资源股份有限公司	091	上海旗计智能科技有限公司
074	上海鼎立科技发展(集团)股份有限公司	092	上海大智慧股份有限公司
075	上海锦和投资集团有限公司	093	上海金桥信息股份有限公司
076	上海润达医疗科技股份有限公司	094	上海兰卫医学检验所股份有限公司
077	上海江杰荣泰置业（集团）有限公司	095	上海恒道国际物流股份有限公司
078	仰帆投资（上海）有限公司	096	上海雅运纺织化工股份有限公司
079	上海二三四五网络控股集团股份有限公司	097	上海申丝企业发展有限公司
080	上海游久游戏股份有限公司	098	上海富吉医疗器械有限公司
081	通标标准技术服务(上海)有限公司	099	上海中石化工物流股份有限公司
082	上海龙韵广告传播股份有限公司	100	上海增裕实业有限公司

2016 年上海民营企业 100 强名单

排序序号	企业名称（中文）	排序序号	企业名称（中文）
001	上海华信国际集团有限公司	011	大华有限公司
002	上海均和集团有限公司	012	月星集团有限公司
003	上海复星高科技（集团）有限公司	013	上海春秋国际旅行社（集团）有限公司
004	上海永达控股（集团）有限公司	014	上海斐讯数据通信技术有限公司
005	上海钢联电子商务股份有限公司	015	上海龙宇燃油股份有限公司
006	中国万向控股有限公司	016	奥盛集团有限公司
007	上海均瑶（集团）有限公司	017	上海苏宁云商销售有限公司
008	上海红星美凯龙投资有限公司	018	致达控股集团有限公司
009	上海胜华电缆有限公司	019	源山投资控股有限公司
010	上海世茂股份有限公司	020	上海紫江企业集团股份有限公司

（续表一）

排序序号	企业名称（中文）	排序序号	企业名称（中文）
021	上海展志实业集团有限责任公司	052	上海界龙集团有限公司
022	上海龙旗科技股份有限公司	053	金安国纪科技股份有限公司
023	上海鑫冶铜业有限公司	054	上海凯泉泵业有限公司
024	上海美特斯邦威服饰股份有限公司	055	伽蓝（集团）股份有限公司
025	协鑫集成科技股份有限公司	056	上海中钢投资集团有限公司
026	上海福然德部件加工有限公司	057	上海岱美汽车内饰件股份有限公司
027	舜杰建设有限公司	058	大众交通（集团）股份有限公司
028	上海大名城企业股份有限公司	059	上海埃圣玛金属科技集团有限公司
029	正泰电气股份有限公司	060	红阳建工集团有限公司
030	上海亚泰建设集团有限公司	061	福耀集团（上海）汽车玻璃有限公司
031	龙盛集团控股（上海）有限公司	062	上海吉电电子技术有限公司
032	上海大众公用事业（集团）股份有限公司	063	上海全筑建筑装饰集团股份有限公司
033	上海星宇建设集团有限公司	064	劲霸男装（上海）有限公司
034	上海金开利集团有限公司	065	上海东隆羽绒制品有限公司
035	思源电气股份有限公司	066	上海莱士血液制品股份有限公司
036	上海新朋实业股份有限公司	067	上海上科电器（集团）有限公司
037	中锐控股集团有限公司	068	中安消股份有限公司
038	上海晨光文具股份有限公司	069	上海钢宇实业集团有限公司
039	上海九州通医药有限公司	070	上海高桥电缆集团有限公司
040	上海海怡建设有限公司	071	上海森信建设工程有限公司
041	上海汉滨实业发展有限公司	072	万达信息股份有限公司
042	上海百润企业发展有限公司	073	上海绿新包装材料科技股份有限公司
043	扬子江药业集团上海海尼药业有限公司	074	上海汇通能源股份有限公司
044	上海金发科技发展有限公司	075	上海中技投资控股股份有限公司
045	富春控股集团有限公司	076	爱普香料集团股份有限公司
046	上海起帆电线电缆有限公司	077	鹏欣环球资源股份有限公司
047	网宿科技股份有限公司	078	上海海得控制系统股份有限公司
048	东方财富信息股份有限公司	079	上海嘉实（集团）有限公司
049	上海普利特复合材料股份有限公司	080	上海鼎立科技发展股份有限公司
050	上海飞科电器股份有限公司	081	上海锦和投资集团有限公司
051	上海恒升企业（集团）有限公司	082	上海润达医疗科技股份有限公司

（续表二）

排序序号	企业名称（中文）	排序序号	企业名称（中文）
083	上海泰胜风能装备股份有限公司	092	上海联明投资集团有限公司
084	上海神奇制药投资管理股份有限公司	093	上海游久游戏股份有限公司
085	上海南大集团有限公司	094	上海凯宝药业股份有限公司
086	上海东富龙科技股份有限公司	095	上海保隆汽车科技股份有限公司
087	上海双鹿上菱企业集团有限公司	096	上海龙韵广告传播股份有限公司
088	上海江杰荣泰置业（集团）有限公司	097	上海汉得信息技术股份有限公司
089	上海新时达电气股份有限公司	098	上海杨铜电气成套有限公司
090	仰帆投资（上海）有限公司	099	天海融合防务装备技术股份有限公司
091	上海二三四五网络控股集团股份有限公司	100	上海锦湖日丽塑料有限公司

2016—2017年度上海市文化出口重点企业名单

（排名不分先后）

市级

1. 上海世纪出版（集团）有限公司
2. 上海香港三联书店有限公司
3. 上海新闻出版发展有限公司

浦东新区

4. 上海河马动画设计股份有限公司
5. 上海点点乐信息科技有限公司
6. 上海唯晶信息科技有限公司
7. 上海炫踪网络股份有限公司
8. 上海动酷数码科技有限公司
9. 上海玄霆娱乐信息科技有限公司
10. 上海今日动画影视文化有限公司
11. 上海皿鎏软件股份有限公司
12. 上海炫动传播有限公司
13. 上海东方汇文国际文化服务贸易有限公司

黄浦区

14. 上海外文图书有限公司
15. 富乐工业设计（上海）有限公司

静安区

16. 上海市幻维数码创意科技有限公司
17. 上海五岸传播有限公司
18. 上海日报社
19. 上海杂技团有限公司
20. 上海第一财经传媒有限公司

徐汇区

21. 上海交通大学出版社
22. 上海巨人网络科技有限公司
23. 上海圣然信息科技有限公司
24. 上海米哈游网络科技股份有限公司
25. 上海游族信息技术有限公司
26. 上海驰游信息技术有限公司
27. 上海游娱信息技术有限公司

虹口区

28. 上海新文化传媒集团股份有限公司
29. 中国图书进出口上海公司
30. 上海皆悦文化影视传媒股份有限公司

嘉定区

31. 上海奇炫网络科技有限公司

金山区

32. 上海复旦四维印刷有限公司

松江区

33. 上海欣圣信息科技有限公司

青浦区

34. 上海中华商务联合印刷有限公司
35. 上海当纳利印刷有限公司

崇明区

36. 上海克顿文化传媒有限公司

上海市著名商标名单

（按商标注册用商品和服务国际分类排列）

一、新认定

序号	申请商标图形	申请商标名称	类别	商标注册号	申请认定商品 / 服务	申请人名称
1		百金化工	1	4916562	二硫化碳	上海百金化工集团有限公司
2		SY	1	3283800	工业用化学品；去毛刺溶液	上海新阳半导体材料股份有限公司
3		元邦	1	8846172 6512535	未加工合成树脂	上海元邦化工制造有限公司
4		yuking	1	5513431	水净化化学品	上海宇昂水性新材料科技股份有限公司
5		图形	1	4447524	表面活性化学剂	上海台界化工有限公司
6		颜钛	2	8945586	二氧化钛	上海颜钛实业有限公司
7		双海	5	3759860	中药成药	上海黄海制药有限责任公司
8		辛复宁	5	3307289	人用药	上海华新生物高技术有限公司
9		Liferiver	5	5969814	医药制剂	上海之江生物科技股份有限公司
10		贝智康	5	5304082	婴儿食品；婴儿奶粉	上海花冠营养乳品有限公司
11		德意达	6、19	7011784 7011783	金属门窗；非金属窗；非金属门	上海德意达门窗有限公司
12		GHREPOWER	7	5962168	风力发电设备	上海致远绿色能源股份有限公司
13		艾郎	7	6381652 6381653	风力发电设备	上海艾郎风电科技发展（集团）有限公司
14		QUECTEL	9	7818473	车辆用导航仪器；网络通讯设备；信号遥控电力设备	上海移远通信技术股份有限公司
15		汇珏网络	9	8661809	光通讯设备；网络通讯设备	上海汇珏网络通信设备有限公司
16		图形	9	7224591	卫星导航仪器	上海普适导航科技股份有限公司
17		SNaiji	9	4990352	变压器；断路器；高低压开关板	上海耐吉电力集团有限公司
18		HT	9	8970522	太阳能电池；电站自动化装置	上海航天汽车机电股份有限公司
19		飞域	9	7723909	实验室用特制家具	上海飞域实验室设备有限公司

（续表一）

序号	申请商标图形	申请商标名称	类别	商标注册号	申请认定商品 / 服务	申请人名称
20		图形	9	7711873	已录制的计算机程序；计算机软件	卫宁健康科技集团股份有限公司
21		HH	9	9780499	平面波导光分路器	上海鸿辉光通科技股份有限公司
22		明月	9	5677388	眼镜；眼镜玻璃	上海明月眼镜有限公司、江苏明月光电科技有限公司、香港明月光学国际（集团）有限公司
23		Shanshantech	9	8807502	碳素材料	上海杉杉科技有限公司
24		恺英	9、41	10213564 10213595	计算机程序；计算机游戏软件；提供在线游戏	上海恺英网络科技有限公司
25		WINNER	9、35、42	7953077 7953075 7953076	将信息编入计算机数据库；商业评估；市场分析；计算机软件设计；计算机系统设计；计算机软件；计算机外围设备	上海汇纳信息科技股份有限公司
26		BK	9、37	5886147 5886146	道路交通机动车违法信息自动取证处罚记录设备；道路运行车辆信息自动记录及信息比对拦截设备；防盗报警系统的安装与维修	上海宝康电子控制工程有限公司
27		图形	11	4941113	冷冻设备和装置	上海第一冷冻机厂有限公司
28		汉斯希尔	11	3233137	水净化设备和机器	东利科技（上海）有限公司
29		图形	11	6796200	自动浇水装置；水净化装置	上海华维节水灌溉股份有限公司
30		图形	11	10390557	蒸发器；干燥设备	上海神农节能环保科技股份有限公司
31		大通	12	8611757 9040800	汽车	上海汽车集团股份有限公司
32		ARJ21	12	8190477	航空仪器、机器和设备；空中运载工具；飞机	中国商用飞机有限责任公司
33		中国商飞	12	10617059	航空装置、机器和设备；空中运载工具；飞机	中国商用飞机有限责任公司
34		东华美钻	14	3349726	贵重金属艺术品；金刚石；宝石	上海东华美钻股份有限公司
35		艾录包装	16	9761936 9761961	包装用纸袋或塑料袋	上海艾录包装股份有限公司

（续表二）

序号	申请商标图形	申请商标名称	类别	商标注册号	申请认定商品 / 服务	申请人名称
36		第一财经	16	3580316	印刷出版物	上海第一财经传媒有限公司
37		文汇报	16	819673	报纸	上海报业集团
38		LD	16	5940111	瓦楞原纸；纸箱；包装纸	龙利得包装印刷（上海）有限公司
39		立信	16	155049 1044834 1529867	账簿；凭证；报表	上海立信帐册销售公司
40		典藏之家	19	10090691	建筑用木材；成品木材；非金属门	上海麦威迪实业有限公司
41		MGC	19	7040490	混凝土；建筑灰浆；建筑石料	上海城建物资有限公司
42		怡黄	19	3661460 3661461	贴面板；木材；胶合板	上海怡黄木业有限公司
43		滨海古园	19、 20、 41、 45	9589422 9589423 9589434 9589435 9603203 9603219 9608478 9608495	骨灰盒；丧葬；非金属墓穴；组织安排葬礼活动	上海滨海古园
44		图形	19、 24、 45	9868228 9867948 9868133	丧葬；寿衣；墓碑	上海市嘉定区松鹤墓园
45		QUMUN	20	6739535	家具	上海新冠美家具有限公司
46		AOTO	21	6487538	垃圾箱；垃圾桶；纸篓	上海奥图环卫设备有限公司
47		衣架	25	9254735	服装	上海丝绸集团股份有限公司
48		紫燕食品	29	8121827	肉；死家禽；豆腐制品	上海紫燕食品有限公司
49		玉佛寺	30	5156906 5154853	月饼；糕点	上海玉佛禅寺
50		老大同	30	8765508 11368965	米	上海老大同食品有限公司
51		图形	30	5807573	米	光明米业（集团）有限公司
52		哈氏	30	3922454	糕点	上海哈尔滨食品厂有限公司

（续表三）

序号	申请商标图形	申请商标名称	类别	商标注册号	申请认定商品 / 服务	申请人名称
53		比瑞吉	31	3373805	饲料；宠物食品	上海比瑞吉宠物用品股份有限公司
54		九道菇	31	10090153	鲜食用菌	上海光明森源生物科技有限公司
55		开弈	35	8642870	人事管理咨询；人员招收	上海开弈人才服务（集团）有限公司
56		图形	35	7959080	商业管理和组织咨询	上海杨浦科技创业中心有限公司
57		图形	35	9280356	替他人推销	上海外高桥医药分销中心有限公司
58		joymax	35	9867256	替他人推销	上海捷强烟草糖酒（集团）连锁有限公司
59		fengpu	35、36	5176499 16289003	商业管理辅助；公共关系；不动产管理	上海市工业综合开发区有限公司
60		上海天地软件园	35、36	8144014 8144019	工商管理辅助；不动产出租	上海天地软件创业园有限公司
61		2345 网址导航	35、38、42	9668358 9668547 7227567	计算机软件设计；提供全球计算机网络用户接入服务；广告	上海二三四五网络科技有限公司
62		虎扑	35、41	6610979 6610978	广告；组织体育比赛；娱乐信息	虎扑（上海）文化传播股份有限公司
63		未来岛	36	3091456	不动产出租	上海未来岛投资置业有限公司
64		双季花艺	36	5010779 5010780	不动产出租；不动产管理	上海双季花卉园艺市场经营管理有限公司
65		图形	36	8641982	信托	上海国际信托有限公司
66		兆祥	37	8778974	室内装璜	上海兆祥邮轮科技集团股份有限公司
67		图形	37	4777264	建筑施工监督；建筑信息；建设工程项目管理咨询服务	上海建科工程咨询有限公司
68		南晓	37	8720162	火警器的安装与修理	上海南晓消防工程设备有限公司
69		帝联	38	8416904	提供全球计算机网络用户接入服务	上海帝联信息科技股份有限公司
70		800SHOW	41	6680335	组织文化或教育展览；表演场地出租	上海八佰秀企业管理有限公司
71		上海大剧院	41	8150767	表演场地出租	上海大剧院

（续表四）

序号	申请商标图形	申请商标名称	类别	商标注册号	申请认定商品 / 服务	申请人名称
72		LAUNCH	42	9696659	工业品外观设计	上海龙创汽车设计股份有限公司
73		SIMT	42	9516986	校准；质量检测；化学分析	上海市计量测试技术研究院
74		marsoft	42	7376217	计算机软件设计；技术研究；计算机编程	上海安硕信息技术股份有限公司
75		老正兴	42	779939	餐馆	上海老正兴菜馆有限公司
76		图形	42、44	10284098 10284178	工程；风景设计；建设项目的开发	上海园林工程设计有限公司
77		親和源	43	6941968	养老院	亲和源股份有限公司
78		漢之光華	45	9598537	知识产权咨询；诉讼服务	上海光华专利事务所

二、延续认定

序号	申请商标图形	申请商标名称	类别	商标注册号	申请认定商品 / 服务	申请人名称
1		生工	1	4399686	化学试剂	生工生物工程（上海）股份有限公司
2		ZHONGDA	1	896147	印染助剂	上海洁润丝新材料股份有限公司
3		吴泾	1	1970593	工业冰乙酸；工业乙酸乙酯	上海吴泾化工有限公司
4		万达	1	554259	工业黏合剂	上海康达化工新材料股份有限公司
5		振泰	1	357252	氧化物	上海实业振泰化工有限公司
6		天助	1	5413596	油脂分散剂；匀染剂；乳化剂	上海天坛助剂有限公司
7		SHJH	1	1969697	活性炭	上海金湖活性炭有限公司
8		DSSUN	1	3615039	碳酸钙；纸用化学增强剂；黏胶液	上海东升新材料有限公司
9		CALMTRY	1	1573628	黏胶液	上海奇想青晨新材料科技股份有限公司
10		图形	1	684200	聚氧化乙烯	上海联胜化工有限公司
11		HUI DE	1	6849355	聚氨脂	上海汇得科技股份有限公司

（续表一）

序号	申请商标图形	申请商标名称	类别	商标注册号	申请认定商品 / 服务	申请人名称
12		桑莱斯	1	1468064	聚氨酯泡沫填缝剂	上海宇晟密封材料有限公司
13		图形	1、17	200956 201546	乙烯；对二甲苯；工业用塑料制品	中国石化上海石油化工股份有限公司
14		申泰	1、19	545010 3815740	粘合剂；建筑灰浆；石料粘合剂	上海曹杨建筑粘合剂厂
15		雅格素	2	1488281 1488284	染料	上海雅运纺织化工股份有限公司
16		Sani	2	4606397	油漆	上海三银制漆有限公司
17		长春藤	2	1348027 3087895	油漆；涂料	庞贝捷涂料（上海）有限公司
18		Yipin	2	3389746	颜料	上海一品颜料有限公司
19		丝精	3	5922988	染发剂；油；洗发液；护发素	上海章华保健化妆品有限公司
20		图形	3	4856322	烟用香精；香料；饮料用香精	上海百润投资控股集团股份有限公司
21		美加净	3	3448837 507122 507123 3448836	牙膏	上海美加净日化有限公司
22		图形	3	753843	肥皂；液体皂；清洁制剂	上海制皂厂
23		孔雀	3	520349 1410298	食用香精；香料	上海华宝孔雀香精香料有限公司
24		PU-JIE	3	3986437	香料	上海浦杰香料有限公司
25		蝴蝶	3	1244170	香精油；香料	上海万香日化有限公司
26		恒源祥	3、 23、 24、 25	5511927 3735342 3735343 3735344	服装；床上用品；绒线；洗涤剂	恒源祥（集团）有限公司
27		鸿辉	4	1716342	工业用脂	上海鸿辉光通科技股份有限公司
28		上药	5	205426	中成药	上海和黄药业有限公司
29		诵芬	5	323959	中成药；中药饮片；参茸；银耳	上海雷允上中药饮片厂
30		上龙	5	1222302	中药制剂；西药制剂	上海宝龙药业有限公司

（续表二）

序号	申请商标图形	申请商标名称	类别	商标注册号	申请认定商品/服务	申请人名称
31		上雷	5	359470	中药材；参茸	上海雷允上药业西区有限公司
32	蔡同德堂	蔡同德堂	5	325014	中药药材；中药成药	上海蔡同德堂药号有限公司
33	现代 SHYNDEC	现代	5	3762169 7918671 7922342	人用药	上海现代制药股份有限公司
34	YISAIPU 益赛普	益赛普	5	3579495	人用药；医药制剂；医用生物制剂	三生国健药业（上海）股份有限公司
35	诺新康	诺新康	5	3290779	人用药；各种针剂	上海上药第一生化药业有限公司
36	中亚	中亚	5	228611 940688	医用橡皮膏；贴膏	上海卫生材料厂有限公司
37	KHB	KHB	5	1740513	医用诊断制剂	上海科华生物工程股份有限公司
38	唯尔福	唯尔福	5	518456	妇女卫生巾	上海唯尔福集团股份有限公司
39	TEMPLE OF HEAVEN 天壇	天坛	5	22080 3045482	清凉油	上海中华药业有限公司
40		sn	5	3273156	灭微生物剂；杀昆虫剂；除草剂	上海生农生化制品有限公司
41	万绿牌	万绿牌	5	3833218	灭微生物剂；杀寄生虫剂	上海农乐生物制品股份有限公司
42	欣　然	欣然	5	1556497	片剂	上海现代制药股份有限公司
43	培菲康	培菲康	5	6895885	胶囊剂；散剂	上海上药信谊药厂有限公司
44	双益	双益	5	870102	药品；中药药材	上海复旦复华药业有限公司
45	天丰	天丰	5	101283	西药	上海禾丰制药有限公司
46	上 SPIC 药	上药	5	32200	西药成药	上海市医药保健品进出口有限公司
47	海伟	海伟	6	746486	标准紧固件	上海哈迪威紧固件有限公司
48	飞轮	飞轮	6	296087	磷青铜管材；锌基合金	上海飞轮实业有限公司
49	盾 DP 牌 DUNPAI	盾	6	283036	筛网	上海盾牌矿筛有限公司
50	上城	上城	6	384920 542489	螺栓；螺母；垫圈	上海申光高强度螺栓有限公司

（续表三）

序号	申请商标图形	申请商标名称	类别	商标注册号	申请认定商品 / 服务	申请人名称
51		上上	6	3033434 3259456	金属管；钢管	上海上上不锈钢管有限公司
52		爱瑞德	6	6225099 6231241	金属螺丝；螺丝母；螺栓	上海爱瑞德五金有限公司
53		申成	6	4714306	金属门；金属窗	上海申成门窗有限公司
54		网讯	6	1914608	钢塑复合带；铝塑复合带	上海网讯新材料科技股份有限公司
55		实达	6	1463000	钢条；钢板	上海实达精密不锈钢有限公司
56		Tianyang	6	5176498	钢管；金属管道	上海天阳钢管有限公司
57		吉祥	6	6001392 1677525	铝塑板；金属建筑材料	上海吉祥科技（集团）有限公司
58		SBY	6	1188976	马口铁罐	上海宝翼制罐有限公司
59		环美	7	1269479	减振器	上海青浦环新减振器厂
60		启元	7	3772906 7618534	制氧、制氮设备；空气分离设备	上海启元空分技术发展股份有限公司
61		东富龙	7	7239780 7239781	制药加工工业机器	上海东富龙科技股份有限公司
62		坤孚	7	1526844 7224392	化油器	上海坤孚车辆配件有限公司
63		上柴	7	1284464 8876924	发电机组	上海柴油机股份有限公司
64		LTECH	7	1445038	发电机（组）	上海科泰电源股份有限公司
65		山宝	7	10072222	地质勘探、采矿选矿用机器设备	上海建设路桥机械设备有限公司
66		泓暘	7	1649838 7929365	塑料工业用压延机	上海泓阳机械有限公司
67		SL	7	5681119	搅拌机	双龙集团有限公司
68		point	7	1011189	擦窗机；擦窗机附属设备	上海普英特高层设备有限公司
69		东方威尔	7	1593773 3657736	泵	上海东方泵业（集团）有限公司
70		凯泉	7	1117067	泵	上海凯泉泵业（集团）有限公司

（续表四）

序号	申请商标图形	申请商标名称	类别	商标注册号	申请认定商品/服务	申请人名称
71		SHLIXIN	7	7787561	液压元件	上海立新液压有限公司
72		BFEC	7	5596392	清洁用除尘装置；脉冲阀	上海袋式除尘配件有限公司
73		航星机械	7	5619655	烘干机；熨平机；工业水洗机	上海航星机械（集团）有限公司
74		立马	7	1354429	烫衣机；压合机	上海威士机械有限公司
75		佳田	7	1546962	熨衣机	上海佳田制造有限公司
76		品星	7	1977411	电动机	上海品星防爆电机有限公司
77		沪工	7	864166	电焊机	上海沪工焊接集团股份有限公司
78		SPERI	7	4322850 4322851	电站用锅炉及其辅助设备；电站自动化装置	上海发电设备成套设计研究院
79		神开	7	3773419 4026283 3773421	石油化工设备	上海神开石油化工装备股份有限公司
80		熊猫	7	1152958	离心泵	上海熊猫机械（集团）有限公司
81		海菱	7	1219297	缝纫机	上海标准海菱缝制机械有限公司
82		HIKARI	7	4482181	缝纫机	上海富山精密机械科技有限公司
83		ZPMC	7	6956245	起重机	上海振华重工（集团）股份有限公司
84		汉虹	7	4687438	车床；电子工业设备	上海汉虹精密机械有限公司
85		图形	7	6275213	车辆轴承	上海向明轴承股份有限公司
86		MECO	7	1629660	连铸自动火焰切割机	上海新中冶金设备厂
87		图形	7	4155581	阀	上海开维喜集团股份有限公司
88		TSP	7	4732233	风力发电设备	上海泰胜风能装备股份有限公司
89		图形	7	3973146	食品加工机	上海国生实业有限公司
90		ECHTOP	7	3822782	马达和引擎起动器	上海特波电机有限公司

（续表五）

序号	申请商标图形	申请商标名称	类别	商标注册号	申请认定商品 / 服务	申请人名称
91		东华	7	1645741	高压均质机	上海东华高压均质机厂
92		图形	8	4220932	园艺工具	上海益森园艺用品有限公司
93		世达	8	1977627	手工操作的手工具	世达工具（上海）有限公司
94		TACTIX	8	5201302	手工操作的手工具；切割工具；切削工具	上海美瑞实业有限公司
95		三思	9	6120673	LED 显示屏	上海三思电子工程有限公司、上海三思科技发展有限公司、嘉善三思光电技术有限公司
96		三信	9	1223080 1149312	低压电器；稳压电源；电器插头；电线	三信国际电器上海有限公司
97		supore	9	4794674	光学器械和仪器	上海雄博精密仪器股份有限公司
98		图形	9	6359852	光通讯设备；传感器；高压防爆配电装置	上海波汇科技股份有限公司
99		BST	9	1630337	升降机操作设备	上海贝思特电气有限公司
100		Tanked Racing	9	5952921	安全头盔	上海和汇安全用品有限公司
101		新华控制	9	3531457	工业分散控制装置	上海新华控制技术（集团）有限公司
102		雷磁	9	4262971	成分分析仪器	上海仪电科学仪器股份有限公司
103		cnsk	9	3705115	断路器；高低压开关板；配电箱	上海上科电器（集团）有限公司
104		优派	9	6766676 6766675 6766674	显示器；计算机	优派科技（中国）有限公司
105		崇磁	9	954680	漆包线	上海崇明特种电磁线厂
106		海得	9	1670289	用于计算机操作仪器的机械装置；工业操作遥控电器设备	上海海得控制系统股份有限公司
107		upun	9	1501934	电开关；电器联接器	上海友邦电气（集团）股份有限公司
108		LGSL	9	794557	电梯操纵箱；显示器；电梯电缆	上海老港申菱电子电缆有限公司
109		DONSUN	9	1718032 1792998	电焊设备	上海东升焊接集团有限公司

（续表六）

序号	申请商标图形	申请商标名称	类别	商标注册号	申请认定商品 / 服务	申请人名称
110		裕生	9	627849	电磁线	上海裕生企业发展有限公司
111		NANDA	9	4324185	电线；电缆	上海南大集团有限公司
112		飞航	9	715290	电线；电缆	上海飞航电线电缆有限公司
113		SHQC	9	3524595	电线；电缆	上海红旗电缆（集团）有限公司
114		TECKWIN	9	6423697	绘图机	上海泰威技术发展股份有限公司
115		图形	9	5702073	自动检票机；自动售票机	上海华铭智能终端设备股份有限公司
116		一开	9	1497781 1497855	配电箱；母线槽；高低压开关板	上海一开电气集团有限公司
117		图形	9	1201704	高低压开关板	上海四通电力设备（集团）有限公司
118		柘中	9	1048196 1048283	高低压开关柜	上海柘中电气有限公司
119		上农信	9、42	5600549 5600550	计算机软件；传感器；计算机软件设计	上海农业信息有限公司
120		恒字	10	586208	化验科设备	上海恒跃医疗器械有限公司
121		图形	10	1547435	医用器械和仪器	上海力申科学仪器有限公司
122		微创	10	1362013 1362015	医疗器械	上海微创医疗器械（集团）有限公司
123		沪通	10	658509 1332124	高频电刀	上海沪通电子有限公司
124		百富勤	11	625110 638667	干燥、通风、空调设备	上海百富勤（集团）有限公司
125		唯赛勃	11	3168760 3168761 3168762	水净化设备和机器	上海唯赛勃环保科技股份有限公司
126		OPPLE	11	7182781 7182791	灯；浴霸；排气风扇	欧普照明股份有限公司
127		齿轮	11	101643	煤油炉；液化气体炉	上海晟光日用五金进出口有限公司
128		小绵羊	11	184425 4174049	电热毯；非医用电热垫	上海小绵羊电器有限公司
129		Ying Ta	11	1150880	空调设备冷气出风口	上海盈达空调设备有限公司

（续表七）

序号	申请商标图形	申请商标名称	类别	商标注册号	申请认定商品 / 服务	申请人名称
130		上塑	11	3546741 6273325	管道；排水管道设备	上海上塑控股（集团）有限公司
131		天净	11	5029562	管道；水暖装置用管子零件	上海天净管业有限公司
132		SK	11	4436093	车辆照明设备	上海小糸车灯有限公司
133		Cachet	11	4400942	车辆用空调器	上海金翅鹏实业有限公司
134		孩子王	12	883404	儿童车	上海孩子王儿童用品有限公司
135		申龙	12	7227040 7754615	大客车	上海申龙客车有限公司
136		GAO ZHI	12	4797155	汽车	上海高智科技发展有限公司
137		北特	12	7112264	汽车减震器；陆地车辆传动齿轮	上海北特科技股份有限公司
138		耀皮	12、 19、 21	3915171 3668202 3668205	挡风玻璃；建筑玻璃；玻璃板	上海耀皮玻璃集团股份有限公司
139		荣威	12、 37	5653137 5623531 5590859 5623537 5652989 5466280	汽车；车辆保养和修理	上海汽车集团股份有限公司
140		上币	14	1452463	贵重金属合金；贵重金属徽章；贵重金属艺术品	上海造币有限公司
141		天宝龙凤	14	3553654	铂；宝石；戒指	上海天宝龙凤金银珠宝有限公司
142		曹素功	16	338292	块墨；墨汁	上海新世界（集团）有限公司
143		上海	16	100014	复写纸	上海汇德利文化用品有限公司上海复写纸厂
144		姚记	16	853489	扑克	上海姚记扑克股份有限公司
145		为了孩子	16	309295	期刊	上海《现代家庭》杂志社
146		现代家庭	16	309296	期刊	上海《现代家庭》杂志社
147		萌芽	16	1568603	期刊	上海萌芽杂志社有限公司

（续表八）

序号	申请商标图形	申请商标名称	类别	商标注册号	申请认定商品 / 服务	申请人名称
148		故事大王	16	318107	杂志	上海世纪出版股份有限公司少年儿童出版社
149		虎	16	100471	毛笔	上海新世界（集团）有限公司
150		图形	16	100409	潜泉印泥	上海西泠印社有限公司
151		晨光	16	4223906 4223909	笔；笔芯	上海晨光文具股份有限公司
152		Lx	16	6190927	纸	上海绿新包装材料科技股份有限公司
153		卓瑞	16	6895449	纸箱；货盘装运用可延伸塑料黏膜	上海卓瑞包装制品有限公司
154		英雄	16	100225 568960 248270	自来水笔	上海英雄（集团）有限公司
155		XTL	16、20	5577386 5577809 5577808 5577810	纸箱；木箱或塑料箱；板条箱	上海新通联包装股份有限公司
156		馨源	17	3319986	半成品海绵	上海馨源海绵有限公司
157		白蝶	17、19	6842761 8641219 8641232 6842762 8641166 8641175	非金属管道接头；非金属管道	上海白蝶管业科技股份有限公司
158		纳尔	17、24	7620608 3540243	纺织纤维织物；塑料材料；非包装用塑料膜	上海纳尔数码喷印材料股份有限公司
159		Blomberg	18	7473767	旅行包；旅行袋；钱包；背包；书包	上海纽恩特实业股份有限公司
160		书香门地	19	3588296	地板	书香门地（上海）新材料科技有限公司
161		菲林格尔	19	1680253	地板	上海菲林格尔木业股份有限公司
162		华垒	19	1928889	大理石；花岗石	上海华垒石材有限公司
163		塔星	19	3354740	大理石；花岗石；石料	上海新塔星石材发展有限公司
164		BY	19	3495787	建筑灰浆；水泥；涂层	上海宝冶工程技术有限公司
165		ZHSU	19	4037090	建筑用塑料管	上海中塑管业有限公司

（续表九）

序号	申请商标图形	申请商标名称	类别	商标注册号	申请认定商品 / 服务	申请人名称
166		声达	19	3861971	胶合板；多层板；贴面板	上海声达木业有限公司
167		都市	19	1564882	自控玻璃温室；塑料薄膜温室	上海都市绿色工程有限公司
168		林	19	1431657	非金属地板	上海昆昊木业有限公司
169		捷步	19	3980760	非金属楼梯	上海捷步实业有限公司
170		天力	19	10079094	非金属水管；非金属管道；建筑用塑料管	上海天力实业（集团）有限公司
171		力卡	20	1705096	塑料托盘	上海力卡塑料托盘制造有限公司
172		A Zenith	20	1931097	家具	上海亚振家具有限公司
173		图形	20	1520983	餐具柜	上海佳饰木业有限公司
174		美家生活	21	3153915	晾衣架	嘉华金属（上海）有限公司
175		LE DE	21	909630	牙签；牙线	上海市徐汇区乐德塑料制品厂
176		玛戈隆特	21	3169263 4737993	瓷器	玛戈隆特骨瓷（上海）有限公司
177		恒大	22	237492	涤纶纤维	上海德福伦化纤有限公司
178		图形	23	1270675	纺织用纱	上海题桥纺织染纱有限公司
179		图形	24	1468671	床罩；被子；床单；毛毯；浴巾	南方寝饰科技有限公司
180		风雪	24	3298258	无纺布	上海枫围服装辅料有限公司
181		图形	24	1508597	法兰绒；软毛皮；毛毯	上海海欣集团股份有限公司
182		洁润丝	24	1637039	织物	上海中大科技发展有限公司
183		333 麻雀	24	338387	被单；床单	东方国际集团上海家纺有限公司
184		福沁	24	1104278 1104296	被罩；被絮；枕套，床罩；床垫；毛毯；床单；蚊帐	上海福沁卧室用品制造有限公司
185		博格	24	1300732	过滤布；无纺布；机织布	上海博格工业用布有限公司

（续表十）

序号	申请商标图形	申请商标名称	类别	商标注册号	申请认定商品 / 服务	申请人名称
186		剪刀石头布	24、35	3941406 3941411	布；推销（替他人）	上海剪刀石头布家居实业有限公司
187		ICICLE	25	1273336 13502847	服装	上海之禾时装有限公司
188		播	25	4244729 6297311	服装	日播时尚集团股份有限公司
189		DAZZLE	25	6486662	服装	地素时尚股份有限公司
190		马克华菲	25	1721124	服装	马克华菲（上海）商业有限公司
191		菊花	25	4767	棉毛衫裤；汗衫裤	上海龙头（集团）股份有限公司
192		春竹	25	5989615 1381227	针织服装	上海春竹企业发展有限公司
193		东隆	25	807755	羽绒服装；羽绒被	上海东隆羽绒制品有限公司
194		SHARTEX	25	511099	衣服	上海协大国际贸易有限公司
195		皮皮狗	25	1126684	衣物	上海皮皮狗服饰股份有限公司
196		华钟	25	1254690 340319	袜子	上海华钟袜子有限公司
197		BONO	25	3667979	西服；衬衫	上海宝鸟服饰有限公司
198		图形	25	5187674	针织服装	上海塔汇针织厂
199		奇美	25	789595	鞋	上海淮海企业发展有限公司
200		永青	26	683714	假发	上海豫园商贸发展有限公司
201		红双喜	28	35492 6813101	乒乓球；球台；球拍；球网	上海红双喜股份有限公司
202		图形	28	302920	玩具	上海玩具进出口有限公司
203		图形	29	1213570 1205508	加工过的鱼；非活鱼；鱼制食品	上海水产（集团）总公司
204		三阳盛	29	1091121	桂圆；莲心；香菇；木耳；桂圆肉；红枣；桃仁；腰果；黄花菜；荔枝干	上海三阳盛食品有限公司

（续表十一）

序号	申请商标图形	申请商标名称	类别	商标注册号	申请认定商品 / 服务	申请人名称
205		老杜	29	3569293	死家禽；肉	上海老杜农业发展股份有限公司
206		光明	29	1942411 1435762	牛奶；牛奶制品	光明乳业股份有限公司
207		松林	29	1619162 11463259	猪肉食品	上海松林工贸有限公司
208		邵万生	29	1987505 504366	甲壳类动物；人类消费用水生甲壳类动物	上海邵万生商贸有限公司
209		梅林	29	1997755	肉罐头	上海梅林罐头食品厂有限公司
210		公鸡	29	5955394 7561665	醪糟；玉米；调味品	上海大陆酿造有限公司
211		鼎丰	29、30	687105 1758586 593430	腐乳；醋；酱油；香糟	上海鼎丰酿造食品有限公司
212		巴比	30	4167000	包子；粽子	上海中饮餐饮管理有限公司
213		诗蒂	30	3271100	巧克力；糖果	上海韦创贸易发展有限公司
214		味都	30	3015258	挂面	上海良友（集团）有限公司
215		丰裕	30	4895787	生煎馒头	上海丰裕餐饮管理有限公司
216		大白兔	30	273338	糖果	上海冠生园食品有限公司
217		红宝石	30	3151660 3847983	蛋糕	红宝石食品有限公司
218		元祖食品	30	3137190	蛋糕；月饼；年糕；粽子	上海元祖梦果子股份有限公司
219		天鱼	30	272204 3633334 4396865 4396866	醋；调味料	上海宝鼎酿造有限公司
220		图形	30	1306143 1638954	非医用营养液；非医用营养胶囊，非医用营养颗粒；非医用营养片；非医用营养粉末	上海交大昂立股份有限公司
221		森蜂园	29、30	3559617 3559880	食用蜂花粉；食用蜂王浆；蜂蜜	上海森蜂园蜂业有限公司
222		杏花楼	30、42	869139 1599903	糕点；月饼；餐馆	杏花楼食品餐饮股份有限公司
223		功德林	30、42	756390 1326460	月饼；餐馆	上海功德林素食有限公司

（续表十二）

序号	申请商标图形	申请商标名称	类别	商标注册号	申请认定商品 / 服务	申请人名称
224		世好吉祥	30、43	5812775 5812776	馄饨；餐馆	上海世好餐饮管理有限公司
225		金豆	31	1129532	动物饲料	东方希望企业管理有限公司
226		农灯	31	5747844	新鲜草莓	上海农灯草莓生产专业合作社
227		三净	31	6025699	新鲜蔬菜；西瓜；甜瓜	上海浦净蔬菜专业合作社
228		上蔬绿苑	31	9181094 1594749	新鲜蔬菜；鲜水果	上海蔬菜（集团）有限公司
229		祥欣	31	5989608	活牲畜；种家畜；猪	上海祥欣畜禽有限公司
230		SYL	31	1778816	甜瓜；西瓜；新鲜菜花；新鲜大白菜；新鲜大蒜；新鲜甘兰；新鲜花椰菜；新鲜绿花菜；新鲜萝卜；新鲜生菜；玉米	上海银龙农业发展有限公司
231		美农	31	4548269	非医用饲料添加剂	上海美农生物科技股份有限公司
232		荷斯坦	31	3183131	饲料	上海光明荷斯坦牧业有限公司
233		友益	31	4889219	饲料	上海良友（集团）有限公司
234		桃咏	31	3716870	鲜水果	上海桃咏桃业专业合作社
235		越亚	31	5862702	鲜水果	上海越亚农产品种植专业合作社
236		丰科	31	3151529 3151530 4011877	鲜食用菌	上海丰科生物科技股份有限公司
237		石库门	33	1789022	黄酒	上海金枫酒业股份有限公司
238		和	33	1498496	酒精饮料	上海金枫酒业股份有限公司
239		熊猫	34	3935186	卷烟	上海烟草集团有限责任公司
240		牡丹	34	21963	卷烟	上海烟草集团有限责任公司
241		中视金桥	35	3438962	广告	中视金桥国际传媒集团有限公司

（续表十三）

序号	申请商标图形	申请商标名称	类别	商标注册号	申请认定商品 / 服务	申请人名称
242		雅仕维	35	7916058	广告	上海雅仕维广告有限公司
243		图形	35	3677759	广告；组织商业或广告展览；组织技术展览	上海美术设计有限公司
244		图形	35	5363033	推销（替他人）	上海新光光学仪器有限公司 上海星光照相器材批发市场经营管理有限公司
245		96858	35	3568178	推销（替他人）	上海正广和网上购物有限公司
246		三阳、鼎三阳	35	5358679 10842397	推销（替他人）	上海三阳南货店
247		东方 CJ	35	5514685	推销（替他人）	上海东方希杰商务有限公司
248		汇金	35	3096229	推销（替他人）	上海汇金百货有限公司
249		联华超市	35	4446215	推销（替他人）	联华超市股份有限公司
250		惠罗羽博会	35	4221682	推销（替他人）；组织商业或广告交易会	上海惠罗有限公司
251		良友	35	6243514	替他人推销	上海良友（集团）有限公司
252		城市超市	35	6481976	替他人推销	上海城市超市有限公司
253		图形	35	8479294	替他人推销；商业橱窗布置	上海新世界股份有限公司
254		JJ	35、39	6656668 6656665	人事管理咨询；海上运输	上海锦江航运（集团）有限公司
255		SMIE	35	5025637	组织商业或广告展览；组织商业广告性的贸易交易会	上海现代国际展览有限公司
256		外服	35	6122711 3597008 4275326	职业介绍所；人事管理咨询；人员招收	上海市对外服务有限公司
257		图形	35、36	6700312 6700311	商业管理辅助；不动产出租；不动产管理	中广国际广告创意产业基地发展有限公司
258		田子坊	35、36	6770641 6770640	替他人推销；不动产出租	上海田子坊投资咨询有限公司
259		我的钢铁	35、42	3960006 3963250	商业信息；市场研究；主持计算机站	上海钢联电子商务股份有限公司
260		策源	36	3247998	不动产代理	上海策源置业顾问股份有限公司

（续表十四）

序号	申请商标图形	申请商标名称	类别	商标注册号	申请认定商品 / 服务	申请人名称
261		城市测量师行	36	5967476	不动产估价	上海城市房地产估价有限公司
262		市北高新集团	36	7742915	不动产出租	上海市北高新（集团）有限公司
263		K	36	6877276	不动产出租；不动产管理	上海浦东康桥（集团）有限公司
264		DAAN	36	1749558	不动产出租；不动产代理；不动产管理	上海达安企业股份有限公司
265		正大广场	36	3145521	不动产出租；不动产管理	上海帝泰发展有限公司
266		德律风	36	1955107 4221290 4221291	不动产出租；不动产代理；不动产管理	上海德律风置业有限公司
267		图形	36	6812471	不动产出租；不动产管理	上海青浦工业园区发展（集团）有限公司
268		创星园	36	7870043	不动产管理；代管产业	上海都市工业设计中心有限公司
269		城开	36	8629210 8629285	不动产管理；不动产代理；商品房销售	上海城开（集团）有限公司
270		SCF	36	1007414	筹集慈善基金	上海市慈善基金会
271		越界	36	7311701	资本投资；不动产出租	上海锦和商业经营管理股份有限公司
272		ZIZHU	36	7696987	资本投资；不动产出租；不动产管理	上海紫竹高新区（集团）有限公司
273		杉德	36	6916339	金融服务	杉德银卡通信息服务有限公司
274		远东资信评估	36	4283408	金融评估	上海远东资信评估有限公司
275		图形	36、37	8664016 8664006	商品房销售；商品房建造	中华企业股份有限公司
276		外滩源	36、37、42	4887251 8976602 4887132 8976601 4887225 8976627	建设项目的开发；代管产业；商品房建造	上海外滩源发展有限公司
277		图形	37	1619621	室内装潢；室内装潢修理	上海千思装饰设计有限公司
278		欧坊	37	3426852	室内装璜	上海欧坊装饰设计有限公司

（续表十五）

序号	申请商标图形	申请商标名称	类别	商标注册号	申请认定商品 / 服务	申请人名称
279		红阳	37	7051687	建筑	红阳建工集团有限公司
280		图形	37	3081175	建筑；建筑施工监督；室内装潢	上海城建（集团）公司
281		图形	37	1631870	建筑施工监理	上海海龙工程技术发展有限公司
282		捷派克	37	4958291 8177235	机械安装、保养和修理；电器设备的安装与修理；计算机硬件安装、维护和修理	上海高桥捷派克石化工程建设有限公司
283		象王	37	1507834	烫衣服；清洗和修补	上海象王洗衣有限公司
284		华联家维	37	1687668	电器设备的安装与修理	上海百联电器科技服务有限公司
285		延华	37	4119849	计算机硬件安装、维护和修理；火警器的安装与修理；防盗报警系统的安装与修理	上海延华智能科技（集团）股份有限公司
286		嘉春	37、42	3440169 3440159 3440168	建筑；室内装潢；室内装饰设计	丁嘉春
287		图形	38	4871022	信息传送	上海付费通信息服务有限公司
288		法宝	38	6733895	信息传送；电话业务；计算机终端通讯；电信信息	上海百事通信息技术股份有限公司
289		图形	38	5351294	电视广播	上海广播电视台
290		图形	39	1151954	公共汽车运输服务；出租车运输服务	上海巴士公交（集团）有限公司
291		公兴	39	1327262 13614211	搬运；搬迁	上海公兴搬场物流有限公司
292		上航旅游	39	4245923	租车；旅行社；观光旅游	上海航空有限公司
293		春秋航空	39	4106700 4106703	空中运输；货运	春秋航空股份有限公司
294		七宝古镇	39	6978906	观光旅游	上海七宝古镇实业发展有限公司
295		图形	39	1459939	观光旅游；安排游艇旅行	上海浦江游览有限公司
296		图形	39	8117765	货物贮存；卸货	上海全胜物流股份有限公司

（续表十六）

序号	申请商标图形	申请商标名称	类别	商标注册号	申请认定商品 / 服务	申请人名称
297		北芳储运	39	1427631 4334846	货运；货物贮存	上海北芳储运集团有限公司
298		美设	39	6980994 10996822 10996861	货运经纪；物流运输；海上运输	上海美设国际货运有限公司
299		图形	39	5254462	货运；空中运输	上海吉祥航空股份有限公司
300		海烟物流	39	5685432	运输；货物贮存	上海海烟物流发展有限公司
301		图形	41	1025736、 1037454	出版服务	上海世纪出版股份有限公司译文出版社
302		ECNUP	41	6360659	图书出版	华东师范大学出版社有限公司
303		昂立	41	2020344 7182628	培训	上海昂立教育科技有限公司
304		图形	41	8053788	提供博物馆设施；游乐园；安排和组织专题研讨会；文字出版	上海中国航海博物馆
305		热血传奇	41	4877106	提供在线游戏	盛趣信息技术（上海）有限公司
306		SHESHAN	41	7726395	提供高尔夫球设施；组织体育比赛	上海佘山国际高尔夫管理有限公司
307		图形	41	8807035	电影放映	上海影城有限公司
308		SMG	41	3936787	节目制作	上海广播电视台
309		图形	42	1433965	印刷	上海紫丹印务有限公司
310		苏河湾	42	8335537	建设项目的开发	上海苏河湾投资控股有限公司
311		王开	42	774444	摄影	上海新世界（集团）有限公司
312		吴良材	42	1284981	眼镜行服务	上海三联（集团）有限公司 上海三联（集团）有限公司吴良材眼镜公司
313		东方	42	775406 779246 779247	知识产权咨询；法律服务	上海东方专利商标代理有限公司
314		湖心亭	42	774950 775495	茶馆	上海豫园旅游商城股份有限公司
315		图形	42	7562618	计算机数据的复原；计算机软件维护；计算机程序和数据的数据转换	上海天玑科技股份有限公司

（续表十七）

序号	申请商标图形	申请商标名称	类别	商标注册号	申请认定商品 / 服务	申请人名称
316		图形	42	1151772	计算机程序编制；计算机软件设计；计算机软件更新；计算机硬件咨询	万达信息股份有限公司
317		WICRESOFT	42	3336027	计算机编程；计算机软件设计；计算机软件的维护	上海微创软件股份有限公司
318		泛微	42	3136488	计算机软件设计；计算机软件更新；计算机软件维护	上海泛微网络科技股份有限公司
319		创图	42	6131137	计算机软件设计；技术研究	上海创图网络科技发展有限公司
320		图形	42	1736000	餐厅；饭店；备办宴席	上海绍兴饭店管理有限公司
321		新雅	42	776390 777973	餐馆	上海杏花楼（集团）股份有限公司新雅粤菜馆
322		上海老饭店	42	1459818	饭店	上海老城隍庙餐饮（集团）有限公司
323		莫泰	43	4702341	住所	上海驿居酒店管理有限公司
324		上海小南国	43	8707491	住所；饭店	上海融怡商贸发展有限公司
325		新旺	43	4525873 15978417	餐厅	上海新旺餐饮管理有限公司
326		金时代顺风	43	4444574	餐馆	上海顺风餐饮集团股份有限公司
327		小杨生煎	43	10663077	餐馆	上海杨利朋生煎餐饮管理有限公司
328		洪长兴	43	6244716	餐馆	上海清真洪长兴餐饮食品有限公司
329		苏浙汇	43	3086488	餐馆	上海金萌苏浙汇餐饮有限公司
330		两全“脐”美存捐互利	44	5148350 5520622	血库；医疗辅助；人工授精；饮食营养指导	上海市干细胞技术有限公司
331		SPTL	45	6342909	知识产权代理服务；知识产权咨询；诉讼服务	上海专利商标事务所有限公司

二、中国经贸资料

2006—2016 年中国进出口贸易额情况表

年份	进出口总额（亿美元）	比上年（%）	占世贸总额的比重（%）	位次（名）	出口额（亿美元）	比上年（%）	进口额（亿美元）	比上年（%）	顺逆差额（亿美元）
2006	17606.9	23.8	7.20	3	9690.8	27.2	7916.1	19.9	1018.8
2007	21738.0	23.5	8.00	3	12180.0	25.7	9558.0	20.8	2622.0
2008	25616.3	17.8	—	3	14285.5	17.2	11330.8	18.5	2954.7
2009	22072.7	-13.9	—	—	12016.7	-16.0	10056.0	-11.2	1960.7
2010	29728.0	34.7	10.00	2	15779.0	31.3	13948.0	38.7	1831.0
2011	36420.6	22.5	—	2	18986.0	20.3	17434.6	24.9	1551.4
2012	38668.0	6.2	10.50	2	20489.0	7.9	18178.0	4.3	2311.0
2013	41600.0	7.6	10.75	1	22096.0	7.9	19504.0	7.3	2592.0
2014	43030.0	3.4	—	1	23427.0	6.0	19603.0	0.5	3824.0
2015	39569.0	-8.0	—	1	22749.5	-2.9	16819.5	-14.2	5930.0
2016	36849.3	-6.8	—	1	20974.4	-7.7	15874.8	-5.5	5099.6

1997—2016 年中国利用外资情况表

年份	总计		年份	总计	
	项目数（个）	实际利用额（亿美元）		项目数（个）	实际利用额（亿美元）
1997	21046	519.33	2001	26139	468.46
1998	19846	455.82	2002	34171	527.43
1999	17022	526.60	2003	48081	535.05
2000	22347	493.56	2004	43664	606.30

（续表）

年份	总计		年份	总计	
	项目数（个）	实际利用额（亿美元）		项目数（个）	实际利用额（亿美元）
2005	44011	603.25	2011	27712	1160.10
2006	41473	630.21	2012	24925	1117.00
2007	37872	747.00	2013	22773	1175.86
2008	27514	923.95	2014	23778	1195.60
2009	23435	900.30	2015	26575	1263.00
2010	27406	1057.00	2016	27900	1260.00

2016 年中国对外贸易往来前 5 位国别或地区情况表

排序	国别（地区）	贸易额（亿美元）	比上年（±%）
1	欧　盟	5469.0	-3.1
2	美　国	5196.1	-6.7
3	东　盟	4518.0	-4.2
4	中国香港	3052.3	-11.1
5	日　本	2748.0	-1.3

2016 年中国对主要国家和地区货物进出口额及其增长速度表

国家和地区	出口额（亿元）	比上年增长（%）	占我全部出口比重（%）	进口额（亿元）	比上年增长（%）	占我全部出口比重（%）
欧　盟	22369	1.3	16.2	13747	5.9	13.1
美　国	25415	0.0	18.4	8887	-3.2	8.5
东　盟	16894	-1.9	12.2	12978	7.4	12.4
中国香港	19009	-7.6	13.7	1107	39.2	1.1
日　本	8529	1.3	6.2	9626	8.4	9.2
韩　国	6185	-1.7	4.5	10496	-3.2	10.0
中国台湾	2665	-4.3	1.9	9203	3.4	8.8
印　度	3850	6.6	2.8	777	-6.4	0.7
俄罗斯	2466	14.2	1.8	2128	3.1	2.0

2016 年上海对主要国家和地区货物进出口额及其增长速度表

国家和地区	出口额（亿元）	比上年增长（%）	进口额（亿元）	比上年增长（%）
美　国	2965.08	5.6	1791.99	2.4
欧　盟	1990.54	-10.9	3729.41	6.3

（续表）

国家和地区	出口额（亿元）	比上年增长（%）	进口额（亿元）	比上年增长（%）
东 盟	1446.00	6.3	2069.86	6.2
日 本	1266.95	-3.5	1941.73	9.7
中国香港	1196.48	-0.2	267.37	100.7
韩 国	484.09	-8.1	1079.57	-14.1
中国台湾	425.55	12.1	1050.67	8.8
俄 罗 斯	108.65	2.6	137.10	-21.5

2004—2016 年中国出口商品交易会一览表

年份	届次		到会客商（人）		来自国别和地区（个）		成交额（百万美元）		全年成交额（百万美元）	比上年（%）
	春季	秋季	春季	秋季	春季	秋季	春季	秋季		
2004	96	96	159717	167926	203	203	24510	27200	51710	107.59
2005	97	98	195464	177000	210	210	29230	29430	56935	10.10
2006	99	100	190011	192691	210	212	32220	34060	66280	16.41
2007	101	102	206749	189500	211	213	36390	37450	73840	11.41
2008	103	104	192013	174562	210	213	38230	31550	75680	2.49
2009	105	106	165436	188170	209	212	26230	34070	60300	-20.32
2010	107	108	203996	200612	212	208	34300	34833	69133	14.65
2011	109	110	207103	209175	209	210	36860	37900	74760	8.14
2012	111	112	210000	188145	213	211	36030	32680	68710	-8.09
2013	113	114	202766	189646	211	212	35540	31690	67230	-2.15
2014	115	116	188119	186104	214	211	31051	29160	60211	-10.44
2015	117	118	184801	177544	216	213	28056	27010	55066	-8.50
2016	119	120	185596	185704	210	213	28084	27890	55974	1.65

图书在版编目（CIP）数据

2017上海商贸年鉴 / 《上海商贸年鉴》编纂委员会编. -- 上海 ：上海科学普及出版社，2017
ISBN 978-7-5427-7009-7

Ⅰ. ①2… Ⅱ. ①上… Ⅲ. ①地区贸易经济－上海－2017－年鉴 Ⅳ. ①F727.51-54

中国版本图书馆CIP数据核字(2017)第186402号

2017上海商贸年鉴

《上海商贸年鉴》编纂委员会　编

责任编辑：吕　岷
美术编辑：姚　毅

出　版　上海科学普及出版社
地　址　上海市中山北路832号（邮编200070）
印　刷　上海展强印刷有限公司
规　格　889×1194　1/16
印　张　20.75
插　页　44
字　数　750千字
版　次　2017年9月第1版
印　次　2017年9月第1次印刷
书　号　ISBN 978-7-5427-7009-7
定　价　350.00元

如有印装质量问题　请与印装单位联系　021-66510725

www.svw-volkswagen.com
隐锋芒 自辉昂
辉昂2018款 焕新上市
PHIDEON
真正的成功者，绝不醉心浮华，沉静中自有恢弘气度。
大众全新旗舰PHIDEON辉昂，以格调成就人生心境地。
车之道，为大众
上汽大众
SAIC VOLKSWAGEN
PHIDEON
—隐锋芒 自辉昂—